Un quinquennat pour rien

Éric Zemmour

Un quinquennat pour rien

Albin Michel

Pour Clarisse, Thibault, Hugo.

« Toutes les fois qu'une théorie est en contradiction avec le salut d'une société, c'est que cette théorie est fausse ; car la société est la vérité suprême. »

Alphonse de Lamartine,
Histoire des Girondins.

LA FRANCE AU DÉFI DE L'ISLAM

Les drapeaux n'ont jamais été de simples morceaux de tissu. Dans l'histoire, les hommes les ont toujours confectionnés pour incarner des clans, des tribus, des peuples, des rois, des nations. On conserve pieusement les drapeaux pris à l'ennemi ; sur les champs de bataille, on défend farouchement son drapeau jusqu'à la mort. Le drapeau tricolore à la place des fleurs de lys annonçait la mort du roi, et en 1848, Lamartine a repoussé avec un lyrisme véhément le drapeau rouge. Quand un explorateur français ou anglais découvrait des terres d'Afrique ou d'Amérique, il plantait toujours le drapeau de son pays pour affirmer avec éclat sa conquête. Quand l'astronaute américain Armstrong a posé le premier pied humain sur la Lune, il a aussitôt déployé la bannière étoilée. Dans ses *Mémoires,* Raymond Aron nous explique que l'origine de la célèbre formule du général de Gaulle – qu'il avait lui-même contestée avec véhémence – sur les Juifs, « peuple d'élite, sûr de lui-même et dominateur » – provient de l'agacement qu'avait éprouvé le chef de l'État de voir des jeunes Français de confession juive déployer dans les rues de Paris le drapeau bleu et blanc d'Israël. Le drapeau est à la fois symbole d'allégeance et de conquête. Allégeance des hommes ; conquête des terres. Et lorsque nos gouvernants veulent instruire le peuple en dépit de ses votes référendaires hostiles à la Constitution européenne – « La France est notre patrie, l'Europe est notre avenir », selon le mot de Mitterrand –, ils arborent le drapeau marial aux douze étoiles sur la façade de tous les établissements publics.

Le soir du 6 mai 2012, François Hollande fête son élection à Tulle en embrassant Valérie Trierweiler au son délicieusement désuet de l'accordéon, comme une évocation nostalgique des douces soirées du Front populaire. À Paris, les socialistes ont prévu de reprendre la Bastille.

Il n'y tombe pas des trombes d'eau, comme le 10 mai 1981, mais une pluie d'oriflammes colorées. Quelques drapeaux rouges, bien sûr, mais surtout des drapeaux algériens, marocains, palestiniens, voire syriens, déployés par des jeunes hommes venus de banlieue en grappes joyeuses. Les rares étendards tricolores sont ensevelis par cette marée verte à croissant. Ce déploiement étranger tranche avec la forêt bleu, blanc, rouge qui faisait une haie d'honneur à Nicolas Sarkozy lors de son dernier meeting de campagne, quelques jours plus tôt, place du Trocadéro. Alors, le professeur Axel Kahn y avait vu une réminiscence des mises en scène nazies de Nuremberg ! En revanche, il ne trouva rien à redire à ces bannières arabes ostensiblement dressées place de la Bastille. Les médias de gauche étoufferont sous des cris d'orfraie moralisateurs les premières polémiques, qui s'éteindront vite. Ces étendards annonçaient pourtant le destin tragique qui marquerait le quinquennat de son sceau sanglant.

La malédiction du Front populaire frappait à nouveau : trois ans après les premiers bains de mer, c'était le début de la Seconde Guerre mondiale. Trois ans après l'accordéon de Tulle et les drapeaux de la place de la Bastille, on tue dans les rues de Paris, et le Premier ministre Manuel Valls déclare aux Français que nous sommes « en guerre ».

Le quinquennat hollandais a glissé dans le sang. Avec une tache rouge vif indélébile. Les attentats contre *Charlie*, l'Hyper Cacher de la porte de Vincennes et la tuerie du Bataclan annoncent le début d'une guerre civile française, voire européenne, et le grand défi lancé par l'islam à la civilisation européenne sur sa propre terre d'élection.

Ce retour du tragique tranche avec la débonnaireté présidentielle qui confine à la vacuité. Comme si l'histoire avait attendu, ironique, que s'installât à l'Élysée le président le plus médiocre de la Ve République pour faire son retour en force. Comme si le destin funeste de notre pays devait une nouvelle fois donner corps à la célèbre formule du général de Gaulle après sa visite au pauvre président Lebrun, égaré dans la débâcle de 1940 : « Au fond, comme chef de l'État, deux choses lui avaient manqué : qu'il fût un chef ; qu'il y eût un État. » Comme si la dégringolade n'avait pas été suffisante, pas assez humiliante, de Pompidou à Sarkozy. Ce dernier avait été élu président pour devenir Premier ministre ; son successeur aura été président pour devenir ministre du Budget. Sur le plan économique, son mandat pourrait se résumer à une hausse massive des impôts pour réduire les déficits budgétaires et respecter enfin les engagements européens méprisés par son prédécesseur, puis à une baisse de la fiscalité (en particulier celle des entreprises) pour relancer une croissance atone, rétablir une compétitivité des entreprises malmenée par la fiscalité et remettre en marche un moteur de la consommation populaire qu'il avait imprudemment bridé. Rendre d'une main ce qu'il avait pris de l'autre. Un quinquennat pour rien.

Tout le reste fut communication et manipulation. On s'aperçut vite que la gauche n'était pas l'ennemie mais l'amie de la finance. Ce n'était pas une nouveauté. Sous la IIIe République déjà, quand les radicaux arrivèrent au pouvoir, une fois la première crainte passée, les possédants se rallièrent à cette maxime d'un d'entre eux : « Je prends mon bien en patience. » Comme ses prédécesseurs depuis trente ans, François Hollande déclara la guerre au chômage. Et la perdit. Un quinquennat pour rien. Son quinquennat, là encore, n'eut que la seule vertu pédagogique : les exemples étrangers tant vantés nous démontrent à satiété que, dans le cadre contraint de la mondialisation, on ne peut réduire le taux de chômage qu'à coups de petits boulots et travaux précaires, en particulier pour les femmes et les jeunes. On a le choix entre chômeurs indemnisés et travailleurs pauvres. Les Français sont moins efficients que les autres parce qu'ils se refusent à payer leurs jeunes en dessous du smic et à mettre encore plus massivement les femmes au temps partiel. Les rigidités du code du travail, légitimement dénoncées par tous les « réformateurs » libéraux, de droite comme de gauche, à Paris ou à Bruxelles, ont cependant causé moins de pertes d'emplois que l'entrée de la Chine dans l'OMC, les délocalisations industrielles depuis quinze ans, ou les conséquences néfastes de l'unification monétaire européenne pour toute région éloignée du cœur rhénan de la zone euro. Mais là aussi, le quinquennat Hollande n'a servi à rien, si ce n'est faire comprendre à tous les Français que la gauche, pas plus que la droite, ne remettrait en cause ce cadre contraint de la mondialisation et de l'Europe. On ne peut plus continuer à s'endetter pour pérenniser un « modèle social » qui prend l'eau. Il faut donc s'aligner sur les choix faits par nos voisins de la « désinflation salariale ». La France n'est plus que la variable d'ajustement de la mondialisation. C'est ce que proposent tous les candidats républicains à la primaire et les modernistes de gauche qui ont esquissé cette évolution avec la loi travail à la fin du quinquennat. Mais la révolte d'une partie de la base parlementaire socialiste a prouvé que cette politique, attendue avec une impatience de moins en moins dissimulée à Bruxelles et à Berlin, ne pouvait être mise en œuvre qu'en « coupant les deux bouts de l'omelette » et en réunissant au sein d'une même majorité Valls, Macron, Raffarin, NKM, Le Maire, etc. Tous derrière le président Juppé ? C'est aujourd'hui l'hypothèse la plus probable pour 2017.

À droite comme à gauche, les opposants à cette « grande coalition » à l'allemande se rameutent autour d'un mot fétiche : la souveraineté. À gauche, Mélenchon, Montebourg et leurs soutiens ont enfin compris qu'ils ne pouvaient sauvegarder leur modèle social-étatiste français qu'en coupant les ponts avec l'Europe. Longtemps, ils ont cru pouvoir négocier, finasser. L'apostasie de François Hollande, et surtout celle de Tsipras en Grèce, les a déniaisés. On ne négocie pas avec la zone euro, qui a rétabli la doctrine de la souveraineté limitée de feu Brejnev, avec l'arme monétaire de la BCE en guise de chars. Comme leur a appris Yánis Varoufákis, l'ancien ministre grec des Finances, l'objectif de l'intransigeance germanique à l'égard d'Athènes n'était nullement la soumission de la minuscule économie grecque, mais le contrôle du Parlement français et de son budget. Dans la zone euro, on se soumet ou on se démet. Mélenchon s'est résolu à se démettre. Ce nœud gordien européen fait que Martine Aubry, fille de Jacques Delors, et les siens sont des frondeurs de carnaval. Les souverainistes de gauche seront alors contraints de rompre avec leurs mythes internationalistes de fédéralisme européen à la Victor Hugo et de revenir à leurs premières amours jaurésiennes, voire jacobines. Ils en prennent le chemin. Mais depuis lors, l'électorat populaire a migré vers le Front national. Pour obtenir la majorité des urnes, la gauche de la gauche sera obligée de s'allier au Front national. Ce tabou a été brisé par l'économiste Jacques Sapir dans son dernier livre. Il a été désavoué par ses amis, mais son diagnostic réaliste n'est pas tombé dans l'oreille de sourds. La nouveauté historique est qu'une telle union rencontre l'approbation tacite des dirigeants du Front national. Pour être plus exact, tout est fait au FN par Florian Philippot, avec l'assentiment de Marine Le Pen, pour rendre un jour le FN, débarrassé de ses oripeaux d'extrême droite, compatible avec une alliance à gauche. On se souvient du soutien énamouré de Marine Le Pen à Syriza. Et la réaction de Philippot à la loi travail ne fut pas moins outragée que celle de l'extrême gauche. Philippot ne parle plus que de souveraineté comme axe stratégique du nouveau FN qu'il a hâte de rebaptiser « Les Patriotes ». Bien sûr, Jean-Marie Le Pen réclamait lui aussi le retour de la souveraineté nationale d'une France transformée en Land par Bruxelles ; mais il le faisait au nom de la sauvegarde d'une France éternelle. Il aurait pu reprendre au mot près la célèbre formule du général de Gaulle : « C'est très bien qu'il y ait des Français jaunes, des Français noirs, des Français bruns. Ils montrent que la France est ouverte à toutes les races et qu'elle a une vocation universelle. Mais à condition qu'ils restent une petite minorité. Sinon, la France ne serait plus la France. Nous sommes quand même avant tout un peuple européen de race blanche, de culture grecque et latine et de religion chrétienne. » Ce credo est encore celui de Jean-Marie Le Pen et de sa petite-fille, Marion. Mais ni l'un ni l'autre n'ont en main l'appareil du FN. En revanche, cette logique identitaire n'est plus celle de Florian Philippot et de son élève docile, Marine Le Pen. On peut même dire qu'ils la rejettent avec une violence qui surprendrait les progressistes de tout poil qui croient encore que Marine Le Pen est le diable incarné.

Philippot et Mélenchon ont vingt-cinq ans de retard : la bataille de la souveraineté fut celle du référendum de Maastricht en 1992. Elle fut perdue. Cela ne signifie pas qu'une revanche ne doit pas être recherchée. Mais le terrain s'est déplacé, la situation s'est délabrée. La question de la souveraineté se pose encore, mais elle n'est plus centrale. Celle de l'identité l'a remplacée au firmament des urgences historiques. Désormais, la France ne se bat plus pour recouvrer sa souveraineté perdue, mais pour ne pas perdre son identité. Elle ne se bat plus pour vivre libre, mais pour ne pas mourir. Elle ne doit plus seulement affronter Berlin, Bruxelles, Washington, pour renouer, à la manière du général de Gaulle, avec son « indépendance ». Elle doit répondre à un défi existentiel que lui lance l'islam, qui est celui de son être, de sa nature, de sa civilisation. Une République islamique française pourrait être souveraine, mais ce ne serait plus la France. Si on change la lame et le manche d'un couteau, on peut l'appeler encore couteau, mais ce n'est plus le même couteau.

Si demain il y avait 20, 30 millions de musulmans français bien décidés à voiler leurs femmes et à appliquer les lois de la charia, on ne pourrait préserver les règles minimales de la laïcité que par la dictature. C'est ce qu'ont compris en leur temps Atatürk, Bourguiba ou même Nasser. Ce sont les mœurs qui commandent et dominent les lois. Dans un pays de mœurs musulmanes, seule une dictature peut arracher le pays au diktat qu'impose l'islam sur une société captive et soumise.

On se souvient que Jospin avait répondu, agacé, au moment de l'affaire des foulards au lycée de Creil en 1989 : « Mais qu'est-ce que j'en ai à faire qu'ils soient musulmans ! »

La gauche, comme la droite, croyait – et croit toujours – au mythe du musulman arraché à son déterminisme ethnique et religieux, individu désincarné, déshistoricisé, déraciné dans une société libre. « Ils voudront tous acheter des Nike » : tel était le credo consumériste, matérialiste, progressiste de nos gouvernants. Ce mépris des cultures, des racines, des religions, du passé, qui a constitué le bain commun de nos élites politiques, technocratiques, patronales, médiatiques et culturelles depuis quarante ans a fait le malheur de la France. Le peuple, d'instinct, n'y croyait pas, mais il n'a pas été écouté. Pour lui, comme disait le général de Gaulle, « essayez d'intégrer de l'huile et du vinaigre. Agitez la bouteille. Au bout d'un moment, ils se sépareront de nouveau. Les Arabes sont des Arabes, les Français sont des Français » ; mais le peuple a été réduit au silence. Nos élites lui ont imposé la tenaille mortelle du droits-de-l'hommisme et de l'économisme.

C'est une vieille histoire. La comtesse de Boigne situe le basculement après la révolution de 1830 : « Depuis la monarchie de Juillet, on a constamment cru devoir sacrifier le sentiment des masses honnêtes aux jappements d'une troupe d'aboyeurs des carrefours ou des journaux. » Les troupes d'aboyeurs se sont depuis lors étoffées et professionnalisées. Leurs jappements sont devenus théorie et même doxa dominante. Quasireligion. Nos élites s'y sont soumises de gré ou de force.

Cet « essentialisme », méprisé et ostracisé par tous les héritiers existentialistes de Sartre, nous revient en boomerang. Cette question identitaire, ce défi que lance l'islam à la France et à l'Europe, est l'impensé de la vie politique française : « La faute de la gauche est d'avoir fait semblant de ne pas le voir. La faute de la droite est d'avoir fait semblant de le voir » (Geoffroy Didier). Et c'est au moment où cette question prend une acuité inédite que l'ultime parti à ne pas la nier passe dans le camp des aveugles volontaires au nom de la défense de la souveraineté nationale et de la « France apaisée ». Étonnante cécité. Tragique impasse politique.

Il est vital de répondre à la guerre de civilisations menée sur notre sol par l'islam, mais il n'y a plus personne pour la mener. On se souvient que le président Chirac tenait pour billevesées dangereuses les théories brillantes de Samuel Huntington sur le « choc des civilisations ». Son lointain successeur et meilleur disciple corrézien, François Hollande, a repris au mot près son antienne émolliente, alors même que le djihadisme ensanglantait Paris : « Nous ne sommes pas engagés dans une guerre de civilisations. [...] Dans cette guerre qui a commencé depuis plusieurs années, nous avons bien conscience les uns et les autres qu'il faudra du temps et que la patience est aussi exigeante que la durée et la dureté avec laquelle nous devons combattre. L'ennemi [...] n'est pas hors d'atteinte. » Un quinquennat pour rien.

Une « France apaisée » chère au Front national répond en un troublant écho à la politique d'« apaisement » de Chamberlain face à Hitler. Et « l'identité heureuse » d'Alain Juppé rappelle le déferlement de joie qui accueillit Daladier à sa descente d'avion. On sait aujourd'hui qu'à Munich il est déjà trop tard. C'est en 1936, lorsque Hitler remilitarise la Rhénanie, alors qu'il n'a pas encore d'armée digne de ce nom, qu'il eût fallu lui jeter les chars français dans les reins. Ce fut la dernière fois dans l'histoire que la France eut l'occasion d'écraser la puissance germanique comme Napoléon à Iéna. La France ne saisit pas le destin par les cheveux, parce que ses « alliés » anglo-saxons l'en empêchèrent ; et surtout car elle était gangrenée par un mal terrible qui l'avait saisie dans la boue des tranchées de la Grande Guerre : le pacifisme. Pacifisme qui conduisit la gauche à abandonner la fermeté de Poincaré à l'égard de l'Allemagne rétive. Pacifisme qui poussa Aristide Briand dans une fumeuse et utopique réconciliation avec une Allemagne qui ne songeait qu'à finasser avant de se revancher. Pacifisme qui ne se démentit pas lorsque Hitler arriva au pouvoir. Pacifisme qui conduisit de grands esprits comme Giono à préférer « être un Allemand vivant qu'un Français mort ». Pacifisme qui rassembla dans la collaboration des cohortes venues de gauche et de droite, pour forger l'Europe allemande dans la Pax Germanica. Comme disait Drieu la Rochelle : « Puisque la France n'a pas pu être l'homme, elle sera la femme de l'Allemagne. » Ce pacifisme s'expliquait bien sûr – ce fut même sa légitimité devant les hommes et son excuse devant l'histoire – par la boucherie des tranchées de la Marne et de Verdun. Mais il reposait aussi sur une très ancienne dilection particulière pour l'Allemagne. Celle-ci remontait au début du XIXe siècle alors que la Grande Armée napoléonienne régnait d'une main de fer sur l'Europe en général et l'Allemagne en particulier. Mme de Staël, fille à papa du banquier suisse Necker et opposante de salon à l'Empereur, avait lancé la germanophilie française dans un livre remarqué : *De l'Allemagne.* Elle parait nos voisins de toutes les vertus, en partie fondées d'ailleurs : philosophique, littéraire, poétique, artistique, pacifique, romantique. Elle les opposait à une France casquée, militariste, tyrannique, misogyne, une caserne des peuples d'Europe. Tout au long du XIXᵉ siècle, la gauche progressiste et intellectuelle, les Michelet, Hugo, Lamartine, etc., ne cessa point de regarder l'Allemagne avec les yeux de Chimène, même lorsque Bismarck engagea sa longue marche « par le fer et par le sang » vers l'unité allemande. Seule la défaite de 1870 dessilla les yeux des meilleurs. On dit que Michelet en mourut de chagrin et de honte mêlés. Mais de nombreux esprits de gauche refusaient encore de croire à une menace venue de « la patrie de Goethe » à la veille de 1914. Après la guerre, cette gauche convertie au pacifisme ne pardonna jamais à ses chefs l'« union sacrée » de 1914 et l'élan patriotique qui les avait conduits à défendre unanimement le cher et vieux pays agressé. La germanophilie de la gauche française reprit alors de plus belle, dans le pacifisme de Briand, d'abord, ses grandiloquents « guerre à la guerre », ou « arrière les canons », la communion irénique dans « l'esprit Locarno », du nom de cette ville suisse où l'Allemagne reconnut, en 1925, la pérennité de la frontière française d'Alsace-Lorraine, et où Briand, toujours lyrique, voulut voir la naissance des États-Unis d'Europe ! Mais une autre partie de la gauche, moins institutionnelle, plus littéraire, plus jeune aussi, groupée autour des marginaux talentueux du surréalisme – dont le mode de vie bohème préfigurait les « libérations » de Mai 68 –, poussait la germanophilie jusqu'à la francophobie, inaugurant un amour de l'Autre jusqu'à la haine de soi : « [...] mon pays, remarquez bien, que je déteste, où tout ce qui est français comme moi me révolte à proportion que c'est français », clamait Aragon, qui criait vive l'Allemagne, avant de crier vive l'URSS ou encore vive la Chine. Peu importe le pays, pourvu qu'on rejette la France ; peu importe le cri, pourvu qu'on soit « ceux-là qui donneront toujours la main à l'ennemi ».

Les innombrables journalistes, sociologues, intellectuels, philosophes, hauts fonctionnaires, élus locaux, politiques, qui vibrent à l'unisson de l'« esprit du 11 Janvier », ont comme slogan « Pasdamalgame » et comme devise « L'islam, religion de tolérance et d'amour », sont les héritiers de nos surréalistes francophobes – sans le talent littéraire d'Aragon ou de Breton –, nos pacifistes d'aujourd'hui et nos collabos de demain.

Notre chère gauche intellectuelle n'apprend jamais de ses

erreurs. Elle les répète même avec une morgue ostentatoire. Ses erreurs deviennent vite celles de la France car elle impose de Paris, comme elle l'a toujours fait depuis la Révolution française et même avant, ses foucades, ses modes, ses illusions et ses chimères. Cet effet pervers de la centralisation a fait que notre pays ressemble bien souvent à la description lapidaire et désolée qu'en faisait Joseph de Maistre à ses convives des soirées de Saint-Pétersbourg : « Jamais il n'exista de nation plus aisée à tromper, plus difficile à détromper, et plus puissante pour tromper les autres, que la nation française. »

En septembre 1920, des délégués de la gauche française, fraîchement convertis au bolchevisme, assistèrent au congrès des peuples d'Orient de Bakou organisé par les nouveaux maîtres de Moscou. On tonna contre la colonisation, l'impérialisme, la répression bourgeoise. On lança des mots d'ordre en faveur de la décolonisation et de la révolution. La figure de l'immigré et du musulman, comme prolétaire victime de l'exploitation capitaliste et impérialiste, apparut pour la première fois au firmament de la gauche internationaliste. Le djihad et la révolution inauguraient leurs noces sanglantes.

Mais c'est dans les années 50 que la gauche française s'est entichée du monde arabo-musulman pour ne plus s'en déprendre. La guerre d'Algérie fut le détonateur, comme les guerres napoléoniennes avec l'Allemagne. Le même mécanisme de culpabilisation et d'empathie fera de la victime de notre puissance militaire un héros, un messie, un dieu. Le FLN fut le premier à bénéficier de cette transfiguration messianique et christique, paré des atours mythiques du mouvement révolutionnaire de l'époque, où la logorrhée marxiste celait encore le revanchisme islamique. Mais ceux qui voulaient voir comprirent aussitôt que le moudjahid du FLN était déjà un combattant du djihad, chassant les infidèles d'une terre d'islam souillée par sa présence et massacrant les nombreux musulmans apostats qui avaient trahi leurs « frères » en combattant pour la puissance impie : la France.

Cette guerre d'Algérie n'était qu'un épisode sanglant dans une histoire millénaire de conflits incessants entre la France et l'islam. C'est de France, ordonnée par un pape français, avec des chevaliers francs et des miséreux partis de Paris, que la

croisade fut lancée au XIe siècle. C'était déjà en France, à Poitiers, en 732, que les troupes de Charles Martel interrompirent
la progression irrésistible des cavaliers arabes vers le nord du
continent européen. C'est un Français, Godefroy de Bouillon,
qui commanda l'éphémère royaume franc de Jérusalem. C'est
un roi français, Louis IX, qui perdit la vie à Tunis, dans une
ultime tentative de reconquérir les lieux saints en 1270. C'est
un général français, Bonaparte, qui, en 1798, en Égypte, fut le
premier Européen de l'ère moderne à s'emparer d'une terre
arabe et musulmane, révélant la faiblesse de l'Empire ottoman qui, un siècle plus tôt, pressait encore ses armées aux
portes de Vienne. La France a occupé Le Caire, Damas, Alger,
Tunis, Beyrouth. Elle a colonisé et révolutionné les esprits.
Elle a imposé les canons de la modernité occidentale dans les
anciennes provinces ottomanes.

La France a dévoilé les femmes musulmanes. Elle a instauré
l'État-nation bureaucratique dans une oumma qui vivait encore
sous l'héritage féodal de l'Empire ottoman. Ces révolutions
politiques, administratives et sociologiques entraînèrent la création d'États-nations à la française, Syrie, Liban, Irak, Égypte,
et la disparition du califat en 1924, décidée par Atatürk, au
nom de la modernisation de la Turquie. Le traumatisme fut
tel que, dès 1928, les Frères musulmans furent fondés avec
comme objectif historique de le rétablir.

Gilles Kepel nous a appris que pour ces Frères musulmans,
les quatre cavaliers de l'Apocalypse sont les Juifs, la croisade,
le communisme et la laïcité. La France fut la première nation
d'Europe à émanciper les Juifs. La France lança et dirigea la
croisade. La Commune de Paris donna son exemple et son
nom au mouvement communiste. La France porte le principe de laïcité comme un étendard et un art de vivre. Voilà
pourquoi il faut frapper Paris et la France. Il faut meurtrir
et se venger de la France. Il faut avilir et humilier la France.
Il faut l'abattre et la conquérir. Il faut islamiser la France.
Nos ennemis islamiques sont paradoxalement les derniers à
accorder à la France une importance symbolique que nos élites
lui dédaignent.

Pour l'islam, la France est un bloc. Un bloc à rejeter dans
les flammes de l'enfer. La France la plus récente, la plus

« moderne », la France des « valeurs » soixante-huitardes, celles de l'hédonisme jouisseur, du féminisme et des revendications homosexuelles, le révulse, et ce à l'instar des deux autres monothéismes, le christianisme et le judaïsme. Mais on remarquera que lors des manifestations hostiles au mariage pour tous, les musulmans se firent discrets, comme si ce n'était pas leur affaire, une affaire de roumis décadents ; comme s'ils ne pouvaient que se réjouir secrètement ou inconsciemment de ce signe éclatant à leurs yeux de décadence chez leur plus vieil ennemi. Et ce n'est que lorsqu'ils se sentirent concernés, à travers leurs enfants, embrigadés dans la campagne des ABCD de l'égalité, présentée non sans raison comme une propagande en faveur de l'homosexualité, que des familles maghrébines se révoltèrent, à la grande surprise de leurs habituels protecteurs socialistes. Mais l'islam n'est pas seulement hostile à la France de 1968. La France des Lumières, sa liberté de pensée et son irréligion, ne peut que le scandaliser. La France de Descartes, et son primat de la raison, est rejetée par une foi qui ne connaît que la soumission à Dieu. Et la France des croisades est leur ennemi héréditaire, millénaire. Les nombreux enfants musulmans qui, dans les ZEP, rejettent avec violence l'enseignement de Voltaire, de *Madame Bovary*, des croisades, ou de la Shoah sont instinctivement cohérents avec leur histoire, leur passé, leur culture. « J'appartiens à ma famille, à mon clan, à mon quartier, à ma race, à l'Algérie, à l'islam », comme le clame avec crânerie Houria Bouteldja, l'égérie des Indigènes de la République. Leurs cris renouent spontanément avec la lettre qu'envoyèrent les nationalistes algériens, au début de la guerre d'Algérie, aux notables israélites qui, grands bourgeois libéraux, cherchaient à les retenir au sein d'une République française fraternelle : « Pour eux [les Juifs], le moment du choix et des grandes décisions est arrivé. Dès leur plus tendre enfance, on leur a inculqué ce patriotisme de pacotille et ce respect de la grandeur impériale. Pour nous, Algériens, le choix est fait car malgré Rousseau, Baudelaire et Rimbaud, malgré Pasteur et les encyclopédistes, malgré tout ce en quoi on a cru et tout ce qu'on a aimé, nous préférons écouter la voix de nos morts glorieux et obscurs. »

Les leaders du FLN d'alors avouaient une tendresse pour

Rousseau, Baudelaire, Rimbaud, dont leurs lointains héritiers ignorent tout ; mais ils repoussaient leurs séductions malignes au nom de leurs ancêtres et de leur héritage islamique.

Cette histoire de l'affrontement millénaire et inexpiable entre la France et l'islam, nous avons voulu l'oublier, l'occulter et la noyer dans les eaux tièdes de l'ignorance et de l'humanisme. Comme disait Stendhal : « Ils prennent l'étiolement de leur âme pour de la civilisation et de la générosité. »

Cette histoire, les patrons du califat islamique, eux, ne l'ont pas oubliée ; ils nous la rappellent avec force comme justification et signature de leurs attaques meurtrières à Paris.

Ils frappent et frapperont encore. Ils tuent et tueront encore. Mais cette guerre menée sur le sol français n'est que la partie émergée de l'iceberg de l'offensive de l'islam contre notre pays et l'Europe. La partie la plus spectaculaire, la plus sanglante, mais pas la plus puissante ni la plus dangereuse. C'est tout le paradoxe et la gravité de notre situation.

La guerre que nous mène l'islam prend trois formes distinctes mais qui se rejoignent sur notre sol : l'invasion, la colonisation, la conflagration.

La conflagration tue et sème la terreur. Elle suscite réprobation générale et unanimité dans la lutte. Il n'en est pas de même pour le reste. La vague de migrations qui, partie depuis des mois de Syrie, d'Irak, mais aussi du Pakistan, d'Afghanistan, à laquelle se mêlent des Maghrébins en grand nombre, est regardée par nos élites médiatiques avec compassion. Europol estime que l'État islamique a pu ainsi envoyer cinq mille combattants sur le sol européen. Mais la photo opportunément mise en scène d'un enfant mort fait pleurer dans les chaumières et ouvre les cœurs trop sensibles des Européens, alors même qu'on leur cache que les hommes seuls constituent l'énorme majorité de ces populations qui s'ouvrent un chemin en Europe (70 % selon l'ONU). Ces hommes sont les soldats sans uniforme d'une armée d'invasion qui mène une guerre, une « hybrid war », comme l'appelle Donald Tusk, le président du Conseil européen. C'est une invasion sans tanks ni avions, mais d'une redoutable efficacité. C'est la réalisation de la prophétie littéraire du Camp des saints de Jean Raspail (1973). C'est l'aboutissement de la guerre asymétrique où la faiblesse devient une force suprême, où le fort est faible de sa compassion, où le faible est fort de sa détermination. C'est le stade ultime d'un travail intellectuel de déconstruction qui a, depuis quarante ans, délégitimé, ridiculisé, ostracisé, criminalisé l'enracinement, et loué et sacralisé le nomadisme. C'est la grande revanche des nomades sur les sédentaires dans leur conflit éternel qui avait tourné il y a trois mille ans au bénéfice des sédentaires.

De beaux esprits nous diront qu'il faut faire de la place aux démunis et se serrer un peu ; que l'explosion de la démographie mondiale et la répartition inégalitaire des richesses exigent une meilleure répartition. On aurait dû tenir ces beaux discours aux poilus de 1914, ils ne se seraient pas fait tuer bêtement : les Allemands avaient une démographie beaucoup plus dynamique que la nôtre et ils manquaient de place. Cent ans plus tard, les mêmes Allemands, tenaillés par la culpabilité liée à leur passé nazi et génocidaire, ont ouvert en grand les portes de l'Europe.

En un siècle, par trois fois, les Allemands auront ainsi contribué de manière décisive au suicide européen : 1914, 1939, 2015. Ils auront servi l'entreprise de destruction des vieilles nations européennes au profit d'un ensemble soumis à son protecteur américain. « Les nations souveraines du passé ne sont plus le cadre où peuvent se résoudre les problèmes du présent. Et la Communauté elle-même n'est qu'une étape vers les formes d'organisation du monde de demain », avait écrit Jean Monnet dans ses *Mémoires*. Et le général américain Wesley Clark confirmait, de manière moins sibylline : « Mon job est d'en finir avec l'unité des nations européennes. »

Sans doute pour ne pas laisser la palme de la générosité à nos voisins, un député socialiste français proposa la création d'un « Long Island européen » sur le modèle du centre d'accueil, dans la baie de New York, des immigrés venus trouver un avenir meilleur en Amérique. Il ne pouvait pas mieux exprimer son rêve avoué d'une Europe transformée en nouvelle Amérique pour les migrants du monde entier, et son rêve secret, peut-être à lui-même, d'indigènes européens connaissant le sort des Indiens, envahis, puis repoussés, colonisés, dépouillés, massacrés, pour achever leur destin glorieux dans des réserves.

Quand on voit l'activisme des associations d'aide aux migrants, les manifestations fleuries de bienvenue et d'hospitalité, en France, en Allemagne, en Suède, on doit se souvenir que les Iroquois accueillirent et sauvèrent dans la baie de Plymouth, au cours d'un hiver très rigoureux de 1620, les premiers colons venus d'Angleterre, tenaillés par le froid et la faim et décimés par le scorbut. Ce geste d'humanité est encore célébré lors de la fête américaine de Thanksgiving. Les nouveaux venus remercièrent les Iroquois et tous leurs frères indiens un siècle plus tard en les massacrant et en volant leurs terres. De même, ici et maintenant, en Europe, les indigènes seront les victimes des victimes.

La sémantique est essentielle dans cette histoire. Un étranger qui arrive dans un autre pays sur la demande de celui-ci est un immigré. Un étranger qui vient dans l'illégalité est un clandestin. Des étrangers qui viennent par milliers, par centaines de milliers, demain par millions, sont des envahisseurs. Un migrant doit pouvoir se déplacer. Un réfugié doit être accueilli. Un envahisseur doit être repoussé. Des étrangers qui s'installent dans un autre pays et adoptent les us et coutumes du pays d'accueil sont des immigrés en voie d'intégration, voire d'assimilation, s'ils adoptent l'histoire et les mœurs de leur nouvelle nation. Quand les étrangers arrivaient naguère en France, ils vivaient à l'européenne et donnaient à leurs enfants des prénoms français. Les étrangers qui s'installent dans un nouveau pays et continuent obstinément, après une ou deux générations, à maintenir les mœurs de leur pays d'origine, à imposer la religion, les traditions, les modes de vie, les boutiques, la nourriture, les livres, les vêtements, à donner des prénoms à leurs enfants et leurs petits-enfants issus de leurs traditions culturelles, de leurs héros, de leurs ancêtres, bref à vivre ici comme là-bas, et à imposer ce mode de vie par la persuasion, et plus souvent la force, sont des colonisateurs, comme le furent les Anglais en Inde ou les Français en Algérie. Cette colonisation islamique est une contre-colonisation. Elle est une revanche historique qui hante les cerveaux des nouvelles générations, selon la forte formule d'Auguste Comte : « Les morts gouvernent les vivants. »

L'historien Pierre Vermeren, spécialiste de l'histoire des

colonisations et décolonisations, ne dit pas autre chose : « Les enfants de l'immigration algérienne ont-ils jamais compris pourquoi leur père ou leur grand-père s'était réfugié dans un pays accusé de tous les maux, comme en témoigne la fratrie Merah ? Les enfants du Rif et du Maroc arabo-berbère ont-ils jamais su pourquoi leur père était venu avec femme et enfants dans un pays qui les avait si durement conquis pour mieux pactiser avec leur si redouté sultan ? »

Analyse historique à laquelle Carlos Reygadas, cinéaste mexicain, dans une tribune du *Monde* du 19 avril 2016, apporte une touche plus personnelle : « Vous pensez vraiment que l'histoire coloniale s'efface en trois ou quatre générations et avec des subventions pour les pauvres ? [...] Quand je dis que l'immigration d'origine arabo-musulmane est un problème pour l'Europe je ne dis rien qui puisse s'approcher d'une idée selon laquelle les Arabes ou les musulmans seraient mauvais et devraient être punis. En fait, je dis quelque chose qui est proche du contraire : un homme n'est pas coupable de sa propre condition même s'il ne cesse pas d'être ce qu'il est. »

Notre cinéaste humaniste a raison. Il songe sans doute par analogie à la situation des Mexicains envahissant par millions les États américains (Texas, Californie, Floride) arrachés au Mexique par les gringos au milieu du XIXe siècle, et imposant leur langue, leur mode de vie, leur catholicisme à une Amérique blanche et protestante submergée et furieuse de l'être.

Non, personne n'est coupable de vivre dans le souvenir – voire le ressentiment – de la colonisation.

Personne n'est coupable de vouloir sa revanche historique en colonisant son colonisateur.

Personne n'est coupable d'être mexicain, de parler espagnol et d'être catholique. Ni coupable d'être arabe, musulman et d'appliquer les sourates du Coran.

La France et l'Europe sont, elles, coupables de ne pas se défendre. De s'accommoder. De tolérer. De ne pas répondre à ce défi culturel, démographique, politique. Civilisationnel. Henri Pirenne nous a appris qu'il n'y aurait pas eu de Charlemagne sans Mahomet, pas d'Europe chrétienne sans résistance à l'islam. L'histoire reprend là où nous l'avons laissée à l'aube du Moyen Âge.

Engels nous avait prévenus : « À partir d'un certain nombre, la quantité devient une qualité. » À partir d'un certain nombre de musulmans dans un quartier, une cité, ce « seuil de tolérance » dont on n'ose plus parler, le quartier, la cité change de visage, de paysage, d'ambiance. De pays. C'est l'oumma.

Ses habitants peuvent être français, mais ne sont pas céfrans ni gaulois. D'instinct, le langage des jeunes a fait la différence. Différence entre eux et nous, entre les « rebeus » et les « céfrans », entre les musulmans et les « kouffars », les mécréants. Processus d'auto-ségrégation qui chasse les Français devenus étrangers dans leur propre pays ; considère tout représentant de la France et de l'État, policiers, mais aussi pompiers, médecins, infirmières, postiers, simples livreurs parfois, comme des agents d'un État étranger et colonisateur. On lui tend des pièges, monte des traquenards, jette des pierres, des réfrigérateurs, des parpaings lancés des fenêtres ou des toits, quand on ne tire pas à balles réelles. Le fameux vivre ensemble est un mythe, l'entre-soi, une réalité. Si certains ont des velléités d'acculturation, sans parler d'assimilation, leurs voisins, leurs camarades, leurs parents, voire le groupe, le clan, la cité, les caïds, les imams, tout le monde le rappelle à ses devoirs religieux et identitaires. La banlieue française a réinventé le bled. « Fais pas le Français ! » lancèrent quelques jeunes gens à un pauvre automobiliste arabe qui réclamait un constat d'assurance après un accrochage, avant de le laisser mort sur le bitume.

« Ô croyants ! Ne prenez point pour amis les Juifs et les Chrétiens ; ils sont amis les uns des autres. Et celui d'entre vous qui les prendra pour amis finira par leur ressembler et Dieu ne sera point le guide des pervers. » (Coran, Sourate 4, verset 47.)

Il y a sept cent cinquante et une zones urbaines sensibles (ZUS) répertoriées par notre administration qui encourage de façon perverse cette colonisation dans le cadre d'une « politique de la ville » dispendieuse et incontrôlée, qui finance associations et grands frères, croyant acheter la paix sociale alors qu'elle favorise la multiplication des « zones sous l'emprise du Prophète », comme appelle les ZEP, avec un humour noir et désespéré, un professeur sur le site de Riposte laïque.

Ces quartiers où l'injure suprême est « sale Français » ne sont plus en France. Alors ministre de l'Intérieur de la IVᵉ République, François Mitterrand avait déclaré, péremptoire : « L'Algérie, c'est la France. » Désormais, dans d'innombrables enclaves banlieusardes, ses habitants peuvent proclamer avec fierté : « La France, c'est l'Algérie. »

En Grande-Bretagne, pays du multiculturalisme assumé et institutionnalisé, le groupe Muslims Against Crusades propose de transformer douze villes anglaises en États islamiques indépendants : Birmingham, Bradford, Liverpool, Leeds, Manchester, ainsi que Waltham Forest au nord-est de Londres et Tower Hamlets au centre, entre autres. À Tower Hamlets, des prédicateurs musulmans, Tower Hamlets Taliban, menacent de mort les femmes non voilées. Des jeunes gens arborant des vestes *« Islamic police »* surveillent et invectivent les femmes trop légèrement vêtues et les acheteurs d'alcool aux supermarchés. Dans les rues avoisinantes, des affiches sont placardées : « Vous entrez dans une zone contrôlée par la charia : la loi islamique s'applique ici. » Toutes les publicités jugées offensantes pour les musulmans sont vandalisées.

En France aussi, à Saint-Denis, à Avignon ou ailleurs, dans de nombreuses ZUS, des hommes en djellaba blanche veillent sur la pureté religieuse des ouailles musulmanes. L'habit fait le moine, le voile fait la musulmane et le burnous fait le musulman. Le costume n'est pas folklorique. Il marque la présence de l'islam dans la rue et l'espace public, comme les fidèles que les imams poussent à prier dehors même s'il reste des places vides à l'intérieur de la mosquée. Le costume a toujours symbolisé l'allégeance à un mode de vie, à une civilisation. Lorsque l'empereur japonais ouvrit son pays à l'Occident, à l'ère Meiji, il troqua son habit traditionnel pour un frac très british. Atatürk fit la même chose en Turquie. Il interdit les barbes, les fez pour les hommes et les voiles pour les femmes. Les Juifs d'Algérie devenus français par le décret Crémieux de 1870 troquèrent rapidement leurs vêtements traditionnels arabes pour des complets cravates et des robes à la dernière mode parisienne.

Il n'en a pas toujours été ainsi. Les premiers venus, souvent berbères, étaient secrètement réjouis de s'arracher aux pesantes contraintes islamiques du bled et aux admonestations de leurs femmes restées au pays. Ces dernières n'étaient pas en reste et ôtaient leur voile, avec une délectation mêlée de crainte, dans l'avion même qui les conduisait vers la France. Le regroupement familial décidé par Giscard et Chirac pour des raisons humanitaires, et sous la pression des grands patrons, briserait leur paisible liberté. Mais la France était encore considérée par eux comme une terre d'exil. Une terre de mécréance où la tradition musulmane interdit aux fidèles de résider et encore moins de s'installer. Ces terres de mécréance ne peuvent être que régions de passage où les imams recommandent de ne pas appliquer strictement les préceptes religieux.

Le retour du refoulé islamique, l'application rigoriste des préceptes divins, l'obsession du halal et du haram dans d'innombrables quartiers où les musulmans sont majoritaires prouvent que la France n'est plus considérée comme une terre de mécréance mais comme une terre que l'islam estime avoir conquise et défendra par tous les moyens.

Ces préceptes font l'islam. L'islam est un « réchauffé de judaïsme », comme l'avait fort bien compris Voltaire, une orthopraxie qui repose sur le respect et le contrôle de règles qui encadrent la vie du matin au soir, tout au long de l'existence. Le christianisme est sorti de l'orthopraxie judaïque par l'orthodoxie : la foi et l'amour qui subvertissent la Loi. Le judaïsme lui-même, au contact de la philosophie grecque, et contraint par l'exil, est sorti de sa propre rigidité théocratique par la disputation et l'interprétation libre de tous les textes sacrés. C'est le Talmud. Et le verbe chamailler trouve son origine dans le nom du rabbin Chamaï qui s'opposait à son grand rival Hillel. Un Talmud où il est écrit noir sur blanc pour tous les Juifs en exil : « La loi de ton pays est ta loi. » Enfin, le judaïsme français et européen a eu la chance historique de rencontrer Napoléon qui ouvrit tous les ghettos où ses armées passaient et qui exigea des Français de confession juive qu'ils suppriment les textes qui contrevenaient aux lois, aux codes ou même aux traditions françaises, forgeant des citoyens français de confession juive, individualisés, déconfessionnalisés, dénationalisés, conformément à la célèbre tirade de Clermont-Tonnerre : « Il faut tout refuser aux Juifs en tant que nation et tout accorder aux Juifs en tant qu'individus. »

L'histoire des musulmans commença de la même façon. Au contact des textes grecs, et en particulier d'Aristote, certains penseurs musulmans tentèrent eux aussi la greffe grecque sur la tradition islamique. Les mu'tazilites au IXᵉ siècle voulurent interpréter le sacré par la raison humaine. Cette dissidence fut réprimée, interdite sous peine de mort. On rappela avec force que, contrairement aux Évangiles et à la Torah, le Coran n'est pas l'œuvre des hommes mais de Dieu ; non pas créé par les hommes, mais « incréé » par Dieu. Un texte divin parfait qui ne supporte aucune interprétation ni adaptation. Le Coran est sur la Table gardée, auprès de Dieu, depuis la Création. Les lois d'Allah sont supérieures à celles des hommes. Elles émanent directement de Dieu.

Le calife ferma les portes de l'interprétation et du renouveau (*ijtihad*). Elles sont restées obstinément closes depuis. C'est pourquoi l'« islam des Lumières » est une imposture, une invention d'Occidentaux ignorants ou militants. Un mythe. La liberté de conscience en islam n'a jamais reçu la moindre légitimité en droit. Les philosophes critiques sont les grands vaincus de l'histoire de l'islam. Leur idole, Averroès, fut bannie de Cordoue et vit ses livres brûlés en 1195 en Andalousie. Depuis longtemps, à Bagdad, il n'était plus question alors d'interprétation des textes. Et Rémi Brague, éminent spécialiste de l'islam, nous rappelle avec ironie qu'Averroès lui-même, héritier d'une dynastie de juristes des Almohades, n'a jamais été hostile au djihad armé et s'est toujours voulu musulman de stricte obédience : « La négation et la mise en discussion des principes religieux mettent en danger l'existence même de l'homme ; c'est pourquoi il faut tuer les hérétiques. »

La contradiction entre un islam « de paix » écrit à La Mecque lorsque Mahomet était un prophète esseulé et cherchant des alliés, parmi les tribus juives en particulier, et le Coran de guerre, rédigé à Médine, par le chef politique et militaire qu'il était devenu, commandant d'exterminer ses ennemis et de convertir juifs et chrétiens, n'est que pure apparence, propre à troubler des esprits qui aspirent à être troublés : la chronologie commande, et le dernier texte, en l'occurrence les sourates exterminatrices, l'emporte.

Les intellectuels minoritaires qui essaient aujourd'hui d'ouvrir à nouveau les portes de l'*ijtihad* sont une poignée vivant tous en Occident. L'influence dominante sur les masses arabes, là-bas et ici, est celle d'un strict retour au dogme enclenché par les théologiens d'*Al-Nahda* (« la renaissance ») et tous les théoriciens salafistes.

Cette « renaissance » de l'islam répondit à l'humiliation causée par les invasions européennes du XIXᵉ siècle.

La grande réforme de l'islam prit alors la forme d'un retour à la pureté originelle de la Loi pour répondre à cette humiliation de la défaite (*islah*).

Nous avons vécu un phénomène comparable dans la société chrétienne révolutionnée par l'imprimerie. Le protestantisme manifestait à l'époque la même volonté de retour aux sources et à la pureté du message évangélique, dévoyé par l'ignorance des prêtres et la perversité des papes. Le salafisme revient lui aussi aux sources de l'islam pour accomplir la renaissance d'un monde musulman humilié par la défaite où l'ont conduit ses mauvais guides. Tout le monde se veut salafiste.

Le fondateur des Frères musulmans se disait salafiste.

Le salafisme, retour de l'islam à sa « pureté » originelle, est l'islam, l'islam des origines, l'islam de toujours. Les réformateurs progressistes musulmans le reconnaissent, même si c'est pour le regretter avec amertume : « La base cachée et très large du salafisme est là, dans ce traditionalisme ancré dans trop d'esprits qui sacralisent abusivement une tradition qui a fait de l'islam un système rigide de lois » (Abdennour Bidar).

La différence entre les salafistes et les Frères musulmans est de degré, pas de nature.

La dynastie des Saoud, qui a mis cent cinquante ans pour conquérir les lieux saints et imposer sa domination sur l'Arabie saoudite, se réclame elle aussi du salafisme ; ce sont leurs adversaires qui les qualifient de wahhabites.

Le pétrole est regardé comme le fruit de la Providence, une preuve qu'Allah est de nouveau du côté des musulmans. Les revenus du pétrole lui ont permis de « wahhabiser » une grande partie de l'islam. De le ramener au salafisme, et donc à sa pureté originelle.

Les orientalistes français et leurs héritiers devront se faire une raison : les subtilités d'antan entre les rites sunnites et les innombrables nuances d'islam acclimatées dans leur pays d'adoption sont en passe d'être jetées aux poubelles de l'histoire par la wahhabisation. Celle-ci unifiant le sunnisme derrière son islam purifié ne laisse subsister qu'un seul clivage, fondateur et impitoyable, avec le chiisme. Après la dissidence protestante, il y eut la guerre de Trente Ans entre protestants et catholiques, comme aujourd'hui s'affrontent, dans une nouvelle guerre de Trente Ans, sunnites et chiites.

Tous les musulmans ne sont pas salafistes, mais combien y aspirent ? Tous les salafistes ne sont pas djihadistes, mais combien ont honte de ne pas l'être ? Des salafistes piétistes non violents existent qui vivent entre eux le pur islam. Non violents, mais pas à l'égard des musulmans qu'ils jugent mécréants. Non violents, mais pas non prosélytes. Non violents, mais considérant la France comme une terre de guerre qu'il faut ensemencer du pur islam pour la sauver de la mécréance. Non violents, mais organisant inlassablement un entre-soi, une auto-ségrégation, qui ridiculisent les porte-voix inlassables et énamourés du vivre ensemble et rendent inopérantes l'application des lois de la République et plus encore l'assimilation à une culture française anathémisée.

Il faut être grand ignorant comme François Hollande pour proclamer : « L'islam est compatible avec la démocratie. » L'islam est incompatible avec la laïcité, avec la démocratie, avec la République laïque. L'islam est incompatible avec la France.

Le projet des rénovateurs de l'islam n'est pas de moderniser l'islam, comme le croient nos élites incultes, mais d'islamiser la modernité. Et d'abord d'islamiser la France. Il ne peut y avoir d'islam de France ; il peut seulement y avoir une France islamique. L'islam n'est pas une religion, mais une loi, un *Din*. C'est un projet politique qui se pare de la Loi divine pour imposer son ordre totalitaire. Il ne peut exister d'islam modéré, même s'il peut exister des musulmans modérés. Mais ils sont rarement modérément musulmans. Ou alors, ils s'éloignent de l'islam car ils le transforment en une religion du privé, une simple spiritualité, ahistorique et apolitique. Ce que Napoléon avait exigé et obtenu du judaïsme. Ce que l'islam n'a jamais été dans son histoire. Et ce que rejettent avec véhémence 99 % des musulmans. Les héritiers de Clermont-Tonnerre peuvent tonner en vain : tout refuser aux musulmans en tant que nation, et tout leur accorder en tant qu'individus. L'islam est une nation.

Le musulman est un homme politique qui s'ignore. L'islam est à la fois une religion, une nation, une loi et une civilisation.

Hassan al-Banna, fondateur des Frères musulmans, grand-père de Tariq Ramadan et inspirateur de notre UOIF : « L'Islam est dogme et culte, patrie et nationalité, religion et État, spiritualité et action. »

Hani Ramadan, frère de Tariq : L'islam est « une organisation complète qui englobe tous les aspects de la vie. C'est à la fois un État et une nation, un gouvernement et une communauté. C'est également une morale et une force, ou encore le pardon et la justice. C'est également une culture et une juridiction, ou encore une science et une magistrature. C'est également une matière et une ressource, ou encore un gain et une richesse. »

Cela n'avait pas échappé à nos plus grands esprits du passé. Dans *De la démocratie en Amérique*, Tocqueville écrivait : « Mahomet [...] a placé dans le Coran, non seulement des doctrines religieuses, mais des maximes politiques, des lois civiles et criminelles [...]. »

Les musulmans se plaignent que la laïcité les vise particulièrement. Ils ont raison, elle les vise, mais ils ont tort de s'en plaindre : c'est l'islam qui affronte la laïcité car, dans les quartiers où il est dominant, il empêche que s'exerce la liberté de conscience, harcèle les « frères » qui ne respectent pas le ramadan, les « sœurs » qui ne se voilent pas, ou même ceux qui achètent de l'alcool. On ne peut pas lui en tenir rigueur : c'est dans sa nature. Hassan II : « Je ne suis pas un chef d'État laïque car à partir du moment où on est musulman, on ne peut pas être laïque. En réalité, tous les chefs d'État du monde musulman, je ne dis pas arabe, ne sont pas des chefs d'État laïcs. Et quand ils disent qu'ils veulent être laïcs, je dis qu'ils ne sont plus musulmans, car le droit musulman nous colle à la peau, qu'on le veuille ou non, tant sur le plan du droit public que sur le plan du droit privé. »

Seules des voix arabes isolées, ou même ostracisées par nos intellectuels parisiens, osent nous prévenir du malheur qui nous guette : « Oui, le concept de oumma recouvre l'adhésion à des certitudes dogmatiques aujourd'hui plus que jamais attestées sous le voile et le qamis. [...] Nous n'obtempérons pas aux affirmations selon lesquelles le djihadisme n'a rien à voir avec le référent doctrinal. Nous refusons le refus de l'amalgame » (Fawzia Zouari, romancière franco-tunisienne, *Libération*, 28 février 2016).

Face à ces réalités qu'elle ignore ou veut ignorer, notre société envoie deux messages paradoxaux aux populations arabo-musulmanes :

L'islam n'est pas en cause car il est un message d'amour et de tolérance. Pasdamalgame.

Mais pour être un musulman de France bien intégré, il faut être un mauvais musulman, car il faut ignorer plus de la moitié du texte. Ce que le discours dominant appelle un « musulman modéré », l'islam le qualifie de « mauvais musulman ». Comme dit Marcel Gauchet : « Nous nous croyons ouverts, accueillants, mais nous martelons du matin au soir qu'il y a une seule manière d'être qui vaille, la nôtre. [...] C'est cela qui nous revient dans la figure. Inconséquents, nous faisons autre chose que ce que nous croyons faire parce que nous refusons d'assumer que nous faisons réellement. [...] Nous sommes dans un nœud inextricable. [...] La théorie, c'est l'ouverture, la réalité, c'est la fermeture symbolique et culturelle. »

La prétendue « déradicalisation » des djihadistes est donc une entreprise grotesque puisqu'il faudrait les désislamiser.

« Entre nous et vous, c'est l'inimitié et la haine à jamais jusqu'à ce que vous croyez en Allah seul ! » (Coran 60.4).

Invasion, colonisation, conflagration. Les trois côtés du triangle islamique s'entraident dans une saine émulation.

L'invasion nourrit sans fin la colonisation. Les migrants viennent souvent vivre dans les quartiers où dominent déjà leurs frères.

La colonisation appelle l'invasion. Les jeunes hommes, nés en France, vont chercher « au bled » la femme qu'ils refusent de trouver en France. La nouvelle épouse ne rallie pas un pays, la France, mais une diaspora.

La conflagration intimide et effraie les populations colonisées. Le lien entre délinquance et terrorisme, entre trafiquants de drogue et djihadistes – qui nous valait il y a peu l'opprobre médiatique –, est désormais reconnu vérité d'évidence. Il faut aller au bout de la logique. Depuis la fin des années 70, la délinquance, longtemps qualifiée pudiquement d'« incivilités », a permis de chasser les populations de Français de souche et de descendants de l'immigration européenne assimilés au peuple français. Cette épuration ethnique par la violence, les menaces, les vols, les viols, les insultes, a favorisé la conquête d'enclaves françaises passées sous la coupe de l'islam. Les nouveaux habitants s'y considèrent comme chez eux et ne tolèrent plus la présence d'« étrangers », c'est-à-dire de Français. C'est bien le regroupement familial massif des années 70 qui a provoqué la dégradation de ces quartiers populaires transformés en repaires de la drogue et en terres d'islamisation. L'ordre de la République française s'effaçait au profit d'un ordre des caïds et des imams. De l'islam comme règle morale et civique ; et du trafic de drogue comme moteur économique et social, qui permet aux mères de famille de remplir le chariot au supermarché, au père de payer le loyer – souvent en liquide – et aux petites amies des jeunes barons de la cité de s'offrir des chaussures de luxe Louboutin.

Un jour, la conflagration de basse intensité, délinquance, trafic de drogue, s'est transmuée en conflagration de haute intensité, avec les attaques contre *Charlie*, l'Hyper Cacher, le Bataclan, l'aéroport et le métro de Bruxelles. Mais c'étaient les mêmes objectifs de conquête et les mêmes acteurs.

Lorsque le RAID et le GIGN ont attaqué à Saint-Denis les auteurs de l'attentat du Bataclan réfugiés chez l'ineffable Jawad, logeur malgré lui de terroristes, l'assaut dura huit heures et fut d'une rare intensité. Pendant ce long affrontement, nos forces durent essuyer invectives et menaces d'une population qui prenait fait et cause pour leurs adversaires. Quand les forces de police belges entrèrent dans Molenbeek, ils furent insultés par des jeunes déchaînés ; on leur cracha au visage, on leur promit mille maux vengeurs. Les djihadistes avaient appliqué sans même la connaître la vieille règle maoïste du poisson dans l'eau. La loi des clans, des tribus et des fratries. La loi du silence des mafias de Corse ou de Sicile, qui repose sur un cocktail habituel de menace, de dépendance économique et de fraternité ethnique, religieuse ou clanique.

Il y a en France des centaines de Saint-Denis et de Molenbeek. Pour l'instant, on confine l'armée dans un rôle scandaleux de gardiennage, de protection des édifices religieux, vain et démobilisateur. Mais l'état-major de l'armée sait qu'un jour viendra où il devra reconquérir ces terres devenues étrangères sur notre propre sol. Le plan est déjà dans les cartons. Il a pour nom « Opération ronces ». Il a été mis au point avec l'aide des spécialistes de l'armée israélienne qui ont transmis à leurs collègues français leur expérience de Gaza. La comparaison vaut tous les discours.

Invasion, colonisation, conflagration. Ces trois pôles du triangle islamique parfois s'opposent et s'affrontent dans un conflit violent. Les Frères musulmans regrettent les attaques sanglantes de l'État islamique. Ils les trouvent prématurées. Ils estiment qu'elles provoquent un raidissement inutilement dangereux des kouffars amollis par la culpabilité et le pacifisme, et dévirilisés par l'influence délétère des femmes et des homosexuels. Les attentats risquent de perturber leur programme d'islamisation de la France établi sur les vingt prochaines années. Les Frères musulmans s'emploient depuis le début des années 80 à acquérir divers territoires pour inscrire, dans la durée, le récit islamiste comme élément du récit national de chaque pays d'Europe. Cette opération s'appelle le « Tawtine ». Elle est exécutée par la construction de mosquées-cathédrales, d'acquisitions immobilières diverses, de constructions d'établissements scolaires, comme nous le révèle Mohamed Louizi, ancien président des Étudiants musulmans de France, dans son livre *Pourquoi j'ai quitté les Frères musulmans* (Michalon, 2016).

Mais les partisans de la violence armée ne sont pas sans arguments quand ils rappellent que Mahomet avait dit : « Quiconque meurt sans avoir combattu et sans avoir jamais eu le désir, meurt sur une branche d'hypocrisie. »

Les djihadistes attaquent la France non, comme nous disent tous nos prétendus spécialistes, pour monter les populations les unes contre les autres, et isoler les musulmans du reste des Français – c'est déjà le cas dans une très grande proportion –, mais, à l'inverse, parce qu'ils se croient assez forts et considèrent la France trop faible et désarmée pour les affronter.

Les Frères musulmans établissent le même diagnostic mais, plus politiques et plus retors, voire plus fourbes, ils n'emploient pas les mêmes méthodes. Pourtant, eux aussi pensent que la France est suffisamment affaiblie pour accélérer l'offensive conquérante d'islamisation.

Lors d'une réunion à Lille, en février 2016, Tariq Ramadan n'a pas hésité à lancer à son public : « La France est une culture maintenant musulmane. L'islam est une religion française. La langue française est une langue de l'islam. Vous avez la capacité culturelle de faire que la culture française soit considérée comme une culture musulmane parmi les cultures musulmanes. »

Pendant des années, Tariq Ramadan a exhorté les jeunes nés en France de parents arabo-musulmans à ne pas s'intégrer, à refuser les tentations de la culture française, à rester des musulmans, à ne pas devenir des « Blancs », comme il disait, des renégats, des apostats, des kouffars. Il a réussi au-delà de ses propres espérances. Il passe à la seconde étape. Il incite ces « néo-musulmans », comme il y a des *newborn* chrétiens aux États-Unis, à passer à l'attaque, à considérer la France comme terre d'islamisation, et donc « terre de guerre ». Tariq Ramadan reprend à l'envers l'exhortation colonialiste de Victor Hugo : « C'est la civilisation qui marche sur la barbarie. C'est un peuple éclairé qui va trouver un peuple dans la nuit. Nous sommes les Grecs du monde, c'est à nous d'illuminer le monde. Notre mission s'accomplit, je ne chante qu'hosanna. » Ramadan exhorte avec les mêmes accents prophétiques à coloniser la France pour apporter la lumière islamique à un peuple tombé dans l'obscurité de l'impiété et du matérialisme.

La conquête est facilitée par les élus locaux, maires de droite comme de gauche, qui préfèrent pactiser, négocier, s'accommoder, détourner la loi de 1905 pour financer la construction de mosquées. Ils croient construire l'équivalent des églises et ne voient pas qu'ils livrent à l'islam un morceau de la terre de France. Ils privilégient volontiers les Frères musulmans ou les salafistes, car ceux-ci ont l'avantage de faire régner l'ordre dans ces « enclaves ». Ils les appellent dans une litote admirative les « minorités structurantes ». On passera discrètement sur les maires qui se laissent acheter par l'argent venu d'Arabie saoudite ou du Qatar. Le phénomène se reproduira au plus haut niveau de l'État. La « politique arabe » de la France du général de Gaulle a bon dos pour dissimuler corruption et complaisance. Mais au-delà des veuleries et faiblesses personnelles, la question géostratégique est plus profonde : nous sommes alliés à des pays du Golfe et nous profitons de leurs achats d'armes, de leurs investissements variés dans l'hôtellerie de luxe ou le football, mais aussi dans des entreprises en difficulté, alors que ces pays enrégimentent les populations musulmanes sur notre sol dans un islam pur et dur incompatible avec notre civilisation. L'Arabie saoudite est notre alliée privilégiée dans la région ; la présidence qatarienne de Sarkozy ne fut qu'une parenthèse entre les présidences Chirac et Hollande. Nous lui fournissons armes et soutien diplomatique, tentant de mettre à profit son animosité envers l'Amérique d'Obama. C'est avec elle que nous avions mis au point l'intervention aérienne d'octobre 2013, envisagée par la France pour détruire le pouvoir syrien. Avant qu'Obama et le Parlement anglais n'en décident autrement. Nous soutenons donc depuis le début le projet du sultan saoudien Bandar Ben Sultan de rompre l'arc chiite Téhéran-Beyrouth-Damas-Bagdad par l'extermination délibérée et radicale des populations chiites et de toutes les minorités non sunnites de Syrie et d'Irak ; opérations sous-traitées par l'Arabie saoudite à un groupement auparavant affilié à al-Qaida qui, rameutant les officiers perdus de l'ancienne armée irakienne de Saddam Hussein, prit la ville de Mossoul avant de s'affubler alors du nom glorieux de califat islamique.

Ce genre de contradiction est une coutume nationale : après la Première Guerre mondiale, la politique étrangère française multiplia les alliances avec les petits pays nés de l'éclatement de l'Empire austro-hongrois, tandis que notre armée se repliait en position défensive derrière la ligne Maginot. On connaît la suite…

Notre situation présente est pire encore ; notre faiblesse plus patente, notre désarmement plus massif, notre liberté et

notre souveraineté plus aliénées. Depuis la fin de la Seconde
Guerre mondiale, nous avons délégué des pans entiers de
notre souveraineté à l'Union européenne, et nous avons troqué notre conception traditionnelle de la liberté pour une
« nouvelle religion civile », selon l'expression pertinente de
Régis Debray : les droits de l'homme. Dans les deux cas, nous
avons lâché la proie pour l'ombre. L'Union européenne est
une instance bureaucratique et oligarchique de gestion. Elle
n'a pas le monopole de la violence légitime, critère d'un État
selon Max Weber. Mais elle contribue par son État de droit et
ses juges à désarmer les États-nations qui en disposent encore,
alors même que ses représentants ont tendance à y renoncer
d'eux-mêmes, pour défendre leurs frontières et pour chasser
leurs ennemis de l'intérieur. Il n'y a pas et il n'y aura sans
doute jamais de souveraineté européenne, mais il n'y a plus
de souverainetés nationales. Un pays qui ne maîtrise plus seul
sa monnaie, sa défense, sa justice, n'est plus un État souverain. Un pays qui ne maîtrise plus ses frontières n'est plus un
État souverain. Quand François Hollande annonce, après les
attentats de l'année 2015, « la mise en place de contrôles sys-
tématiques et coordonnés aux frontières », il ment et sait qu'il
ment. Nos frontières continuent d'être des passoires, comme
l'attesteront quelques mois plus tard les attentats de Bruxelles,
commis par des djihadistes de nationalité française, mais vivant
et se repliant dans le quartier bruxellois de Molenbeek : tels
nos généraux révolutionnaires de naguère, ils considèrent sans
doute que la France et la Belgique constituent un seul et même
pays ! L'Union européenne s'est révélée incapable d'endiguer
la déferlante migratoire. Les frontières de l'Union ont volé
en éclats. Schengen est un échec patent que même les européistes les plus fanatiques reconnaissent. Dans la hâte, les États
les plus responsables, ceux qui voulaient se protéger vraiment
contre l'invasion islamique, ont érigé des murs.

L'idéologie libérale et multiculturaliste de l'Union européenne a sapé les fondements assimilationnistes de la République française. Ce n'est plus désormais à l'étranger de
s'adapter à la culture française, mais au Français de s'adapter
à la culture étrangère. Notre plus haute juridiction administrative, le Conseil d'État, a adopté sans barguigner cette révolution

juridique et philosophique qui fait des Français des étrangers dans leur propre pays, et fait des étrangers des maîtres qui imposent leur mode de vie. Depuis l'arrêt GISTI, en 1978, empêchant le Premier ministre, Raymond Barre, d'interdire le regroupement familial des immigrés, au nom du « droit à la vie familiale normale », jusqu'au rapport Tuot de 2013, brocardant avec un mépris gourmé notre chère et vieille assimilation au profit d'une « inclusion » multiculturaliste, le Conseil d'État a été aux premières loges de la trahison des élites françaises.

Les droits de l'homme sont la nouvelle religion de ces grands juristes qui se sont arrogé, selon la belle expression du professeur de droit Georges Lavau, une « fonction de type prophétique ». Les juges-prêtres forgent des principes généraux du droit, tirés d'une Déclaration des droits de l'homme et du citoyen de 1789 que ses auteurs n'avaient jamais eu l'intention d'introduire dans le droit positif. Pendant cent cinquante ans, l'intention des auteurs de la Déclaration des droits de l'homme fut respectée. Ce n'est qu'après la Seconde Guerre mondiale, et le grand traumatisme nazi, que les rédacteurs de la Convention européenne des droits de l'homme de 1950 eurent l'ambition de pénétrer de force ou de gré dans le droit positif des États.

Les droits de l'homme relevaient du droit naturel, qui avait pour fonction traditionnelle de protéger les individus contre un pouvoir trop fort, voire tyrannique. Nos modernes droits de l'homme ont dévié de cette route traditionnelle en faisant du principe de « non-discrimination » la doxa de nos juges-prêtres. Or, la légitimité de la nation réside dans la différence entre nationaux et étrangers. La non-discrimination entre Français et étrangers est la négation de la nation. S'il ne reste de différence entre Français et étrangers que le seul droit de vote – que certains exigent même d'accorder aux étrangers ! –, il n'y a plus de nation française.

La philosophie qui sous-tend cette révolution juridique et politique se fonde sur un universalisme millénariste, un mépris du peuple français qui est censé n'avoir jamais existé, au profit d'une humanité déifiée et mythifiée. C'est la notion de peuple elle-même qui est visée, une notion de peuple parée des attributs totalitaires et fascistes. Il faut dissoudre les peuples d'Europe dans un magma européen, voire mondial. Il faut les sacrifier à la révolution mondiale des droits de l'homme, comme jadis les mêmes rêvaient de sacrifier les bourgeoisies à la révolution communiste mondiale. Pour ériger la société communiste mondiale sans classes, il fallait détruire et éradiquer les bourgeoisies nationales. Pour ériger une humanité régénérée sans races, il faut détruire et exterminer les peuples européens.

Les droits de l'homme sont ainsi devenus l'arme atomique de destruction des peuples européens. Pour sauver le peuple français, il faudra abolir la religion des droits de l'homme. C'est une question de vie ou de mort de notre civilisation.

La préférence nationale est le fondement de la nation. Quand la gauche était la gauche, quand la République était la République, c'est ce qu'elles savaient et disaient. Le Front populaire n'hésitait pas à définir par décret la priorité d'emploi aux ouvriers français, que lui réclamait d'ailleurs la CGT. Quand les syndicats étaient puissants, ils défendaient l'emploi des Français contre les dirigeants qui se sont toujours servis des étrangers pour diviser la classe ouvrière et réduire leur force revendicative : « Ils en veulent toujours plus », se plaignait déjà Pompidou à propos des patrons. De nombreuses voix regrettent aujourd'hui d'avoir laissé le drapeau, *La Marseillaise*, le patriotisme, voire Jeanne d'Arc, au Front national. Dans quelque temps, on se lamentera de lui avoir laissé la préférence nationale.

Il faut effacer tous les effets que la religion des droits de l'homme a produits depuis quarante ans. Il faut remettre partout des différences entre Français et étrangers. Il faut réinstaurer les discriminations entre Français et étrangers. Discriminer, c'est choisir. Pour recréer un peuple, il faut le distinguer. Distinguer, c'est le séparer et l'élire. Comme le note le professeur de droit Jean-Louis Harouel dans son livre *Les Droits de l'homme contre le peuple* (Desclée de Brouwer, 2016) : « Il est indispensable de discriminer. […] Il peut y avoir des discriminations justes. La discrimination juste par excellence est celle que l'on fait entre le citoyen et le non-citoyen, les nationaux et les étrangers. »

Il serait temps de sortir notre pays de la Convention européenne des droits de l'homme, pour marquer qu'il ne laissera plus son destin national entre les mains de l'idéologie délétère des droits de l'homme. Il nous faut abolir la loi Pleven de 1972 et toutes les lois qui, à sa suite, ont élaboré le corset étouffant de la non-discrimination.

Seule une révolution culturelle peut nous permettre de gagner la guerre de civilisation qui se déroule sur notre sol. Une sorte de Kulturkampf, « un combat pour la civilisation », dans la logique qui fut celle de Bismarck après l'unité allemande, pour contenir l'autonomisme catholique au sein de la nouvelle nation à majorité protestante. Il faut ainsi revenir au sens originel de la loi de 1905 sur la séparation de l'Église et de l'État. Il ne s'agissait pas alors, pour Jaurès et Briand, de déchristianiser la France. L'objectif des auteurs de la loi était seulement de lutter contre le cléricalisme et de sortir définitivement l'Église de l'État. C'était là, avec des moyens différents, une continuité républicaine avec la politique des rois et de Napoléon. Mais Jaurès et Briand donnaient en échange au christianisme la primauté sur la société. Il n'a jamais été question pour ses auteurs de mettre sur le même plan le catholicisme et les autres religions. Celles-ci avaient obtenu la liberté de culte depuis la Révolution, mais ne réclamaient pas une égalité de traitement. L'entretien des églises était financé par l'État, pas celui des synagogues ou des temples. La société française demeurait sous la prédominance culturelle du catholicisme, ce que Pierre Manent appelle la « marque » catholique. C'était déjà l'état d'esprit qui prévalait dans la politique concordataire de Napoléon.

Ce corset des droits de l'homme et de la non-discrimination explique la difficulté qu'ont eue nos dirigeants, lors des grandes attaques djihadistes à Paris, de nommer l'ennemi qu'ils prétendaient combattre de manière « impitoyable ». « La France est en guerre […] parce que la France est un pays de liberté, parce que nous sommes la patrie des droits de l'homme. » On peut féliciter François Hollande pour sa maîtrise impeccable des poncifs éculés du politiquement correct. Cette grandiloquence ne trompa personne. On menaça le « terrorisme », on dénigra Daech, on évoqua le sort tragique « d'imbéciles, de demeurés, de fous ». De « barbares ». Et puis, peu à peu, les langues se délièrent. On osa accuser un « islamisme » iconoclaste aussitôt remplacé par un « salafisme » plus exotique. Manuel Valls, non sans courage, osa reconnaître que le salafisme avait gagné « la bataille idéologique et culturelle » de l'islam en France. Mais la gauche l'agonit d'injures et de mépris. À droite, certains osent désigner l'« islam politique » sans comprendre que c'est un pléonasme, puisque l'islam est politique par essence.

On ne peut combattre l'ennemi qu'on est incapable de désigner. On connaît la célèbre réplique de Julien Freund, lors de la présentation de sa thèse, à un membre du jury, pacifiste et progressiste, lui reprochant d'établir une distinction entre ami et ennemi qui empêcherait à jamais le projet de réconciliation universelle : « […] Vous pensez que c'est vous qui désignez l'ennemi, comme tous les pacifistes. Du moment que nous ne voulons pas d'ennemi, nous n'en aurons pas, raisonnez-vous. Or c'est l'ennemi qui vous désigne. Et s'il veut que vous soyez son ennemi, vous pouvez lui faire les plus belles protestations d'amitié. Du moment qu'il veut que vous soyez son ennemi, vous l'êtes. Et il vous empêchera même de cultiver votre jardin. »

Dans son livre *La Notion de politique* (1932), Carl Schmitt nous avait prévenus du sort funeste qui nous guettait : « Ce serait une stupidité de croire qu'un peuple sans défense n'aurait que des amis, et il serait bas et malhonnête de compter que l'ennemi se laisserait peut-être attendrir par la non-résistance. Personne n'ira croire que les hommes puissent, par exemple, changer le monde et y créer une situation de moralité pure en renonçant à toute productivité esthétique ou économique ; combien moins encore un peuple renonçant à toute décision politique saurait-il placer l'humanité dans une situation où régnerait la morale pure ou l'économie pure. Qu'un peuple n'ait plus la force ou la volonté de se maintenir dans la sphère du politique ce n'est pas la fin du politique dans le monde. C'est seulement la fin d'un peuple faible. »

Les bougies, les « vous n'aurez pas ma haine », les « même pas peur », les chansons pacifistes sont la marque éclatante de la fin d'un peuple faible.

Si nous voulons nous arracher à notre destin funeste de victime de l'histoire, de foules sentimentales éplorées qui se

complaisent dans la complainte larmoyante, nous devons refor-
ger dans l'adversité un peuple français.

Et désigner l'ennemi : l'islam. Un ennemi qui nous fait la
guerre sans déclaration de guerre. Un ennemi qui rêve de
notre liberté comme nous rêvons de son ordre. Qui envie secrètement notre modernité individualiste comme nous envions
secrètement son archaïsme holistique. Cet islam est notre
ennemi au sens où « l'ennemi est la figure de notre propre
question » (le poète Théodor Daübler, cité par Pierre Manent,
dans son livre *La Raison des nations*). Nous passerons alors pour
l'agresseur parce que, comme l'a dit Clausewitz, celui qui se
défend apparaît toujours comme l'agresseur ; celui qui attaque
paraît pacifique tant que l'agressé ne se défend pas.

La civilisation arabo-musulmane, à l'instar de notre culture
féodale de jadis, exalte et idéalise la force, preuve de virilité,
comme l'illustrent de nombreux proverbes arabes qui expriment l'inconscient culturel de cette civilisation : « Baise la
main que tu ne peux pas couper. » Ou : « Celui à qui l'envie
de tuer n'est jamais venue n'est pas un homme. »

Nos professions de foi pacifistes sont regardées comme
autant de preuves supplémentaires de notre décadence dévirilisée. La défense véhémente de nos valeurs – liberté, égalité,
fraternité – n'est qu'une preuve supplémentaire de notre état
de déréliction. Quand le président de la République limite
de lui-même sa détermination par le respect emphatique de
nos valeurs – « Nous devons éviter surenchères et dérives. La
République, nous voulons [...] lui permettre d'éradiquer, dans
le respect de nos valeurs, le terrorisme [...] parce que nous
sommes attachés à la liberté et au rayonnement de la France
dans le monde » –, on comprend d'instinct que tout n'est
que rodomontades : « Le terrorisme ne détruira pas la République car c'est la République qui le détruira » ; et que sa
main tremblera, que les instruments les plus redoutables et
efficaces en théorie, comme ce fameux état d'urgence qui date
de la guerre d'Algérie, seront gâchés par une main toujours
trop molle.

« Les valeurs sont cette monstrueuse chose au centre de
l'affaiblissement du discours politique... les invoquer permet
magiquement de ne plus formuler d'argument construit, de se

dispenser d'examiner la raison adverse et d'osciller constamment dans l'émotionnel, car le propre de la croyance en des valeurs est cet attachement irrationnel, pathétique, à leur force indéfinie » (Philippe-Joseph Salazar, *Le Point*, 11 février 2016). Nos républicains d'aujourd'hui psalmodient « liberté, égalité, fraternité » sans savoir, sans comprendre même ce que ce slogan trinitaire signifiait pour les farouches révolutionnaires de 1789. La liberté, c'était la liberté de la nation, menacée par les « tyrans » européens qui voulaient brûler Paris si on touchait un cheveu du roi. La liberté ou la mort. L'égalité, c'était l'égalité de tous hormis celle des prêtres et des aristocrates, et de tous ceux qui soutenaient le parti de « Pitt et Cobourg » et de la superstition religieuse. La fraternité, ce n'était pas celle des individus mais des peuples d'Europe qui se révolteraient contre leurs monarques afin de nous soutenir, et qu'on finirait par envahir et occuper pour mieux les contraindre à être libres. Le cri de guerre révolutionnaire qui épouvantait à Valmy les lansquenets prussiens a été adouci en chanson sirupeuse pour adolescentes romantiques.

La République accumule les rodomontades mais laisse une population affolée déposer des bougies comme autant d'incantations vaines. La République s'apitoie sur le sort de ceux qu'elle suspecte de pactiser avec ses ennemis mortels. Traite en ennemis tous ceux qui veulent défendre notre civilisation menacée. Et fait venir toujours plus de musulmans sur son sol. Pendant que les djihadistes ensanglantaient Paris, l'Assemblée nationale adoptait une loi qui étend le droit du sol par la naturalisation des frères et sœurs d'enfants nés en France et rend encore plus difficile le renvoi des clandestins ou de déboutés du droit d'asile.

Il ne faut plus laisser croire que tout étranger entré sur le sol français est là pour rester. On nous donne en exemple avec raison les immigrations du passé, italienne, espagnole, polonaise, qui, après des débuts chaotiques et conflictuels, ont fini par faire souche et « enrichir » la nation française. On oublie, on ignore, ou on occulte l'essentiel. Selon les calculs du grand historien Pierre Milza, sur les 3,5 millions d'Italiens venus en France entre 1870 et 1940, les deux tiers sont repartis. Il évalue de même à 60 % les Polonais rentrés chez eux. La

République française était alors sagace et efficace. Elle savait trier le bon grain de l'ivraie, renvoyait les délinquants et les chômeurs, et poussait au départ tous ceux qui ne supportaient pas les rigueurs de l'assimilation. Pas de droit absolu au regroupement familial ; pas de nationalité française accordée d'office à tout époux de Français ; pas d'étudiants étrangers accueillis en masse et qui ne repartent jamais ; pas de droit du sol automatique ; pas de naturalisation sans réelle assimilation ; pas de scolarisation obligatoire des enfants de clandestins ; et respect strict de la loi de l'an XI[1] qui établissait l'obligation de choisir pour ses enfants un prénom pris dans le calendrier des saints de la religion chrétienne. C'était mieux pour tout le monde : ceux qui désiraient s'assimiler à la nation française ne subissaient plus les sarcasmes ou l'hostilité de leurs compatriotes qui ne le souhaitaient pas ; et pour ces derniers, leur retour chez eux était la meilleure solution à leur légitime mal du pays, qui répondait à la volonté de pérenniser leur être culturel et civilisationnel. L'erreur funeste des années 80, sous la houlette des associations antiracistes, fut de débrancher, au nom des droits de l'homme, le lien entre assimilation et nationalité. Nous devons le rebrancher. C'est la seule manière de reconstituer un peuple français digne de ce nom, soudé par une histoire, un mode de vie, des valeurs communes, et qui souhaite faire valoir l'« héritage que l'on a reçu indivis », selon la célèbre expression de Renan. Les musulmans devront choisir entre l'islam et la France. Entre une France de culture chrétienne et un islam qui ne conçoit pas la coexistence sans la domination. La France est une terre de mécréance et qui entend le rester. Le choix doit être clair et sans appel. C'est la manière la plus honnête et la plus respectueuse de chacun, contrairement à ce que nous a laissé croire une propagande mielleuse et « inclusive ». C'est notre politique qui le définira et obligera chacun à se positionner.

Il faut remettre à l'honneur l'injonction du général de Gaulle à Jean Foyer : « Souvenez-vous toujours de ceci, il y a

---

1. Établie par Bonaparte, elle sera confirmée par les lois de 1965 et 1972, sous de Gaulle et Pompidou, avant d'être abolie en 1993 sous Mitterrand.

d'abord la France, il y a ensuite l'État et enfin, dans la mesure où il est possible de préserver les intérêts majeurs des deux premiers, il y a le droit. »

Le droit doit se soumettre à la sauvegarde de la nation en péril. Ce n'est qu'à ce prix que nous desserrerons l'étreinte de notre triangle islamique invasion, colonisation, conflagration.

La gauche n'a pas hésité à établir l'état d'urgence pour lutter contre les djihadistes qui frappaient sur notre sol, au détriment des compétences habituelles du pouvoir judiciaire. Nous devons également décréter un état d'urgence culturel qui rendrait inopérante toute la jurisprudence érigée au nom des droits de l'homme, pour arrêter, s'il en est encore temps, l'invasion et la colonisation de notre sol.

Il ne faut pas compter sur François Hollande pour opérer cette révolution de salut public. Il n'en a ni le caractère, ni les capacités, ni même l'envie. Quand il déclare avec emphase qu'il est désormais dans l'histoire, on songe à ces présidents de la IIIe République, dont Clémenceau disait « qu'il y a deux organes inutiles, la prostate et la présidence de la République ». Imaginer François Hollande dans le fauteuil du général de Gaulle fait alternativement rire ou pleurer ; même l'habit de Guy Mollet apparaît trop grand pour lui. François Hollande est un technocrate gestionnaire qui doit prendre des décisions de chef de guerre. C'est un président de conseil général qui rencontre par hasard l'histoire. On comprend son angoisse et son désarroi. Il est issu d'un sérail de gauche qui a pendant quarante ans sucé le lait doucereux et entêtant du pacifisme, de l'antiracisme, du multiculturalisme, du « dialogue des cultures », de « l'islam, religion d'amour et de paix », de l'immigration, une « chance pour la France ». Soudain, cette nourriture trop sucrée se révèle indigeste, voire cancérigène. C'est lui qui paie pour les folies et les apostasies de ses prédécesseurs, de sa famille politique, de son milieu social. Une sorte de malédiction, de punition divine.

Il est pourtant de bon ton d'affirmer que François Hollande est « chanceux ». Lui-même en est persuadé. Chanceux d'avoir été débarrassé de Dominique Strauss-Kahn dans une chambre d'hôtel de New York. Chanceux d'avoir affronté un Sarkozy sortant et décrié. Chanceux de devenir président de la République alors qu'il n'avait jamais été ministre. Chanceux d'avoir bénéficié de « l'alignement des planètes économiques » – baisse du prix du pétrole, baisse des taux d'intérêt, baisse de l'euro. Et si c'était un leurre ? Une illusion ? Si le « chanceux » était « maudit » ? Hollande accède à la magistrature suprême alors même qu'il n'y a plus de magistrature suprême ; les mots d'ailleurs ont changé : Hollande affirme toujours qu'il est « aux responsabilités », jamais qu'il exerce « le pouvoir ». Comme si le mot pouvoir était devenu un mot tabou, un mot du monde d'avant, un mot très excessif pour définir « ses responsabilités ». Pourtant, Hollande doit faire face au retour de la guerre sur le sol national, de la mort de masse dans les rues de Paris. Il doit remettre l'armée dans la capitale comme pendant la guerre d'Algérie. Il doit poser un acte de souveraineté en décrétant l'état d'urgence, lui qui n'est pas un souverain et n'en a plus les compétences, et qui a toujours soutenu avec entrain tous les abandons de compétences nationales en faveur de l'Union européenne.

Il doit brûler ce qu'il a adoré et adorer ce qu'il a brûlé. Il le fait avec le cynisme bonhomme qui est sa marque de fabrique. Il s'essaie au discours guerrier ; il menace de la déchéance de nationalité les djihadistes binationaux ; il réveille les mânes de la patrie, de la gloire de nos armées, de la République farouche. Il entonne les refrains vengeurs de *La Marseillaise*, cet hymne « sanguinaire » que ses amis artistes de la bonne gauche vouaient il y a quelques mois à peine aux gémonies. Après le massacre du Bataclan, il exhorte les Français à arborer à leurs fenêtres le drapeau tricolore. Sans doute un de ses conseillers lui a-t-il décrit la floraison de bannières étoilées spontanément exhibées par la population américaine après les attentats du 11 septembre 2001. Encore et toujours ces fichus tissus colorés. Encore et toujours ces histoires de drapeaux qui auront ouvert et achevé son mandat à l'Élysée. Des drapeaux arabes pour l'ouvrir et un drapeau français pour le clore. Comme une réponse, un signe, un sursaut, encore trop timoré. Comme un avertissement et une prophétie d'affrontement. Un tardif, lointain et inutile remords.

CHRONIQUES
DE LA GUERRE DE CIVILISATIONS

2013

Neutralité laïque

Vincent Peillon a raison. Mille fois raison. On ne prend pas en otages les enfants dans nos batailles politiques d'adultes. On ne profite pas de leur jeune âge pour les endoctriner. On respecte le principe de neutralité à l'école. La laïcité, c'est ça. Dans l'école privée. Et dans l'école publique. Peillon le sait mieux que personne, lui qui a écrit des livres sur les pères de l'école laïque sous la IIIe République, de Jules Ferry à Ferdinand Buisson. Mais Peillon devrait d'abord balayer devant sa porte et rappeler au devoir de neutralité ses propres collègues. Quand Najat Vallaud-Belkacem se rend dans un collège pour expliquer que le mariage pour tous offrira plus d'épanouissement, plus de liberté, plus d'égalité, où est la neutralité ? Ce jour-là, elle est accompagnée par un représentant du lobby homosexuel qui a table ouverte dans l'Éducation nationale au nom de la lutte contre l'homophobie. Où est la neutralité ? La même ministre est-elle porte-parole du gouvernement ou de ce lobby lorsqu'elle propose d'insister sur l'homosexualité de Rimbaud et Verlaine alors qu'on croyait qu'ils étaient au programme pour leur génie poétique ? Où est la neutralité ? Quand l'ancien footballeur Lilian Thuram vient faire la leçon antiraciste dans les établissements scolaires, où est la neutralité ? Dès les années 80, Coluche était invité partout pour prêcher la même bonne parole. Alors, ces rencontres étaient organisées par SOS Racisme, association fondée dans le bureau du président Mitterrand. Son patron de l'époque est même devenu premier secrétaire du Parti socialiste. Dans les livres d'instruction civique, on donne le numéro de téléphone de SOS Racisme, sans doute pour favoriser les contacts. Où est la neutralité ? Quand les programmes d'histoire ou de sciences naturelles reprennent comme théories pseudo-scientifiques les obsessions idéologiques de la gauche bien-pensante, où est la neutralité ? Quand des professeurs arrêtent leurs cours pour inciter leurs élèves à descendre dans la rue, pour manifester contre la présence de Le Pen au second tour de la présidentielle en 2002, ou contre des lois qu'ils jugent liberticides, où est la neutralité ? Peillon a tout loisir pour faire cesser ces scandales, il paraît qu'il est ministre de l'Éducation nationale. Il n'en fera rien. Ses héros de la IIIᵉ République utilisaient déjà l'école pour arracher les consciences des enfants à l'Église et au roi, et pour faire de bons petits républicains. L'endoctrinement n'était jamais très loin, mais pour les mœurs, les Jules Ferry et consorts respectaient scrupuleusement les consciences. La gauche d'aujourd'hui n'a plus ces pudeurs. Elle juge qu'elle ne fait pas de politique ; elle dit seulement le bien. Elle n'endoctrine pas, elle prêche. Cela ne s'appelle pas du bourrage de crâne, mais le progrès. Elle n'enfreint pas les principes de neutralité, elle fait la morale. Elle a repris les méthodes de l'Église pour mieux la remplacer. Et comme disait Danton, « on ne détruit réellement que ce qu'on remplace ».

11 janvier 2013

France apaisée

Il nous avait dit : moi, président… on sera tranquilles. Moi, président, on sera peinards. Moi, président, fini l'agitation, l'excitation, les divisions. Moi, président, la négociation, les consultations, la pacification. Moi, président, la vie en rose sur un air d'accordéon.

Et puis on a vu. Et entendu. La fureur et le bruit, les insultes, les quolibets, les invectives. Les homos contre les hétéros, les femmes contre les hommes, les pauvres contre les riches, les ouvriers contre les patrons, Torreton contre Depardieu, les taxis contre les ambulanciers, les communistes contre les socialistes, les députés incroyants contre les religions. Duflot et Peillon qui réveillent les mânes du petit père Combes et de l'anticléricalisme d'il y a un siècle, Montebourg qui relance la guerre contre les 200 familles, qu'elles soient françaises comme Peugeot ou indiennes comme Mittal. Les socialistes nous promettaient un avenir radieux et plongent dans notre passé le plus poisseux.

Ils nous annonçaient la paix universelle et réveillent la guerre de tous contre tous. Il y a longtemps, le grand philosophe Hobbes nous a enseigné que l'État avait été inventé pour mettre un terme à cette guerre-là. Mais Hollande n'est pas l'État ; il ne l'incarne pas ; il ne le fait pas respecter. Il essaie mais n'y arrive pas. Comme s'il était là par hasard, par erreur. Sarkozy n'y arrivait pas plus que lui, mais il compensait son manque d'incarnation par un activisme survitaminé. Il n'était pas président mais jouait au Premier ministre. Pour l'instant, François Hollande n'est qu'un ministre des Impôts. Sarkozy nous a très vite énervés par son agitation perpétuelle et contradictoire ; son successeur nous énerve déjà par son apathique placidité.

Sarkozy excitait les passions ; Hollande nous les renvoie.

Les socialistes ont retrouvé le pouvoir après dix ans d'absence. L'incroyable amateurisme qu'ils ont montré dans l'affaire du taux d'imposition à 75 % prouve qu'ils ont perdu une partie de leur culture de gouvernement. À l'époque, Jospin reconnaissait, penaud, que l'État ne peut pas tout. Ses héritiers découvrent que l'État peut toujours moins. D'où le désarroi des uns et la fureur des autres. Chacun cherche désespérément à dire quelque chose de gauche. Mais Hollande reçoit chaque jour sa feuille de route de Bruxelles : traité budgétaire, fin du monopole de la SNCF, flexibilité sociale. Le rouleau compresseur libéral broie toute velléité d'originalité d'une gauche même convertie à la social-démocratie. Il inspire jusqu'aux réformes sociétales que la gauche défend ingénument au nom du progrès.

Cette mutation inouïe de la France se fait dans la douleur

et la fureur. Chacun pressent que l'avenir sera pire, qu'en 2013 la France risque d'apparaître comme l'homme malade de l'Europe. Chacun tente de défendre ses positions, ses privilèges, même modestes. Hollande avait promis que tout se ferait dans l'ordre et la justice. Chacun craint désormais que tout ne s'accomplisse, mais dans le désordre et l'injustice.

15 janvier 2013

Ecce homo

Les communicants de l'Élysée s'activent et frétillent. Les ministres courtisans et les flagorneurs de tout poil embouchent les trompettes de la renommée : François Hollande est devenu président. Flanby a tourné chef d'État. Le grand méchant flou a fait des choix. Il a eu à la fois son accord, sa guerre, sa manif. *Ecce homo*. Les socialistes peuvent bénir le général de Gaulle : la Ve République a quand même du bon. D'un jovial et ondoyant politicien, elle fabrique en quelques jours, voire en quelques heures, un marmoréen chef de guerre, à grands coups de menton et de Rafale bleu, blanc, rouge. Mais le prix de la transmutation du plomb en or est élevé. La réalité rattrape l'illusionniste qui doit s'arracher à l'ambiguïté protectrice. Il consacre dans le droit du travail cette flexibilité que la gauche vouait aux gémonies de l'ultralibéralisme depuis trente ans. Il ressuscite dans les sables du Sahel cette Françafrique que Hollande dénonçait avec véhémence il y a encore quelques semaines. Il déclare la guerre sans débat au Parlement comme un vulgaire gaulliste. Il engage la France seule, sans approbation préalable des Nations unies ni soutien de nos voisins, alors que les socialistes ne jurent que par les chimères de la communauté internationale et de la défense européenne. Il met dans la rue près d'un million de personnes pour une réforme sociétale qui n'est pas son genre, alors qu'il avait promis de pacifier le pays. Il se voit contraint de passer en force alors qu'il s'était fait le chantre de la négociation. Il se met à dos une France provinciale et de culture catholique d'où il vient, qui ne lui était nullement hostile, tant elle avait été excédée par l'ostentation de nouveau riche de son prédécesseur. Mais il doit donner des gages à une gauche radicale qui le déteste et le méprise, justement en raison de ses choix économiques et géostratégiques. Ses contradictions le rattrapent. Il essaie désespérément d'y échapper. Il lance encore quelques rideaux de fumée. Son ministre du Dialogue social, Michel Sapin, insiste sur les petites sucreries concédées à la CFDT. Fabius et Le Drian ont interdiction de prononcer le mot « islamiste », répétant à satiété que nous faisons la guerre à des terroristes et des criminels. Ils ne peuvent avouer que nous combattons les frères de ceux que nous soutenons en Syrie, tous financés par le Qatar, grand ami de la France. Et il ne faut surtout pas peiner le patron du Conseil français du culte musulman qui voulait déjà nous faire croire que Mohamed Merah n'était pas inspiré par l'islam ! Christiane Taubira, elle, est chargée de nous faire avaler que la Constitution interdit au président d'organiser un référendum sur le mariage homosexuel ! Enfumage et dissimulation ne disparaissent pas en quelques jours. C'est que Hollande joue gros. Que le chômage ne baisse pas en dépit des cadeaux faits aux entreprises. Que l'armée française s'enlise au Mali comme les Américains en Afghanistan. Que les attentats islamistes tuent à Paris. Que les manifestations massives se succèdent contre le mariage homo. Et Hollande sera alors lacéré par la droite et piétiné par la gauche.

18 janvier 2013

Êtes-vous Renault ou Peugeot ?

Dans les années 60, on était Beatles ou Rolling Stones. Dans les années 70, on était Renault ou Peugeot. La droite était Peugeot, la gauche Renault. Giscard roulait en Peugeot, Mitterrand en Renault. Renault, c'était Billancourt qu'on ne devait pas désespérer ; Peugeot, c'était le patronat paternaliste. Renault, c'était la banlieue rouge ; Peugeot, la province. Tout a changé depuis, mais rien ne change. La gauche a toujours les yeux de Chimène pour Renault. Renault ne vire pas les ouvriers, mais réduit les effectifs ; Renault ne délocalise pas, mais nourrit les pauvres en Turquie ou à Tanger. Et demain à Alger. Montebourg aurait rétabli la guillotine pour Peugeot. Il est tout miel avec Renault. Depuis l'affaire Mittal, les technos du Trésor lui ont montré qui était le patron. Montebourg a ravalé ses plans de nationalisation et de démondialisation ; apprend la figuration ; fait de la retape auprès des investisseurs étrangers. Renault a eu l'élégance de prévenir le ministre. C'est la transparence, il paraît ; la vie, avec Montebourg, c'est simple comme un coup de fil. Pourtant, les effectifs dans l'œil du cyclone sont plus importants chez Renault que ceux visés à l'époque par Peugeot. Depuis dix ans, Renault a délocalisé bien plus massivement que Peugeot. C'est même ce tropisme patriotique qui a causé la perte de Peugeot. Il y a belle lurette que Carlos Ghosn a compris, lui, que les ouvriers français étaient plus chers que les Marocains ou les Turcs. Il est fort en calcul, ce Carlos Ghosn, c'est un *cost killer* ! Pourquoi voulez-vous qu'il touche 9 millions d'euros par an ? Mais c'est à la famille Peugeot que Montebourg reproche ses dividendes. C'est une tradition à gauche : on préfère les élites mondialisées au patronat trop franchouillard. C'est Renault, et pas Peugeot, qui fait du chantage à ses ouvriers en France, pour qu'ils s'alignent sur les conditions de travail de leurs collègues espagnols, qui ont dû accepter une baisse de salaire de 25 %. En France, Renault avance masqué, réclamant seulement des hausses du temps de travail et une plus grande mobilité des effectifs entre les usines. Mais l'objectif est d'hispaniser les ouvriers français comme ont été turquisés les Espagnols. Avant de maroquiniser et d'algérianiser tout ce petit monde. Les experts ne jurent que par la montée en gamme des modèles, mais la guerre entre constructeurs automobiles se joue d'abord sur la capacité à réduire les coûts salariaux. Les nationalisations américaines ont d'abord servi à cela. L'industrie anglaise se reconstruit à des conditions de pays pauvre. Fiat ne restera pas en Italie s'il ne peut s'aligner. Même les Allemands ont délocalisé le gros de leurs usines en Tchéquie ou en Pologne, ne laissant aux ouvriers allemands que le plaisir d'inscrire sur les superbes limousines ce *made in Germany* si chic. Dans les années 60, Renault était l'entreprise du modèle social ; aujourd'hui, elle est le modèle de l'entreprise mondialisée, qui n'aura bientôt plus d'usines dans son pays d'origine et ne se souvient de sa nationalité française que lorsqu'il s'agit de quémander des aides de l'État. Au moins, elle est restée un modèle.

22 janvier 2013
L'Algérie est sacrée

L'Algérie, c'est la France ! Non, il ne s'agit pas de ressusciter François Mitterrand, ministre de l'Intérieur de la IVe République, mais de relever l'unanimité nationale qui a salué les méthodes pour le moins expéditives de l'armée algérienne contre les preneurs d'otages. Notre président socialiste applaudit, mais aussi Jean-Pierre Raffarin qui s'affichait il y a peu sous la bannière « humaniste » ; personne à droite ni à gauche ne s'émeut ; nos habituelles consciences droits-de-l'hommistes ne disent mot. Et qui ne dit mot consent. Les mêmes ne lésinaient pas sur l'emphase dans l'indignation pour dénoncer les méthodes musclées de l'armée russe de Poutine dont s'inspirent les Algériens. Mais Bouteflika n'est pas Poutine. Celui-ci est un boucher ; celui-là est un ami. Comme s'ils arboraient tous un badge à la boutonnière : Touche pas à mon Algérie. En Angleterre, aux États-Unis, au Japon même, jusqu'en Australie, dans tous les pays qui ont eu des victimes, on s'est offusqué ou scandalisé. On a au moins demandé des explications au gouvernement algérien. En France, rien. Circulez, il n'y a rien à voir. L'Algérie est sacrée. Elle le sera de plus en plus dans les mois qui viennent. Elle est pour l'instant notre seule alliée dans cette aventure malienne où nos prétendus amis occidentaux brillent par leur absence ; voire, pour les Américains, leur sourde hostilité. L'Algérie est le seul État digne de ce nom dans la région. Elle a ouvert son espace aérien à l'ancien colonisateur. La presse algérienne fulmine contre ce sacrilège. Si l'armée française demain s'enlisait dans le nord du Mali, l'Algérie a tout pour être à la France ce que le Pakistan a été aux Américains dans l'affaire afghane. Le pire et le meilleur. L'allié et le traître. Le roi du double jeu. Les terroristes que dénonce Hollande viennent pour la plupart d'Algérie. Chassés par l'armée française, ils repartiront d'où ils viennent. Mais Bouteflika n'a pas du tout envie de les voir revenir. Il est prêt à tout pour qu'ils restent loin de l'Algérie. Même à les soutenir. En douce. Après tout, ils sont des frères, arabes et musulmans, engagés dans une bataille contre l'infidèle Français et accessoirement le Noir méprisé du Sud-Mali. Et il est impossible de contrôler les milliers de kilomètres de frontières qui séparent les deux pays. Le retour de ces chers djihadistes rappellera à la population algérienne les effroyables souvenirs de la guerre civile des années 90, après que l'armée algérienne eut interrompu des élections démocratiques, que les islamistes avaient gagnées. On évalue les victimes de cet affrontement inexpiable à 200 000 morts. Personne en France, pas même BHL, ne demanda alors l'intervention de l'armée française pour arrêter le massacre. On lui aurait ri au nez. L'Algérie n'est ni la Libye ni la Syrie. L'Algérie n'est plus la France ; elle est plus que la France. L'Algérie est sa mauvaise conscience. Un tabou mémoriel. Comme une plaie jamais cicatrisée.

25 janvier 2013

Perfide Albion

David Cameron passe un mauvais quart d'heure. De Bruxelles à Berlin en passant par Paris et jusqu'à Washington, c'est l'hallali. Il paraît que même Pékin désapprouve. Les élites européenne et britannique aussi ; son prédécesseur, Tony Blair, le condamne. Les marchés, les Bourses, les banquiers et les milieux d'affaires aussi ; à Davos, on tord le nez. Des éditorialistes de renom et les grands médias internationaux hurlent au populiste. Accusent la presse de caniveau britannique de flatter les plus bas instincts ; ceux du peuple sont toujours bas.

Faut dire que ce jeune homme si bien élevé a exagéré en annonçant un référendum sur la sortie de l'Angleterre de l'Union européenne. Un référendum ! Demander au peuple son avis, on n'a pas idée aussi. Il paraît que Cameron pousserait l'incongruité jusqu'à se soumettre à la volonté du peuple britannique. C'est d'un vulgaire. Pas très *in*, ce Cameron. Pourtant, Sarkozy lui avait donné le bon exemple : un référendum sur l'Europe, on s'assoit dessus. Ou on fait revoter. Jusqu'à ce qu'un oui s'ensuive. Et si le non l'emportait, pourquoi pas démissionner pendant qu'il y est, comme un vulgaire général de Gaulle. Un vrai dictateur celui-là !

Ces Anglais décidément ne savent pas ce qui est bon. Déjà, ils ont refusé les douceurs de l'euro qui devait nous conduire sur les voies de la croissance et de la prospérité. Depuis vingt ans, la zone euro est la région du monde où la croissance est la plus faible ; les Anglais ne connaissent pas leur malheur. Veulent continuer à disposer de leur propre planche à billets et en décider l'usage souverainement. Des ringards. Comme les Américains, les Japonais ou les Chinois.

Les Anglais ont rejeté aussi les joies de Schengen qui permet de recevoir sur son sol des millions d'immigrés dont on ne veut pas. Les Anglais, eux, préfèrent choisir qui ils veulent quand ils veulent. Des barbares.

Pire encore, ils refusent de se soumettre à l'imperium de la grande puissance du continent, l'Allemagne. Se souviennent qu'ils ont fait deux guerres pour ça. Des bellicistes. Comprennent mal ces Français qui, il y a un siècle, se faisaient massacrer sur la Marne et qui désormais cèdent au lyrisme illusoire du couple franco-allemand. « Un couple, disait Oscar Wilde, c'est quand deux personnes ne font qu'un. Mais lequel ? » Oscar Wilde était anglais évidemment !

Susceptibles en plus. Ne supportent pas de voir leurs lois fabriquées par des technocrates bruxellois. Ont la prétention de continuer à les faire aux Communes à Londres. Ils appellent ça la démocratie parlementaire. D'un plouc. Refusent aussi que des juges étrangers à La Haye leur donnent des leçons de droits de l'homme. Comme s'ils se prenaient pour le pays de l'habeas corpus ! Les prétentieux.

Depuis l'annonce faite par Cameron, on menace les entreprises britanniques de leur fermer le marché européen. Tremble *made in England* ! Le marché européen est le plus ouvert du monde ; les Américains, les Chinois, les Japonais y rentrent comme dans du beurre. Et l'industrie britannique est en train de se refaire une santé grâce à une monnaie faible et des lois sociales encore plus faibles.

Ce populisme britannique qui ne connaît que son intérêt national est décidément intolérable.

29 janvier 2013

Mandarins dans la Cité interdite

Ne dites pas à Bertrand Delanoë qu'il y a à Paris des gens qui travaillent, il croit que la Ville lumière est uniquement un site somptueux pour touristes et flâneurs. Ne dites pas à Delanoë qu'il y a à Paris des familles avec enfants en bas âge, que les poussettes ne sont pas très pratiques dans le métro, il croit que les mères déposent leur bébé sur le porte-bagages de leur vélo. Ne dites pas à Delanoë que les voitures chassées des quais remonteront au-dessus et provoqueront des embouteillages très polluants, Delanoë ne conduit pas, il n'a pas son permis, mais il a un chauffeur. Ne dites pas à Bertrand Delanoë que Georges Pompidou est mort, il se voit encore sous les traits du jeune militant socialiste qu'il fut dans les années 70, ferraillant contre le président qui avait décidé d'adapter Paris à la bagnole. Ah, jeunesse enfuie ! Delanoë prononce de beaux discours sur le Grand Paris, mais met les banlieusards à la porte. Ne laissez pas vos sales voitures qui puent polluer l'air si pur de la Ville lumière. Delanoë n'ose pas – il est de gauche que diable – assumer les péages à l'entrée de la capitale, comme l'ont déjà instauré les édiles de Londres et Stockholm ; mais les résultats de son action sont les mêmes. Non seulement il boucle les quais, mais il vient de fermer la place de la République à la circulation, comme pour interdire le centre de la ville aux habitants des quartiers populaires de l'Est parisien. Salauds de pauvres ! Sans le dire, Delanoë ressuscite l'octroi qui interdisait sous l'Ancien Régime d'entrer dans Paris sans payer une taxe. Les socialistes reprochaient jadis à Chirac de chasser les pauvres, mais toute leur politique – du tramway aux quais piétonniers – fait monter les prix de l'immobilier et évacue de la capitale les résidus de classes moyennes qui y subsistaient. Les bureaucrates de la mairie de Paris, enfermés dans l'Hôtel de Ville comme des mandarins dans la Cité interdite, prétendent rendre les quais aux Parisiens ; mais comment leur rendre quelque chose qui ne leur a jamais appartenu ? Historiquement, les quais de la ville étaient avant tout un port, où on déchargeait des péniches, le vin à Bercy, et ailleurs le cuir ou encore le charbon. Seule une petite portion des quais était réservée aux promeneurs, qui n'a d'ailleurs pas souffert de la voie Pompidou. Paris n'a jamais été cette ville verte et silencieuse dont rêve la mairie de Paris, mais une cité grouillante, bruyante et sale. Et laborieuse. Plus près du Shanghai d'aujourd'hui que des jardins suspendus de Babylone. Delanoë poursuit un mythe esthétisant qui finira par transformer Paris en Venise : une sublime ville morte.

Le retour du général Faidherbe

Dieu que la guerre est jolie quand il n'y a pas d'adversaires ! Quand ils refusent le combat, s'enfuient, s'éparpillent eux-mêmes façon puzzle ! Une promenade de santé. Une démonstration de force. Une guerre éclair. On se souvient des expéditions américaines récentes qui avaient toutes connu des débuts tonitruants, des triomphes faciles. On connaît la suite. Dès que les Américains auront le dos tourné, les talibans reprendront le pouvoir. Dès que l'armée française rebroussera chemin, les islamistes redescendront de leurs montagnes. Bien sûr, on nous promet le contraire. On nous dit formation de l'armée malienne, contingents africains, État de droit, démocratie. Les Américains nous disaient la même chose en Afghanistan. Ils appelaient cela « *nation building* ». C'était beau, c'était grand, c'était chic. Ça s'est perdu dans les sables et la guérilla. Comment édifier une nation, et l'État de droit qui va avec, quand il n'y a pas de nation ? Le Mali est une ancienne construction coloniale qui n'a jamais réussi à faire vivre ensemble Noirs du Sud et Touaregs du Nord, qui se méprisent et se haïssent. Déjà, dans leur chevauchée fantastique vers le nord, le seul souci de nos soldats était d'éviter au maximum les exactions de l'armée malienne contre les peaux claires. Heureusement, l'absence d'images a permis d'éviter les bavures trop visibles. Mais ce n'est que partie remise. Les terroristes, comme dit François Hollande, ne sont pas détruits, ils sont seulement évaporés. Ils n'ont pas renoncé, ils ont seulement reculé. Ils sont l'ultime incarnation d'un mouvement historique séculaire, qui ne renonce jamais, la descente de l'islam venu du nord de l'Afrique pour convertir les populations noires. C'est ainsi que les Sénégalais et les Maliens sont devenus musulmans au fil du temps. Mais leur islam n'est jamais assez pur pour les rigoristes de la charia. Depuis des siècles, cette guerre religieuse entre musulmans est mêlée de violences, de razzias, de pillages, de trafics : jadis, c'était l'or et les esclaves ; aujourd'hui, c'est la cocaïne, les travailleurs clandestins ou les otages. Ce sera toute la question posée à l'Algérie dans les mois et les années qui viennent : choisira-t-elle de nous soutenir dans notre lutte contre le « terrorisme » ou préférera-t-elle, à la manière du Pakistan avec l'Afghanistan, protéger les intérêts historiques de l'islam ? C'est une vieille histoire qui sans cesse recommence. La France au XIXe siècle avait justement bloqué – pour quelques décennies seulement – l'avancée de l'islam dans cette région. À l'époque, on disait qu'on apportait la civilisation ; aujourd'hui, on parle de droits de l'homme. Pas question bien sûr d'évoquer la colonisation ; il n'empêche : sur le terrain, l'armée française a remis ses pas dans ceux de ses glorieux prédécesseurs, comme le fameux général Faidherbe. Après tout, François Hollande avait dédié son mandat à Jules Ferry. Il croyait alors célébrer le père de l'école laïque et retrouve les traces de l'héritage du grand colonisateur qu'il avait prudemment répudié. Comme une vengeance du grand Jules !

5 février 2013

Étalon-or

L'idiot du village, c'est celui qui ne comprend rien à rien ; dont les autres se paient la tête ; qui se croit flatté quand il est moqué ; qui se croit loué quand il est trompé. L'euro est l'idiot du village planétaire.

Depuis des mois, tous les grands banquiers centraux de la

planète, l'Américain, le Chinois, l'Anglais, le Japonais, le Brésilien même sont à son chevet. On les comprend. L'euro est
leur jouet docile ; il descend quand ils ont décidé de faire
monter leurs taux de change ; et il monte quand ils ont
décidé de baisser leur monnaie. L'euro est la variable d'ajustement du système monétaire international. Pour relancer leur
économie, pour dynamiser leurs exportations, pour réduire
leur chômage, tous les grands pays ont décidé de dévaluer
leur monnaie. Massivement. Le yen, la livre sterling, le dollar,
le yuan plongent. Et l'euro monte. Le brave benêt ! Toutes ces
monnaies se livrent une guerre sans merci. À Francfort, on ne
bouge pas. Mario Draghi passe pour un génie parce qu'il a
redécouvert la planche à billets, mais laisse l'euro monter au
ciel sans ciller. Le ministre des Finances français s'arrache les
derniers cheveux qui lui restent, en calculant ce que la hausse
de l'euro coûte à nos ultimes industries exportatrices comme
l'aéronautique, mais ne peut que regarder passer les trains.
La Banque centrale européenne est indépendante. Contrairement à la Banque d'Angleterre, à la Banque du Japon. Et
même, en vérité, à la Banque des États-Unis. Seule la BCE a
pris au sérieux les déclarations de vertu. C'est que l'Allemagne
y tient. La force de l'euro ne la dérange pas. Les Français et
les Italiens ne peuvent plus la concurrencer en dévaluant ;
les automobiles germaniques sont en grande partie fabriquées
dans l'Europe centrale hors zone euro ; et les Chinois achètent
à n'importe quel prix ces magnifiques limousines qui sont
pour eux des signes de leur nouveau standing. Et puis les
Allemands sont une nation vieillissante qui veut avant tout
sauvegarder ses retraites. L'euro fort paiera leurs croisières
sur les côtes méditerranéennes où il n'y aura bientôt plus que
des pays sans usines : des paradis pour touristes. Le couple
franco-allemand est encore célébré mais ne regarde plus dans
la même direction. Les Français s'accrochent à l'Allemagne
car c'est la garantie de notre puissant voisin qui nous permet
d'emprunter à des taux ridiculement bas. L'Allemagne nous
soutient comme la corde soutient Le Pendu.

Nos experts patentés qui passent leur temps à annoncer le
retour des années 30 ne voient pas qu'on y est à plein : après
la crise de 1929, tous les grands pays s'engagèrent dans une

folle guerre des monnaies, dévaluant à tour de bras ; les seuls qui refusèrent de dévaluer furent les Français. À l'époque, nous nous accrochions aux vestiges de l'étalon-or qui avait fait notre prospérité avant la Première Guerre mondiale. Les Français ont le don de se vouer à des chimères idéologiques. Ils ne font pas d'économie mais de la politique ; ils ne savent pas compter mais savent parler. L'étalon-or a été remplacé par l'euro. Encore un mythe politique auquel on sacrifie notre économie.

8 février 2013

On achève bien les débats

C'est une suite de monologues dits d'une voix monocorde et qui finit par entraîner une certaine monotonie. Mais de débat point. Le temps des échanges même furieux, des controverses même injustes, des polémiques même outrées est révolu. Celui des incantations lyriques, imitations parfois aux limites de la parodie – Guaino avec Malraux et Taubira avec Badinter –, n'est plus de saison. La gauche ne répond plus. Elle est pressée d'en finir, la gauche. La ministre de la Justice ravale son envie de se jeter dans la mêlée. Les députés socialistes ont mis un bâillon sur leurs lèvres. Le président Bartolone passe la parole avec un sourire courtois et ironique de vieux routier à qui on ne la fait pas. Depuis trente ans, chaque camp a usé et abusé des charmes de l'obstruction parlementaire. Le jeu de rôle est bien rodé et tourne à la mascarade. On ne sait qui tombe dans le piège de qui. Le gouvernement ne parviendra pas à tenir ses délais. Plus le temps passe, plus il risque un énorme raz-de-marée dans la rue. Ses contradictions et ses mensonges apparaissent en pleine lumière. Les mères porteuses ont été de fait légalisées par la circulaire Taubira. Celle-ci prétendait qu'il n'y aurait pas de parent 1 et de parent 2, et que rien ne changerait pour les couples hétérosexuels. En vérité, père et mère seront remplacés par le terme neutre d'« époux » ; le livret de famille unique disparaîtra. Une vraie révolution sémantique et donc idéologique. La théorie du genre triomphe. Mais la droite ne s'en sort pas mieux. Elle s'est enfermée dans cette querelle jusqu'à n'en plus sortir, donnant l'impression qu'elle approuvait tout le reste. D'ailleurs, elle approuve tout le reste. Au Mali, elle n'a rien à reprocher à Hollande ; et en économie, elle n'aurait pas fait autre chose que ce que décide le gouvernement depuis quelques semaines sous la pression européenne. Ce blanc bonnet et bonnet blanc aurait pu ravir le Front national, si celui-ci ne s'était pas déchiré entre le vieux parti des défenseurs de la famille traditionnelle et les modernes, conduits par Marine Le Pen et Philippot qui, à force de ne jurer que par le social, finiront par transformer le FN en un parti d'extrême gauche. Mais Mélenchon et ses amis n'en profitent guère, qui suivent tous les caprices des bobos sous l'œil réprobateur des ouvriers beaucoup plus conservateurs. Jusqu'aux Indigènes de la République, proches des jeunes de banlieue, qui dénoncent l'impérialisme gay d'un mariage qui ne concernerait que les homos blancs ! Il ne reste plus aux Verts qu'à nous expliquer pourquoi le principe de précaution qui leur est si cher pour les fleurs et les animaux ne vaut rien pour les enfants ! Ainsi va un débat à fois marginal et fondamental, ridicule et essentiel, convenu et imprévisible, lassant et passionnant, révélateur de toutes les contradictions et tous les conflits de la société française. Allez, président Bartolone, vous prendrez bien encore un petit amendement !

12 février 2013

Spanghero

C'est un beau roman, c'est une belle histoire. C'est une romance d'aujourd'hui. D'aujourd'hui. Le cheval était roumain et le cavalier s'appelait Spanghero. Dans ma jeunesse, un Spanghero, ça faisait du rugby, pas de l'équitation. C'est là qu'on se sent devenir vieux. Il y a aussi un trader à Chypre. Là-bas, les banques sont en faillite mais ils ont encore des traders. L'affaire était tellement juteuse que le Chypriote, sympa, a mis un collègue hollandais sur le coup. On vit une époque formidable où les traders ont des méthodes de mafieux et les mafieux des costumes de trader. Et le cuisinier doit être napolitain. Pour des lasagnes, c'est la moindre des choses. Sur la boîte, il y avait écrit Findus. À force de vendre des poissons carrés sans tête ni arêtes, ceux-là ont fini par confondre les chevaux et les bœufs. Les Anglais ont découvert l'embrouille. Ils avaient retrouvé le goût de la vache folle. On est ce que l'on mange, disait Rousseau. On comprend mieux ce que la mondialisation a fait de nous, des monstres sans patrie, sans racines, sans goût. Ces lasagnes roumano-hollando-luxembourgeo-franco-chypriotes ne sont que la pointe émergée de l'iceberg. Tout ce que nous achetons, consommons, tous nos vêtements, nos jouets, nos voitures, nos télévisions, nos iPods, est un mélange inextricable venu de Chine, du Cambodge, de Roumanie, de Turquie, du Maroc. Tous les mauvais ouvriers du monde se sont donné la main. C'est le règne du travail vite fait, vite cassé, vite jeté. Du pas cher qui rapporte beaucoup… à quelques-uns. Le consommateur n'est qu'un intermédiaire pas vraiment indispensable entre l'usine et la poubelle. Jadis, Giscard rêvait d'une Europe où la cuisine serait française, les vêtements italiens, les voitures allemandes, bref où chacun ferait ce qu'il sait le mieux faire pour tous. Le carrosse Europe s'est transformé en citrouille. Même les voitures allemandes sont fabriquées dans tout le continent avant de recevoir la précieuse étiquette mensongère *made in Germany*. Toutes les marinières bleu, blanc, rouge n'empêcheront pas les produits *made in France* de venir de partout et de nulle part. Alors, quand on parle de relocalisation, de protectionnisme, on nous rit au nez. Impossible, vous dit-on avec hauteur, les containers sur bateau sont dirigés par Internet. Mais, ne vous inquiétez pas, braves gens, les contrôles seront renforcés. Il suffit d'y croire. Les contrôles seront renforcés comme le capitalisme a été moralisé, la finance régulée, le chômage enrayé et les délinquants emprisonnés. Déjà, les commissaires européens se sont réunis. Le communiqué officiel ne tardera pas. Le papier vient de Tunisie, le stylo du Cambodge, l'encre de Roumanie, les morceaux de l'imprimante ont été fabriqués en Chine, Indonésie et Pologne, avant d'être assemblés à Francfort. On est rassurés. C'est si bon d'être pris pour des benêts. C'est un beau roman, c'est une belle histoire. C'est une romance d'aujourd'hui. D'aujourd'hui.

15 février 2013

L'alliance de Bouvines et de Waterloo

Merkozy est mort, vive Merkeron ! C'est le nouveau roi d'Europe, le nouveau couple, la nouvelle alliance qui impose ses vues à notre continent. On ne l'avait pas vu venir lorsque la chancelière allemande avait accueilli avec mille grâces la menace du Premier ministre anglais de quitter l'Union. On aurait dû se méfier. Hollande aussi. Depuis, il regarde passer les trains. Dans la négociation sur le budget de l'Union, comme dans le prétendu plan de relance de croissance, ou encore l'union bancaire, les positions françaises ont été enfoncées, défoncées, pulvérisées par le bulldozer anglo-allemand. L'annonce faite au même moment par Bruxelles de la création prochaine d'une grande zone de libre-échange entre l'Europe et les États-Unis sonne comme une nouvelle provocation de Merkel et Cameron. Il y a dix ans, Lionel Jospin avait mis son veto à cette idée déjà avancée par la Commission. Au nom de nos deux exceptions françaises, la culture et l'agriculture. Dix ans plus tard, Bruxelles, obstinée, revient à la charge. Les Français n'ont pas changé d'avis. Surtout pas à gauche. Mais Bruxelles s'assoit désormais sur les réserves françaises. L'Angleterre et l'Allemagne sont enthousiastes. Même chose pour l'euro. La France peste contre son cours trop élevé. Les Allemands la font taire. Les Anglais se marrent : l'euro, à leurs yeux, n'est jamais trop fort, puisqu'ils ont conservé la livre sterling, qui baisse suffisamment pour ressusciter une industrie anglaise compétitive pendant que son homologue française coule. Merkel et Cameron sont faits pour s'entendre. Tous deux de droite, politiquement conservateurs, économiquement libéraux, partisans du libre-échange. Le grand large est l'âme de l'Angleterre ; et depuis que l'Allemagne s'est réunifiée, elle a renoué avec sa grande politique mondiale d'antan. Elle exporte partout ses voitures et ses machines-outils. Partout, elle retrouve la City qui finance tout ce dont elle a besoin. Les deux font la paire. Ils jugent également les Français trop socialistes, trop étatistes, trop protectionnistes, pour tout dire trop européens. Bref, ils trouvent les Français trop français. C'est historiquement le retour d'une alliance millénaire qui, de Bouvines à Waterloo, en passant par la guerre de Sept Ans, a longtemps ligué les Anglais et les Allemands contre les ambitions françaises. La monarchie anglaise vient d'Hanovre et les élites britanniques ont toujours été fascinées par l'Allemagne. L'entente cordiale entre Français et Anglais fut une parenthèse du XXᵉ siècle pour contenir les visées hégémoniques de l'Allemagne sur le continent. Cette parenthèse se referme ironiquement alors même que les Français célèbrent sans y croire le cinquantième anniversaire du traité d'amitié signé entre Charles de Gaulle et Konrad Adenauer. Les deux hommes consacraient alors dans la cathédrale de Reims une Europe continentale autour du Rhin, d'inspiration carolingienne, une Europe catholique et sociale, protégée à ses frontières par ses douaniers et son tarif extérieur commun. Une Europe française. Une Europe que les Anglais ont toujours détestée et à laquelle les Allemands ne font plus semblant de se soumettre. Une Europe morte. Une Europe que Merkel et Cameron enterrent joyeusement.

19 février 2013

La femme est l'avenir de Boboland

La femme est l'avenir du maire de Paris. Nathalie, Rachida, Cécile, Anne et les autres sont en campagne. La mairie de Paris est leur graal et semble leur être réservée. Au PS, on dissuade Jean-Marie Le Guen d'affronter l'héritière désignée démocratiquement par Bertrand Delanoë ; à droite, les anciens cadors machos de la Chiraquie se font tout petits devant des souris qu'ils regardaient naguère avec une condescendance volontiers paillarde. Autrefois, être une femme en politique était un handicap ; aujourd'hui, à Paris, être un homme vous met sur la touche.

Les Parisiennes ont toujours été les reines de la ville, mais dans les salons du XVIIIe siècle elles mettaient sur le pavois les Voltaire et Rousseau, tandis qu'au XIXe elles faisaient la carrière de tous les Rastignac et Bel-Ami qui avaient la chance de leur plaire. Grande victoire des féministes : ce temps du pouvoir occulte est révolu, les femmes sont en pleine lumière ; Paris ressemblera bientôt à la Norvège, on se demandera comment un homme peut être maire de Paris. On se demandera aussi ce qui les différencie. Jadis, les commentateurs politiques tentaient de déceler les points de rapprochement d'adversaires que tout séparait ; désormais, on s'échinera à trouver les réelles divergences entre candidates qui sont d'accord sur l'essentiel et sur tout le reste. Toutes professent les mêmes idées. Droite et gauche sont avec elles démodées. Toutes sont modernes, tolérantes, antiracistes, progressistes, écolos, libérales en économie comme sur les mœurs. Elles abhorrent le Front national et le populisme à l'égal du péché. Elles sont pour l'Europe, la diversité, le tramway, les crèches dans les entreprises et les Vélib'. Pendant le débat sur le mariage homosexuel, Roselyne Bachelot a prévenu son ancienne collègue du gouvernement Fillon qu'elle ne pouvait se présenter à Paris sans être *gay friendly* ; l'avertissement a été entendu : NKM, balançant entre les nécessités de l'opposition au gouvernement et ses ambitions parisiennes, s'est courageusement abstenue. Il ne faut pas désespérer le Marais. C'est la loi d'airain des grandes villes dans toute l'Europe. L'insertion des métropoles occidentales dans un univers mondialisé, la liberté des mouvements de capitaux en quête de placement et d'immigrés en quête d'une vie meilleure ont bouleversé de fond en comble leur sociologie, chassant les ouvriers et les employés, remplacés par une population plus riche et plus éduquée, travaillant dans le tertiaire, publicité, médias, banques, etc., tandis que les îlots qui échappaient encore à cette gentrification devenaient des ghettos de populations immigrées. L'alliance des très aisés et des très aidés a changé la donne à Paris, mais aussi à Lyon, Bordeaux, Lille, Toulouse, Strasbourg. La mutation sociologique a entraîné une révolution politique. Nathalie, Rachida, Cécile et Anne sont les porte-voix de la même classe sociale dominante, les fameux bobos qui font la pluie et le beau temps dans les médias et les salons. Un Chirac ne gagnerait plus aujourd'hui à Paris, ou alors il faudrait que ce soit sa fille Claude qui se présente.

22 février 2013

Cash

Qui paie ses dettes s'enrichit. François Hollande connaît le proverbe mieux que personne. Lui paie ses dettes électorales. Il a conservé intacts ses réflexes d'élu local socialiste. Pas une clientèle qui ne soit remerciée. Pas un lobby qui ne soit récompensé. Pas un proche qui ne soit aidé. Il n'oublie rien, ne néglige rien. Les copains d'abord, les anciens de la fameuse promo Voltaire à l'ENA, jusqu'à sa chère Ségolène dont les électeurs n'avaient pas voulu.

Les électeurs, justement, il ne les oublie pas non plus. Les siens en tout cas. Les fonctionnaires ont été récompensés par la suppression du jour de carence que l'odieux Sarkozy avait osé leur imposer. Les profs avaient été servis les premiers : jours de vacances supplémentaires, embauches, prime. Et ils se plaignent quand même, les ingrats ! Comme ces associations qui trouvent qu'on ne les arrose pas assez. Pourtant, le ministre de la Ville a fait son boulot, un rituel « plan banlieues » pour distribuer un peu plus d'argent à ces quinze mille associations jamais contrôlées, « une machine sans compteur », avait dit effarée la Cour des comptes il y a quelques années. Il est vrai que les banlieues ont voté massivement pour le candidat socialiste. Hollande paie en cash. Et en symbolique. Puisque Valls a refusé d'humilier les policiers en les obligeant à délivrer un récépissé à ceux dont ils contrôlent l'identité, c'est Taubira qui s'y colle. Elle le fait avec la générosité qui la caractérise. Après le mariage pour tous, l'impunité pour tous. Après la risette au lobby gay trop longtemps discriminé, le câlin à ces jeunes injustement emprisonnés. Taubira ouvre tout grands ses bras et les prisons, en entonnant le célèbre refrain de la prison école du crime... où les élèves arrivent déjà diplômés. Tant pis si la France est le pays où quatre-vingt-deux mille peines de prison ne sont pas effectuées et où 80 % des jeunes auteurs de délits ne voient jamais de magistrat ni même de policier. Tant pis si l'exemple anglais récent démontre que la plupart des condamnés profitaient de leur liberté imprévue pour commettre d'autres infractions. Tant pis si les victimes seront partagées entre la fureur et la peur. Les victimes n'ont pas voté Hollande. N'ont pas un lobby branché ou influent.

Et puis, les places de prison, ça coûte cher. Faut bien faire des économies. C'est la seule contrainte de Hollande. Mais elle est de taille. Elle l'oblige à être moins généreux qu'il ne le voudrait.

Le président n'ignore pas que la majorité silencieuse est loin des lobbys qu'il bichonne ou des clientèles qu'il arrose. Il sait que les 80 % des Français les plus pauvres n'habitent pas dans les banlieues, mais loin des grandes villes et tout près des usines qui ferment. D'ailleurs, il ne parle jamais de banlieue, ni d'immigration, ni de diversité. Il sait que l'électorat populaire attend une plus grande fermeté avec les voyous. Alors, il envoie Valls au charbon pour faire de l'image et du son, menacer les délinquants qu'il ne mettra pas en prison. Il fait son job de président, comme disait son prédécesseur : équilibrer ses roueries de politicien avec des habiletés de communicant.

12 mars 2013

Petit Suisse deviendra grand

Les Suisses en ont rosi de fierté. S'ils n'étaient pas d'un tempérament placide tant moqué, ils auraient sauté de joie. Ils n'avaient jamais entendu de chants aussi doux venus de leurs voisins français d'habitude si condescendants, voire méprisants. La gauche française au pouvoir les donnait en exemple, proposait de les imiter, c'était jouissif, même une fois. Les petits Suisses étaient loués par les grands médias français pour avoir eu l'audace d'affronter les patrons. La démocratie helvétique était donnée en exemple.

Les Suisses n'en croyaient pas leurs oreilles ni leurs yeux. Ils se souvenaient que les mêmes, il y a deux ans seulement, avaient déversé sur eux des tombereaux d'injures pour un autre référendum, une autre votation comme ils disent. Alors, cette procédure était cruellement dénigrée, elle faisait le lit du populisme, du racisme, voire du fascisme. Les Suisses étaient des criminels. La gauche et les médias français les traitaient de racistes, de xénophobes, d'islamophobes, pour avoir osé interdire non pas les mosquées, mais seulement l'édification de minarets pour les surplomber.

Les Suisses les plus francophiles auront du mal à comprendre une telle inconstance française. Ce sont les mêmes électeurs et la même démocratie directe séculaire qui sont glorifiés après avoir été traînés dans la boue !

On peut aller plus loin. Au-delà des procédures, identiques, c'est la même philosophie politique qui inspire les deux votes de nos voisins. Quand ils plafonnent les super salaires des grands patrons, les Suisses veulent lutter contre cet accroissement inouï des inégalités qui sape depuis vingt ans la cohésion de toutes les sociétés occidentales et pousse les classes moyennes à s'endetter, pour suivre, pour ne pas déchoir. Mais quand ils interdisent les minarets, les Suisses tentent aussi de combattre un multiculturalisme qui divise et accroît les tensions religieuses, la peur et la violence. Dans les deux cas, les Suisses s'efforcent courageusement de lutter contre les ravages d'une modernité qui s'impose à tous, tentent de contenir les effets délétères de mouvements de capitaux, mais aussi de populations qui, au nom de la liberté, ignorent superbement les frontières et les volontés des peuples. Les Suisses, dans les deux cas, essaient de préserver vaille que vaille une cohésion, une sociabilité, un mode de vie, un art de vivre, des paysages et une culture, des traditions, un héritage, bref, une civilisation. C'est le même idéal de mesure des classes moyennes qui les anime et s'incarnait naguère dans la notion de République. En Suisse mais aussi en France.

Mais la gauche française a des œillères, condamnant l'insécurité sociale de ces classes moyennes et populaires, mais refusant de considérer l'insécurité culturelle et identitaire qui hante les mêmes. Il est vrai que souvent la droite française a les mêmes œillères mais mises à l'envers. À tous, les Suisses montrent qu'on peut être petits, seuls, mais courageux et cohérents. Vive la Suisse libre !

15 mars 2013

La revanche sur 1789

Two packs. Non, ce n'est pas un terme de rugby mais cela signifie qu'on peut fermer la mêlée parlementaire du Palais-Bourbon. Les députés ne serviront plus à rien puisque les commissaires de Bruxelles auront au préalable imposé leur diktat. Ne pourront plus que se soumettre ou se démettre. Cela tombe bien, le gouvernement socialiste cherche à faire des économies et entend supprimer le cumul des mandats. Pour le reste, il légiférera par ordonnance. Un rêve. Ou un cauchemar. Le vote du budget, des impôts et des dépenses, par les représentants du peuple, fut pourtant aux sources de la démocratie. C'est ainsi que les révolutions ont commencé en Angleterre puis en France. Philippe Séguin avait prophétisé il y a vingt ans lors du référendum sur Maastricht : ce sera la revanche sur 1789. Le député d'Épinal ne s'était pas trompé : l'autre grande arme économique des États, la monnaie, avait alors été confiée à un aréopage de technocrates rassemblés dans une Banque centrale européenne, qui depuis lors défend farouchement son indépendance. Avec les budgets sous contrôle de commissaires non élus, l'Europe ferme à double tour une parenthèse démocratique de plusieurs siècles. C'est ce que le philosophe allemand Habermas appelle l'autocratie postdémocratique ; en langage courant : la dictature des technocrates. En France, les politiques bougonnent, marmonnent, protestent ; mais ils sont piégés : la gauche est depuis un siècle internationaliste, européenne, fédéraliste ; mais cette Europe fédérale se construit pour mettre en œuvre une politique d'austérité qui l'horripile. La droite française depuis le général de Gaulle est censée défendre l'indépendance de la France ; mais elle approuve cette rigueur qu'un des siens, Sarkozy, avait acceptée sans barguigner. Quand les peuples votent, ils rejettent violemment la politique imposée par Bruxelles : l'Italien Mario Monti l'a rudement appris à ses dépens. Mais Bruxelles est sourde. Sûre d'être dans le vrai. Sûre de sa réussite, comme dit Manuel Barroso. Un mot parfaitement choisi par le président de la Commission : sept pays de la zone euro sont en récession et neuf en stagnation. Un seul pays est florissant : l'Allemagne. Se donne fièrement en exemple. Et inspire la politique imposée par Bruxelles, qui n'est en réalité qu'un relais de l'hégémonie germanique. Mais le cocktail berlinois de monnaie forte, de libre-échange et de rigueur répond aux besoins de l'Allemagne, sa démographie faible et son industrie puissante à forte valeur ajoutée. L'inverse exact de la France. Les peuples ne s'y trompent pas. Angela Merkel est souvent visée dans les manifestations à Athènes ou Madrid. En Italie, ceux qui criaient le plus fort contre l'euro et l'Allemagne ont gagné. À Bruxelles comme à Paris, on dénonce le populisme, on craint le retour des nationalismes ; les tensions montent. Il y a cinquante ans, l'Europe a été fondée au nom de la paix et de la démocratie. La démocratie ne subsiste que comme un décor. Reste la paix. Pour combien de temps ?

19 mars 2013

Les caves du Vatican se rebiffent

La guerre est déclarée. Pas entre la Chine et le Japon ni entre Israël et l'Iran. Mais entre le pape et les médias. Une guerre de mots, une guerre d'images, une guerre en dentelle, mais une guerre inexpiable. Une guerre qui n'en finit jamais. Qui recommence avec chaque nouvel élu. Dès son avènement, l'Argentin a subi le même sort que l'Allemand. Celui-ci avait eu les Jeunesses hitlériennes, celui-là aura les généraux argentins. Comme un rituel. Comme s'il fallait à toute force associer l'Église catholique aux tyrans ; comme s'il fallait refaire sans fin le coup si réussi du pape Pie XII soi-disant allié d'Hitler. Les médias traqueront désormais la moindre déclaration sur le mariage, le sida, l'homosexualité, l'islam, pour, après une déformation et une décontextualisation d'usage, rendre le pape odieux aux masses. Un bon scandale financier ou une bonne affaire de pédophilie feront aussi l'affaire. Un travail de routine. Le catholicisme est la religion la plus maltraitée par les médias internationaux. Elle bénéficie d'un traitement de défaveur, tandis que le protestantisme est ignoré, le judaïsme craint et l'islam protégé. Le catholicisme subit la conjonction de deux traditions, la laïcarde bouffeuse de curés des médias français et la protestante antipapale des médias anglo-saxons. L'alliance improbable mais redoutable de Voltaire et de Luther. Avec sa structure pyramidale et son discours moralisant, l'Église incarne tout ce qu'exècre un univers médiatique, baignant dans la culture soixante-huitarde, antihiérarchique et libertaire. Les médias attendent toujours un pape femme, noire, lesbienne, cocaïnomane. Ils sont condamnés à être déçus. Dans cette guerre, Benoît XVI était une proie idéale. Un pape intello qui veut réconcilier la foi et la raison, connaît le poids des mots mais pas le choc des photos, était une cible facile. Les médias le regrettent déjà. Car le successeur est plus pugnace et retors. Les caves du Vatican se rebiffent. Le nouveau pape est le produit de ces Jésuites qui ont toujours érigé comme principe de combat l'adaptation au terrain et à l'adversaire. Le dépouillement vestimentaire et liturgique du pape François rappelle le Giscard descendant les Champs-Élysées en costume de ville. Son slogan répété à satiété : « N'oublie pas les pauvres » tourne ses ennemis sur leur gauche. Déjà, les superbes images de cardinaux en robe rouge ouvrant le conclave avaient occupé les chaînes info avec majesté. Le catholicisme se rappelle qu'il est la seule grande religion qui ait autorisé et favorisé les images divines, quand ces grandes rivales monothéistes les rejetaient avec méfiance. Le catholicisme est aussi la première superstructure internationale deux mille ans avant la mondialisation. Venu de cette Amérique du Sud où les évangélistes et les pentecôtistes taillent des croupières au catholicisme, ce pape sud-américain a pris la mesure d'une époque qui fait primer l'émotion sur la raison, les chants sur l'étude, l'image sur la lettre. Il est apparemment décidé à rendre coup pour coup.

22 mars 2013

Baby Loup

On ne peut même pas dire que la décision de la Cour de cassation soit scandaleuse. Le juge dit le droit, pas le juste ni le vrai. Un droit bien dans la ligne du maître européen, lui-même sous influence anglo-saxonne. Un droit qui privilégie les libertés individuelles, en particulier la liberté religieuse. Un droit qui couronne l'obsession individualiste de nos sociétés et la conception, fausse historiquement mais encore défendue il y a peu de temps par le président de la République lui-même, d'une laïcité exclusivement garante de la liberté religieuse, alors qu'elle fut d'abord, avant tout, arme de combat contre l'Église et d'émancipation des citoyens par la raison.

On a beaucoup reproché à Marine Le Pen d'avoir proposé

pendant la campagne présidentielle d'interdire les voiles et
les kippas dans la rue ; on oublie seulement de rappeler que
jusque dans les années 70, les Juifs eux-mêmes ôtaient leur
kippa dès qu'ils sortaient dans la rue. Non par peur d'être
agressés – ces choses-là étaient alors inimaginables – mais par
discrétion ; par respect des autres, croyants ou incroyants qui
ne devaient pas être gênés par une foi ostentatoire. On avait
alors ces élégances-là. On se souvenait encore des guerres de
Religion et on ne voulait pas les revivre. C'était ça le vivre-
ensemble à la française, mot qu'on n'avait pas encore inventé
parce que justement on le pratiquait. Le narcissisme du « moi,
je » a dynamité ce jardin à la française ; chacun a voulu afficher ses racines, ses croyances au nom de la liberté ; on s'est
mis à admirer le modèle communautariste à l'anglo-saxonne
au nom du droit à la différence. L'islam a aisément envahi ce
terrain dévasté, au nom de l'affirmation de soi, de ses origines,
d'une revanche sur la colonisation passée.

On reproche à l'islam de ne pas jouer le jeu de la laïcité
à la française ; mais ce n'est pas dans ses gènes ni dans son
histoire. L'islam a toujours ignoré la différence entre État et
religion, entre privé et public ; c'est une religion qui prend en
main dans sa totalité la vie des croyants ; et a toujours privilégié la communauté sur l'individu qui doit se soumettre – le
sens du mot islam – à la loi divine. L'islam, ce communisme
avec Dieu, est l'exacte antithèse de notre société atomisée par
l'individualisme jouisseur et consumériste. Le conflit est inévitable. Et la fascination réciproque. Dans les entreprises, les
revendications se multiplient, pour des salles de prières, des
jours fériés, des cantines halal, etc. Partout, les couards s'al-
lient aux modernes multiculturalistes pour céder à la loi du
nombre. Ceux qui veulent résister à ce rouleau compresseur
sont piégés, traités de racistes ou de réactionnaires. Si les politiques votaient une loi répressive dans les entreprises privées,
les musulmans diraient qu'on change la législation pour les stigmatiser ; s'ils ne bougent pas, un droit individualiste continuera
de servir leur affirmation religieuse – et donc politique – dans
l'espace public ; et d'altérer radicalement l'art de vivre à la française. Lentement, mais inexorablement, le piège se referme.

26 mars 2013

Gauchisme

C'est la défaite en chantant. Plutôt que de transformer une candidate inconnue en un député inutile, Marine Le Pen a gagné beaucoup mieux : elle fait de nouveau peur. La gauche voit le retour du spectre de Lionel Jospin et de son absence au second tour à la présidentielle de 2002 ; l'UMP est concurrencée dans le rôle envié de meilleur opposant. Une législative partielle n'est pas une présidentielle, et l'Oise n'est pas la France ; mais elle donne un climat et une tendance. Elle vient après les élections en Italie qui ont vu la victoire des thèses antiélites, antieuro, anti-Allemagne et antimondialisation. Les médias unanimes se bouchent le nez en évoquant la montée du populisme. Mais dans populiste, il y a peuple.

La partielle de l'Oise montre que le fameux périurbain, cher aux géographes, est devenu l'enjeu électoral majeur de demain. Le duel y avait déjà opposé Sarkozy à Marine Le Pen à la présidentielle, les plus vieux et les plus riches préférant le président sortant, tandis que les plus jeunes et les plus modestes votaient Le Pen.

Les experts analysent cette montée du populisme comme la conséquence mécanique du vieillissement des populations et de ses peurs conservatrices devant un monde nouveau. C'est en vérité l'inverse. Ce sont les retraités qui, en votant pour les deux grands partis, font encore tenir debout le traditionnel clivage droite-gauche. Mais les retraités ne sont plus épargnés par la rigueur de gauche ; et cette génération a un avenir forcément limité dans le temps.

Cette partielle confirme donc la présidentielle : le Front national est le véritable héritier du Parti communiste défunt. On l'avait dit il y a trente ans quand c'était faux ; on ne le dit plus alors que c'est devenu la vérité géographique, sociologique et électorale. Le FN est le premier parti des ouvriers, des employés, des chômeurs et des jeunes non diplômés. À gauche, on se rassure à bon compte en songeant qu'une partie des ouvriers a toujours voté pour les mouvements autoritaires de droite, de Napoléon III à de Gaulle en passant par le général

Boulanger. Les ouvriers n'ont pas attendu la fille pour voter pour son père. Mais la fille, au contraire de son géniteur, suit sans complexe ses électeurs, multipliant les références à Karl Marx et dénonçant la mondialisation au nom de l'État et de la défense des petits, des oubliés, des victimes à la fois des délocalisations et de l'immigration.

Avec son jeune mentor Florian Philippot, l'ivresse gauchiste a saisi Marine Le Pen à un point tel qu'elle a d'abord traité les opposants au mariage pour tous comme de vulgaires cathos réacs. On aurait cru le mépris habituel de l'extrême gauche. Ce dimanche de victoire électorale est donc aussi un jour de défaite pour les dirigeants du FN. Ils n'ont pas bien compris que l'insécurité économique et sociale était inextricablement liée à l'insécurité culturelle et identitaire, effroi devant un monde qui vacille et une France qui s'en va. Ils ont commis la même erreur que les dirigeants de la gauche. Comme s'ils étaient mis un peu trop vite dans la peau de ceux qu'ils rêvaient de remplacer. Comme s'ils n'avaient pas achevé leur formation en tant que futur grand parti de gauche.

29 mars 2013

Les précieuses ridicules

Autres temps, autres mœurs. Sous la IIIe République, les hommes politiques de tous bords se retrouvaient au bordel ; ils parlaient de femmes, de littérature et parfois de politique ; désormais, ils discourent doctement au Sénat, confrontant au palais du Luxembourg leurs conceptions de la prostitution. Jadis, ils préféraient les blondes ou les brunes, s'affichaient républicains ou monarchistes ; désormais, ils sont réglementaristes ou prohibitionnistes. Marthe Richard en 1946 fit fermer les maisons closes pour punir les prostituées françaises d'avoir été le repos du guerrier allemand. Aujourd'hui, on s'apprête encore à faire la guerre, mais aux clients français de prostituées étrangères. On fait pleurer Margot sur les réseaux mafieux qui martyrisent ces pauvres filles qui ont envahi le territoire français. Sarkozy les a éloignées des centres-villes, inventant un délit de racolage passif, traduction administrative du célèbre : Cachez-moi ce sein que je ne saurais voir ! La gauche supprime l'interdit sarkozyen mais promet demain de punir le client. Ses habituelles alliées objectives, les Bachelot hier, et les Jouanno aujourd'hui, lui emboîtent le pas ou même le précèdent. Quand elles ont dit : C'est comme ça en Suède, on a l'impression qu'elles ont vu Dieu. Avec Sarkozy, on était dans *Tartuffe* ; désormais, on joue *Les Précieuses ridicules*. Quand il était président de la République, Pompidou disait : « N'emmerdez pas les Français. » Il est vrai que lui avait vraiment le pouvoir économique, monétaire, industriel, diplomatique, et qu'il ne lui était pas nécessaire d'interdire la prostitution pour montrer qu'il servait à quelque chose. Car personne, ni à droite, ni à gauche, ni au centre, ne nous dit qu'il enverra la police démanteler les réseaux mafieux ; personne ne nous dit comment on les arrête aux frontières, puisqu'il n'y a plus de frontières ; personne n'ose avouer que c'est la guerre du Kosovo puis l'extension indéfinie de la zone Schengen qui ont permis à ces mafieux de martyriser ces pauvres filles chez nous. Bossuet qui ne badinait pas lui non plus avec la luxure notait déjà que Dieu rit de ceux qui déplorent les effets dont ils chérissent les causes. Il est bien seul à rire, le bon Dieu. Le client de prostituées roumaines ou africaines montré du doigt songe que c'était pourtant le seul avantage qu'il tirait de la mondialisation. Mais son humour paillard est interdit par nos grandes inquisitrices féministes. Pour elles, l'occasion est trop belle. Il s'agit de montrer du doigt l'homme prédateur, forcément prédateur, et la pauvre femme victime, forcément victime. Le scénario est écrit d'avance. À l'envers de celui qu'on écrivait au Moyen Âge en marquant au fer rouge les prostituées parce qu'elles incarnaient Ève, l'éternelle tentatrice. Désormais, c'est l'homme qui est coupable par essence. Mais là où le riche pourra toujours se payer des *escort girls*, le client de prostituée de rue sera mis à l'amende. Derrière la haine du macho perce très vite chez ces bourgeoises de droite ou de gauche la haine du prolo.

2 avril 2013

Vénus et Mars

Des lâches. D'infâmes pacifistes, hantés par l'esprit de Munich. Des vieux Européens décadents. Des alliés ingrats. Qu'ils se promettaient de punir. Les Américains s'amusaient à récapituler toutes nos défaites depuis 1940. Ils nous reléguaient dans la cour des filles sur Vénus, tandis qu'ils se paraient du casque de Mars, le dieu de la Guerre. Dix ans après, les Américains doivent reconnaître que les Français n'avaient pas tort. Les plus sévères jugent le bilan de leur intervention en Irak comme un fiasco. « Les grandes puissances font rarement des choix qui leur explosent aussi violemment à la figure », lit-on dans le *New York Times*. Plus de 4 000 *boys* ont laissé leur vie dans une guerre qui a coûté au bas mot 2 000 milliards de dollars. George Bush avait promis de détruire des armes de destruction massive qui n'existaient pas et d'établir la démocratie, provoquant dix ans de guerre civile. Depuis 2011, l'armée américaine a plié bagage mais les attentats continuent, des sunnites contre les chiites, des chiites contre les Kurdes. Les Américains ont disloqué cet État forgé de toutes pièces par les Anglais il y a un siècle ; les Kurdes ont pris une quasi-indépendance, tandis que les cadres sunnites de l'armée de Saddam Hussein, virés par les Américains, rejoignaient al-Qaida dans sa lutte contre le grand Satan. Le droit de vote, la liberté d'expression, la multiplication des médias, tout cela existe, mais il n'y a pas de citoyens, seulement des communautés ethniques et des tribus. Le suffrage universel a donné les clés d'un camion plein de pétrole à la majorité chiite. L'Iran en rêvait ; George Bush l'a fait. En tuant Saddam Hussein, les Américains ont abattu le seul qui résistait au voisin iranien. Les Américains avaient comme objectif de protéger Israël et ses alliés arabes du Golfe de la menace irakienne : ils les ont placés sous une menace iranienne encore plus puissante, préparant tranquillement sa bombe atomique. L'US Army s'est battu pour les mollahs iraniens, comme les soldats de Louis XV s'étaient battus pour le roi de Prusse.

Après l'Irak et l'Afghanistan, deux fiascos, Obama a désormais les délicatesses d'un éléphant dans un magasin de porcelaine. Surtout ne pas bouger pour ne rien casser. Alors, comme des enfants privés de jouets, les Américains regardent avec envie nos troupes caracoler au Mali à la poursuite du terroriste qu'ils n'ont plus le droit de tuer qu'avec des drones, qu'on tire devant un écran, planqué au fin fond de l'Arizona. Les *bastards* – c'était un des surnoms affectueux dont ils nous affublent – savent donc encore faire une vraie guerre. Une grande découverte en effet sur un pays qui a mille ans de guerre derrière lui ! Ils nous admirent. Ils nous louent. Ils vantent même notre virilité. On fait le sale boulot à leur place, ils nous félicitent. Pourtant, rien ne dit que notre guerre éclair au Mali servira à quelque chose et que les fameux terroristes ne reviendront pas dès que l'armée française aura le dos tourné. Rien ne dit qu'on ne fera pas là-bas les mêmes erreurs qu'eux. Allez, sans rancune, *old boy*, et comme on dit chez nous, rendez-vous dans dix ans.

5 avril 2013

Grand pardon

Il l'a dit en français, mais l'a pensé en anglais. Quand Jérôme Cahuzac a demandé pardon, on a cru entendre Bill Clinton ou Lance Armstrong, ou les innombrables candidats à la présidentielle américaine, pris la main dans le sac d'un banal adultère, venus à la télé avec femme et enfants faire acte public de contrition. On croyait voir Dominique Strauss-Kahn aussi. Les mots sont les mêmes, les manières, les postures. Les communicants n'ont aucune originalité, ne se renouvellent pas, se copient, ressassant tous le même modèle *made in USA*. Mais ils ne sont pas les seuls. Quand les médias titrent sur le mensonge du ministre, on retrouve la thématique puritaine d'outre-Atlantique. Les Européens, et les Latins en particulier, nous avaient habitués à une plus grande subtilité héritée de la Renaissance italienne, qui tentait de distinguer l'homme d'État utile au pays bien que corrompu, Mazarin ou Danton, du vertueux dangereux, Robespierre ou Savonarole. Désormais, une députée propose une loi établissant un délit de parjure. Avec serment sur la Bible ?

Quand Mélenchon a accusé Pierre Moscovici de ne plus penser en français, mais dans la langue de la finance internationale, les socialistes ont cru habile de lui accrocher le grelot infamant de l'antisémitisme. Ils ont un siècle de retard. Quand les mêmes socialistes ânonnent leurs éléments de langage sur la « faute d'un homme seul », quand Jean-Louis Borloo nous parle avec drôlerie des Toblerone qu'on planquait en revenant de Suisse, ils ont cinquante ans de retard.

La nostalgie n'est plus ce qu'elle était. L'abolition il y a vingt-cinq ans du contrôle des changes a tout... changé. Les milliards de dollars se baladent aux quatre coins du monde, les paradis fiscaux pullulent, les mafieux blanchissent à tour de bras, les corrupteurs corrompent sans compter. Avec la mondialisation financière, les élites de l'argent ont trouvé un terrain de jeu idéal où plus aucune règle n'existe, aucune loi, aucune peur du gendarme ou du douanier, aucune morale, aucune patrie. La culture catholique et républicaine de la France se hérisse de voir les meilleurs d'entre nous, formés dans les plus brillantes écoles, jeter leurs défroques de grands médecins ou de hauts fonctionnaires pour plonger toute honte bue dans les marécages amoraux des paradis fiscaux. Le pauvre couillon de contribuable ne supporte plus de devoir payer plus d'impôts parce que les plus riches ont trouvé le moyen idéal d'en payer moins. Ces grands cyniques de Français redécouvrent la morale lorsqu'ils comprennent que la corruption menace leur pays comme une vulgaire contrée d'Afrique ou du Moyen-Orient. Les militants de gauche perdent leurs dernières illusions et cessent, pour un temps, de donner des leçons de morale à la Terre entière ; et ceux de droite commencent à se poser des questions sur le modèle libéral.

Ce n'est pas une crise de régime, mais la crise d'un système. C'est à la fois moins dangereux et plus grave.

9 avril 2013

Mitterrand le petit

On connaissait ses talents d'imitateur. Pendant toute la campagne présidentielle, François Hollande singeait François Mitterrand, avec une étonnante ressemblance de la voix, de la posture, des mimiques. Les mots étaient souvent les mêmes : Hollande combattait la finance quand Mitterrand avait dénoncé l'argent ; François II, comme François I, dédiait sa campagne à la jeunesse. Mais depuis qu'il est entré à l'Élysée, l'imitation a tourné à la rage, à la frénésie. Même la pluie s'est mise de la partie pour célébrer leurs deux avènements. Comme Mitterrand l'avait fait après Giscard, Hollande s'est efforcé de redonner une dignité à la fonction, que leurs deux prédécesseurs de droite avaient voulu désacraliser, décontracter. Dès son intronisation, Mitterrand avait distribué quelques sucettes sociales, retraite à 60 ans, hausse du smic, embauche de fonctionnaires. Hollande aussi. En 1983, Mitterrand a opéré un grand virage de la rigueur au nom de l'Europe. Hollande aussi. Avec son projet sur l'enseignement privé, en 1984, Mitterrand a mis un million de gens dans la rue. Hollande s'en approche dangereusement avec le mariage dit pour tous. Pour l'instant, il fait le coup du mépris, mais Mitterrand, en 1984, lui avait d'avance dicté son comportement : « Au-dessus d'un million de personnes dans la rue, le régime vacille. » Frigide Barjot sait ce qu'il lui reste à faire ! Après la réélection de 1988, l'ère Mitterrand sombrait dans les affaires et l'argent. Avec Cahuzac, Hollande l'imite encore. Mitterrand avait Roger-Patrice Pelat, son ami richissime aux affaires louches ; on a découvert pour

Hollande Jean-Jacques Augier, vieux copain de la promotion Voltaire, trésorier de sa campagne et amateur de paradis fiscaux. Comme son maître avait multiplié les lois de moralisation du financement de la vie politique, Hollande s'apprête à nous présenter ses grands projets de loi sur la transparence et la moralisation de la vie politique. Hollande fait en tout comme Mitterrand mais en plus petit, en plus médiocre : question de talent, de culture, d'époque aussi. En revanche, ce qu'il perd en profondeur, en subtilité, il le gagne en vitesse. On se croirait parfois dans un dessin animé quand le héros court en accéléré. En un an, Hollande a déjà mangé deux septennats de Mitterrand. Hollande est comme Sarkozy un homme de sa génération, il ne sait pas donner du temps au temps. Ses courbes de popularité sont aussi basses que celles de Mitterrand en fin de mandat. Et il lui reste encore quatre ans à tenir ! Que faire ? comme disait Lénine. Dans *Le Petit Mitterrand illustré*, il a déjà tout pris, tout copié, tout abîmé. Ne lui reste que la cohabitation avec la droite, pour lui permettre de se refaire une virginité et réélire en 2017. Et d'abord dissoudre l'Assemblée nationale, pour perdre en beauté, selon le modèle indépassable de son autre mentor, Jacques Chirac. Mais il devra se faire violence, abandonner ses amis, ses députés, son parti, renier et saborder tout ce dont il vient, sacrifier les siens à sa sauvegarde personnelle. Pour imiter Mitterrand une dernière fois.

12 avril 2013

La région, cette ringarde
qui se croit moderne

Il n'a rien dit et s'en félicite. C'est toujours ça qu'on ne lui mettra pas sur le dos. Et pourtant, c'est un échec de plus. Un échec passé inaperçu dans la tourmente Cahuzac, mais une défaite politique et même idéologique. La décentralisation, François Hollande est pour depuis toujours, la régionalisation aussi. Hollande a sucé le lait delorien de l'Europe des régions depuis sa naissance en politique. La simplification du millefeuille administratif, il en a parlé d'innombrables fois. Il n'est pas le seul. À gauche comme à droite, c'est une idée qui court depuis des années. Des décennies. Toutes les élites politiques, technocratiques et médiatiques sont d'accord : il y a trop de communes en France, il faut les regrouper ; le département est ringard, il faut le supprimer.

Il y a un seul inconvénient : le peuple n'est pas d'accord. En Alsace, c'est le troisième référendum perdu sur ce thème-là, après ceux de Corse et de Martinique. Une triple défaite qui corrobore les ridicules participations électorales aux régionales et aux européennes. Ce n'est plus un échec, c'est un désaveu. À chaque fois, on se console en disant que les Français ne répondent jamais à la question qu'on leur pose. Et si les Français s'obstinaient justement à répondre à la question ? Ils veulent garder leur département, qui date de la Révolution française, et leur commune, qui a remplacé les paroisses il y a mille ans. Ils veulent conserver ce qui a duré, ce qui est stable, ce qui est proche d'eux. À la fois la tradition et la démocratie. S'il faut simplifier le millefeuille administratif, pour faire des économies, qu'on supprime les communautés de communes qui coûtent une fortune, et ces régions qui ne ressemblent à rien, même pas aux provinces d'antan, et qui permettent à des roitelets de jouer aux grands féodaux, multipliant les dépenses somptuaires et des embauches de fonctionnaires en paquets, négociant directement avec Bruxelles, et se piquant même parfois d'avoir une politique étrangère. L'État reprendra aisément des compétences qu'il n'a jamais vraiment lâchées. La région était l'idée à la mode parmi les élites technocratiques des années 70. Elle était à la bonne échelle de la voiture, comme le département correspondait à l'ère du cheval. Mais le TGV a rétréci les distances au profit des contacts directs avec Paris. Par ailleurs, les flux économiques de la mondialisation ont privilégié les grandes villes, les fameuses métropoles : Paris, Lyon, Montpellier, Strasbourg, etc. Les maires de Lyon, de Paris ou de Bordeaux ont marginalisé les institutions régionales pour piloter le développement économique de leur environnement. Les présidents de région hurlent au voleur, mais le gouvernement Ayrault, par un projet de loi présenté mercredi dernier, vient de donner discrètement les clés du camion au maire de Lyon. Cette sauce lyonnaise est l'avenir : entre les départements qui s'occuperont des territoires ruraux déshérités et les métropoles au cœur de la mondialisation, les régions seront dépouillées. Vaines. Obsolètes.

Nos modernes d'hier sont devenus les ringards d'aujourd'hui. C'est le sort des gens et des idées à la mode d'avoir le destin des feuilles mortes.

16 avril 2013

Thatcher is dead

De là où elle est, Margaret Thatcher peut être fière : elle est toujours aussi détestée. La mort n'a nullement apaisé la fureur de ses adversaires, qui l'insultent encore des deux côtés du Channel ; même Mélenchon a rouvert pour elle les portes d'un enfer auquel il ne croit pas. Ses thuriféraires ne sont pas moins enthousiastes que dans les années 80. Les uns la félicitent d'avoir arraché l'Angleterre aux griffes des syndicats et du déclin ; les autres l'accusent d'avoir détruit l'État providence et la plus ancienne classe ouvrière du monde. Et s'ils avaient tous raison ? Il faut croire que Margaret Thatcher n'est pas vraiment morte puisqu'elle suscite encore de telles passions. On aurait pu penser que les féministes défendraient une femme maltraitée par un monde politique misogyne ; mais les féministes vomissent Thatcher, qui le leur rendait bien, comme une émanation d'un pouvoir politique à l'ancienne, vertical et brutal, pour tout dire viril ; un pouvoir qui a disparu de nos contrées. Margaret Thatcher fut sans doute le dernier homme politique de l'histoire de l'Occident. Depuis, il n'y a plus que des communicants et des assistantes sociales. C'est peut-être pour cette raison qu'elle est encore détestée. Par tous ceux qui haïssent le pouvoir en soi, tandis que pour tous les politiques qui font semblant de l'exercer, elle est comme un remords qu'il faut effacer. Elle a montré que le politique pouvait encore changer le monde, et même le révolutionner, mais au nom d'une idéologie libérale qui considère que le politique doit se faire tout petit devant le marché roi. Face aux socialistes français qui trahissaient leur tradition colbertiste au nom de l'Europe, c'est la libérale qui défendit avec vigueur les prérogatives de l'État britannique contre les empiètements des technocrates européens. Margaret Thatcher n'était pas à un paradoxe près : cette femme de la petite *middle class* britannique a conduit une politique économique qui a prolétarisé la classe moyenne dont elle était issue au profit d'une caste de financiers cupides et arrogants qu'elle aurait détestés. Sa sincère éthique du travail, de l'effort, n'a pas empêché la désindustrialisation massive de son pays. Son nationalisme *old school* a été impitoyable à l'égard des Argentins et des Irlandais, mais la large ouverture des frontières qu'elle a voulue a attiré en Angleterre des millions d'immigrants venus de partout et transformé Londres en une ville monde, détruisant l'univers si traditionnellement british qu'elle affectionnait tant. Il n'y a presque plus un joueur anglais dans les grands clubs de foot britanniques qui appartiennent à des mafieux russes ou des princes arabes. C'est le drame intime des libéraux : le marché qu'ils vénèrent détruit les structures traditionnelles qu'ils sont censés protéger. Le lointain successeur de Margaret Thatcher autorise un mariage gay qui aurait scandalisé son éducation traditionnelle. François Mitterrand voyait en elle un personnage double, avec la bouche de Marilyn et les yeux de Caligula. Mitterrand, un homme qui s'y connaissait en femmes. Et en ambiguïté.

19 avril 2013

Money

La gauche aime à dire et croire qu'un pacte séculaire la lie à la jeunesse du monde. Quand elle ouvre largement les vannes des universités françaises aux étudiants étrangers, c'est pour le bien de ces étudiants et de notre pays qui ne peut pas se passer de leurs compétences. La gauche ne fait rien pour retenir nos meilleurs étudiants français qui partent de plus en plus vers les universités américaines, britanniques ou canadiennes, mais ouvre grandes les portes aux étudiants africains qui ont trouvé là depuis longtemps un moyen détourné pour s'installer dans notre pays. La gauche se moque apparemment comme d'une guigne de dépouiller ainsi les pays africains de leurs rares élites. Elle en veut toujours plus, la gauche. Des Africains mais aussi des Asiatiques et des Européens. Paris-Babel. Alors, elle a récemment sorti son arme suprême pour attirer les meilleurs étudiants étrangers : autoriser les cours en anglais dans nos universités. Oui, le code civil de Napoléon en anglais ! La médecine de Pasteur, *in english* ! Parce que sinon, a ajouté Geneviève Fioraso : « Nous nous retrouverons à cinq à discuter autour de Proust. » D'abord, on a dit comme vous : Geneviève qui ? Personne ne connaissait le nom de la ministre de l'Enseignement supérieur. Il faut dire qu'elle n'est pas la seule dans ce cas-là. Au moins, elle s'est fait un nom. Mais on ne sait pas si on doit s'en réjouir. On ne peut pas ôter à Mme Fioraso une certaine cohérence intellectuelle. Notre ministre veut que la France prenne toute sa part dans la bataille mondiale des cerveaux. La France doit imiter les États-Unis ou l'Angleterre qui attirent sur leurs campus les meilleurs étudiants chinois ou indiens ou coréens, souvent si brillants. Elle fantasme sur les campus cosmopolites américains, alors que beaucoup de professeurs et d'observateurs outre-Atlantique se désespèrent de l'incapacité d'enseigner à des publics qui n'ont plus de base culturelle commune. Notre ministre inconnue ajoute la naïveté à l'arrogance. Quitte à avoir des cours en anglais, les brillants sujets asiatiques préféreront toujours la copie à l'original, c'est-à-dire Harvard ou Cambridge à Paris XII. La copie sera ridicule, *globish english* ânonné avec l'accent français, alors que les meilleurs étudiants ne viendront en France que pour sa culture, son histoire. Le niveau baissera encore au lieu de monter. Mais notre ministre inconnue a le soutien des patrons des universités et des grandes écoles qui rêvent d'amasser beaucoup d'argent en faisant payer cher, très cher, les étudiants étrangers, encore une fois sur le modèle anglo-saxon. *Money, money.* Elle a surtout le soutien silencieux, mais actif, des patrons des grands groupes mondialisés qui songent seulement à placer des cadres venus de tous pays, dans leurs installations multinationales, pour faire couleur locale. *Money, money.* Le *globish english* que notre ministre de gauche veut généraliser est justement la langue de la mondialisation, des élites financières et managériales de Wall Street. Parler une langue, ce n'est jamais innocent, c'est s'approprier une culture, une vision du monde. On peut toujours compter sur la gauche pour servir au mieux les intérêts du capitalisme.

23 avril 2013

Louis XVI sur le trône de Louis XIV

La chienlit, c'est lui ! Ce célèbre calicot de Mai 68 n'a pas encore été détourné par les organisateurs des manifestations contre le mariage gay. Cela ne saurait tarder. Il faudra d'un coup de crayon mettre « pépère » à la place de « mon général ». Après tout, c'est grâce à la solidité des institutions léguées par le père de la Ve que son successeur peut ignorer des manifestations de rue de plus en plus impressionnantes. Et grâce aux farces et attrapes laissées par Michel Debré dans la Constitution qu'il a pu accélérer la procédure parlementaire pour mettre un terme à la guérilla d'un quarteron de députés UMP. Comme de Gaulle en Mai 68, Hollande a mis à côté de la plaque, ne comprenant rien à ce mouvement, le méprisant, puis tentant de l'amadouer avec la clause de conscience laissée aux maires, avant de se reprendre, sous l'injonction du lobby LGBT. De Gaulle excitait la verve des manifestants par sa raideur souveraine ; la faiblesse de Hollande produit le même effet. La Ve République a été inventée pour résister aux pressions des lobbys, pas pour mettre l'État à leur service. Hollande dans le fauteuil du Général, c'est Louis XVI sur le trône de Louis XIV.

Comme en Mai 68, la révolte est générationnelle, des jeunes de 20 ans se rebellant contre la société atomisée dominée justement par les élites soixante-huitardes devenues notables chenus mais puissants. Comme en 68, les partis sont désorientés et dépassés. Les dirigeants de l'UMP protestent contre la présence à leurs côtés du député FN Gilbert Collard, tandis que Marine Le Pen dénonce la « reprise en main » par l'UMP, sans comprendre que les manifestants se moquent comme d'une guigne de ces frontières désuètes. La gauche a cru avoir affaire à des syndicalistes, s'étonnant qu'ils protestent contre un droit qu'on ne leur retirait pas, alors qu'elle devrait au contraire, en ces temps matérialistes et égoïstes, louer des gens qui défendent une certaine idée de l'homme, sans rien attendre pour eux.

Depuis quelques jours, le pouvoir semble s'affoler. On accuse les opposants au mariage gay d'être d'odieux homophobes. Les mêmes qui interdisent farouchement tout amalgame entre délinquants et étrangers, ou entre terroristes islamistes et musulmans, se révèlent en rois de l'amalgame. Les grandes heures de notre histoire sont convoquées, les ligues du 6 février 1934 réveillées. La République est en danger. Valls a endossé la pelisse de Clemenceau. Elle est trop grande pour lui.

Quand Bertrand Delanoë dénonce « les violences verbales et les intolérances », il pense sans doute à son ami Pierre Bergé qui déclarait il y a peu que si une bombe explosait sur les manifestants contre le mariage gay, il ne pleurerait pas.

François Hollande a voulu traiter ce que sa ministre Taubira a elle-même qualifié de changement de civilisation comme une simple modification du barème de l'impôt sur le revenu. Il n'a pas mesuré la violence symbolique qu'il imposait à une société épuisée de subir les caprices et diktats de toutes les minorités depuis quarante ans. Cette violence symbolique est la cause de toutes les autres violences. Qui sème le vent récolte la tempête.

26 avril 2013

L'homme pressé

Il faut croire que nos présidents sont comme des petits enfants qui n'aiment pas dormir en dehors de chez eux. L'Élysée est leur doudou ; leur avion présidentiel, leur nounours ; loin d'eux, le noir les inquiète.

Hollande en Chine est resté aussi peu longtemps que Sarkozy en Inde.

Il est vrai que la Chine comme l'Inde sont deux petits pays

dérisoires, aux populations réduites, civilisations ridicules qu'on balaie d'un revers de main, marchés économiques à dédaigner au vu de nos faramineux excédents commerciaux. Hollande n'était jamais venu en Chine auparavant, comme Sarkozy ne connaissait rien de l'Inde. Veulent pas voir du pays, nos présidents ; vont vers l'Orient compliqué avec un simple réveil dans la tête.

Pourtant, le rapport au temps est là-bas différent ; prendre son temps est signe de respect, de reconnaissance ; la vitesse n'est pas synonyme d'efficacité mais de mépris. Nos hommes pressés croient pouvoir établir la confiance par un contact immédiat, instantané, comme avec un dirigeant allemand ou italien. Quand le général de Gaulle, vieil homme de 74 ans, visitait le Mexique pour inciter ce grand peuple à un *mano en la mano,* il restait huit jours. Les Mexicains s'en souviennent encore. Tout le monde en Europe ne commet pas cette erreur. Angela Merkel a pris une carte d'abonnement sur le Berlin-Pékin. Deux fois rien que cette année déjà. À chaque fois, elle demeure plusieurs jours, se balade même dans les provinces, accompagnée de son armada d'industriels.

Hollande n'a pas embêté ni dérangé en Chine. Il a mis un mouchoir sur les habituelles leçons de morale droits-de-l'hommistes des socialistes. Il a répété qu'il refusait tout protectionnisme. Les Chinois ont dû bien rire sous cape devant tant d'ingénuité, eux qui ne respectent aucune règle de l'OMC et manipulent leur monnaie à leur guise. Le président français essaiera de placer nos avions ou nos centrales nucléaires que les Chinois veulent fabriquer eux-mêmes. Il ne nous restera plus que le luxe et l'agroalimentaire, tandis que les voitures allemandes inondent les rues de Pékin et que les machines-outils *made in Germany* équipent leurs usines.

À défaut de faire du bien, Hollande ne fait pas de mal. Les Chinois l'oublieront aussitôt qu'il sera reparti. Ils se diront avec tristesse que décidément pas un président français n'aura su exploiter la formidable percée diplomatique du général de Gaulle reconnaissant en 1964 la Chine populaire, alors que les États-Unis l'interdisaient à tous leurs alliés.

Hollande célébrera l'année prochaine ce coup d'éclat diplomatique, avec le même faste froid qu'il a consacré au début de cette année à l'anniversaire du traité franco-allemand. Heureusement que Hollande a le général de Gaulle pour avoir quelque de chose de grand à faire. Un peu comme un gardien de musée. Mais il n'y a pas de sot métier.

30 avril 2013

Pacifisme

François Hollande a eu raison de profiter pleinement du plus beau jour de sa vie lorsqu'il fut acclamé par la foule en délire de Bamako venue fêter son libérateur. Il ne connaîtra plus jamais une telle euphorie. Il ne sera plus jamais le libérateur de qui que ce soit. L'armée française ne pourra plus rééditer sa guerre éclair au Mali.

Avec son livre blanc, le président de la République a pris la responsabilité historique de casser le jouet. De briser quarante ans de politique d'indépendance de la France, mise en œuvre par le général de Gaulle, et qui reposait à la fois sur la possession de l'arme nucléaire et sur la cohérence de notre outil conventionnel. Hollande conserve la force de dissuasion, mais la cohérence militaire de la défense française sera désormais assurée par l'OTAN. On achètera par exemple des drones Predator sur étagères aux États-Unis, alors que depuis quarante ans la France s'obstinait à fabriquer seule ou en coopération avec d'autres les armes dont ses soldats avaient besoin. Ce n'est qu'un début. La France devient la Belgique, les Pays-Bas ou l'Italie, qui se fournissent habituellement auprès des industries américaines. Il y a quelques semaines, le président français avait semblé contenir les folles économies prévues par Bercy. C'était une illusion. Ou une manipulation. S'il avait entériné l'hypothèse budgétaire de Bercy, Hollande mettait fin à l'armée française ; avec un budget qui représentera moins de 1,5 % de notre richesse nationale, il met fin à l'exception française.

Hollande est rentré dans le rang. Dans le rang socialiste, dans le rang européen, dans le rang occidental. Il donne toute sa portée au retour de la France dans l'OTAN décidé par Sarkozy, qu'il avait tant critiqué. Il achève le travail commencé par Sarkozy. Il le fait au pire moment, alors qu'une paix chaude a succédé à la guerre froide. Tous les grands pays augmentent leurs budgets militaires, la Chine, l'Inde, la Russie, le Japon. Seuls les Européens les baissent, comme s'ils aspiraient à sortir de l'histoire. Enfin presque tous. Les dépenses militaires allemandes seront cette année plus importantes que celles de la France. Une première depuis 1945. Des esprits retors songeront que la chancelière allemande insiste tant sur la nécessaire rigueur budgétaire pour contraindre son voisin à mettre en pièces cet outil militaire qui est la dernière supériorité française en Europe. Le dernier souvenir humiliant de la défaite allemande en 1945.

L'Allemagne aspire à devenir le meilleur élève de la classe otanienne et à supplanter l'Angleterre dans ce rôle. Devenir le patron de l'Europe, adoubé par des Américains qui seront de plus en plus occupés par l'Asie. Quand François Hollande se rendra à Bruxelles, sa voix ne portera pas davantage que celle de l'Espagne ou de l'Italie, puisque, sans qu'on le dise, c'était notre force militaire qui nous permettait jusqu'alors de parler haut. On n'échappe pas à son destin. Depuis un siècle, les socialistes sont pacifistes et pro-américains. La politique d'indépendance du général de Gaulle les a toujours ulcérés. Leur pacifisme les pousse à se mettre sous la protection de l'oncle Sam. Hollande est l'enfant qu'auraient eu Aristide Briand et Guy Mollet. Comme une fin de l'histoire.

3 mai 2013

Les Français ne sont pas
des Allemands comme les autres

Les socialistes n'ont pas tort parce qu'ils sont socialistes. Parce qu'ils ne veulent pas nettoyer d'abord leur cour, faire repentance pour les 35 heures, ou ouvrir les yeux sur notre assistanat. Ils n'ont pas tort parce qu'ils s'en prennent à l'Allemagne. Comme si l'Allemagne était sacrée. Comme si l'amitié franco-allemande était notre nouveau totem. Ainsi que l'écrivait Marcel Proust, l'amitié ce n'est pas l'accord des opinions, mais la contiguïté des esprits. On en est loin entre la France et l'Allemagne. Pour les Français, tout est politique ; pour les Allemands, tout est économique. Pour les Français, la monnaie est un outil avec lequel on joue en fonction des besoins ; pour les Allemands, c'est l'étalon de la valeur d'un pays, une relique. L'Allemagne est un peuple de vieux qui prépare sa retraite ; la France est un pays qui fait encore des enfants qu'il faut éduquer et soigner. L'Allemagne fabrique des grosses limousines qui se vendent quel que soit le prix ; la France, des petites autos dont les prix sont serrés. L'Allemagne a besoin d'une monnaie forte pour accumuler les réserves ; la France d'une monnaie faible pour relancer un appareil industriel sinistré. Nous sommes deux fois victimes de l'euro : nos exportations souffrent et déclinent parce que l'euro est trop fort ; et à l'intérieur de l'Europe, nous ne pouvons plus dévaluer pour nous protéger du rouleau compresseur de l'industrie germanique. C'est l'euro double lame. L'Italie vit le même enfer ; c'est pourquoi Hollande peut s'allier à elle. Il nous faut être compétitifs, disent les bonnes âmes. On sait comment faire : les Allemands n'ont pas de smic et paient 400 euros des millions de salariés venus de Prusse ou de Pologne. Toute l'Europe centrale travaille pour eux à bas prix. Même leur agriculture dame le pion aux Français, grâce à ce dumping social, ce qui prouve bien que les problèmes de notre industrie ne sont pas seulement dus à nos propres boulets fiscaux ou sociaux. Contrairement à ce que croient ou disent les socialistes, le conflit entre Français et Allemands ne repose pas sur la rigueur et la baisse des déficits et des dettes, mais sur l'euro. L'arrivée au pouvoir à Berlin de leurs amis sociaux-démocrates n'y changerait rien. Même leur promesse électorale d'établir un smic ne tiendra pas, une fois au pouvoir, face au diktat du patronat. En Allemagne, c'est lui qui dirige. Souvenons-nous du socialiste Schröder. Mais les socialistes français s'obstinent : ils veulent la défaite de Merkel, car le SPD décidera une relance de la consommation qui bénéficiera aux entreprises françaises. Les naïfs ! Les Allemands ont tort de vouloir transformer les Européens en Allemands ; mais les socialistes français ont tort de vouloir transformer les Allemands en Français. Les socialistes sont indécrottables. En 1914, leur grand homme Jean Jaurès avait déjà cru que ses amis sociaux-démocrates allemands ne voteraient pas les crédits de guerre. Ils les ont votés. Et Jaurès fut assassiné. Et ce fut la guerre. La vraie.

7 mai 2013

Mélenchon *is back*

Il faut imaginer Mélenchon heureux. Il a retrouvé sa chère place de la Bastille ; ses tréteaux ; son écharpe rouge ; et ses incantations lyriques prononcées d'une voix aux inflexions gaulliennes. Mélenchon a renoué avec les sensations enivrantes de la campagne présidentielle. Un an déjà. Il devra patienter encore un an pour les retrouver. Les européennes ne sont pas en France l'élection de députés à un Parlement dont tout le monde se moque, mais la présidentielle du pauvre. Mélenchon est très français. Comme la plupart de nos vedettes députés européens, il ne siège quasiment pas à Strasbourg ni à Bruxelles, mais ne laissera pour rien au monde sa place de tête de liste. Les européennes lui permettront de prendre sa revanche. Sur Hollande qui l'a toujours méprisé ; sur ses anciens camarades socialistes qui l'ont toujours dédaigné. Il compte profiter de l'aggravation de la récession pour que la liste du Front de gauche prenne le dessus sur celle du PS. Il a raison. Les européennes sont propices à ces renversements inouïs. Les Verts conduits par Cohn-Bendit firent jeu égal avec les socialistes en 2009. Avant de prendre la rouste de leur vie à la présidentielle. Comme une préfiguration du destin mélenchonesque. Car même un succès aux européennes ne réglera pas les innombrables contradictions qui obstruent l'avenir politique du tribun de la Bastille. Il dénonce une Ve République d'inspiration bonapartiste alors que ses camarades communistes lui reprochent de jouer à l'homme providentiel. Il accuse Hollande de trahison tout en présentant sa candidature à Matignon. Il exige la fin de l'austérité mais veut conserver l'euro. Il défend le mariage gay, joue au féministe enragé, alors que la destruction des structures traditionnelles soumet des individus sans racines ni famille à la domination exclusive d'un marché qu'il vomit. Il veut rétablir les frontières pour les mouvements de marchandises et de capitaux mais pas pour ceux des hommes. Il croit honorable de s'en prendre aux banquiers et pas aux immigrés. Mais les ouvriers, meilleurs marxistes que lui, ont bien compris que les banquiers et les patrons utilisaient les immigrés comme une armée de réserve du capitalisme, afin de peser sur les coûts salariaux et diviser le camp des travailleurs. Ces derniers ont reconnu dans le discours de Mélenchon sur l'immigration les mêmes mots que ceux de Laurence Parisot ou de Nathalie Kosciusko-Morizet. Ils se sont détournés de lui. À la présidentielle, comme aux législatives à Hénin-Beaumont. Ils se détourneront de lui aux européennes. Les électeurs de Mélenchon ne sont pas les classes populaires mais des fonctionnaires et cadres moyens ou retraités, anciens et futurs socialistes qui refusent seulement le virage social-libéral de Hollande. Ils sont des sociaux-démocrates désabusés comme Mélenchon lui-même qui fut naguère un excellent ministre du gouvernement Jospin, dont il expliquait alors qu'il était le plus à gauche d'Europe. C'était à l'époque de Blair et Schröder. Mélenchon est seulement le produit de ce mouvement de droitisation de la gauche européenne qui le déporte aux extrêmes. Depuis, le raisonnable ministre a acquis un couteau pour le glisser à l'occasion entre ses dents.

14 mai 2013

Foules sentimentales

On aimerait bien mais on ne peut point. On aimerait se réjouir, sauter au plafond, crier sur l'air des lampions : Paris est champion ! Mais pas besoin de se forcer : c'est déjà écrit sur leurs maillots spécialement conçus pour l'occasion. Le staff s'occupe de tout. Tout est bien organisé. On ne voudrait pas déranger. On a trop dénoncé jadis l'amateurisme du foot français pour oser critiquer la qualité de l'organisation du club parisien, la sobriété du coach Ancelotti, ou les gambades festives des joueurs, les félicitations du prince qatari : tout est réglé au millimètre. Répété longuement. Même les supporters surjouent leur rôle de supporters enthousiastes. Allô, quoi, des supporters qui ne jouent pas aux racailles qui cassent tout, c'est comme un footballeur sans Ferrari. On est admiratif. Mais on ne se sent pas concerné. On s'en moque. On ne peut même pas dire que le PSG ne mérite pas son titre ; on ne jouera pas les mauvais coucheurs, on ne pinaillera pas tel ou tel match raté ; et le retourné de Zlatan, façon kung-fu, dans une inspiration géniale, hantera longtemps nos mémoires. Simplement, on regarde cela comme un spectacle, comme un jeu vidéo, comme un numéro de cirque. Et quand le spectacle est beau, quand la balle circule vite, virevolte dans les pieds de ces athlètes hors du commun, on admire, mais on ne tressaille pas. On est devenu des esthètes froids. On est devenu comme les joueurs, des professionnels détachés. De tout. On a vu tous les matchs et le foot est triste. Il faut nous comprendre. On est des foules sentimentales, d'éternels adolescents qui ont dribblé avec Rocheteau, marqué les coups francs avec Platini, raté Le Penalty de Didier Six, crié « Allez les Verts ! » comme si on était chez Manufrance depuis trois générations. On tremblait de joie, de douleur, de fureur. Ce n'était pas du football, c'était de l'amour. Ce n'était pas un jeu, c'était la guerre. Ils n'étaient pas des footballeurs, ils étaient la France. On était ridicule, on était chauvin, on était aliéné. Football, opium du peuple, on connaît. Et on est des vieux cons à pleurer sur le foot de papa. On sait. Mais on était vivant. À l'époque, quand on parlait entre copains de football moderne, cela voulait dire schémas de jeu tactiques, tout le monde attaque, tout le monde défend. Aujourd'hui, quand on dit football moderne, cela signifie règne de l'argent, le plus fort est le plus riche. Les dirigeants du PSG se sont donné comme objectif de « devenir une marque globale de référence comme les Lakers de LA ou les Yankees de NY ». Le Qatar a acheté Paris comme les oligarques russes ont acquis les clubs anglais ; les joueurs français ne sont plus qu'une poignée dans le club de la capitale française, comme les joueurs britanniques ne sont plus qu'une poignée dans les grands clubs d'outre-Manche. C'est horrible : on n'est pas anglais. On va vous faire une confidence : on en serait presque à aimer les clubs allemands qui, eux, semblent avoir moins que les autres cédé aux sirènes du fric et de l'internationalisme. Oui, notre état est grave. L'année prochaine, Paris gagnera peut-être la Coupe d'Europe et on aura honte de notre froid détachement, quand on a pleuré sur la défaite des Verts en finale. C'est la victoire en désenchantant.

16 mai 2013

La mondialisation heureuse au Bangladesh

C'est le bal des hypocrites. Des faux culs intercontinentaux. Le ministre du Textile du Bangladesh veut nous faire croire qu'il ignorait que cette usine ne respectait pas les règles de sécurité. Annonce la fermeture d'autres usines et des nouvelles mesures. Il disait déjà la même chose en novembre dernier, après l'incendie d'un autre site industriel. Bilan à l'époque : plus de cent morts.

Mais il n'est pas le seul à faire son tour de valse au bal des faux culs. Les grands groupes de textile occidentaux prétendent qu'ils pourraient quitter le pays si le Bangladesh ne protégeait pas mieux la vie de leurs salariés. Retenez-les ou ils vont faire un malheur ! Pour leurs dividendes. C'est parce que les salariés chinois devenaient trop chers, trop revendicatifs, qu'ils se sont installés au Bangladesh. Moins de 30 euros par mois, c'est ce qu'on appelle la compétitivité. Mais les rois incontestés du double discours demeurent les commissaires européens qui, de Bruxelles, menacent le Bangladesh de mesures de rétorsion et de boycott des vêtements importés en Europe, alors même que la Commission depuis plus de vingt ans a choisi de privilégier le consommateur, et les prix les plus bas, poussant aux délocalisations et interdisant aux pays européens de se protéger, et même toute politique industrielle.

Il ne manquerait plus qu'une déclaration scandalisée de Pascal Lamy, pour fêter son départ de la présidence de l'OMC, lui qui nous a toujours expliqué avec une rare arrogance que tout protectionnisme était ringard, réactionnaire, que les délocalisations et même les déficits commerciaux ne voulaient plus rien dire et qu'en pleurant sur les emplois sacrifiés de nos ouvriers nous faisions preuve d'un rare égoïsme en oubliant que nos chômeurs permettaient à des millions de pauvres de sortir de la misère. Sortir de la misère pour entrer dans l'esclavage, elle n'est pas heureuse la mondialisation ?

Mais les commissaires européens et Pascal Lamy, et tous les autres, sont battus à plate couture en matière d'hypocrisie par un personnage beaucoup plus discret, beaucoup moins puissant, mais terriblement plus sournois : vous. Moi. Et les millions et millions de consommateurs occidentaux qui s'empiffrent de tee-shirts, de pantalons, de pulls, de chaussettes, etc., à vil prix. Quelques centaines de morts au Bangladesh sont peu de chose par rapport au pouvoir d'achat d'une Europe en crise ? Et puis, le Bangladesh vit aujourd'hui ce que les ouvriers anglais connurent au début du XIXe siècle. Relisez *Oliver Twist*.

S'il est de gauche, le consommateur se consolera en se

disant qu'il reste fidèle à ses idéaux internationalistes. S'il est de droite, il évoquera la rentabilité économique et expliquera que jadis on délocalisait en Italie, et puis au Maroc, en Tunisie, en Chine et au Bangladesh. Et demain la planète Mars ? De droite comme de gauche, nous sommes tous schizophrènes car le consommateur occidental tue l'emploi du travailleur. Mais c'est le même !

Il y a longtemps, Jacques Dutronc chantait : « J'y pense et puis j'oublie. C'est la vie, c'est la vie. »

17 mai 2013

Deux poids deux mesures

Il fallait dissiper, évacuer, éliminer. Occulter, dissimuler, maquiller. Le président de la République l'a fait du mieux qu'il a pu. Les mots étaient martiaux, le coup de menton déterminé. On y aurait presque cru. Mais les impressions du début de la semaine étaient trop tenaces. Trop fortes les images de pillages de hordes déchaînées au Trocadéro. Le choc des images, mais le poids des mots aussi. Un ministre de l'Intérieur qui parle d'abord d'anodines bousculades. Un maire de Paris qui assure qu'une poignée de perturbateurs n'a pas gâché la fête. Et puis, après le déni, la manipulation. Avec l'aide de certains médias sont dénoncés les ultras du PSG qui avaient eu le malheur de profiter de la victoire du nouveau champion de France pour manifester leur fureur d'avoir été écartés par les dirigeants de ce club qu'ils avaient jadis tant aimé. Ah, ces ultras du PSG, ces fachos, ces nervis, ils ne pouvaient mieux tomber, ils joueraient le rôle de l'âne dans la fable de La Fontaine, les animaux malades de la peste. Ils paieraient pour les autres. Jean-Christophe Cambadélis osait même le lien entre les pillards du Trocadéro et les manifestants contre le mariage pour tous. Encore des fascistes, avait dit le ministre de l'Intérieur. Une menace pour la République que ces jeunes gens priant et proclamant des vers de Racine, et se laissant emmener sagement en garde à vue.

Formidable manipulation qui s'effondrait lamentablement

devant le spectacle donné en mondovision à l'ombre de la tour Eiffel. Ah, la tour Eiffel ! Les dirigeants qataris du club la voulaient pour montrer avec éclat leur puissance nouvelle. Et sous Valls, comme sous Sarkozy, on ne peut rien refuser à notre ami le Qatar ! Pourtant, les services de police avaient prévenu. Le Trocadéro est un terrain de jeu idéal pour les bandes descendues de banlieue. Une vieille habitude. Les mêmes descentes, les mêmes pillages, les mêmes violences à toutes les Saint-Sylvestre, tous les 14 Juillet, ou à l'issue de nombreuses manifestations.

Mais il ne fallait pas le dire. Tout inventer pour ne pas l'avouer.

Jamais comme cette semaine on avait eu l'impression d'un tel deux poids deux mesures. Des jeunes qu'on brutalisait et des jeunes qu'on craignait. Des jeunes qui ne cassaient rien, même pas un pare-brise, mais qui représentaient un danger pour la République ; des jeunes qui brisaient tout, volaient, pillaient, brûlaient, mais constituaient une chance pour la France.

Des coupables qu'on devait redresser et des victimes qu'on devait protéger. Des sous-citoyens que leurs opinions réactionnaires rendaient méprisables, tandis qu'on était compatissant à l'égard de ceux qui ne voulaient justement pas être citoyens. La police avait ordre de rudoyer les premiers en souvenir des grandes luttes de la République contre les putschistes et les factieux ; les seconds étaient intouchables en souvenir de la mort de Malik Oussekine qui, depuis 1986, hante les nuits de toute la classe politique de droite comme de gauche.

Au cours de sa campagne présidentielle, François Hollande avait expliqué que l'égalité était l'âme de la France. Il n'avait pas tort.

22 mai 2013

La victoire d'Assad

On le donnait pour mort. Les belles âmes chauffaient déjà sa place devant le Tribunal pénal international. À Paris, notre brillante diplomatie ne voulait même pas parler avec lui. Bachar el-Assad est de retour. Le tyran de Damas joue au phénix. Il s'apprête à gagner une guerre que l'on disait perdue. La victoire annoncée d'Assad sonne le glas des Printemps arabes. Le temps des illusions lyriques est depuis longtemps dissipé. C'est désormais le temps de la réaction. Tout le monde a compris que le suffrage universel dans les pays arabes donnait la victoire aux islamistes. En Tunisie comme en Égypte, l'axe du combat politique se situe aujourd'hui entre les Frères musulmans et les salafistes. En Syrie, une fois passées les premières manifestations pacifiques, la guerre civile a fait émerger le véritable adversaire d'Assad, une noria de combattants islamistes venus du monde entier, y compris de France. Assad a bien fait de ne jamais changer de camp. S'il avait été l'allié des Américains, il aurait déjà dû quitter Damas, la queue entre les jambes, comme un vulgaire Moubarak. Poutine est plus fiable qu'Obama. Il l'a soutenu sans se soucier du qu'en-dira-t-on médiatique et des pressions occidentales. On peut être sûr que cette leçon ne manquera pas d'être tirée à travers le monde, et en particulier au Moyen-Orient. La victoire annoncée d'Assad est la victoire des Russes sur les Américains, mais aussi la victoire des Iraniens sur les Saoudiens et les Qataris. La victoire des minorités alaouites et chrétiennes sur la majorité sunnite. C'est la victoire de la realpolitik sur les gesticulations droits-de-l'hommistes. La victoire des chancelleries sur les médias. La victoire du machiavélisme rationnel sur la posture émotionnelle. La victoire aussi de l'Allemagne sur la France et l'Angleterre, qui avaient décidé de vendre des armes aux rebelles. La défaite de Laurent Fabius et de François Hollande qui ont ridiculisé la diplomatie française. La défaite de Sarkozy aussi qui, on s'en souvient, avait rompu le silence au cœur de l'été 2012, pour exiger une intervention française en Syrie. La défaite de Bernard-Henri Lévy qui rêvait lui aussi de refaire le coup de la Libye. Contrairement aux songes de certains beaux esprits parisiens, l'intervention en Libye n'était pas un commencement mais une fin. La fin des interventions humanitaires au nom du droit d'ingérence, sous la tutelle de l'hyperpuissance américaine. Les pays émergents, Russie, Chine, Brésil, Inde, ne supportent plus ce qu'ils assimilent à juste titre à un néocolonialisme occidental. Le monde multipolaire de l'avenir nous ramène paradoxalement au concert des États-nations du XIXᵉ siècle, celui des États souverains, des alliances et de la realpolitik. Un monde où on défend ses intérêts et ses alliés. « La force prime le droit », disait à l'époque Bismarck. C'est le drame existentiel de l'Europe de n'être capable de produire que des normes et du droit.

24 mai 2013

Le multiculturalisme, ça ne marche pas

C'est une Eurovision au goût macabre. Paris, Londres, Stockholm. Scènes de pillages au Trocadéro, émeutes dans la banlieue de la capitale suédoise, un soldat britannique égorgé en plein Londres. Ils ne mouraient pas tous, mais tous étaient frappés. Les Suédois ont leur Villiers-le-Bel. Les Anglais ont leur Mohamed Merah. Longtemps on s'est demandé quel était le meilleur modèle d'intégration, l'assimilation à la française ou le multiculturalisme à l'anglo-saxonne. Les élites françaises rêvaient tout haut du modèle anglais, tandis que leurs homologues britanniques admiraient secrètement le système français. Pour une fois, les ennemis héréditaires pourront se mettre d'accord : ils ont échoué tous les deux. Ces grands empires du XIXᵉ ont importé massivement la population de leurs anciennes colonies qui s'intègre mal et même de plus en plus mal au fil du temps qui était censé tout arranger. On a dit que ce passé colonial ne passait pas. Qu'il était la cause du rejet et du mépris d'un côté, et du ressentiment de l'autre. L'échec suédois vient mettre tout le monde d'accord. Le dernier pays que la Suède a colonisé s'appelle la Norvège, et cette histoire commence à dater un peu. Le modèle suédois est donné en exemple depuis quarante ans pour son égalitarisme forcené entre hommes et femmes, entre riches et pauvres, entre autochtones et étrangers. La Suède est le royaume tant vanté de la social-démocratie et du politiquement correct. Et pourtant, autour de Stockholm, comme autour de Paris ou Londres, ce sont les mêmes banlieues, les mêmes trafics, les mêmes agressions gratuites, la même haine du pays d'accueil, le même renfermement en contre-société régie par les prescriptions religieuses de l'islam, les mêmes émeutes. Et les mêmes discours victimaires, les mêmes cultures de l'excuse, la même logorrhée antiraciste. Et la même exaspération des classes populaires blanches déshéritées. C'est l'échec pour tous. La violence pour tous. La haine pour tous. Les mots ne manquent pourtant pas pour distinguer subtilement toutes les situations : délinquances, trafics, violences urbaines, terrorisme. Comme un continuum de violence dans des sociétés de plus en plus hétérogènes, de plus en plus divisées, de plus en plus exaspérées. L'Europe connaît la paix entre nations depuis cinquante ans. Du jamais-vu dans l'histoire agitée de notre continent. Tout se passe comme si la violence endiguée entre pays se reportait à l'intérieur des nations. Comme si la guerre des peuples avait laissé la place à la guerre des races et des religions. Comme si le rêve d'une diversité où chacun s'enrichissait de ses différences – un slogan qu'on ne pouvait discuter dans les années 80 – tournait au cauchemar. Le multiculturalisme, ça ne marche pas, avait osé Angela Merkel. Il faut craindre désormais qu'une question interdite ne se pose de plus en plus : et si le multiculturalisme, c'était la guerre ?

28 mai 2013

STO

Le chômage des jeunes est une plaie en France. Une malédiction en Italie. Une épidémie en Espagne, en Grèce ou au Portugal. La solution existe, elle a pour nom l'Allemagne. Notre voisin a accueilli un million d'immigrants en 2012 venus du sud et de l'est de l'Europe. Ils sont ingénieurs, infirmières, architectes, informaticiens, mais aussi électriciens ou maçons. L'Espagne a déjà retrouvé des réflexes de pays d'émigration qui, à l'instar du Mexique ou des pays africains, se réjouit des 6 milliards d'euros envoyés en 2012 de l'étranger à la terre natale. Si on regardait ce week-end sur France 3 le film sur Jean Moulin, on ne pouvait s'empêcher de songer qu'il avait été fort vain de faire deux guerres pour *in fine* rétablir le STO. On ne pouvait s'empêcher de songer que l'Allemagne avait rétabli par l'économie une hégémonie qu'elle n'avait pu maintenir par la guerre. L'Europe, c'est la paix, répéteront ceux qu'une semblable comparaison historique scandalise ; cependant, la force de l'Allemagne n'est pas vue comme une victoire de l'Europe, mais comme une défaite de ses voisins. En dépit de la mythologie des États-Unis d'Europe, nous ne sommes pas des habitants du Texas qui nous réjouissons du dynamisme économique de la Californie. On peut s'en désoler mais c'est ainsi. Il faut reconnaître que les Allemands ont fort bien manœuvré depuis que la réunification leur a donné l'entière maîtrise de leur destin national. Ils ont d'abord laissé François Mitterrand croire qu'en leur enlevant le mark il arrachait la bombe atomique de l'Allemagne. Notre Florentin avait trouvé plus machiavélien que lui. Puis Schröder, qui avait succédé à Kohl, s'est allié à Jacques Chirac pour interdire à la Commission de Bruxelles de lui chercher noise pour son déficit budgétaire. L'Allemagne riche de l'Ouest a ainsi eu le temps nécessaire pour avaler l'Allemagne de l'Est et préparer sa Blitzkrieg économique : déflation salariale avec des hauts salaires plafonnés et des millions de salariés à 400 euros par mois ; hausse de la TVA en 2007 et allégement des cotisations sociales des entreprises ; ces trois mesures conjuguées équivalent à une dévaluation monétaire masquée, qui a rendu l'industrie germanique ultra-compétitive. L'Allemagne, en dix ans, a dégagé un surplus commercial de plus de 1 000 milliards d'euros sur ses partenaires de la zone euro. Les industries françaises et italiennes sont écrasées comme l'armée française en juin 40, contraintes de capituler puisqu'elles ne peuvent plus dévaluer leur monnaie pour éviter la déroute. Les Allemands ont une seule faiblesse : la démographie. À court terme, c'est un atout, puisque les jeunes ne se pressent pas à leur Pôle emploi et que les femmes travaillent beaucoup moins que chez nous. Mais, en dépit de l'excellence de l'apprentissage, des secteurs manquent déjà cruellement de main-d'œuvre. La solution existe : elle parle espagnol, italien, grec, portugais, et demain français. Elle accourt dans les Instituts Goethe pour apprendre la langue de ce grand admirateur de la France et de Napoléon. À l'époque, les Allemands nous appelaient la grande nation. Ils nous appellent toujours ainsi, mais l'admiration craintive a tourné à la dérision.

31 mai 2013

Famille, je vous hais

Le facteur sonne toujours deux fois ! Après le symbole, l'argent. Après la parodie, le tiroir-caisse. Après le mariage homo, la politique familiale.

On ne peut pas reprocher aux socialistes leur manque de cohérence et de suite dans les idées : la famille, c'est leur truc. Mais version gidienne : famille, je vous hais. Ou alors seulement les familles monoparentales, les familles recomposées, et puis dernière trouvaille, les familles homoparentales. Mais la famille… famille, non. La gauche n'aime la famille qu'avec un adjectif.

Le gouvernement nous fait encore croire qu'il hésite entre baisse des allocations ou plafonnement du quotient familial. Ce sera fromage et dessert. Les prétendus riches ont le dos large. On commence toujours par eux ; et puis, au fil des années, on baisse les plafonds. On connaît la musique technocratique. La droite ne peut rien dire : elle n'a jamais remis en cause le plafonnement du quotient familial décidé naguère par le gouvernement Jospin ; et Bruno Le Maire avait lui aussi songé, alors qu'il rédigeait le programme du candidat Sarkozy, à moduler les allocs selon les revenus. Alain Juppé et d'autres y sont favorables depuis des années. C'est l'alliance des technos. Pourtant, tout le monde sait que la branche famille n'est déficitaire que parce qu'on lui fait porter des dépenses extérieures à sa mission. Mais nos technos de droite comme de gauche, qui croient ne connaître que les chiffres, font de l'idéologie sans le savoir comme M. Jourdain faisait de la prose.

Pourtant, depuis quelques années, la gauche s'était réconciliée avec cette politique familiale longtemps jugée nataliste et réac. Elle lui avait trouvé l'immense vertu de permettre aux femmes françaises de travailler sans renoncer à avoir des enfants. Contrairement aux Allemandes. L'offensive contre la politique familiale contredit donc ainsi leur grande cause féministe. Les socialistes savent qu'ils jouent avec le feu. Ils se souviennent que Jospin en son temps avait dû reculer. D'où l'hypocrisie du gouvernement Ayrault qui ne supprime totalement les allocs à personne. Mais l'universalité des allocations familiales est un principe hérité de la Libération et de ce Conseil national de la Résistance dont on vient de fêter le soixante-dixième anniversaire. Si on a le droit d'ébrécher cet héritage, il n'y a plus de tabous : on pourra désormais évoquer la privatisation de la Sécurité sociale, ou encore la suppression de l'ordonnance sur les mineurs, deux vaches sacrées de la gauche.

Cette offensive contre les familles dites riches survient alors même que l'hebdomadaire *Valeurs actuelles* nous a appris que la Cour de justice européenne a imposé à la France de verser des allocations familiales à tous les enfants des résidents étrangers sur son sol, même si ces enfants sont nés et ont été élevés dans leur pays d'origine, même s'ils sont nés de femmes différentes. Des allocs qui montent d'un côté et qui baissent de l'autre.

L'ennui avec la boîte de Pandore, c'est qu'une fois ouverte elle ne se referme plus.

Islamisme modéré

Les amis des islamistes modérés n'ont pas de chance. Après Tunis et Le Caire, voilà Istanbul. Après les imitateurs, le modèle. Erdogan traité par toute une jeunesse de dictateur, c'est un monde qui s'écroule. Le monde des chancelleries et des bien-pensants. Il n'y a pas si longtemps, le même Erdogan était salué à Paris ou à Washington comme le parrain incontesté des démocrates-musulmans, calqués sur les démocrates-chrétiens. Mais on traite rarement François Bayrou de dictateur. Depuis quelques années pourtant, rien ne va plus au royaume de l'islamisme modéré. D'innombrables journalistes sont poursuivis et incarcérés. Un pianiste célèbre a été condamné pour blasphème à cause de tweets moqueurs sur la religion et Mahomet. Une loi récente a limité la consommation d'alcool. Le voile, longtemps interdit à l'université, y devient quasi obligatoire.

Tant que les normes libérales européennes permettaient d'abattre le pouvoir de l'armée, les islamistes ont été des démocrates modèles. Maintenant que l'armée est définitivement rentrée dans les casernes, ils montrent leur vrai visage. Ce n'est pas un hasard si le conflit opposant la rue au pouvoir concerne un projet d'urbanisme. Erdogan veut transformer sa capitale. L'agrandir, la moderniser. La vouer au tourisme et à la finance. Et surtout noyer les élites laïques de la capitale sous la masse des paysans venus de la campagne anatolienne qui ne plaisantent pas dès qu'il s'agit de religion. Marquer dans la pierre le grand retour d'une Turquie ottomane, pour se détacher à jamais du projet laïque et occidental hérité de Mustafa Kemal.

Ce dessein grandiose vient heurter de plein fouet les aspirations d'une jeunesse urbaine fascinée par la liberté occidentale. Dans ce pays qui connaît ses Trente Glorieuses, leur révolte ne ressemble pas aux Printemps arabes de peuples croupissant dans la misère, mais plutôt à une sorte de Mai 68. Comme en 68, une jeunesse croit contester la société de consommation alors qu'elle en est le produit. Comme en 68, la dynamique libérale du capitalisme attaque les structures conservatrices telles que la famille. Mais la comparaison s'arrête là. Le grand intellectuel Marcel Gauchet a expliqué naguère que le christianisme avait été la religion de la sortie de la religion. L'islam, lui, est plutôt la religion du retour à la religion. Un monothéisme rigoriste qui ne supporte ni doute ni débat. Un communisme avec Dieu. Qui prend en main l'existence de ses ouailles jusque dans la vie la plus intime. Une spiritualité bien sûr, mais aussi un mode de vie et un code civil. Qui s'impose impérieusement puisque telle est la volonté de Dieu. Et la volonté du peuple.

Cette jeunesse urbaine révoltée est largement minoritaire. Comme au Caire ou à Tunis, les laïques sont esseulés au milieu d'une énorme majorité populaire qui veut se conformer aux prescriptions de l'islam. Le modèle imposé par la classe dirigeante avec ses femmes enturbannées de voile islamique est implacablement relayé dans la rue, les quartiers, les écoles. Sous cet ordre islamique, la jeunesse d'Istanbul crie qu'elle étouffe, mais sera condamnée à ravaler ses cris.

5 juin 2013

Splendeurs et misères des primaires

Nathalie Kosciusko-Morizet peut remercier les adversaires du mariage pour tous. En menaçant de sanctionner l'ex-ministre de l'Écologie pour son abstention sur ce texte, ceux-ci ont

pimenté une primaire pour la candidature UMP à la mairie
de Paris qui s'annonçait morne comme un plébiscite. Sortie victorieuse, NKM a ainsi donné l'impression fallacieuse
de triompher d'une farouche compétition, alors qu'elle était
sûre de vaincre sans péril, et donc sans gloire, soutenue par
l'appareil de l'UMP et les caciques de la droite parisienne,
face à des adversaires pugnaces mais de second ordre. Splen-
deurs et misères des primaires. L'UMP imite le PS qui imitait
les partis américains. Au départ, la procédure était réservée à
l'élection présidentielle. C'était déjà contestable. Le général
de Gaulle avait prévu deux tours, pas quatre. Les Américains
élisent leur président au scrutin à un tour. Leur primaire,
c'est notre premier tour. Dès la première expérience, en 2007,
les défauts apparurent aussitôt : une compétition manipulée
par les sondages et les médias qui sélectionnent et prédéter-
minent les choix ; des électeurs qui confondent élection et
course de chevaux, ne votant pas pour le candidat proche
de leurs idées, ou le plus compétent, mais pour celui que les
sondages ont désigné comme le favori. Et c'est ainsi que pour
la présidentielle de 2007 Ségolène Royal vainquit Fabius et
DSK ! En 1981, Rocard aurait été préféré à Mitterrand et en
1995, Balladur à Chirac ! Le succès de la deuxième édition de
2012 occulta les lacunes de la formule sans les supprimer.
La droite imita la gauche comme d'habitude. Les candidats
la réclament pour profiter d'une « dynamique » électorale,
confondant comme d'habitude communication et politique.
La formule est désormais généralisée à toutes les élections.
Des minorités de minorités décident pour tous. Quelques milliers de convaincus peuvent faire basculer le vote. De Gaulle
voulait lutter contre des partis trop forts qui dirigeaient la
République ; il n'avait pas imaginé que des partis trop faibles
seraient pires encore. Les primaires signent l'aveu de faiblesse
des dirigeants de partis incapables d'assumer le choix de leurs
candidats et qui demandent à leurs militants de faire le travail
à leur place. C'est la marque de fabrique d'une société où la
hiérarchie ne se sent plus légitime, où le pouvoir n'assume
plus le pouvoir, le chef s'interdit de « chefer », le père dans la
famille, le patron dans l'entreprise, ou le prof dans sa classe ;
époque dévirilisée, féminisée, qui confond pouvoir et violence,

refuse le débat au nom du consensus et exalte la « démocratie de participation » pour mieux dissimuler la démocratie de
démission.

7 juin 2013
Raymond Barre

Le cave se rebiffe. Ou en tout cas aimerait bien qu'on
croie.

François Fillon a accompli une brillante carrière à l'omb
de mentors qui le méprisaient et le brutalisaient : Séguin, Cl
rac, Sarkozy. On a longtemps cru que c'était une vocation ;
nous affirme désormais que c'était une initiation. Le numéro
veut passer numéro 1 : en lui-même, le sujet est trop min
pour passionner les foules. Le seul Français que cela intére
vraiment s'appelle Nicolas Sarkozy. On le sent exaspéré
la prétention de son ancien lieutenant de devenir général
s'irrite, s'énerve, s'affole même. Les deux hommes jouer
front renversé : Sarkozy doit faire croire qu'il ne pense
tout le temps à la présidentielle, même en se rasant ; Fi
doit manifester du caractère et de la détermination. On
dans la rubrique psychologie du journal *Elle*. Pour l'ins
ils ont échoué tous les deux. Fillon s'efforce de poser ses
dans ceux des grands modérés de droite qui ont redres
pays avec courage et audace : Poincaré ou Pinay. Remo
le temps, Fillon aimerait apparaître comme le nouveau
pidou ; mais Pompidou avait été vraiment Premier mi
du général de Gaulle quand Fillon a été simple collabor
de Nicolas Sarkozy.

Si on veut vraiment revenir en arrière, la rivalité
Sarkozy nous ramène dans les années 80, lorsque le pré
déchu Valéry Giscard d'Estaing rêvait de revanche, ma
son ancien Premier ministre, Raymond Barre, qu'il av
aussi conservé à Matignon pendant cinq ans, prit sa p
l'empêcha de se présenter. Les deux hommes alors
l'ambition de gouverner au centre, mais dans le rôle

centriste que moi tu meurs, c'est Mitterrand qui s'avéra le meilleur.

François Fillon a de même entrepris de repousser son ancien patron devenu rival sur sa droite ; il cherche à tout prix à se différencier au sujet du Front national et se donner ainsi un profil modéré, médiatiquement correct, loin de la droitisation reprochée à Sarkozy et à certains de ses conseillers.

La campagne à l'UMP ne lui a pas servi de leçon. Il n'a pas compris qu'à droite les militants mais aussi les électeurs se sont radicalisés, et se sont beaucoup rapprochés de ceux du Front national sur les sujets régaliens comme l'immigration, la sécurité, l'islam ou l'autorité de l'État. Seul l'euro les sépare encore, division qui reflète des différences de classe et d'âge, l'électorat UMP étant plus bourgeois et plus vieux. Et la Manif pour tous à son tour a déchaîné les passions d'une autre France, provinciale, catholique et modérée, une France bien élevée qui paraissait destinée à tomber dans les bras de Fillon si celui-ci ne l'avait pas regardée de loin pendant qu'elle défilait en masse dans les rues de Paris.

François Fillon fait tout pour devenir le Raymond Barre de Sarkozy, sauf qu'il n'est pas le meilleur économiste de France et qu'on n'est plus dans les années 80.

11 juin 2013

Le rêve japonais

À son retour à Paris, le réveil de François Hollande a été douloureux. C'est toujours ainsi quand on retrouve la réalité après une nuit enchanteresse. Hollande a fait un rêve. Son rêve français dont il nous parlait tant pendant la campagne présidentielle, il l'a enfin trouvé : au Japon. Il a rêvé, Hollande, qu'il braquait la Banque de France et déversait des milliards d'euros pour relancer une machine économique atone. Il a rêvé, Hollande, qu'il n'avait plus à supporter la tutelle pointilleuse de la Commission européenne et le mépris condescendant d'Angela Merkel. Le rêve de Hollande, c'est Cendrillon qui s'émancipe de ses sœurs jalouses et de sa

méchante marâtre. À ses côtés, Arnaud Montebourg jouait au
Joseph de la Bible, l'homme qui sait interpréter les rêves de
Pharaon. Montebourg a compris l'enjeu idéologique de l'audace japonaise, la remise en cause des dogmes monétaristes,
la quête délibérée de l'inflation pour retrouver la croissance.
Le Japon, c'est l'anti-Allemagne. Montebourg le voit, le dit,
le proclame. Et puis, il y a ce qu'il ne voit pas, ne dit pas,
ne proclame surtout pas. Une protection sociale du chômage
qui cesse beaucoup plus rapidement qu'en France. Des syndicats qui jouent le jeu du dialogue et de la concertation,
et des patrons qui rognent eux-mêmes leurs salaires quand
le temps est à l'orage. L'interdiction du droit de grève aux
fonctionnaires. Des paysans protégés et un marché intérieur
qui n'est pas vendu aux grandes surfaces. Une immigration
zéro, une insécurité zéro, un chômage proche de zéro, moins
de 5 %, alors même que le Japon subit une stagnation économique depuis quinze ans. Le Japon, c'est l'anti-France. C'est
le miroir de toutes nos erreurs, de tous nos renoncements.
C'est le contraire de la politique suivie par tous nos gouvernements de droite comme de gauche, depuis trente ans. C'est le
contraire de Delors, le père spirituel de Hollande, qui a ouvert
la France à la concurrence libre et non faussée au nom de
l'Europe ; c'est le contraire de Bérégovoy, qui a supprimé le
contrôle des changes et libéré la finance de toute contrainte ;
c'est une dette énorme mais financée par l'épargne des Japonais comme en France jusqu'aux années 80, quand nos gouvernements ont trouvé très habile d'emprunter pas cher auprès
du marché international. Le Japon a encore une industrie qui
tient le choc. Le Japon, c'est pas de regroupement familial,
pas de droit du sol. Le Japon n'a pas de Christiane Taubira.
La politique japonaise n'est pas sûre de réussir ; la relance par
l'emprunt peut s'avérer un leurre funeste, une fuite en avant
dangereuse ; mais au moins le gouvernement japonais est-il
encore capable de tenter quelque chose. Librement. Souverainement. C'est peut-être ce qui ronge le plus François Hollande
de s'apercevoir à quel point son pouvoir est corseté ; à quel
point il est impuissant. Vain. Inutile. À quel point il s'est lié
les mains. Et tout cela par la faute des hommes et des politiques qu'il a approuvés, soutenus, admirés tout au long de

sa carrière politique. Par sa faute. Le Japon n'est pas le rêve de François Hollande ; c'est son remords.

14 juin 2013

Exception culturelle

C'est reparti comme en 14 ! Ou plutôt comme en 2000. Alors, Lionel Jospin avait déjà tué dans l'œuf des négociations sur un traité de libre-échange avec les États-Unis pour défendre notre exception culturelle. Très chère exception culturelle qui ne préoccupe nos gouvernements de droite comme de gauche que lorsqu'il s'agit de défendre notre cinéma, et dont ils se moquent comme d'une guigne lorsque la langue française est marginalisée à Bruxelles ou même dans nos propres grandes écoles.

L'exception culturelle, c'est notre droit farouchement défendu de produire autant de navets qu'on veut ou de beaux films politiquement corrects en diable qui plaisent tant aux critiques. L'exception culturelle, c'est le comble du chic pour nos politiques que d'être approuvés par de jolies actrices et de grands cinéastes.

L'exception culturelle, c'est l'arbre qui cache la forêt ; le dernier cinéma européen qui subsiste, tandis qu'à la télévision les séries américaines nous inondent. L'exception culturelle, c'est le confort du protectionnisme garanti à des cultureux royalement payés qui viendront ensuite sur les plateaux télé condamner les frontières au nom du cosmopolitisme et du métissage. L'exception culturelle, c'est les socialistes qui défendent leur meilleure clientèle, tous ces acteurs, cinéastes qui ont le cœur à gauche et le portefeuille à droite, voire à l'étranger.

L'exception culturelle, c'est en vérité un prétexte trouvé par le gouvernement français pour essayer timidement de faire entendre notre petite musique protectionniste contre le grand orchestre du libre-échange joué ensemble par l'Allemagne, l'Angleterre et la Commission.

L'exception culturelle, c'est le révélateur, par le petit bout de la lorgnette, de la division de l'Europe en deux, au Nord les grands industriels et commerçants, branchés sur l'Atlantique depuis des siècles, et qui veulent toujours plus d'échanges et de commerce, et de l'autre côté, une Europe du Sud moins industrialisée, qui essaie de sauver des productions et un mode de vie. Le traité de libre-échange avec les États-Unis aggraverait encore ces divergences entre les deux Europe, car il profiterait avant tout aux pays du Nord – et en particulier à l'Allemagne – et à leur industrie puissante et compétitive.

L'exception culturelle, c'est l'ultime arme dans les mains de l'État français et des autres gouvernements. Dès qu'ils y renonceraient, la Commission européenne s'emparerait des commandes et conduirait la négociation avec les États-Unis, à sa guise. On sait d'avance que la Commission qui n'a toujours pas renoncé à son tropisme libéral ferait concession sur concession, pressée d'aboutir.

L'exception culturelle qui confirme la règle : à part ça, tout est négociable, tout est sacrifiable, tout est bradable : l'agriculture, l'aéronautique, l'automobile, les services, l'eau, l'énergie, la grande distribution, les contrats publics, les normes… Déjà, en 1993, lors des négociations de l'OMC, Balladur avait fait de l'exception culturelle sa ligne Maginot. Et notre industrie textile avait été balayée. Avant beaucoup d'autres.

L'exception culturelle, c'est un piège à cons.

18 juin 2013

Le parti de Chevènement

C'est la faute au beau temps, à Cahuzac, aux Verts, à la crise. La faute à pas de chance. Les professionnels des excuses bidon s'en donnent à cœur joie depuis dimanche.

C'est pourtant la partielle de l'Oise qui recommence. Même effondrement du PS. Même stagnation de l'UMP. Même percée du FN. Même sociologie de petite classe moyenne et même géographie de périurbain. Même électorat de gauche qui ose la transgression suprême. Il y a vingt ans, on parlait du gaucho-lepénisme quand il n'existait pas et on n'en parle plus alors qu'il crève les yeux.

Pauvre Harlem Désir qui continue à dénoncer l'extrême droite, tandis que Marine Le Pen le double sur sa gauche. Le FN s'en prend désormais à la réforme des retraites de Hollande, comme il avait contesté celle de Sarkozy, et défend les régimes des fonctionnaires. Proteste contre la suppression des sous-préfectures. Parfois cette gauchisation sème le trouble au sein même du parti, comme avec le mariage homosexuel ; surtout, elle le coupe de potentiels alliés à droite où l'UMP est devenue beaucoup plus libérale que lui.

Car depuis la présidentielle, le père inspirateur du FN ne s'appelle plus Jean-Marie Le Pen mais Jean-Pierre Chevènement. Celui-ci ne reconnaît pas son enfant, et celui-là prétend encore être le père ; mais comme on disait jadis en droit romain, seule la mère est certaine.

Avec la même thématique étatiste, sociale et anti bruxelloise, le Front de gauche ne décolle pourtant pas. Le parti de Jean-Luc Mélenchon paie auprès de l'électorat populaire son obstination à refuser de parler d'immigration, quand il ne retrouve pas les accents de SOS Racisme dans les années 80. Or, ce sont désormais les fonctionnaires modestes – ceux qui sont aux guichets des organismes sociaux et fiscaux, ou des professeurs, qui vivent au quotidien les effets délétères d'un changement massif de population. Le fond de sauce électorale des socialistes se gâte.

Et la boucle est bouclée avec l'héritage du père. Les électeurs font eux-mêmes ce que depuis vingt ans les Séguin, Pasqua, Villiers, Chevènement, et même Le Pen, n'ont jamais voulu ou su réaliser. Tout se passe comme si le réel combat, pas celui mis en scène par les médias et les communicants, opposait une partie croissante des électeurs français, droite et gauche confondues, et la Commission de Bruxelles, les deux seuls adversaires cohérents. La Commission œuvre au nom du libéralisme pour toutes les libertés, celles des marchandises, des capitaux et des hommes, interdit la politique industrielle et encourage le multiculturalisme. Les électeurs français, adossés inconsciemment à la tradition nationale du social-colbertisme, mêlent étatisme, protectionnisme, protection sociale et assimilation républicaine laïque. Ils se servent du FN pour porter cette revendication, à défaut d'avoir trouvé une alternative crédible. Ses adversaires qualifient cette synthèse de populisme, voire de national-socialisme. Certains politiques tentent de surfer sur cette vague, Montebourg à gauche ou le Sarkozy de la campagne présidentielle sur les frontières. Mais ils sont tenus par les engagements européens de leur parti et doivent se contenter de poudre aux yeux. Qui illusionne de moins en moins.

21 juin 2013

Ich bin ein Berliner

C'est le temps des reprises. Jenifer reprend les chansons de France Gall ; et Obama reprend le tube de Kennedy à Berlin *Ich bin ein Berliner*. Au début de cette même année, Hollande et Merkel avaient retrouvé le chemin de la cathédrale de Reims pour mettre leurs pas de nains dans ceux des géants de Gaulle et Adenauer. C'est le temps des anniversaires, des commémorations, des souvenirs. Le temps des imitations, des pastiches, des parodies. Le temps des communicants, des plans médias et du *storytelling*. Les politiques d'aujourd'hui nous racontent des histoires là où leurs lointains prédécesseurs faisaient l'histoire. Il y a du Kennedy dans Obama : même talent oratoire, même élégance de séducteur, même sourire télégénique. Mais quand Kennedy débarque à Berlin, il se retrouve face au Mur et doit montrer sa détermination face à son adversaire de la guerre froide, le Soviétique Khrouchtchev, et accessoirement son allié rebelle, le général de Gaulle, qui tente alors de faire de la France le protecteur de la RFA. Cinquante ans plus tard, tout a changé. L'ancienne proie allemande réunifiée parle désormais en patron. Obama a enfin trouvé le numéro de téléphone de l'Europe que cherchait en vain naguère Henry Kissinger : c'est le 49 de la chancelière à Berlin. Quand Obama parle à Merkel du continent, il lui demande de prendre soin de ses pauvres du Sud. Fait appel à son esprit charitable pour des déshérités : nous. Kennedy parlait en chef de l'Occident, en vainqueur de la Seconde Guerre mondiale qui était encore dans toutes les mémoires. Obama sort péniblement de deux bourbiers : l'Irak et l'Afghanistan. Il n'a pas du tout envie de plonger l'US Army dans un troisième conflit en Syrie ; doit subir l'attitude triomphante et un brin méprisante de Poutine. Kennedy montrait ses muscles nucléaires qui avaient fait reculer quelques mois plus tôt les Russes à Cuba. Obama évoque de nouveau la réduction drastique des armes nucléaires, mais Poutine et même les Français font semblant de ne pas avoir entendu. Kennedy incarnait le camp de la liberté. Obama a toutes les peines du monde à justifier le programme PRISM de surveillance d'Internet par ses services spéciaux, dignes des grandes oreilles des régimes totalitaires du passé. Kennedy à Berlin était ce descendant d'immigrant irlandais qui avait combattu pendant la Seconde Guerre mondiale : un fils de l'Europe pour qui le Vieux Continent restait le centre du monde. Obama a bâti sa légende médiatique sur ses origines multiculturelles et fondé sa géostratégie sur le pivot vers l'Asie. À ses yeux, l'Allemagne, l'Angleterre, la France sont de vieux pays, une vieille histoire, une vieille économie qu'il compte bien transformer en arrière-cour américaine dans le cadre du futur traité de libre-échange. Son vrai conflit est avec la Chine et ses vrais alliés s'appellent le Japon, l'Australie, les Philippines. L'an prochain, on célébrera le centième anniversaire de la Première Guerre mondiale. Mais on n'a pas forcément envie d'entendre la reprise.

25 juin 2013

Le Brésil n'aime plus le foot

Après la Turquie, le Brésil. Après la terre de l'islam modéré, celle du multiculturalisme festif. Nos mythes modernes s'effondrent les uns après les autres dans un grand fracas. La réalité est cruelle et sans pitié. Dieu est brésilien, nous ont ressassé nos grands médias qui s'extasiaient sur ce pays dirigé par une femme qui avait succédé à un syndicaliste, cette contrée du métissage harmonieux, de la croissance économique sans limites et du football comme instrument d'unification d'une société sans classe ni race. Tout s'écroule en même temps dans ce que personne n'ose appeler un Printemps brésilien.

La croissance brésilienne comme celle de nombreux pays émergents ralentit ; on s'aperçoit un peu tard que les chiffres étaient gonflés, comme la dette des Brésiliens ; le modèle se révèle le plus inégalitaire du monde, enrichissant une poignée de milliardaires et de politiques corrompus, et négligeant les infrastructures nécessaires. Le pays du multiculturalisme radieux pour cartes postales est aussi le premier pays du monde pour les décès par armes à feu. Pour reprendre certaines favelas, en français on dit bidonvilles mais c'est moins exotique, le gouvernement brésilien a appliqué la méthode réclamée par une sénatrice socialiste pour les quartiers nord de Marseille : il a envoyé l'armée avec des blindés équipés de mitrailleuses tirant à l'aveugle ; mais les gangs ont reconquis leurs territoires quelques mois plus tard.

Les Brésiliens aiment toujours avec autant de passion le football. Mais c'est le football qui ne les aime plus. La dernière fois que le Brésil organisa la Coupe du monde, c'était en 1950, son équipe perdit en finale contre l'Uruguay ; le gouvernement brésilien décréta trois jours de deuil national.

Cette ferveur-là ne s'est pas altérée. Mais c'est le football lui-même qui a changé. Les Brésiliens se révoltent autant contre leur gouvernement dépassé et corrompu que contre des hauts dignitaires du football mondial qui se comportent comme des despotes colonisateurs avec les peuples et les gouvernements, houspillant ceux-ci et méprisant ceux-là. L'ancienne passion du petit peuple brésilien est devenue une gigantesque machine à fric globalisée qui se moque bien des souverainetés nationales. C'est leur point commun avec le monde de la finance. Ce n'est pas le seul. Les joueurs de foot y sont aussi bien payés que les traders, conduisent les mêmes Ferrari, portent les mêmes vêtements de marque et croisent les mêmes *escort girls* ; ils sont souvent aussi arrogants mais, contrairement à ces derniers, ils sont rendus intouchables par la dévotion médiatique. Les grands clubs de foot sont surendettés et la crise qui les fera exploser vaudra bien celle des subprimes. Le crime organisé a investi autant les banques que les clubs de foot. C'est la banque Goldman Sachs qui a inventé le célèbre acronyme BRIC, qui glorifiait l'avènement planétaire du Brésil, avec les autres émergents, Russie, Inde et Chine. On sait désormais que ce petit monde vit fastueusement au-dessus d'un volcan.

28 juin 2013

Président socialiste

Quand Pinocchio est tenté de faire l'école buissonnière, Jiminy Cricket vient lui murmurer à l'oreille qu'il risque de se transformer en âne. Pinocchio, c'est Hollande, et Didier Migaud, Jiminy Cricket. Jusqu'à présent, Hollande a commencé par le plus facile : il a augmenté les impôts. Quand il s'est agi de tailler dans les dépenses, il a encore fait le plus facile, il s'en est seulement pris aux domaines régaliens : l'armée, la gendarmerie, les sous-préfectures. Ces fonctionnaires-là ne manifestent ni ne font grève. Quand Hollande affirme qu'il est un président socialiste, il ne ment pas : il en est même jusqu'à présent une caricature. Didier Migaud siffle la fin de la récré. Le président de la Cour des comptes lui rappelle les réalités comptables. Qui ne sont que les réalités libérales, rétorquera la gauche de la gauche. Non sans raison.

Hollande pourrait régler la question de la dette et de la compétitivité de notre économie autrement que par des coupes dans les dépenses publiques. Il pourrait financer nos déficits par des avances de la Banque de France, comme le font les Japonais, les Anglais ou les Américains. Mais c'est interdit par Berlin et les statuts de la Banque centrale européenne. Il pourrait dévaluer massivement notre monnaie pour dynamiser notre économie, comme le font aussi les mêmes Japonais, Américains et Anglais ; mais c'est impossible avec l'euro. Certes, une dévaluation reprendrait d'une main ce que les déficits de l'État donnent de l'autre. Pauvre Hollande, même ces ponctions moins douloureuses lui sont interdites.

Il devra donc s'y résigner : réduire la protection sociale et fermer le robinet pour les collectivités locales.

Comme la comtesse du Barry montant sur l'échafaud, Hollande supplie : encore une minute, monsieur le bourreau. Le social, même payé à crédit, c'est tout ce qui reste à la gauche de son identité. Le social, distribué par les conseils généraux et les communes, avec lequel elle entretient des clientèles nombreuses et puissantes. C'est ainsi qu'elle a peu à peu accaparé et conservé un pouvoir dominant dans les mairies, les départements, les régions. L'ancien président du conseil général de Corrèze le sait mieux que personne.

Hollande devra choisir entre abandonner l'euro et tailler dans le social et le local. Entre l'Europe et les siens. Entre l'avenir tel qu'il le rêve et son passé tel qu'il l'a fait roi. Entre la peste et le choléra. Ce cynique joyeux devra trancher entre sa seule conviction sincère et les siens. Il choisira l'euro. Il devra donc tailler dans les dépenses sociales, réduire le financement des collectivités locales. Une catastrophe pour la croissance et le Parti socialiste. On comprend la fureur des socialistes contre Manuel Barroso qui leur rappelle seulement la ligne idéologique de l'Europe depuis trente ans, à laquelle ils acceptent de se soumettre tout en faisant semblant de se révolter contre elle. Hollande, Montebourg et les autres jouent une dernière fois Don Juan qui se rebelle contre la statue du Commandeur, avant d'être emporté par lui vers son destin funeste.

2 juillet 2013

La mort de Louis XIV

Quand il croupissait au fond de sa prison, il n'aurait jamais imaginé que le monde entier veillerait à son chevet pour son agonie. L'homme le plus puissant de la planète, Barack Obama, s'est déplacé humblement pour lui tenir la main. Nelson Mandela a vécu la majeure partie de sa vie comme un réprouvé et un proscrit, mais il meurt comme un roi. On croirait voir la mort de Louis XIV avec tout Versailles en pleurs, et le Roi-Soleil qui demande à sa cour éplorée : vous croyiez donc que j'étais immortel ? Les médias internationaux sont ridiculement transis d'émotion comme l'était le journal *L'Humanité* au lendemain de la disparition de Joseph Staline, inconsolable de la perte du Petit Père des peuples. Mandela est le père de l'Afrique du Sud, mais il est bien plus que ça. Mandela est un mythe car il est devenu le miroir dans lequel notre époque aime à se mirer. On se souvient du film qui exaltait son rôle décisif dans la victoire de l'équipe de rugby sud-africaine lors de la Coupe du monde de 1995. Certains soupçonnent encore les arbitres d'avoir outrageusement avantagé l'Afrique du Sud pour lui permettre de gagner la compétition à domicile. Mais les responsables du rugby français sont aujourd'hui heureux et fiers d'avoir été ainsi vaincus. La gloire de Mandela restera à jamais d'avoir jeté la vengeance à la rivière, évité le bain de sang, épargné à son pays la fuite des élites économiques blanches, qui aurait ruiné le pays. Il a réussi ce que le FLN a raté en Algérie avec les pieds-noirs. Mais l'ancien marxiste révolutionnaire Mandela avait sous les yeux l'exemple catastrophique du Zimbabwe voisin. Il savait aussi que, contrairement à l'imagerie simpliste de l'Occident, son pays n'était pas seulement divisé entre Noirs et Blancs, mais que les principales tribus noires s'étaient toujours affrontées durement. S'il a évité la guerre civile à grande échelle, Mandela n'a pu empêcher la guerre civile à bas bruit, qu'on l'appelle pudiquement délinquance, violences, criminalité, dont le nombre et l'intensité ont explosé. Le racisme n'a pas disparu, il a seulement changé de camp. Les fermiers blancs vivent assiégés. L'Afrique du Sud ressemble aux tableaux des villes américaines peints par l'écrivain Tom Wolfe avec une élite noire politique largement corrompue et incompétente et des élites économiques blanches qui font tourner la boutique. L'Afrique du Sud de Mandela est le bon élève africain de la globalisation, ce qui explique sans doute aussi en partie la ferveur médiatique internationale ; les grands groupes mondialisés font la loi, et les inégalités s'accentuent toujours davantage. Lentement mais sûrement, une élite noire fait son trou dans le business, mais ne se mélange toujours pas aux Blancs. Soweto est resté un ghetto ; l'apartheid n'existe plus dans la loi, mais le développement est toujours séparé puisque les gens ne vivent pas ensemble.

5 juillet 2013

Cour suprême

C'est ce qu'on qualifiait jadis de choix cornélien. Ce que les Anglo-Saxons et tous leurs perroquets français appelleraient perdant-perdant. Et en langage populaire des anciens Titis parisiens : un bâton merdeux.

Le Conseil constitutionnel n'avait que des mauvaises solutions devant lui. Soit il confirmait le rejet des comptes de campagne du président sortant, et il mettait son auguste prestige à la suite de ce qui apparaît de plus en plus comme une chasse à l'homme lancée par les juges sur ordre du nouveau pouvoir socialiste pour empêcher l'ancien président de revenir en 2017. Soit il absolvait Sarkozy et décrédibilisait à jamais le contrôle juridictionnel des comptes de campagne. Il y avait un célèbre précédent : en 1995, le Conseil, sous la haute direction de Roland Dumas, avait épargné la campagne de Balladur, sous prétexte que les comptes de son rival Chirac étaient aussi irréguliers, mais que ce dernier était protégé par le suffrage universel qui l'avait conduit à l'Élysée.

Comme l'âne dans la fable des animaux malades de la peste, le seul Cheminade fut lourdement sanctionné. Et chacun – en tout cas ceux qui s'en souvenaient – de réciter en ricanant : « Selon que vous serez puissant ou misérable, Les jugements de cour vous rendront blanc ou noir. »

Mais depuis, vingt ans ont passé. Le contrôle des comptes de campagne s'est affiné, professionnalisé et durci. Des députés, des maires ont vu leur élection annulée pour des peccadilles. Si Sarkozy était passé entre les gouttes, cela aurait clairement signifié que la présidentielle échappait au droit commun des élections en France. Cela aurait encouragé la folle dérive des dépenses qui fait ressembler les grands candidats à des vedettes du show-biz avec sono de pro et images de star. Les collaborateurs de Sarkozy ont en effet fait preuve d'un amateurisme étonnant. Comme s'ils étaient imprégnés de la leçon que Chirac avait inculquée à son héritier Sarkozy : plus c'est gros plus ça passe.

Les considérations personnelles entre héritiers de Chirac viennent d'ailleurs infecter la plaie. Le président du Conseil, Jean-Louis Debré, a toujours détesté Sarkozy, qui l'a toujours accablé de son plus profond mépris. Se tenant derrière la protection légitime du droit, Debré tient sa revanche. Il n'ignore pas plus que d'autres que le droit a bon dos. Qu'il est avant tout l'expression d'un rapport de force. Qu'il aurait dû avaliser les comptes de Sarkozy si celui-ci avait été réélu. Que l'ex-président paie pour les Mitterrand ou Chirac qui ont toujours profité des moyens de la présidence pour assurer la réélection du candidat. Il paie aussi – surtout – pour avoir lui aussi, comme ses prédécesseurs depuis Giscard, accru les pouvoirs et le prestige du Conseil constitutionnel, abandonnant les anciennes prudences des républicains contre le gouvernement des juges. Il a joué à Sarkozy l'Américain, protecteur d'une Cour suprême à la française, loyal serviteur de l'État de droit. Il a joué et perdu.

C'est une vieille loi de l'histoire : mort aux vaincus.

27 août 2013

Marseille, avenir de la France

Ce fut Marseille superstar de l'été. Pas comme capitale européenne de la culture ou pour les exploits de l'OM. Mais comme capitale du crime et de l'impuissance de l'État. Les meurtres en série et les défilés de ministres se sont enchaînés dans une sarabande médiatisée qui exposait alternativement la férocité des uns et le ridicule des autres. Marseille attire et fascine car ce qui se passe ailleurs à la périphérie des grandes villes, et peut être étouffé médiatiquement, se déroule au cœur de la deuxième ville de France. Aux yeux des caméras du monde entier. C'est Gaston Defferre, le maire socialiste de Marseille, qui décida dans les années 60 d'édifier les HLM sur le Vieux-Port, comme si on les avait installées derrière l'Arc de triomphe ou les Invalides. Il y eut donc dans la cité historique la rencontre explosive mais banalement française entre une immigration de peuplement venue d'Afrique, intarissable et de faible niveau socio-éducatif, et une désindustrialisation massive qui leur enlevait les seuls emplois auxquels ils pouvaient aspirer, tandis que le corporatisme vindicatif des dockers de la CGT tuait le poumon économique de la ville au profit des ports de Barcelone et de Gênes. Il n'y a pas de classe dirigeante industrielle ou financière à Marseille. Il n'y a que des politiques auxquels les lois de décentralisation ont redonné une puissance clientéliste qu'elles avaient perdue sous le pouvoir gaulliste. La classe dirigeante à Marseille est constituée des édiles locaux et des caïds de la drogue. Il est cruellement paradoxal de voir les socialistes s'en prendre à Jean-Claude Gaudin alors que le maire de Marseille s'est depuis vingt ans, sous l'influence de l'Église, humblement soumis à toutes les injonctions de la gauche, renonçant à son alliance des années 80 avec le Front national, se couchant devant les syndicats du port ou des éboueurs, repoussant les mesures ostensiblement sécuritaires, et chantant les louanges de l'immigration, chance pour Marseille et la France. Il est allé jusqu'à imiter tardivement les maires de Paris et de Lyon, s'efforçant à coups de campagnes de com' et de grands travaux d'urbanisme de boboïser une ville populaire, afin de la mettre au diapason des grandes métropoles européennes. La ville a gardé une part de sa magie. Elle a absorbé les vagues d'immigrants depuis les colonies grecques de l'Antiquité jusqu'aux Comoriens d'aujourd'hui. Mais la cité cosmopolite d'antan n'est plus : les quartiers nord sont uniformisés par des populations qui ont repoussé les Marseillais arrivés avant dans le sud de la ville, les enfermant dans un ghetto d'Européens assiégés. L'identité des enfants des quartiers nord de la ville est à la fois marseillaise et musulmane ; mais elle n'est plus française. La série télévisée *Plus belle la vie* n'est pas tournée à Marseille par hasard : elle est une réécriture en rose de la réalité, un village Potemkine sur écran, une réinvention à la manière stalinienne de l'utopie multiculturaliste. La trilogie de Marseille n'est plus *Marius, Fanny, César,* mais désindustrialisation, décentralisation, défrancisation. La trilogie noire de Marseille est la pointe émergée du malheur français. Marseille est l'avenir de la France.

30 août 2013

Néocolonialisme

On a déjà vu le film ; c'est toujours le même. Le même scénario, les mêmes répliques, les mêmes images. Seuls les acteurs changent. Mais ils n'ont pas grand intérêt, n'ont pas beaucoup de talent et ne semblent pas croire au rôle qu'ils jouent. Les lieux de tournage ont varié depuis quinze ans, Kosovo, Afghanistan, Irak, Libye, Mali, mais c'est toujours la même histoire. On ne fait pas la guerre mais la police. On ne combat pas des adversaires mais on punit des méchants. On ne fait pas de politique mais la morale. Autrefois, la France guerroyait pour se défendre ou protéger ses intérêts ; désormais elle prêche. C'est l'influence des puritains américains. Autrefois, la France sauvegardait farouchement son indépendance ; désormais, on fait du zèle pour être le meilleur élève de l'Amérique, pour être plus occidental que les Anglais. De Gaulle traitait l'ONU de « machin », ses successeurs ne jurent que par elle. Pour mieux s'en passer quand elle ne répond pas au doigt et à l'œil. Encore la méthode américaine. On nous parle de droit international pour mieux l'ignorer. On se gargarise de la communauté internationale, qui n'existe pas. On dénonce les armes chimiques comme on a dénoncé les armes de destruction massive de Saddam Hussein, avant d'utiliser des armes encore plus dévastatrices, encore plus meurtrières. On combat le terrorisme au Mali et on va aider al-Qaida en Syrie. Comme en Libye, on combattra au nom de la protection des civils pour au final en tuer encore plus. On nous promettra l'instauration d'un État de droit, alors qu'on détruira l'État et qu'on ne parviendra jamais à faire respecter le droit. On bombardera au nom de la démocratie, en faisant le jeu des islamistes qui la méprisent. Comme en Irak ou en Yougoslavie, on détruit de nos mains des États-nations qu'on a forgés nous-mêmes. On sacrifie toujours nos amis historiques : les chrétiens d'Orient finiront massacrés si l'État syrien s'écroule. On joue au shérif dans le vaste monde alors qu'on n'est même pas capable de faire régner l'ordre à Marseille ou dans nos banlieues. On déclenche une guerre sans connaître nos buts de guerre. On envoie nos soldats pour prendre parti dans un conflit inextricable entre sunnites et chiites, entre l'Arabie saoudite et le Qatar. Sont-ils devenus les mercenaires des pétromonarchies ? Obama hésite, le Parlement britannique rechigne. Eux aussi sont las de jouer dans le même film. Le Russe Poutine tient seul un rôle qui n'était pas écrit dans le scénario. Il bloque le tournage en armant Assad et en mettant

son veto à l'ONU. Poutine joue le jeu traditionnel des relations internationales, celui des alliances et de la realpolitik.
Il combat l'islamisme chez lui et à l'étranger. Il n'habille pas
de sentiments et de droits de l'homme la rude défense de ses
intérêts. On comprend mieux pourquoi les médias français et
occidentaux le détestent tant.

Victimes

La musique était de Manuel Valls mais les paroles de Christiane Taubira. La forme était inspirée par le ministre de l'Intérieur, quand le fond était signé par sa collègue de la Justice. Le président de la République et le Premier ministre insistent lourdement et presque obsessionnellement sur la sécurité des Français, quand leur objectif réel est de trouver le moyen le plus efficace de vider les prisons. Puisque la gauche est convaincue que la prison est l'école du crime et, en tout cas, la cause quasi exclusive de la récidive, il est en effet imprudent d'envoyer des gens en prison. La droite était beaucoup moins audacieuse et pleine de contradictions. D'un côté, la loi Dati de 2009 enjoignait les juges de ne pas mettre en prison les condamnés à des peines de moins de deux ans ; et de l'autre, Sarkozy, se méfiant du laxisme compassionnel des juges, leur imposait des peines planchers en dessous desquelles ils ne pouvaient pas descendre pour les récidivistes. Une politique erratique qui a successivement vidé et rempli les prisons. La gauche a le mérite de la cohérence. Elle supprime les peines planchers. La peine de probation pour les condamnés de moins de cinq ans, quel que soit le nom qu'on lui donne si elle acquiert force de loi, permettra de faire sortir des milliers de prisonniers. Une sorte d'amnistie géante. Un air de fête révolutionnaire. Car c'est bien une victoire révolutionnaire, celle du syndicat de la magistrature dont les hommes tiennent la place Vendôme depuis l'arrivée de Taubira. Le délinquant est pour eux une victime. Victime d'une société bourgeoise, patriarcale et raciste. Victime d'une société qui n'aime pas les jeunes, qui n'aime pas les immigrés. Victime qu'il faut protéger et éduquer dans la liberté, car on n'obtient rien par la contrainte. Les pauvres diables volés, violés, brutalisés, tués sont, eux, au mieux des malchanceux qui étaient là au mauvais moment au mauvais endroit quand leur agresseur se venge d'une société criminelle ; et au pire des cons qu'on exécute symboliquement sous les railleries. Hollande et Ayrault ne sont pas membres du syndicat de la magistrature et assurent avoir rompu depuis longtemps avec la gauche angélique des années 70. Hollande a gardé un mauvais souvenir de la fin tragique de Lionel Jospin, en avril 2002, qui avait avoué sa naïveté en matière de sécurité. D'où son discours habilement martial. Mais il y a les souvenirs et la politique. Face à Valls, dont l'ambition et la frénésie médiatique agacent jusqu'à l'Élysée, une coalition s'est formée autour de Martine Aubry, Cécile Duflot et Christiane Taubira. Cette coalition des femmes qui brocarde joyeusement la « virilité intimidante » du fier coq de la place Beauvau demandait à Hollande des signes de gauche. Elles ont été obéies. Mais il ne faudrait pas croire que ces dames de gauche soient laxistes. La dernière circulaire de la ministre de la Justice parue il y a quelques jours somme les parquets d'être beaucoup plus actifs dans la lutte contre l'homophobie. Taubira a raison de remettre en cause des stéréotypes désuets : il est impardonnable d'insulter un homosexuel, mais est-ce si grave de trafiquer de la drogue ou de braquer une bijouterie ?

6 septembre 2013

G20

C'est l'histoire d'un mythe, d'une utopie, d'un fantasme. Une histoire ou plutôt un conte des *Mille et Une Nuits* dont sont particulièrement friandes les élites françaises. La mondialisation appelle un gouvernement mondial ; elle l'exige même.

Giscard avait inventé le G5 ; Sarkozy, le G20. De Gaulle ne jurait que par les nations et les États, et détestait tous les machins internationaux ; ses successeurs le trahissent avec bonne conscience, croient à la communauté internationale et aspirent à lui donner des institutions dignes d'elle.

Le G20 de Saint-Pétersbourg est le plus cruel démenti à ce rêve éveillé. La communauté internationale n'existe pas, car il n'y a pas de sentiment de destin commun. La communauté internationale est une mascarade. Il n'y a que des intérêts que chacun défend âprement. Les médias français parlent d'égoïsmes nationaux alors que c'est le devoir des dirigeants de défendre les intérêts de leur pays.

Les Occidentaux sont passés maîtres dans l'art de dissimuler leurs intérêts derrière le paravent des droits de l'homme et des leçons de morale. La Russie, la Chine et les pays émergents sont moins hypocrites. Pour eux, la souveraineté n'est pas un gros mot. Même François Hollande emploie désormais le mot ; mais il n'a pas encore compris comment on l'utilisait dans la réalité. Faut dire que les dirigeants français ont perdu l'habitude.

Quand Poutine soutient mordicus le dernier allié qui lui reste au Moyen-Orient, il ne restaure pas la guerre froide, mais défend les intérêts de la nation russe. On n'est pas dans la logique des blocs mais dans celle des États. La mondialisation a eu les mêmes conséquences que l'Europe, elle a rendu impuissants ces derniers. Ce G20 montre qu'ils essaient de sortir de leur nasse. Évidemment, ça fait des dégâts.

Ça crée aussi parfois des points d'accord : tous les États désormais en ont assez de voir les grosses entreprises mondialisées qui refusent de payer l'impôt, à l'instar des aristocrates de l'Ancien Régime.

Mais pour le reste, c'est la guerre : guerre des monnaies, guerre commerciale, guerre économique, guerre médiatique, guerre financière, guerre par ONG interposées ; et parfois même la guerre des armes, la vraie. Il n'y a que les pays européens pour refuser de le voir. Et croire que le droit et le commerce vont régenter la planète dans le meilleur des mondes possibles.

La montée en puissance des pays émergents rend inutilisable l'ONU pour justifier les guerres punitives.

C'est le paradoxe de la mondialisation : elle détruit elle-même ce qu'elle a semblé imposer. Le reste de la planète ne supporte plus l'arrogance moralisatrice des Américains et des Français qui veulent punir un État souverain. Obama l'a compris, ce qui explique sa pusillanimité qui ressemble à de la couardise. Hollande ne l'a pas compris ; c'est pourquoi il se couvre de ridicule. Le G20 ressemble de plus en plus aux grandes conférences internationales d'antan, celles d'avant guerre ou même du XIXᵉ siècle. Même le pape se met de la partie comme au bon vieux temps.

Le G20 devait initialement accoucher du mythe futuriste d'un gouvernement mondial. Le G20 de Saint-Pétersbourg l'a tué.

10 septembre 2013

Une claque à sa grand-mère

Pour une fois il fera l'unanimité. C'est sans doute ce qu'il cherchait. Notre ministre de l'Éducation nationale est un grand sensible. Sa Charte de la laïcité séduira la gauche et la droite, jusqu'au Front national. La laïcité qui fut historiquement l'arme de guerre de la gauche contre le pouvoir de l'Église est devenue l'ultime rempart contre les assauts de l'islam. L'ennui est que cette charte ne servira à rien. Il y a dix ans déjà, le rapport de l'inspecteur général de l'Éducation nationale Jean-Pierre Obin alertait sur l'ambiance délétère dans de nombreux établissements scolaires de banlieue, la séparation imposée dans les cantines sur des critères religieux, le refus d'étudier certaines matières, certains auteurs, l'incroyant Voltaire, ou l'infidèle Bovary, sans compter l'étude des croisades ou de l'extermination des Juifs pendant la Seconde Guerre mondiale. Depuis, cela ne s'est pas arrangé. La Charte de la laïcité n'y changera rien. Elle laisse les proviseurs et professeurs totalement désarmés face à des situations qu'ils ne connaissent que trop bien. Croit-on que ceux-ci oseront s'opposer à la vindicte parfois violente des élèves, au poids du nombre, à la vigilance souvent agressive des parents, à l'activisme des associations antiracistes et de lutte contre l'islamophobie, bien relayées par le politiquement correct médiatique ? S'il le croit, Vincent Peillon est un doux rêveur. Ce qu'il n'est pas.

Son initiative est un coup de com' personnelle. Elle vient contredire le récent rapport Bianco, qui nous expliquait, lui, qu'on avait exagéré les menaces que faisait peser l'islam sur la laïcité. Tout va très bien, madame la marquise.

Mais Peillon n'y verra pas malice. Si l'on en croit ses écrits et ses déclarations, Peillon en est resté à la bataille historique de la République contre l'Église. Comme s'il voulait mettre une claque à sa grand-mère, selon l'expressive formule de Karl Marx.

Car Peillon est avant tout un idéologue qui se sert de l'école comme d'une machine de propagande. Il l'a avoué en pleine bataille autour du mariage gay, en expliquant qu'il fallait arracher les enfants à leurs familles pour faire avancer les causes progressistes. Quel progrès ? Quelle morale ? Quelle laïcité ? On peut tout craindre quand on voit comment, avec sa collègue Najat Vallaud-Belkacem, il se sert de l'école pour bourrer les crânes enfantins avec la théorie du genre au nom de la lutte pour l'égalité entre garçons et filles.

C'est cela la méthode Peillon : on parle de laïcité, d'égalité des sexes, de rythmes scolaires, de vacances. Les rideaux de fumée médiatiques se succèdent. Mais on ne traite pas ce pour quoi est d'abord faite l'école : l'instruction. Un beau mot tombé aux oubliettes. Le niveau scolaire ne cesse de baisser, le taux d'illettrisme augmente vertigineusement, les résultats internationaux de la France se dégradent. Et le ministre de l'Éducation nous ressert la même recette que ses prédécesseurs : il va refondre les programmes. Lui aussi. Une fois de plus. Avant le prochain.

13 septembre 2013

Le cave se rebiffe

Des héros pour les uns, des salauds pour les autres. Des braves gens en colère ou des cow-boys. Le ministre de l'Intérieur avait exalté l'héroïsme du retraité mort à Marignane ; la justice met en garde à vue le bijoutier de Nice. Certains médias et éditorialistes dénoncent les retraités à la gâchette facile et les familles des voyous s'émeuvent qu'on meure pour, disent-ils, une « bêtise ». C'est la culture victimaire de l'excuse contre la révolte des véritables victimes.

La France n'est pourtant pas les États-Unis. Les armes ne sont pas en vente libre. Nous n'avons pas la culture du cowboy. Historiquement, la première décision des révolutionnaires français en 1789 fut cependant d'armer les citoyens, comme preuve de leur liberté nouvelle. Ce fut la garde nationale. La justice est certes depuis lors une fonction régalienne que les citoyens délèguent à l'État. Encore faut-il que l'État l'exerce. Les citoyens renoncent à la violence au profit de l'État. Ce que les juristes appellent le monopole de la violence légitime. À condition que la police soit bien la seule à exercer cette violence. Or, des émeutes de banlieue en 2005 aux révoltes de Trappes ou aux règlements de comptes de Marseille, on a pu constater que la police n'avait plus le monopole des armes. Des bandes s'en servent contre elle sans qu'elle ne riposte. Les consignes de prudence des ministres de l'Intérieur successifs, hantés par le souvenir de la mort de Malik Oussekine, ont transformé les policiers en cibles corsetées. Les cent mille peines non exécutées, les libérations anticipées, les projets de la ministre de la Justice pour vider les prisons donnent l'impression délétère que l'État a renoncé à protéger les citoyens. À Marignane comme à Nice, les voleurs inauguraient leur phase de réinsertion par un casse ! De plus en plus de Français ont la conviction que les délinquants n'ont plus peur de rien et encore moins de la justice. En tirant dans le tas, ces citoyens essaient seulement de restaurer cette peur du gendarme qui est le début de la sagesse.

Cette version tragique du *Cave se rebiffe* est la pointe émergée d'un iceberg d'exaspération et de fureur qui ne touche plus seulement les grandes villes et les banlieues, mais atteint désormais massivement la France calme des campagnes, des pavillons, du périurbain. L'explosion des cambriolages et des vols y est d'autant plus ressentie que les gens qui s'y retrouvent agressés sont pour la plupart d'anciens banlieusards qui avaient abandonné leurs quartiers parce qu'ils souffraient déjà de la violence des bandes et du sentiment de ne plus être en France. Ils n'ont obtenu qu'un répit. Ils retrouvent les mêmes bandes venues de banlieue, encore renforcées par celles accourues de toute l'Europe, Roms, Ukrainiens, Kosovars, Tchétchènes, que les frontières passoires de Schengen ont laissé s'égailler dans la pampa hexagonale. Dans son livre devenu une référence, *Fractures françaises*, le géographe Christophe Guilluy expliquait que l'exode de la petite classe moyenne française des banlieues vers le périurbain s'était révélé un réflexe républicain qui avait évité la guerre civile. Où devront-ils fuir désormais ?

17 septembre 2013

L'humiliation syrienne de Hollande

C'est une défaite qui vient de loin. Et qui laissera des traces. Une triple défaite, celle d'un homme, d'un pays et d'une idéologie. L'homme, c'est Hollande, le pays, c'est la France, l'idéologie, c'est le droit d'ingérence.

Hollande croyait retrouver avec la Syrie l'ivresse guerrière qu'il avait connue au Mali. Il n'avait pas compris que le Mali est dans la zone d'influence française, cette Françafrique que les socialistes adorent dénigrer. Il n'avait pas compris qu'en l'absence de l'Angleterre, la France ne peut la remplacer comme fidèle second de l'Amérique. Que son opposition démocratique syrienne qu'il défend toujours n'est qu'une chimère. Avec Hollande, on croyait le retour de Mitterrand et Chirac ; on a eu un double de Sarkozy.

Par son impétuosité maladroite, Hollande a ramené la France aux pires humiliations de Yalta, lorsque, à l'issue de la Seconde Guerre mondiale, les « Trois Grands », États-Unis,

URSS et Royaume-Uni, avaient découpé l'Europe sans inviter
la France du général de Gaulle. Cette fois, les Russes et les
Américains se sont entraidés, Obama ne voulant plus intervenir dans un Orient trop compliqué, et Poutine ne voulant
pas se retrouver en sandwich entre l'Occident et les islamistes.
Depuis, Obama est déjà reparti vers cette Asie qui seule l'intéresse ; et Poutine tend les bras à l'Iran, autre bête noire du
couple Sarkozy-Hollande. Il ne se passera rien de ce qui est
annoncé ; la guerre civile syrienne continue.

C'est enfin la grande défaite du droit d'ingérence. Avec
Fabius au Quai d'Orsay, on croyait voir le retour d'Hubert
Védrine, on a eu Bernard Kouchner. On n'imaginait pas qu'un
garçon si intelligent et réfléchi pouvait être toqué de droits-de-
l'hommisme. Il est vrai que son alter ego Alain Juppé est aussi
atteint. On avait oublié qu'il y a vingt-cinq ans à Matignon,
Fabius avait eu des états d'âme lorsque le général polonais
Jaruzelski était venu à Paris.

On ignorait à quel point le Quai d'Orsay, qui fut autrefois
le temple de la doctrine gaulliste d'indépendance nationale,
était devenu un repaire de va-t-en-guerre qui donneraient des
leçons aux néocons de George Bush Jr ! Ils sont désormais la
risée du monde et de leurs collègues de la Défense, ces officiers de l'état-major qui n'avaient pas envie, eux, d'aider en
Syrie les djihadistes qu'ils avaient annihilés au Mali ; pas envie
non plus d'aider ceux qui massacrent ces chrétiens d'Orient
que la France jadis protégeait.

La défection de l'Amérique d'Obama prouve bien *a contra-
rio* que lorsque l'ingérence humanitaire n'est pas une compo-
sante de la stratégie de la superpuissance américaine, elle n'est
rien d'autre qu'une fumisterie pour soirée animée au Café de
Flore. Une leçon majeure de realpolitik pour Bernard-Henri
Lévy et ses admirateurs.

Cet échec syrien est enfin la énième mort de l'Europe de
la défense. Non seulement les Anglais nous ont lâchés, mais
Angela Merkel s'est encore bien moquée de son camarade
Hollande, le laissant seul comme chaque fois et prenant soin
de ne pas effaroucher ses grands amis russes. « Avec des amis
comme ça, on n'a pas besoin d'ennemis ! »

La France de Hollande se retrouve avec comme seule alliée

l'Arabie saoudite. Une grande démocratie qui respecte scrupuleusement les droits de l'homme.

20 septembre 2013

Cumul

Les sénateurs ne sont pas qualifiés de sages pour rien. Ils sont les derniers à conserver dans cette affaire le sens commun et une certaine idée de la République qui a déserté la classe politique.

Non seulement le Parlement n'en sortira pas revalorisé, mais il sera encore plus dévalorisé. Les parlementaires n'obtiendront pas ce qu'ils réclament depuis des lustres, des moyens d'enquête et de contrôle indépendants des administrations, ou une maîtrise de l'ordre du jour. Ils n'auront toujours aucun pouvoir, mais ils n'auront même plus la puissance que leur conférait l'ancrage local. Les maires des grandes villes, ou les patrons des grosses régions, ne viendront plus au Parlement, alors même qu'il y manque déjà Juppé, Mélenchon, Bayrou, Marine Le Pen. La Ve République sera encore plus déséquilibrée ; la présidentialisation sortira encore renforcée. Le non-cumul aura les mêmes conséquences que le quinquennat : les socialistes l'avaient imposé pour démocratiser des institutions trop monarchiques et il n'a fait que renforcer la présidentialisation du régime.

Le non-cumul répétera et aggravera les effets des lois sur la parité et la diversité : on fera élire d'anciens collaborateurs, des parents, des fils, des femmes, des maîtresses. L'hémicycle sera vidé des dernières personnalités fortes au bénéfice d'apparatchiks dénués de convictions et de culture politique. Comme aujourd'hui, mais en pire. Ces non-cumulards seront propres sur eux, mais ne représenteront que leur parti politique auquel ils obéiront au doigt et à l'œil. Leur carrière en dépendra exclusivement. L'Assemblée nationale ne sera plus définitivement qu'une chambre d'enregistrement des décisions du gouvernement et de l'Europe. Le Sénat sera encore plus inutile et encore plus désuet, puisque la chambre censée représenter les collectivités locales ne sera plus composée d'élus locaux.

La haine du quinqua blanc de sexe masculin est le non-dit de cette réforme. On veut que l'Assemblée ait plus de femmes et plus d'enfants de l'immigration. On veut forcer la main d'électeurs rétifs. Mais il n'y aura pas plus d'ouvriers qu'aujourd'hui. Comme avec les lois sur la parité et la diversité, on favorisera encore les classes moyennes supérieures ; on accroîtra l'entre-soi des élites qui pensent bien. Le cumul des mandats ne servait pas seulement à éliminer les rivaux locaux, mais surtout à faire monter les dossiers à Paris. Cet archaïsme tant dénigré a une relation existentielle avec le centralisme français.

Ce centralisme a bien des défauts, mais assure vaille que vaille l'unité d'un pays qui a rarement été aussi fracturé qu'aujourd'hui. Demain, les maires des grosses métropoles passeront par l'Europe. Les petites villes n'auront plus leur député-maire pour sensibiliser les ministères à leur destin déjà si précaire. Elles seront encore plus abandonnées, tandis que la région parisienne se déconnectera un peu plus du reste du pays. Les inégalités régionales et sociales s'accentueront ; le sentiment du destin national commun s'affaiblira encore.

C'est sans doute le seul objectif recherché que les socialistes atteindront.

24 septembre 2013

Camarade des patrons

Ce n'est pas Angela Merkel qui a gagné mais les sociaux-démocrates qui ont perdu. Ils se sont révélés incapables de jouer sur l'usure du pouvoir de leur adversaire ; incapables de montrer les limites et les failles du fameux modèle allemand, les millions de petits boulots à 400 euros par mois ; la montée des inégalités ; la dépendance de l'économie allemande à ses seules exportations ; incapables d'avertir les Allemands que la détestation de leur pays s'étend dans toute l'Europe du Sud. Incapables de faire leur boulot d'opposants et leur boulot de socialistes. Incapables surtout de rappeler que la chancelière n'a rien fait, si ce n'est tirer profit d'une politique qui a été conçue et mise en œuvre avant elle.

Et pour cause. Le véritable vainqueur de cette élection s'appelle Gerhard Schröder. Il est le père du fameux modèle allemand dont s'enorgueillit Merkel. C'est Schröder qui il y a dix ans a osé trancher dans le vif en faveur de patrons allemands qui avaient besoin de millions de bas salaires pour faire tourner de manière rentable leurs usines de machines-outils et de belles limousines. Tout le reste est littérature. Mais Schröder était social-démocrate. Alors, quand le SPD, dix ans plus tard, fait campagne pour l'instauration d'un smic à la française, les Allemands lui rient au nez : pas question de scier la branche sur laquelle ils sont nombreux à être confortablement assis.

Le chef du SPD ne pouvait même pas montrer sa différence morale avec Schröder, jadis surnommé l'ami des patrons, et qui finit sa carrière chez le magnat russe de l'énergie Gazprom, quand lui-même multiplie ses conférences très grassement payées.

Le SPD a assumé ses choix idéologiques du passé quand il a refusé l'alliance avec Die Linke, la gauche de la gauche. En se convertissant au social-libéralisme, le SPD ne peut plus être autre chose que la roue de secours de la droite allemande.

Cette marginalisation des socialistes allemands pose un problème à tout le mouvement socialiste européen. La social-démocratie allemande a fêté cette année son cent cinquantième anniversaire. C'est le plus ancien Parti socialiste d'Europe et du monde. C'est aussi le plus puissant et le plus riche. C'est le parti qui a inventé le fameux modèle rhénan, l'ancien modèle allemand, celui d'après guerre jusqu'aux années 80, qui avait fait du compromis entre patrons et syndicats la base de la prospérité de tous. Mais ce compromis social-démocrate est mort il y a vingt ans. La mondialisation l'a tué. En mettant l'épée de Damoclès des délocalisations au-dessus de la tête des salariés européens, la mondialisation a donné les pleins pouvoirs aux patrons. Plus réalistes que leurs homologues français, les syndicats allemands ont accepté ce nouveau rapport de force. En limitant la casse au maximum.

C'est ce moment qu'a choisi François Hollande pour déclarer

sa flamme à la social-démocratie. Les socialistes français sont formidables, ils insultaient la social-démocratie quand elle était efficace ; ils la couvrent de fleurs quand elle est morte.

27 septembre 2013

Robes rouges

Quand je serai grand, je serai commissaire européen. Dites-le à vos enfants, il n'y a rien de mieux. On vit confortablement ; on est très grassement payé ; on n'est pas élu mais choisi. Et après, on peut dire ou faire n'importe quoi, aucun compte à rendre. Regardez Mme Reding. Il y a trois ans, elle avait comparé l'expulsion des Roms à la déportation des Juifs pendant la Seconde Guerre mondiale ; cette fois, elle est plus aimable avec Manuel Valls, qu'elle accuse seulement d'électoralisme. Mme Reding ne risque pas de rencontrer un seul électeur. La Luxembourgeoise ne risque pas non plus de voir un seul Rom en bas de chez elle. Elle reprend l'ancienne devise de Robespierre : que l'Empire périsse, pourvu que les principes survivent. Viviane Reding ne veut pas voir que nous sommes victimes d'une politique délibérée des autorités roumaines, et accessoirement des Bulgares, qui profitent du principe de libre circulation en Europe pour se débarrasser d'une population qui n'a jamais été aimée là-bas et qu'ils rêvaient de chasser depuis des siècles. Et Mme Reding est l'idiote utile de ce projet machiavélique. La France est sommée d'intégrer, de scolariser, de trouver du travail et un logement à des gens qui, pour la plupart, n'en veulent pas. Elle doit subir l'explosion des vols, des agressions et des pillages, comme l'a dit un juge excédé. Et surtout elle doit se taire. La France n'a plus le droit depuis belle lurette de pouvoir choisir les étrangers qui s'installent sur son sol. Au nom des droits de l'homme, la France est comme un pays qui a subi une défaite militaire : une terre ouverte. Il y a trois ans, Sarkozy avait insulté Viviane Reding. Mais Sarkozy est parti. Il avait dû entre-temps supprimer la circulaire qui ne plaisait pas à notre maîtresse luxembourgeoise. Mme Reding est toujours là. Les Roms aussi. On a rétabli la papauté d'antan. Ils n'ont pas de robes rouges, mais les commissaires européens sont comme les cardinaux romains ; on leur baise la main et les pieds ; on s'agenouille ; on sollicite l'autorisation, on demande pardon. C'est Canossa tous les jours pour les ministres français. Valls doit promettre qu'il sera gentil avec les Roms ; et Moscovici va à Bruxelles la corde au cou pour demander au commissaire Olli Rehn de lui pardonner son mauvais budget. Et c'est seulement parce que notre bon commissaire a été magnanime que le pénitent Moscovici aura l'autorisation de présenter ce budget béni par Bruxelles devant son Parlement. On a remplacé les Évangiles par les traités européens, la sainte Trinité par les droits de l'homme, l'équilibre budgétaire, la concurrence pure et parfaite. Si on n'obtempère pas, on est excommunié. Leur bulle papale, ils l'appellent résolutions, sanctions. Comme le pape, les commissaires bénissent *urbi et orbi*. Les nations n'existent plus, il n'y a plus que le grand marché. Jadis, les rois de France pourtant très chrétiens ne supportaient pas que le pape vienne se mêler de leurs affaires. Ils étaient très chatouilleux. Le roi de France est empereur en son royaume, disait-on avec orgueil. La République a abdiqué. À Bruxelles, Mme Reding est impératrice dans son royaume.

Calamity Jane

La vie est trop injuste. Parce que Delphine Batho avait contesté publiquement son budget, elle a été virée du gouvernement dans l'heure ; mais lorsque Cécile Duflot assassine le ministre de l'Intérieur, Manuel Valls, pour une politique soutenue par le président de la République et accessoirement par 80 % des Français ; lorsqu'elle pourrit de surcroît la séquence médiatique de Hollande à Florange, elle reste en place. Ce n'est pas que Delphine Batho fût très utile au ministère de l'Environnement, mais Cécile Duflot est nuisible au Logement. Depuis son arrivée, les investisseurs fuient le locatif pour l'immobilier de bureau. Elle avait promis de réduire la pénurie chronique de logements ; elle va l'aggraver. Avec ses menaces de réquisition des logements vacants, elle a terrorisé tous les petits propriétaires. Avec son projet d'encadrement des loyers, elle arrive comme la cavalerie dans les westerns, quand la bataille est finie. Sa garantie universelle des loyers imposera une cotisation supplémentaire à des propriétaires et des locataires qui n'ont rien demandé, alors que les impayés ne représentent que 2 % des loyers. Et même les députés socialistes se sont inquiétés de voir l'État encore mis à contribution. Mais Duflot est persuadée qu'être de gauche, c'est s'en prendre aux méchants propriétaires et défendre les gentils locataires. C'est Calamity Jane qui se prend pour Lénine. Elle n'a pas encore compris qu'il y a beaucoup de petits propriétaires qui ont acquis un appartement à louer pour préparer leur retraite ou loger un enfant devenu grand.

Elle prétend combattre le manque de logements sociaux mais s'élève contre toute fermeture des frontières, alors que les étrangers occupent déjà un tiers des HLM en région parisienne.

Mais les contradictions ne font pas peur à Cécile Duflot.

C'est un mélange de baba cool des années 70 et de carriérisme des années 80. Une rebellocrate à la Muray qui veut à la fois les places et la posture contestataire. Avec son vieux compère Jean-Vincent Placé, ils forment un duo d'apparatchiks redoutable. Surnommés « la firme » par Noël Mamère, ils ont viré manu militari le pauvre président des Verts, Pascal Durand, qui osait mettre en danger les maroquins des Verts au nom de ses convictions. Le niais ! Il croyait aux idéaux et à la démocratie dans son parti. Même à l'UMP, au Parti communiste ou au FN, on ne traite plus les gens comme ça. Et c'est pour se rabibocher avec des militants choqués par sa brutalité qu'elle a assassiné Valls sur les Roms au nom de la République qui ne lui a rien demandé.

C'est que Cécile Duflot prend la République française pour un terrain vague où n'importe qui peut venir planter sa tente, sans se soucier des habitants, ni de leur histoire, ni de leurs mœurs, ni même de leur simple sécurité.

Mais la patronne des Verts est intouchable car les socialistes veulent pouvoir continuer à dire aux Français qui s'en moquent qu'ils ne gouvernent pas seuls. Il paraît que Hollande apprécie le côté politique de Cécile Duflot. On peut difficilement y croire : cela signifierait qu'il confond politique avec politicien.

4 octobre 2013

Une femme libre

C'est un événement planétaire. Depuis plusieurs jours, c'est le sujet majeur qui hante les esprits et excite les curiosités au Congrès américain comme aux Communes britanniques, sur la place Rouge ou dans la Cité interdite, à la Bourse de Hong Kong, au fond des ruelles du Caire, ou dans les faubourgs de Damas, entre deux massacres. La réélection de Merkel, les ennuis budgétaires d'Obama, les menaces israéliennes contre l'Iran, l'arrivée des experts de l'ONU en Syrie, les massacres en Centrafrique, ou encore les querelles autour des Roms entre Valls et Duflot ? Non, non, vous n'y êtes pas, tout cela est de la roupie de sansonnet à côté de ce qu'on nous annonce : Cécilia parle.

Cécilia Attias, ex-Sarkozy, ex-Martin, ex-première dame de France, ex-sauveteuse des infirmières bulgares, ex-fantôme hagard de la Concorde, ex-star du Fouquet's. Voilà donc revenue notre chère Cécilia de son exil doré à New York, et le monde, haletant, attend son témoignage. Sa version, sa vérité. Le livre est d'ailleurs intitulé *Une envie de vérité*. Pas un souci ni une exigence de vérité. Non, une simple envie. Comme une envie de chocolat ou d'un doigt de champagne.

Le retour de notre héroïne est célébré en grande pompe par les troubadours médiatiques qui exaltent la femme libre, la femme moderne, la femme qui a fait passer l'amour avant le pouvoir, la passion avant les honneurs. La femme qui a fait triompher l'amour. L'amour plus fort que la mort.

Les historiens de jadis auraient analysé avec sévérité les ravages qu'a causés cette banale histoire d'adultère sur l'état mental d'un président de la République ; comment elle a pourri le début de mandat de Sarkozy en l'éloignant des Français et des devoirs de sa charge. Les journalistes politiques d'antan auraient étudié les contradictions idéologiques des Sarkozy, entre un Nicolas entonnant les discours patriotiques de Guaino et Buisson, et le cosmopolitisme branché de Cécilia qui se vantait naguère de n'avoir pas une goutte de sang français dans les veines. Les psychanalystes et les experts de la famille auraient naguère glosé sur l'équilibre de leur petit Louis, charmant petit garçon pris dans la tourmente qu'on avait entrevu à l'Élysée, le jour de l'investiture de son père.

Mais grande ou petite histoire, rien de cela n'intéresse.

Seule la passion de la femme libre est mise sous les projecteurs. Dans le même temps sort sur les écrans parisiens un film à la gloire de Lady Diana. Cécilia est une nouvelle Diana. Encore une femme libre et moderne qui va au bout de ses passions. Sauf que pour l'Anglaise, la mort a été plus forte que l'amour.

Notre époque a fait de Mme Bovary, dont Flaubert se moquait si cruellement, une idole, un modèle, une icône. Un exemple à admirer et à suivre.

Comme pour Diana, l'engouement médiatique autour de Cécilia révèle crûment l'évolution délétère de notre vie publique, où féminisation se conjugue avec psychologisation et peopolisation. Où les citoyens sont transformés en midinettes pour mieux les aliéner. Un nouvel opium du peuple.

8 octobre 2013

Faire le jeu du Front national

Ce n'est pas moi, c'est lui. Ce jeu puéril est à la mode dans la classe politique depuis dimanche soir. Jean-Luc Mélenchon accuse François Hollande d'être le grand pourvoyeur de voix du FN. Vincent Peillon accuse la droite et son discours décomplexé de faire le lit de Marine Le Pen. Le Parti communiste reproche aux Verts d'avoir trahi le rassemblement de la gauche. La candidate verte s'en prend à Harlem Désir et même à l'électorat traditionnel de la gauche qui ne s'est pas déplacé. C'est vrai, ça ne se fait pas de ne pas voter pour les Verts ! La droite désigne la gauche et sa mauvaise gestion. Duflot, comme Mélenchon, accuse Valls de reprendre le discours populiste pour être populaire. Mais Valls, comme la droite, est convaincu que le projet de loi de Christiane Taubira pour vider les prisons est à l'origine de tout. D'ailleurs, Jean-Marc Ayrault fait tout pour reporter celui-ci aux calendes grecques.

Mais le jeu n'est pas fini. Il ne finit jamais. Les beaux esprits verront la cause de tout le mal dans le goût morbide des grands médias pour les faits divers. Les journaux cachent désormais les patronymes des délinquants. Bientôt, il faudra cesser de parler de tous les crimes et délits en France. Comme en Union soviétique à la grande époque.

Une intellectuelle américaine publie ces jours-ci un livre qui pointe du doigt l'odieuse conception française de la laïcité qui stigmatise l'islam et sert qui vous savez. D'autres professionnels patentés des droits de l'homme expliquent doctement que c'est la faute au 11 Septembre. Rappelez-moi déjà combien faisait Jean-Marie Le Pen à la présidentielle de 1988 ? Et 1995 ? Même Laurent Fabius s'énerve contre Schengen. Et des historiens mettent au pilori Lorànt Deutsch qui, dans son dernier livre, décrit la bataille de Poitiers en 732 avec des Sarrasins pillards et massacreurs... Il est bien connu que l'islam a conquis alors la moitié de la planète en jetant des roses sur les populations énamourées...

La panique gagne les meilleurs esprits. Dont aucun, bien sûr, jusqu'au président de la République lui-même, n'oublie de répéter en boucle que le chômage est le seul terreau de ce populisme qui vient. C'est exactement ce que pensait Lionel Jospin en 2002 !

Et si on arrêtait de chercher des causes marginales pour ne pas voir ce qui crève les yeux ? Si on sortait de cette obsession économique, ce matérialisme qui nous aveugle ? Si on acceptait de voir que l'immigration, qui ne se tarit jamais depuis des décennies, faisant craindre un changement radical de population, de religion, de civilisation, en France comme dans le reste de l'Europe, effraie de plus en plus de citoyens. Que la crise d'identité française, cette terrible impression d'être envahis et de ne plus être chez soi en France, est l'essentiel et que le reste est accessoire.

On ne peut pas reprocher depuis trente ans au Front national de faire de l'immigration son fonds de commerce et refuser de reconnaître que l'électorat de plus en plus nombreux, et de plus en plus populaire, vote d'abord pour cette raison-là. Ou alors on prend les électeurs pour des cons.

11 octobre 2013

Hobereau de province

Il était le Petit Chose. L'éternel second. Le type que Chirac méprisait ; sur qui Séguin essuyait ses colères légendaires ; que Sarkozy traitait comme un collaborateur. Pas un mâle dominant, confiait naguère l'ancien président à Alain Juppé. Pas un comme nous, lâchait-il dans un sourire de complicité virile. Le gars qui demande l'autorisation, qui fait carrière dans une ombre protectrice. Un de ces types qui évite de prendre des coups. Moitié faiblesse, moitié lâcheté.

Son nouveau comportement bagarreur et transgressif ressemble autant à François Fillon que des lunettes roses à un canard. Au moins a-t-il eu le mérite de l'arracher définitivement de son combat de nains avec Copé. Son changement de pied en direction du Front national, même s'il fut dénigré par la presse et ses meilleurs amis de l'UMP, prouve au moins qu'il a compris que son ancien positionnement centriste, modéré et moralisateur rassemblait autant d'électeurs qu'une cabine téléphonique. Il peut abandonner sans regret les énormes sondages de popularité à Juppé ; ils ressemblent à ceux dont bénéficiaient naguère une Simone Veil ou un Bernard Kouchner, qui ont toujours débouché sur de mémorables raclées électorales.

Mais si on sait désormais où Fillon ne veut plus être, on ne sait toujours pas où il est. Des mamours aux électeurs du FN et à Vladimir Poutine ne font pas une politique. Fillon n'a jamais été gaulliste, ni séguiniste, ni chiraquien, ni sarkozyste. Il n'a jamais été vraiment Premier ministre non plus puisque Sarkozy s'était emparé du rôle. C'est le hobereau de province, qui ne vient jamais à la cour et ne s'en porte pas plus mal ; le fils de notaire qui un jour en a marre de servir la cause de gens qu'il considère comme des aventuriers. Ainsi Fillon a-t-il admiré et haï Sarkozy. Désormais, seule la haine surnage. Il se précipite pour lui barrer la route ; il veut refaire le coup de Barre qui avait empêché Giscard de revenir après son échec de 1981. Il endosse les habits de l'ancien professeur, l'homme qui dit la vérité aux Français, qui leur annonce de grands sacrifices pour redresser le pays. Mais Sarkozy a raison de lui faire remarquer que ce genre de discours churchillien, du sang et des larmes, n'a jamais fait gagner une élection. Barre a été battu à plate couture. Et si Churchill a gagné la guerre, il a perdu les élections qui ont suivi.

Fillion ne pourra pas se contenter de postures et de transgressions pour attirer l'électorat populaire. Il devra se coltiner avec tous les mots qui fâchent et qui divisent : l'Europe, Schengen, les frontières, l'immigration, la laïcité. Là où Sarkozy a mis des mots sans mettre d'actes, il devra prouver qu'il veut et peut mettre des réalités. La tâche est énorme. Autant que la méfiance populaire. Comme si celle-ci avait été durablement vaccinée par les promesses non tenues de Sarkozy. Ce dernier s'était un jour vanté d'avoir tué le métier de ministre de l'Intérieur pour dix ans. Et s'il avait fait de même avec la droite ?

15 octobre 2013

Vote ethnique

C'est l'histoire d'un dîner de cons où le rôle de la victime ridiculisée est tenu par une ministre. À Marseille, on appelle ça une primaire. Marie-Arlette Carlotti, ministre inconnue aux Personnes âgées, n'a rien compris au film qui s'est joué à ses dépens. Ou plutôt elle a trop bien compris. Elle a fulminé, dénoncé les méthodes de Samia Ghali, son heureuse rivale ; ses proches ont même pesté contre le vote communautaire. Et puis, plus rien. Il était temps de débiter la faribole convenue des éléments de langage sur la victoire de la démocratie et l'unité des socialistes. Pourtant, il y avait beaucoup à dire. Les deux vainqueurs l'ont emporté parce qu'ils ont été meilleurs clientélistes que leurs rivaux. Dans une ville multiculturaliste où la seule cause commune est peut-être l'OM, chacun vote selon son appartenance communautaire et ses intérêts. Des intérêts entretenus soigneusement par des réseaux d'associations grassement subventionnées et dont certaines sont gérées par des caïds notoires. Samia Ghali, avec une rare audace, a rameuté par cars entiers les gens des cités des quartiers nord de la ville. Pour elle, c'était un retour aux sources : naguère, Jean-Noël Guérini l'avait propulsée dans la vie politique locale pour séduire les électeurs maghrébins des quartiers nord. Cette fois-ci, elle a utilisé le vote ethnique en grand et à son profit personnel, submergeant ses rivaux par une population qui ne vient pratiquement jamais dans les bureaux de vote. L'élève de Guérini a dépassé le maître. C'est l'effet pervers de la primaire ouverte. Si on l'avait limitée aux seuls adhérents du Parti socialiste, jamais Samia Ghali n'aurait réussi son hold-up. Mais, c'est bien connu, la primaire ouverte, c'est la démocratie. Et la démocratie, c'est sacré. L'ultime adversaire de l'impétueuse Samia Ghali n'est pas manchot non plus. Patrick Mennucci a fait lui aussi venir en nombre les électeurs d'origine comorienne de l'arrondissement dont il est maire. L'ironie est que l'instauration de la primaire à Marseille devait dynamiter la logique clientéliste instaurée depuis des années par le fameux système Guérini. Le résultat est édifiant : la primaire a décuplé les effets du clientélisme par le vote ethnique. Mais si Marie-Arlette Carlotti dénonçait ce qu'elle voyait, elle risquait d'être traitée de raciste. Ou pire encore, d'islamophobe. Comme un vulgaire Manuel Valls. Le président de la République n'a-t-il pas lui-même bénéficié à la présidentielle de 2012 des voix de près de 90 % des électeurs de confession musulmane ? Pourtant, il y croyait, notre président, à Marie-Arlette Carlotti. Il la soutenait quasi officiellement. Il avait même confié à des journalistes son assurance que sa ministre gagnerait haut la main la primaire et, dans la foulée, comme lui, naguère, sortirait le sortant, Jean-Claude Gaudin. Il faut dire qu'avec un ami aussi populaire Marie-Arlette Carlotti n'avait pas besoin d'ennemi.

18 octobre 2013

Leonarda mon amour

Ils ont sorti les grands mots, les mots avec des majuscules énormes, avec des trémolos dans la voix. Ils les ont habillés de lumière. Indignation. Irréparable. Inhumanité absolue. Les valeurs de la gauche, l'âme de la gauche. La République en danger. L'école, ce sanctuaire. Adieu, les enfants. La rafle du Vél' d'Hiv. La grandiloquence ne leur fait pas peur. Ils ont lâché les chiens de l'émotion. Ils lancent les gamins dans la rue. Ils hurlent au scandale, pour mieux étouffer les vrais scandales. Plus de quatre ans pour expulser une famille qui n'avait jamais été en règle : l'État de droit mène au laxisme. Plus de quatre années pendant lesquelles ces irréguliers sont logés, nourris, aux frais de la République ; pris en charge par des associations subventionnées par l'État – c'est-à-dire nous – et qui traitent de racistes ses représentants. Un scandale qu'on nous oblige à scolariser des enfants cyniquement mis en avant par des parents qui savent très bien que ça les rend inexpulsables. Un scandale que nous ne maîtrisions plus nos frontières dans l'Europe d'aujourd'hui, qu'on laisse des dizaines de milliers de Roms s'installer dans des bidonvilles, tandis que pour l'exemple, et pour la forme, on expulse une famille qui s'empressera de revenir puisque rien ne l'en empêche. Un scandale, oui. Que le ministre de l'Intérieur s'enorgueillisse d'expulser 13 000 irréguliers par an, une paille ridicule à côté des 100 000 que la police arrête par an. Le reste est dans la nature. Et les 13 000 reviennent. Un scandale qui prouve que la gauche est prête à tout aujourd'hui pour tuer Manuel Valls. Le Parti socialiste dirigé par l'ancien patron de SOS Racisme, Harlem Désir, est désormais entre les mains des associations antiracistes tel Réseau éducation sans frontières. Or, ces associations ont des intérêts – elles vivent de copieuses subventions publiques – et une idéologie, celle de l'extrême gauche et des Verts, une idéologie sans-frontiériste, sans-papieriste, qui nie la communauté nationale, sa pérennité et sa souveraineté, conteste le droit pour la République de dire qui peut séjourner en France ou ne pas y séjourner, et considère que la planète est un grand terrain vague où n'importe qui peut s'installer n'importe où. Ces associations étaient sur la défensive. Abandonnées, voire rejetées par la population. Leur stratégie compassionnelle ne passe plus. La générosité française est usée jusqu'à la corde. Dans l'immigrant, les Français ne voient plus un miséreux à plaindre, mais la place de HLM en moins ou le braquage en plus. Alors, ces associations jouent leur va-tout idéologique et médiatique. Entre les morts de Lampedusa et Leonarda, elles tentent de réactiver la pompe de la culpabilité nationale. Elles soufflent sur les braises de l'émotion, en se servant à fond de leurs relais médiatiques. Le gouvernement Ayrault est désemparé. Il ne peut désavouer Manuel Valls, le seul ministre populaire, uniquement parce qu'il mime une politique d'ordre. Mais il ne peut renier le sentimentalisme immigrationniste des associations qui a si bien servi la gauche au temps de la chasse au Sarko. Et ne peut même pas compter sur

François Hollande qui se tait et se terre. Après tout, il n'est que président de la République.

22 octobre 2013

Les barbouzes

On proteste, on s'émeut, on se scandalise. On dénonce Big Brother, des méthodes de régime totalitaire. *La Vie des autres.* La France de François Hollande joue le même numéro que l'Allemagne d'Angela Merkel il y a quelques mois. La surprise, l'émoi, la fureur, la déception, tout y passe. Pas eux et pas ça. Vous, Américains, vous nous espionnez ! Et pas qu'un peu ! Mais comment est-ce possible ? On vous croyait si gentils, si bienveillants, si généreux. Manuel Valls se dit choqué. Laurent Fabius convoque l'ambassadeur américain au Quai d'Orsay. Il va lui tirer les oreilles ou lui mettre une fessée ? Il lui dira sans doute que cela ne se fait pas entre alliés, entre amis. Un bourre-pif en pleine paix. On joue, on surjoue, on se joue de nous. On fait mine de ne pas savoir que les Américains nous espionnent à grande échelle pour subtiliser nos secrets industriels. On fait mine de ne pas espionner à notre tour nos rivaux et adversaires économiques. Des relations économiques internationales sans espionnage, c'est comme une guerre sans morts : cela n'existe que dans le monde de Oui-Oui. On fait mine de découvrir que les grands réseaux américains Facebook et autres Google ne sont pas d'abord au service de leur pays. Il n'y a que les élites françaises pour se croire au-dessus du patriotisme. Mais quand il s'est agi d'accueillir le lanceur d'alerte Snowden qui avait révélé les perfidies de l'allié américain, la France s'est mise aux abonnés absents, et c'est Vladimir Poutine qui recueille le pauvre fuyard. On s'émeut de l'espionnage américain mais on n'a pas pour autant interrompu les négociations sur le grand marché transatlantique, qu'on élabore au nom des grands principes de concurrence libre et non faussée. Les Français se tournent vers l'Europe pour que, l'union faisant la force, nous parlions d'une même – grosse – voix aux méchants espions américains. Mais le président de la

Commission, Manuel Barroso, prépare déjà sa retraite dans le giron de l'oncle Sam, et lorsque le président de la BCE, Mario Draghi, veut un audit sur l'état des banques européennes, il en confie la charge à un cabinet américain. Afin sans doute que les États-Unis puissent dénicher les dernières informations sur notre système financier que leurs grandes oreilles n'avaient pas encore. Dans *Les Barbouzes*, un vieux film en noir et blanc qui reprenait les mêmes acteurs et le même dialoguiste génial, Michel Audiard, que les célébrissimes *Tontons flingueurs*, on voyait un colosse américain offrir des millions de dollars à une jeune et ravissante veuve joyeuse jouée par Mireille Darc, héritière des secrets nucléaires de son défunt mari. Alors, les espions européens, français, allemands, italiens et russes – cette Europe de l'Atlantique à l'Oural chère au général de Gaulle – se liguaient contre le malotru d'outre-Atlantique et le jetaient à l'eau manu militari. Aujourd'hui, le colosse a mis son profil sur Facebook, il est cool et *friendly*, et les Européens poussent des cris d'orfraie en prenant ses dollars. L'espionnage aussi, c'était mieux avant.

25 octobre 2013

Droit du sol

C'est la ronde des demi-vérités ; la valse des moralistes et des imprécateurs de salon. On nous dit : Le droit du sol, c'est la France. Même Sarkozy l'a dit. Quand la gauche prononce dans une même phrase les noms de France et de Sarkozy, c'est qu'il y a un loup. Et, en effet, le droit du sol, c'est l'Amérique. Bien normal pour un pays d'immigration. La France, c'est d'abord le droit du sang : on devient français parce que ses parents le sont ; le droit du sol n'est pas automatique, l'enfant né sur notre territoire ne le devient qu'à partir de l'âge de 13 ans, et encore si les parents le demandent. On nous dit, avec des trémolos dans la voix : Le droit du sol, c'est la République. Pas de chance : c'est plutôt la monarchie. C'est la Révolution qui invente la nation, et donc la différence entre le Français et l'étranger. Le code civil supprime le droit du sol qui, aux yeux des révolutionnaires, rappelait la soumission du paysan attaché à sa terre et à son seigneur.

La République ne rétablira le droit du sol qu'en 1889 à la demande des jeunes ouvriers français qui en avaient assez d'aller à l'armée tandis que leurs collègues italiens n'y allaient pas : « Ils nous volent nos femmes et nos boulots », disaient-ils. C'est donc, comme on le voit, par générosité que la République a agi alors, qui pensait surtout à mettre le maximum de monde sous l'uniforme, pour prendre sa revanche sur l'Allemagne. Or, la conscription a été supprimée par Chirac depuis près de vingt ans et le droit du sol est toujours là. Cherchez l'erreur. Mais on prépare peut-être la prochaine guerre contre l'Allemagne.

On nous dit : Le droit du sol, c'est la garantie d'une société ouverte. Le droit du sang, c'est la fermeture, la xénophobie, c'est mal ; le droit du sol, c'est bien. Les États-Unis ont le droit du sol et érigent des murs à la frontière mexicaine ; les Allemands ont longtemps eu un strict droit du sang et ont accueilli des millions de travailleurs turcs d'autant plus sereinement qu'ils savaient qu'ils ne deviendraient pas allemands. Les Italiens ne connaissent pratiquement que le droit du sang et vivent dans une démocratie exemplaire.

Le droit du sol est né à une époque où les avions n'existaient pas et où les frontières étaient tenues. Les étrangers acceptaient les contraintes de l'assimilation ou rentraient chez eux. Il n'y avait pas 7 milliards d'hommes sur la planète qui rêvaient de vivre en Europe. Depuis des années, on ne cesse de nous dire : le monde bouge, il faut bouger avec lui, et on refuse de le faire quand c'est indispensable. Jean-François Copé, qui veut supprimer le droit du sol sans l'abolir, est trop compliqué pour être crédible.

Les grognards de l'UMP, les Toubon, Devedjian et Juppé qui défendent le droit du sol au nom du gaullisme, ont oublié ce que disait le général de Gaulle à Alain Peyrefitte : « C'est très bien qu'il y ait des Français jaunes, des Français noirs, des Français bruns. Ils montrent que la France est ouverte à toutes les races et qu'elle a une vocation universelle. Mais à condition qu'ils restent une petite minorité. Sinon, la France ne serait plus la France. Nous sommes quand même avant tout un peuple européen de race blanche, de culture grecque et latine et de religion chrétienne. »

Aujourd'hui, le Général serait traîné en justice et condamné pour incitation à la haine raciale. Condamné à mort par contumace. Comme en 1940.

29 octobre 2013

Ils n'ont pas que des chapeaux ronds

C'est l'histoire d'un désamour. Entre la Bretagne et l'Europe, l'idylle paraissait pourtant éternelle. La Bretagne avait donné des oui francs et massifs aux deux référendums européens de 1992 et de 2005. Personne – ou presque – n'y votait pour le Front national. Il est vrai que la Bretagne était la contrée de France où il y avait le moins d'immigrés : l'avantage d'être loin de tout.

Depuis la fin des années 70, la Bretagne avait peu à peu noyé son catholicisme vibrant de jadis dans une social-démocratie à la mode germanique : travail sérieux et négociations sociales loyales. Entre le catholicisme et le socialisme, finalement, c'était le même universalisme au-delà des nations et la même compassion pour les pauvres.

Les Bretons n'étaient pas mécontents de trouver avec l'Europe un interlocuteur qui rabattait le caquet de cet État français dont ils avaient toujours eu du mal à supporter l'arrogance parisienne. L'Europe, c'était la Bretagne en grand. Mais dans les couples, disait Balzac, il y en a toujours un qui s'ennuie et un qui souffre. C'est l'Europe qui a voulu voir ailleurs, voir plus grand, voir plus fou. L'union douanière des 6 s'est jetée à corps perdu dans la mondialisation pour devenir une vaste zone de libre-échange à 27, ouverte aux quatre vents. Le modèle solidaire d'inspiration rhénane a été jeté par-dessus les moulins au profit du néolibéralisme anglo-saxon de la concurrence libre et non faussée. Le partage des rôles entre la France et l'Allemagne imposé par le général de Gaulle, à la France l'agriculture, à l'Allemagne l'industrie, est devenu caduc avec la réunification allemande. Les terres agricoles de la Prusse se sont couvertes d'immenses exploitations agricoles, très mécanisées, où on faisait venir des travailleurs roumains par milliers pour des salaires de misère. En Allemagne, il n'y a pas de smic. Et pas de charges sociales non plus pour ces Roumains qu'on fait venir dans les usines de l'agroalimentaire pour travailler à la place des Bretons grâce à la directive européenne sur le détachement des salariés. L'Europe est formidable, elle a inventé la délocalisation près de chez soi !

On dit aux Bretons qu'ils doivent renoncer à leur modèle productiviste qui pollue exagérément les sols et les Allemands font encore plus grand et encore plus productiviste qu'eux. Et que dire des latifundia brésiliens qui nous envoient du poulet industriel pas cher. Bref, on se moque d'eux et les Bretons n'aiment pas qu'on se moque d'eux. Mais ils ne pouvaient s'en prendre aux Allemands, ça faisait germanophobe ; ils s'étaient déjà battus avec les travailleurs roumains, et on les a traités de xénophobes ; et Bruxelles est trop loin pour qu'ils fassent rendre gorge aux commissaires européens. Ne restent que l'État français et ces socialistes d'autant plus maladroits qu'ils sont inutiles et impuissants. Leur écotaxe est la goutte d'eau qui a fait déborder le vase. Les Bretons se retrouvent désormais comme les autres Français, implorant la protection d'un État qui s'est volontairement dépouillé de ses moyens de protection.

Alors, quand un peuple implore en vain, parfois il devient violent.

31 octobre 2013

Participation sans soutien

Apparemment, rien n'a changé. Cécile Duflot est toujours ministre. Elle a toujours sa voiture à cocarde, son chauffeur et ses gardes du corps, et Jean-Vincent Placé a toujours son confortable siège au Sénat. Les Verts sont toujours membres de la majorité présidentielle. Rien n'a changé et pourtant tout a bougé. Les Verts sont morts et ils se croient vivants. Ils ont été désintégrés et ils prétendent encore peser. En quelques jours, Leonarda n'est pas rentrée, et l'écotaxe a été supprimée. D'un côté, le sans-papiérisme militant, de l'autre, la fiscalité verte : les deux piliers de l'écologie politique à la française depuis trente ans se sont écroulés en même temps, et les Verts plastronnent encore comme si rien ne s'était passé. Ils parlent d'avenir et d'idéaux, alors qu'on ne voit que leur arrivisme. Les apparatchiks sont nus et ils croient qu'ils sont encore vêtus de leurs habits de lumière. Ils ne pensent qu'à sauver leur place et continuent à nous dire qu'ils veulent sauver la planète. Hollande sera aux Verts ce que Mitterrand fut aux communistes : leur fossoyeur. Il les embrasse pour mieux les tuer, les dépouille de ce qui faisait leur spécificité, leur originalité, leur utilité. Par ses tergiversations et ses atermoiements, il montre les terribles contradictions qui minent ses alliés : en Bretagne, ils plaident pour les circuits courts, la relocalisation des produits, le terroir, la proximité, les racines, contre la mondialisation et les prédateurs capitalistes ; mais quand on parle d'immigration, les Verts sont soudain favorables aux circuits les plus longs, à l'ouverture, au métissage généralisé, à l'individu hors-sol, à la mondialisation, à la mise en concurrence des travailleurs du monde entier, ils parlent alors comme le MEDEF et les multinationales. De même quand il s'agit de science, d'OGM, de gaz de schiste et de nucléaire, ils sont pour le principe de précaution, le refus des expérimentations hasardeuses ; mais pour les êtres humains, la famille et l'éducation des enfants, ils sont pour les plus audacieuses et les plus folles expérimentations : mariage homosexuel, PMA, GPA. La terre mérite tous leurs soins, mais ils n'hésitent pas à martyriser les hommes. Ils sont conservateurs, voire réactionnaires pour la nature, et progressistes pour les hommes et les nations. Cette schizophrénie les rend inaudibles. Leur progressisme sociétal suscite l'hostilité des classes populaires et leur rejet du progrès scientifique, leur antiproductivisme les éloignent de leurs alliés socialistes. Dans l'affaire Leonarda, Jean-Vincent Placé encourage les lycéens à reprendre les manifestations contre un gouvernement auquel Cécile Duflot appartient. Les communistes avaient inventé au temps du Front populaire le soutien sans participation ; avec les Verts, c'est la participation sans soutien. François Hollande

ne les garde au sein du gouvernement que parce que l'ancien premier secrétaire du Parti socialiste a conservé une
vision très IVᵉ République des rapports de force entre partis. S'il se décidait un jour à les virer, personne ne s'en
apercevrait et personne n'en souffrirait.

5 novembre 2013

Pétition, piège à cons

On ne m'avait pas dit. Pas prévenu. Pétition, piège à cons. Ou plutôt pétition, exclusion. De tous ceux qui n'y ont pas droit, pas le droit de pétitionner, pas le droit de manifester, pas le droit de protester. Pas dans la ligne, pas de gauche, pas dans le camp du bien. Pas le droit au slogan, pas le droit à l'humour ; seulement le droit de se taire et d'en user largement. Pas le droit au pastiche. Quand on touche aux reliques saintes de la geste féministe et antiraciste, on risque le sort du chevalier de La Barre, mis à mort sous Louis XV pour ne pas avoir ôté son chapeau devant une procession religieuse. Les 343 salopes des années 70 qui avouaient avoir avorté, ce sont les nouveaux résistants, c'est Jean Moulin torturé par Klaus Barbie ; et Touche pas à mon pote, c'est aussi héroïque, aussi sacré que les poilus de 1914 qui ont fait Verdun ! Les précieuses ridicules qui ne sont même pas capables d'être des femmes savantes veulent éradiquer la prostitution, comme les chaisières du XIXe siècle prétendaient éradiquer la misère en faisant la charité à leurs pauvres. Les bigotes de sacristie ont été remplacées par les bigotes d'Osez le féminisme, mais ce sont les mêmes sœurs la morale. À la place du diable, elles ont érigé « le mâle blanc de 50 ans », comme elles disent avec dégoût, en un ignoble personnage abject qui, en plus d'être de sexe masculin, n'a même pas l'élégance d'être homosexuel. Le beauf, l'ennemi à abattre, le client et le maquereau dans le même sac d'opprobre, celui qu'il faut surveiller et punir, réglementer et pénaliser, ostraciser, diaboliser, dénoncer sans relâche, faire détester à la génération des jeunes gens qu'on pousse ainsi à la haine de soi, pour mieux les enrôler dans le camp du bien, celui des femmes et des gays. Dans les années 70, les féministes s'émancipaient en adoptant les codes du désir des hommes, qui met à distance le sentiment, au gré de ses pulsions ; n'étant pas parvenues à devenir des hommes comme les autres, celles d'aujourd'hui exigent que les hommes deviennent des femmes comme les autres. Pour elles, l'égalité est une indifférenciation, le genre abolit les sexes. La femme est par essence une victime ; la prostituée, même lorsqu'elle se croit et se prétend libre et autonome, est une victime au carré, parce que femme et mystifiée. On fera son bien malgré elle, contre elle, comme au bon vieux temps des régimes totalitaires. Les prostituées étrangères enchaînées par des réseaux mafieux ne sont qu'un prétexte commode : ces réseaux mafieux ne scandalisent pas ces dames lorsqu'ils transportent des migrants vers Lampedusa. Ce sont pourtant les mêmes réseaux, les mêmes passeurs, les mêmes logiques mafieuses favorisées par la mondialisation et la disparition des frontières que ces dames approuvent des deux mains. En revanche, nos précieuses ridicules favorisent en toute bonne conscience, au-delà du mariage homosexuel, la location des ventres de femmes pauvres par de riches Occidentaux, les usines à femmes enceintes en Inde et les enfants achetés sur catalogue. Mais ce n'est pas de l'esclavage, ça, c'est du business. Faudrait quand même pas tout mélanger.

8 novembre 2013

La fable de la guenon

C'est dans les vieux pots qu'on fait les meilleures soupes. L'offensive médiatico-politique de Christiane Taubira est la marque du grand professionnalisme de notre ministre de la Justice. Elle utilise avec maestria la complicité de la presse bien-pensante qui relaie complaisamment l'accusation : la

France est raciste. Roulez tambours, Christiane Taubira est la Jeanne d'Arc de l'antiracisme. C'est tout bénéfice pour elle qui se victimise et s'héroïse tout à la fois. De la belle ouvrage. Qui montre la faiblesse inouïe des têtes de l'exécutif, Hollande et Ayrault, qu'elle contraint à pousser leur petit cri antiraciste pour la défendre. Dans l'ombre, les complices de Taubira, les autres pétroleuses Duflot et Aubry, rient sous cape. Le nouvel allié du maire de Lille, Jean-Christophe Cambadélis, avait le premier levé l'étendard de la révolte. Tous se moquent éperdument des imbéciles qui traitent Taubira de guenon ; il faut d'ailleurs ne jamais avoir mis les pieds dans une cour de récréation d'aujourd'hui pour ignorer que les sale Juif, sale Arabe, sale Noir, et le plus infamant de tous, sale Français, sont des insultes courantes. Sans doute le charme de la diversité.

C'est un truc vieux comme la gauche qui a été porté à son firmament par le roué François Mitterrand : à chaque fois que la situation économique et sociale plonge, que le pouvoir est impopulaire, que la gauche fait la politique libérale de la droite exigée par l'Europe, les socialistes mettent le projecteur sur une France prétendument raciste qu'il faut sauver de ses démons au nom de la République. On se souvient de la création de SOS Racisme après le virage libéral et européen de 1983 ; et la manipulation de Carpentras en 1990. La seule nouveauté est que le pilote de cette offensive ne réside plus à l'Élysée, ce qui en dit long sur le mépris qu'il suscite dans son camp.

Cela fait quarante ans que ça dure : les Français sont comparés à des Dupont Lajoie beaufs et racistes par les petits marquis et grandes marquises de la gôche aristocratique qui croient montrer leur meilleur profil moral alors qu'ils n'affichent qu'un mépris de classe d'airain.

Mais c'est ce qui inquiète nos éminences : la culpabilisation ne marche plus. L'appel à la République tombe à l'eau. La République a été déconstruite et détruite par ceux-là mêmes qui appellent à la sauver. La République ne connaît que des citoyens et des individus, pas des communautés ; elle interdit toutes les discriminations positives. La République est méritocratique, laïque et assimilationniste, pas multiculturaliste et communautariste. Elle confine les religions dans le privé et refuse les accommodements raisonnables.

C'est parce que les Français sentent que ce gouvernement, après d'autres, veut les obliger à renier ce qu'ils sont, et leur imposer un modèle dont ils ne veulent pas, qu'ils se rebellent. Le Front national, qu'on hisse sans cesse en épouvantail, est anecdotique dans ce mouvement de fond. C'est justement parce qu'ils restent fidèles à la vision traditionnelle de la République et de la France qu'on traite les Français de racistes.

12 novembre 2013

Il est interdit d'interdire

Aux armes citoyens ! Formez vos bataillons ! La République est en danger. Le président a été sifflé, insulté. On ne respecte ni le chef de l'État ni la commémoration des morts de la Grande Guerre ! C'est une honte, un scandale, une abomination. Il est piquant d'entendre des socialistes se lamenter à la manière des conservateurs scrogneugneu d'autrefois. Tout fout le camp, ma bonne dame, on ne respecte plus rien ! Mais à les entendre prendre leurs grands airs effarouchés de républicains atterrés, de patriotes ulcérés, on a envie de crier : Pas eux, pas ça ! Et quand la droite surenchérit dans la complainte, croyant se montrer responsable en venant au secours de la fonction présidentielle, elle montre seulement qu'elle n'a rien appris ni rien compris. Qui nous a inculqué qu'il fallait rire de tout, surtout des valeurs traditionnelles, la famille, la religion et la patrie ? Qui a hurlé : Il est interdit d'interdire ? Qui a érigé la culture de la dérision en idéologie officielle, d'*Hara-Kiri* à Canal + ? Qui a déconstruit depuis quarante ans le roman national et nous a rabâché que l'histoire de France n'était qu'une construction artificielle pour dissimuler l'accumulation de crimes et de massacres ? Qui n'a cessé de nous présenter la France comme un pays éternellement raciste et xénophobe ? Qui nous a appris que la guerre n'était qu'une boucherie, et justement celle de 1914-1918 plus que toutes les autres, que les poilus n'étaient pas des héros, mais des victimes dont on avait bourré le crâne de stupides refrains nationalistes ? Qui a fait des mutins qui avaient refusé de se battre des héros ? Qui nous a révélé qu'il y avait plus inconnu que le soldat inconnu, la femme du soldat inconnu ? Qui nous a seriné que la guerre de 1914 n'avait pas été une victoire de la France chèrement payée mais une guerre civile européenne ? Qui nous a appris l'irrespect, le mépris, la haine de notre pays, de notre passé, de nous-mêmes ? Qui nous a dit qu'on pouvait niquer la France et appeler au meurtre des flics au nom de la liberté de l'art ? Qui a depuis des décennies désacralisé et ridiculisé ? Qui s'est présenté comme un président normal, un homme comme les autres, à traiter comme les autres ? N'est-ce pas Ségolène Royal qui estimait récemment que la violence des Bretons brisant les portiques de l'écotaxe était une révolte citoyenne ? N'est-ce pas le président de l'Assemblée nationale, Claude Bartolone, qui, au moment de l'expulsion de la famille de Leonarda, estimait que la loi devait s'incliner devant les valeurs de la gauche ? Et Cécile Duflot peut-elle légitimement faire barrage de son corps pour protéger son cher président insulté par des factieux, elle dont le compagnon explique à longueur de tweet à quel point il méprise la France et vomit le peuple français qui d'ailleurs n'existe pas, et se flatte de ne jamais assister à des défilés militaires. Défilés du 14 Juillet que voulait supprimer la candidate des Verts lors de la présidentielle. Qui a éduqué et armé les siffleurs, si ce n'est ceux-là mêmes qui se drapent aujourd'hui dans leur dignité de patriote et républicain ? Qui sème le vent récolte la tempête, disaient nos grands-mères. Celles qui avaient connu la guerre de 1914 !

15 novembre 2013

Bonnet blanc et blanc bonnet

Les *french fries* sont de retour à Washington. Les représentants de la droite américaine ont promis de s'empiffrer de frites françaises. John McCain a twitté « Vive la France ! » en français. En Israël, le Premier ministre Netanyahu a félicité Laurent Fabius. On se croirait revenu au temps où Guy Mollet

et les pilotes français faisaient la guerre dans les avions israéliens contre l'Égypte de Nasser. De leur côté, les Iraniens
sont furieux et insinuent que les origines juives de Fabius ne
sont pas étrangères à sa position. De leur côté, Obama et son
ministre Kerry regardent Fabius et Hollande de travers.

Tout est cul par-dessus tête. Le socialiste Hollande acclamé
par la droite américaine et israélienne ! Comme un vulgaire
Sarkozy. Et le pire, est que ce n'est pas la première fois. Dans
l'affaire syrienne, notre président avait voulu punir Bachar el-
Assad pour l'usage d'armes chimiques, tandis qu'Obama était
beaucoup plus conciliant. Au Mali, de même, les Français
se sont précipités pour combattre les terroristes, reprenant
là encore la terminologie des néoconservateurs américains.
Hollande est le dernier bushiste du monde. Le dernier à se
vouloir le croisé de l'Occident. La pointe de l'OTAN quand
l'Amérique est tentée par un isolationnisme prudent.

On s'en souvient, Sarkozy avait, lui, renversé Kadhafi, avant
de menacer la Syrie d'Assad et l'Iran des mollahs. Hollande
se révèle le frère jumeau de Sarkozy, comme si l'identité des
générations était bien plus déterminante que les clivages politiques.

Les deux hommes, en quelques années, viennent de balayer
d'un revers de main, sans aucune polémique, ni même un
simple débat démocratique, quarante ans de politique gaullienne. Le Général, au nom de l'indépendance de la nation,
s'opposait à l'Amérique, se méfiait des Anglais, s'ouvrait à la
Chine et à la Russie pourtant communistes, et soignait sa popularité dans le tiers-monde, comme le petit qui n'a pas peur des
grands. La France de Sarkozy et Hollande laisse à l'Allemagne
les joies du commerce et de l'entente et la coopération avec la
Russie et la Chine. Sarkozy et Hollande poursuivent les mêmes
chimères de l'Europe de la défense, dont les Français sont
seuls à vouloir. Mais pour être le gendarme de la Méditerranée, il faut un gros bâton alors même que Hollande, comme
Sarkozy, ne cesse de réduire les budgets militaires. Or, ne
pas accorder sa politique militaire avec sa politique étrangère
comporte de gros risques : en Libye et au Mali, ça passe, mais
en Syrie, ça casse, et avec l'Iran, ça tangue.

Mais les deux hommes comptent manifestement sur la même

planche de salut, le chéquier bien garni des pays du Golfe, Arabie saoudite et Qatar, pays sunnites qui feront tout pour avoir la peau des chiites, iraniens et syriens. Pays du Golfe qui n'ont par ailleurs aucun intérêt à ce que l'Iran revienne sur le marché vendre son pétrole, ce qui aurait pour effet de faire baisser les cours.

Pendant ce temps-là, les spectateurs de cinéma découvrent dans le film *Quai d'Orsay* comment Villepin, avec des bouts de ficelle, a fait un pied de nez à la puissante Amérique de Bush qui s'apprêtait à attaquer l'Irak. Le monde d'avant ! La preuve : tout le monde fume dans ce film !

19 novembre 2013

À la fin, c'est l'Allemagne qui gagne

C'est le monde à l'envers. Le bon élève à qui on met un bonnet d'âne. La fourmi qui se fait tancer par la cigale. Si les Allemands connaissaient les œuvres complètes de Jacques Chirac, ils diraient que ça leur en touche une sans faire bouger l'autre ; et Angela Merkel mettant les pieds sur son bureau demanderait : Quand Bruxelles va-t-elle me déclarer la guerre ?

À Bruxelles, on ne se fait aucune illusion. Les excédents commerciaux font la une des journaux télévisés d'outre-Rhin ; ils sont aux yeux de tous les Allemands la preuve de leur excellence, de leur travail, de leurs efforts. À juste titre.

On dit toujours que les Français sont nuls en économie, qu'ils confondent avec la politique. Les Allemands ne sont pas meilleurs, mais eux confondent l'économie avec la morale. « On ne demande pas au Bayern de perdre ses matchs », résume Wolfgang Schäuble, le ministre de l'Économie allemand.

Mais l'économie n'est pas du foot.

Les excédents des uns font les déficits des autres. Les excédents allemands, supérieurs à ceux de la Chine, sont une des causes majeures de la déflation qui arrive en Europe. Une baisse des prix qui, après un moment d'euphorie pour les consommateurs, provoquera un effondrement de l'investissement, bloquera la croissance, renchérira le coût de la dette, ruinera tous les efforts des États pour réduire leurs déficits budgétaires. Les colossaux excédents germaniques transforment l'euro en une sorte d'étalon-or qui préserve les économies des épargnants, mais appauvrit tous les autres. L'Allemagne promet qu'elle va faire des efforts, augmente un peu ses salaires, réfléchit à l'instauration d'un smic. Trop tard, trop peu. L'Allemagne écrase ses voisins. Dans tous les sens du terme.

C'est l'échec complet de l'euro. La monnaie unique devait rapprocher les économies des pays européens ; c'est le contraire qui a lieu. Elle devait les rendre plus solidaires ; ils affichent de plus en plus leurs divergences d'intérêts. Au débat entre relance et austérité s'est ajoutée la querelle autour de l'euro fort. À chaque fois, c'est l'Allemagne contre le reste de l'Europe. Et comme au foot, à la fin, c'est l'Allemagne qui gagne. Parfois elle perd : quand Mario Draghi a baissé un peu le taux d'intérêt de la Banque centrale européenne, les Allemands ont boudé. Mais cela n'a rien changé : l'euro est toujours aussi fort. Et les industries françaises et italiennes continuent de s'éteindre les unes après les autres.

Les Allemands n'en ont cure. Ils sont déjà passés à l'étape suivante et s'en vont désormais vendre ailleurs leurs produits que leurs voisins n'ont plus les moyens de leur acheter. En 2006, l'Allemagne réalisait encore plus de la moitié de ses excédents commerciaux dans la zone euro ; aujourd'hui, c'est moins de 30 %. L'industrie allemande s'habitue peu à peu à vivre sans nous. Le monde lui appartient. Bientôt, l'Allemagne pourra se débarrasser de nous en cas de tension qui mettrait en danger l'épargne de ses retraités. C'est sans doute ce qui pourrait nous arriver de mieux puisque nous n'avons pas le courage de la quitter.

22 novembre 2013

La malédiction de Bercy

Il est à lui tout seul le singe de la fable : il ne dit rien, n'entend rien, ne voit rien. Ne sait rien, ne décide rien, ne maîtrise rien. Pierre Moscovici est en train de devenir le ministre des Finances le plus évanescent de la Ve République. Pourtant, il avait tout pour lui, était né coiffé, grande famille d'intellectuels parisiens, l'ENA, l'expérience ministérielle sous Jospin. Il avait de surcroît la proximité avec le président, les deux hommes ayant donné des cours d'économie ensemble, il y a trente ans, à Sciences Po. Il avait même eu le plaisir de voir Arnaud Montebourg, son rival à Bercy, s'épuiser dans son rôle de pompier d'une industrie française en déliquescence. Mais tout cela n'a pas suffi. Mosco n'imprime pas, ne compte pas. Les décisions sont prises ailleurs, au-dessus de lui. Sa seule consolation est qu'il n'est pas le premier. Quand François Baroin ou Christine Lagarde y résidaient, ils n'étaient pas davantage ministres des Finances. Ne maîtrisaient pas plus les nominations, et la politique économique était conduite à l'Élysée par un conseiller du président, Xavier Musca. À l'époque, Henri Guaino, autre conseiller du président, ironisait sur les qualités de la locataire de Bercy : « Lagarde a 20 sur 20 en anglais et 0 en économie. Ça fait une moyenne. » C'est la malédiction de Bercy. Depuis que le ministère s'y est installé dans les années 90, le pouvoir s'est perdu dans le déménagement. Édouard Balladur avait eu du nez quand il avait refusé de quitter la rue de Rivoli, lors de la première cohabitation, en 1986. Comme si les palais nationaux, les ors et les dorures, et les murs chargés de mille ans d'histoire, donnaient une aura, une force, qu'on appelle la légitimité. L'arrivée du ministère dans l'Est parisien a coïncidé avec le grand marché européen, la multiplication des normes imposées par Bruxelles, la fin de la politique industrielle et, enfin, l'indépendance de la Banque centrale européenne. Dans les années 60, Giscard, de son bureau de la rue de Rivoli, décidait le niveau des prix, la politique des salaires, les alliances industrielles des grands groupes français, la politique monétaire, les interventions des banques. Il dirigeait, tel Colbert, l'économie du pays. Le titulaire de Bercy, quel qu'il soit, est aujourd'hui aspiré par le vide fonctionnel. Alors, si Bercy n'est plus le cœur du pouvoir, il est devenu un tremplin : les ministres s'en servent pour obtenir des postes dans les organisations internationales où les Français sont très appréciés. Jadis, un ministre anglais caustique avait dit qu'il était toujours bon d'y mettre des Français car ce sont les seuls qui ne défendent pas les intérêts de leur pays. Lagarde a eu le FMI, Moscovici rêve de la Commission de Bruxelles. Les hauts dirigeants du Trésor font comme leurs patrons : ils se servent de leur passage à Bercy pour se recaser dans les grandes banques françaises ou internationales. Tout ce petit monde est libéral, favorable au fédéralisme européen et au libre-échange. Tout ce petit monde gagne alors beaucoup d'argent. Au moins, Bercy n'est pas inutile à tout le monde.

26 novembre 2013

L'obsession chinoise d'Obama

Barack Obama aime les secrets. Il écoute les petits secrets d'Angela Merkel au téléphone. Il s'arrange secrètement avec Poutine pour sauver le Syrien Assad. Et il avoue maintenant qu'il négociait depuis des mois en grand secret avec l'Iran. Voilà qui a dû faire plaisir aux Français, aux Israéliens et ou encore à l'Arabie saoudite, qui croyaient peser dans cette affaire. Mais Barack Obama se moque des états d'âme des uns et des autres. C'est un homme secret. Il ne montre ni ses sentiments ni ses intentions. Un être purement rationnel. Un monstre froid comme les États. « Les États-Unis n'ont pas d'amis, ils n'ont que des intérêts », disait le général de Gaulle. En adepte de la realpolitik, Obama ne met aucun affect dans la conduite de sa politique étrangère. Il ne manifeste aucune tendresse ni nostalgie pour les vieux alliés de l'Amérique, que ce soit l'Europe, Israël ou l'Arabie saoudite. Ils seront sacrifiés sans états d'âme à la nouvelle stratégie américaine. Ils devront se soumettre ou se démettre. La France qui a voulu faire la maligne avec la Syrie ou l'Iran a été renvoyée sèchement à son terrain de jeu africain. Israël songe déjà à chercher de nouveaux alliés et tourne les yeux vers Poutine. L'Arabie saoudite ne décolère pas contre ce rapprochement américain avec l'ennemi héréditaire chiite. Obama doit sourire secrètement. La Perse millénaire est à ses yeux un allié beaucoup plus sérieux que des pays arabes minés par le fondamentalisme islamiste.

Grâce à sa nouvelle autonomie pétrolière due au gaz de schiste, Obama regarde désormais l'Orient compliqué avec une idée simple : s'en débarrasser. Obama est secrètement passé à autre chose. À des choses beaucoup plus importantes. En un mot comme en cent : aux Chinois. Obama est hanté par la Chine. N'en parler jamais, y penser toujours, c'est le secret d'Obama. Son seul souci, sa seule obsession, son seul adversaire. La Chine avec laquelle il est obligé d'être aimable parce qu'on n'est pas arrogant avec son banquier. La Chine qui contestera bientôt à l'Amérique son titre de première puissance économique du monde. La Chine qui est en train de se construire une marine pour venir chatouiller le museau de l'US Navy. La Chine contre laquelle il rameute tous ses voisins, Japon, Vietnam, Australie, Philippines. La Chine contre laquelle il essaie de monter la Russie. La Chine qui sous-tend la volonté des Américains de réaliser au pas de charge un grand marché transatlantique avec les Européens. La Chine, puissance continentale majeure, est aujourd'hui la seule capable de contester au XXIᵉ siècle l'hégémonie de la puissance maritime qu'est l'Amérique. Alors qu'on célèbre le centenaire de la guerre de 1914, on retrouve à l'échelle planétaire l'affrontement entre la terre et la mer qui avait fait alors exploser l'Europe. À l'époque, la puissance hégémonique, l'Angleterre, voyait avec grande inquiétude la montée en puissance de l'Allemagne, qui la supplantait commercialement et commençait même à édifier une marine digne de ce nom. Seule la guerre avait brisé pour un siècle la rivale allemande. Voilà les Chinois prévenus.

29 novembre 2013

Néocons

Les néoconservateurs américains étaient d'anciens trotskistes bouleversés par la découverte tardive de la réalité. Inspirant George Bush Jr, ils étaient libéraux, internationalistes, droits-de-l'hommistes, croyaient qu'on pouvait imposer la démocratie par la force sans se soucier des frontières ni des États. Les néoconservateurs à la française sont antilibéraux, colbertistes, ont la religion des frontières, des États, des nations, de leur identité et des principes de la realpolitik. Comme disent les Italiens, traduire, c'est trahir. On se gausse de la ligne Maginot sans savoir qu'elle a parfaitement joué son rôle. Si en 1940 les Allemands l'ont contournée et sont passés par les Ardennes, c'est justement parce qu'on n'avait pas prolongé la ligne Maginot jusque-là. Mais l'histoire, c'est mieux quand c'est réinventé. Quand il y a les méchants et les gentils, les cons – nouveaux ou anciens – et les intelligents qui comprennent dans quel sens va le monde. Les partisans de la mondialisation heureuse qui nous promettaient qu'avec l'euro on créerait des millions d'emplois et qu'on rirait plus. Les grands libéraux qui ont appelé l'État au secours quand les banques se sont effondrées en 2008. On mélange leçons de l'histoire et sens de l'histoire qui n'existe pas, comme on mélange économie et morale. Le libre-échange, c'est bien, le protectionnisme, c'est mal, alors qu'en vérité chaque système a ses mérites et ses défauts, ses vainqueurs et ses vaincus. Mais voilà le fond de l'affaire : ils sont dans le camp des vainqueurs et se moquent des vaincus. Ils représentent la France des grandes métropoles qui profitent grassement des bienfaits de la mondialisation et n'ont cure de la France du périurbain. Ah, ces millions de pauvres qui ne comprennent pas que la mondialisation a permis le décollage de pays misérables et l'éclosion de riches Chinois ou Indiens qui peuvent acheter des sacs Hermès et des voitures allemandes. Alors les ploucs, encore un effort pour être internationalistes ! Encore un effort pour comprendre que l'immigration est une chance pour la France, même si vous ne pouvez pas mettre vos enfants dans les écoles privées où ils apprendront le chinois et prépareront leurs inscriptions dans les universités américaines. Ils vantent l'islam, religion de paix, mais ne croient pas en Dieu et n'ont jamais lu le Coran. Puisque beaucoup d'ouvriers et d'employés votent pour le Front national, puisque le peuple est devenu réactionnaire et ne s'extasie pas devant les beautés pourtant aveuglantes du multiculturalisme, du mariage pour tous et de la théorie du genre, il faut laisser tomber le peuple. Comme disait Brecht : « Le peuple vote mal, changeons le peuple. » Pour eux, le peuple français n'existe pas. Ou c'est un ramassis de Dupont Lajoie racistes et alcooliques. Il est vrai que la démocratie n'est pas leur fort. Ils confondent la majorité dans le pays avec la majorité à Bruxelles ou à Francfort. Ils confondent pensée majoritaire dans le peuple et pensée dominante dans la cléricature politique, médiatique et économique. Ils confondent conservateurs et réactionnaires, parce que les conservateurs, ce sont eux. Conserver leurs idées, leur vision du monde, leur place, leur confort. Parler en maîtres et adopter la pose de la victime.

3 décembre 2013

Le PEL du braqueur

C'est l'histoire d'une rencontre tragique qui n'aurait pas dû avoir lieu. Les jeunes racailles de banlieue sont réputées ne pas aimer sortir de leur cité ; les habitants modestes des petites villes de province ont souvent élu domicile dans ce que les géographes appellent désormais le périurbain, parce qu'ils ne voulaient surtout pas vivre dans les banlieues des grandes métropoles où ils ne se sentent pas tout à fait en sécurité, et plus du tout en France. Juste avant de mourir, le malfrat murmurait comme une ultime déclaration d'identité : on était trois et du Val-de-Marne. Le bijoutier, lui, c'est dans la Marne qu'il vit, sur la route des vins de champagne, et ne joue ni au cow-boy ni au shérif. Comme on disait dans les années 80 : Soyons riches de nos différences ! Autrefois, le braqueur était une sorte d'aristocrate de la voyoucratie. Il attaquait les banques ou les grandes bijouteries. Il finissait parfois en héros de cinéma. Albert Spaggiari en fut le modèle indépassable. Sans haine ni violence, qu'il disait. Les temps ont bien changé. Avec haine et avec violence, telle est la devise de ses lointains successeurs. Le braquage s'est démocratisé ; n'importe qui peut être braqueur, n'importe qui peut être braqué. Les policiers appellent cela dans leur jargon un braquage de proximité. Comme on va chercher le pain à la boulangerie avant de rentrer à la maison. Dans les banlieues, le braquage est, depuis la fin des années 90, utilisé comme un moyen de se constituer un petit pécule afin de se lancer sérieusement dans le trafic de stupéfiants. Une sorte de PEL pour devenir un acteur sérieux de l'économie souterraine de la banlieue. Une accumulation primitive du capital pour rentrer dans le monde du business. Un théoricien libéral vous dirait que la rencontre de ces deux-là fut une sorte de fatalité économique. En banlieue, on trouve des armes en libre-service qu'on emprunte aisément. En province, les petits commerçants, excédés, finissent tous par s'armer. Je m'arme, tu t'armes, il s'arme. Les braqueurs savent qu'ils ne risquent rien ou pas grand-chose. Rarement attrapés, et quand ils sont jugés, leurs affaires n'encombrent pas les cours d'assises mais sont vite envoyées, sous des prétextes divers, devant les tribunaux correctionnels. Les juges les regardent à peine ; leurs peines sont écourtées ; la loi Dati leur évite la prison ; et ils ont compris qu'avec Taubira ce serait encore mieux. Pourquoi hésiter ? Les petits commerçants ne peuvent pas s'offrir les moyens de protection coûteux de leurs grands collègues de la place Vendôme. On ne peut mettre un policier derrière chaque commerçant. La gauche par principe refuse de construire des prisons. Cela s'appelle une impasse. La suite, on la connaît. Les braqueurs reviendront, plus nombreux, plus violents, mieux armés. Les commerçants n'auront pas le choix : ils tireront avant même d'être mis en joue. Les deux mondes de la banlieue et du périurbain qui jusque-là s'ignoraient vont peu à peu se détester, se craindre, s'organiser, s'affronter. Le grand théoricien de la guerre, Clausewitz, appelait ce phénomène inéluctable « la montée aux extrêmes ».

10 décembre 2013

Les deux Ukraine

Voici venu le temps de l'euro-révolution ! Près de dix ans après la révolution orange, les Ukrainiens remettent ça. Curieux ce talent qu'ils ont pour donner des surnoms médiatiquement séduisants à leurs mouvements de contestation. Comme si, dès que des Ukrainiens descendaient dans la rue, des créatifs d'une agence de publicité se mettaient aussitôt à leur service. C'est peut-être le cas après tout. On sait aujourd'hui que la fameuse révolution orange avait été soigneusement préparée en amont auprès d'ONG américaines, richement dotées par des magnats de Wall Street, qui avaient de longue date formé et financé ses révolutionnaires stagiaires venus de l'Est. On a compris aussi depuis que l'objectif concret bien que secret de l'Union européenne était que ses frontières se confondent le plus possible avec celles de l'OTAN. Pas étonnant que les Russes ne regardent pas avec tendresse l'arrivée à leurs portes d'une Europe qui n'est en vérité que le faux nez de l'armée américaine. Poutine n'a donc pas lésiné pour détourner le président ukrainien du chemin de l'association avec l'Europe. Pressions, menaces d'instaurer un régime de visas entre les deux pays et surtout d'augmenter le prix du gaz russe : la fragile économie ukrainienne n'y aurait pas résisté. Certains à Kiev prétendent que des unités antiémeutes russes seraient sur le point d'intervenir pour réprimer la contestation. Au grand soulagement sans doute des habitants de l'est du pays. Car il y a deux Ukraine. L'une à l'ouest, près de la frontière avec la Pologne, autour de la capitale historique, Kiev, rêve d'Europe pour sortir de la pauvreté et de la corruption endémique de son système économique et politique. Une Ukraine de l'Ouest qui aimerait s'arrimer à l'Europe et à l'OTAN, pour s'émanciper d'une emprise russe séculaire. Mais il y a aussi une Ukraine de l'Est, où vit une minorité russophone importante. Ceux-là se sentent proches de leurs alliés et anciens maîtres russes. Ils n'ont aucune envie de s'acoquiner avec une Europe occidentale qu'ils voient comme une terre décadente, minée par le multiculturalisme, l'irréligion insolente et l'homosexualité militante. Ces deux Ukraine se font face depuis la chute de l'Union soviétique. Elles se sont succédé au pouvoir. On se demande parfois combien de temps encore elles pourront rester ensemble au sein de la même nation. Nos médias français et occidentaux ne regardent cette réalité duale que d'un œil, avec une emphase manichéenne, tout heureux de voir que des gens peuvent encore agiter joyeusement des drapeaux européens qui, partout ailleurs sur le continent, signifient austérité, baisse des salaires, chômage de masse, pauvreté et, au mieux, exil forcé vers l'Allemagne de l'Est pour y travailler durement, détachés dans les vastes exploitations agroalimentaires. En revanche, ces mêmes médias français ne s'intéressent guère à ce qui se passe ces jours-ci en Bulgarie, un des deux derniers pays entrés dans l'Union européenne, où plusieurs hommes se sont immolés par le feu afin de protester contre l'aggravation de la misère. Curieux, non ?

13 décembre 2013

Mandela

Les avions sont repartis. Les chefs d'État, actuels et anciens, aussi. Les effluves d'encens médiatique se sont peu à peu dissipés. L'icône Mandela a été célébrée aux quatre coins de la planète. Nouveau Gandhi, nouveau Luther King, saint Mandela a été béatifié par la nouvelle Église mondialisée de l'antiracisme et du métissage. Mais une fois ce petit monde envolé, une fois le mythe consacré, reste la réalité. Et là on sort du vitrail. Il y a vingt ans, quand Mandela accède au pouvoir suprême en Afrique du Sud, il prône la réconciliation entre Noirs et Blancs et évite ainsi la guerre civile qui menaçait. Mandela trouve dans le président de Klerk un parfait alter ego qui renonce à défendre le pouvoir blanc, alors même que l'ANC de Mandela n'avait pas les moyens militaires de battre l'armée sud-africaine. Mais de Klerk lui-même n'a pas le choix : depuis la chute du mur de Berlin en 1989, l'Afrique du Sud ne sert plus de bastion contre le communisme. L'Occident qui avait soutenu le régime de l'apartheid pendant des années l'abandonnait. Au nom des bons sentiments antiracistes. De Klerk et Mandela furent les petits exécutants d'un plan concocté à Washington qui prévoyait le passage pacifique du pouvoir de la minorité blanche à la majorité noire.

Pacifique, faut le dire vite. Comme dans toutes les sociétés multiculturelles, les grandes villes d'Afrique du Sud sont devenues parmi les plus dangereuses au monde : plusieurs dizaines de meurtres par jour. Deux mille fermiers blancs ont été massacrés depuis l'avènement de Mandela. Bien plus qu'au temps de la lutte armée contre l'apartheid. À l'époque, Mandela n'était pas un tendre ; pas le dernier à user de la bombe et de l'explosif. Un vrai révolutionnaire, un dur. Ce qui lui coûta la prison à vie.

Mais une fois revenu à la liberté, il eut l'intelligence de comprendre que la liquidation des élites économiques blanches coulerait l'Afrique du Sud.

Mais plusieurs de ses héritiers n'ont pas sa prudence. Les dernières richesses blanches sont tentantes, alors même que l'Afrique du Sud s'est beaucoup appauvri en vingt ans. Selon les chiffres de l'ONU, l'Afrique du Sud est classé comme un des cinq pays les moins performants du continent africain et les plus pauvres des Noirs ont un revenu inférieur de moitié à ce qu'il était sous le pouvoir blanc.

Les médias internationaux nous ont complaisamment montré la photo de ce jeune Blanc pleurant la mort du père de la nation dans les bras d'une mamma noire. Pieux mensonge médiatique.

Le pays est toujours aussi divisé. Blancs et Noirs ne se mélangent pas ; les Noirs votent pour l'ANC, les Blancs et les métis pour l'Alliance démocratique. Entre Noirs même, les Zoulous détestent toujours autant la tribu des Xhosa, dont était issu Mandela.

Ses successeurs se sont révélés incompétents et corrompus. La misère grandissante accroît la violence sociale et la répression est souvent féroce.

Une fois Mandela disparu, on risque de s'apercevoir très vite que l'Afrique du Sud n'est qu'un agrégat de peuples désunis et que la nation arc-en-ciel n'est qu'un mythe.

17 décembre 2013

Faire France

Entre passer pour un imbécile et passer pour un fossoyeur de la République, Jean-Marc Ayrault n'a pas hésité longtemps : il a préféré passer pour un imbécile. Un couac de plus ou de moins, c'est un mauvais moment à passer. Une question d'habitude.

Mais ce n'est ni un couac, ni une maladresse, ni une bêtise.

Et Ayrault n'est nullement un imbécile. Il avait félicité les auteurs du rapport pour la grande qualité de leurs travaux. Pas moins de dix ministères ont participé à son élaboration. Le même Ayrault, au début de l'année 2013, avait commandé à un conseiller d'État, Thierry Tuot, un autre texte dans le même esprit que celui qui fait scandale. Et c'est lui qui veut la peau du Haut Conseil à l'intégration qui osait réclamer un respect strict de la laïcité dans les entreprises comme dans les universités. Ayrault a de la suite dans les idées. Mais ce ne sont pas les siennes. Celles de Terra Nova, ce cercle de pensée qui domine les cabinets ministériels et le PS. Terra Nova est branchée depuis des années avec les associations antiracistes, les amis islamistes de Tariq Ramadan et les groupes d'extrême gauche, tel les Indigènes de la République.

Pour eux, l'universalisme républicain n'est que le paravent de la domination du mâle blanc hétérosexuel. La laïcité n'est que l'habillage démocratique de l'islamophobie. La lutte contre les inégalités doit céder la place à la lutte contre les discriminations. Ces gens veulent abattre la République au nom de la défense de la République. Elle reste à jamais à leurs yeux celle qui a colonisé leurs ancêtres, défaite impardonnable qu'ils veulent venger. Ils veulent lui imposer un multiculturalisme, une négociation entre culture d'origine et culture des migrants : un petit bout de laïcité contre un petit bout de charia !

Avec la complicité de Terra Nova et du Premier ministre, ce lobby associatif d'extrême gauche a noyauté l'appareil d'État, exactement comme ils ont noyauté depuis des décennies l'Éducation nationale. C'est ainsi que dans les programmes d'histoire ont disparu les figures de Saint Louis, Richelieu, Louis XIV et Napoléon, pour glisser à la place des empires africains.

Il y a trente ans, au moment justement de cette marche des beurs qu'on a célébrée dans tous les médias, ils avaient obtenu une première grande victoire : la mise à mort de l'assimilation qui avait pourtant permis l'intégration dans la nation française de millions d'immigrés belges, italiens, espagnols, polonais, et même kabyles et sénégalais. Désormais, ils veulent la peau de cette intégration qui sent encore trop son fumet d'assimilation d'autrefois. Le conseiller d'État Thierry Tuot ironisait sur cette incroyable arrogance populaire : exiger des enfants de l'immigration qu'ils respectent et adoptent les mœurs séculaires du pays où ils vivent. C'est bête le peuple ! Pis : c'est réactionnaire.

Ces textes administratifs sont écrits dans un jargon savoureux pour les linguistes qui peuvent analyser *in vivo* le processus de décadence d'une langue qui fut autrefois réputée dans toute l'Europe pour sa clarté. « Faire France dans un Nous inclusif et solidaire », nous recommandent les auteurs du rapport. On comprend qu'ils nous conseillent d'apprendre l'arabe !

20 décembre 2013

L'homme de l'année

On ne me demande pas mon avis, et je n'ai rien contre le pape François, mais pour moi l'homme de l'année est Vladimir Poutine. Il finit l'année en fanfare en graciant l'oligarque Khodorkovski, les Pussy Riot et même les activistes de Greenpeace. C'est Noël et la trêve olympique à la fois. Comme pour rappeler que Poutine fut le seul à oser donner l'asile politique à Snowden, l'homme qui révéla la folle réalité de l'espionnage américain. Mais cette année restera avant tout celle où le chef de l'État russe est sorti vainqueur du grand bras de fer diplomatique autour de la Syrie. Poutine tient dans cette histoire le rôle glorieux d'un Chirac qui aurait réussi à empêcher la guerre en Irak. Il est vrai qu'Obama n'est pas Bush. Et que Poutine s'est très intelligemment appuyé sur les réticences du président américain à remettre le doigt dans le guêpier du Moyen-Orient. Poutine a remis le couvert avec l'Iran, servant d'honnête courtier avec les Américains. Et il a parachevé son triomphe diplomatique en empêchant le ralliement de l'Ukraine à l'Europe. En y mettant le prix. Poutine n'est pas en odeur de sainteté ni dans les médias français ni au Quai d'Orsay. On évoque non sans raisons ses penchants autoritaires, ses accointances avec certains cercles plus ou moins mafieux, son incapacité à couper l'économie russe de sa dépendance à la rente pétrolière et gazière. Mais personne ne peut contester qu'il a été élu démocratiquement. La bourgeoisie occidentalisée conteste ses manières, mais la majorité du peuple lui sait gré d'avoir restauré l'État. Au temps de Boris Eltsine, on demandait : « Vous êtes pour la démocratie ou pour le peuple ? » Depuis, Poutine a mis au pas les oligarques qui dépeçaient la Russie et rétabli la souveraineté de la Russie face à la pression impériale de l'Amérique. Poutine a peu à peu endossé les habits de nouveau tsar dans la grande tradition russe. Il est devenu le dernier résistant à l'ouragan politiquement correct qui, parti d'Amérique, détruit toutes les structures traditionnelles, famille, religion, patrie, etc., pour mieux imposer la loi planétaire du marché. Poutine refuse avec énergie le multiculturalisme et combat l'islamisme chez lui comme à l'étranger. Il s'allie à l'Église orthodoxe et défend les chrétiens d'Orient. Il refuse de se laisser intimider par des lobbys féministes ou gays. Contrairement à ce que disent les médias occidentaux, il n'a pas criminalisé l'homosexualité, mais a seulement rappelé que la promotion de l'homosexualité était interdite dans son pays, comme elle l'était en France au temps du général de Gaulle. Finalement, ce tsar réactionnaire n'est pas très éloigné du pape François.

24 décembre 2013

Un ouvrier qui parle comme le patronat

Édouard Martin fera un député européen tout à fait présentable. Autant que Nadine Morano ou Florian Philippot, ses rivaux dans la région. Sa légitimité, sa compétence et son sérieux ne pourront pas être inférieurs à certaines vedettes des élections précédentes. On se souvient de la désinvolture déjà légendaire de Rachida Dati. À part quelques professionnels au long cours comme un Lamassoure ou un Bourlanges, le Parlement européen a toujours servi aux partis politiques français pour recaser ses battus du suffrage universel, et de boîte de com'. Tous les partis, de l'UMP au PS en passant par les centristes, ont joué de la même manière. Même le Front national alla jadis chercher un obscur petit-fils du grand Charles pour le seul plaisir d'accoler sur les affiches les noms de Le Pen et de Gaulle. En France, on se fait élire au Parlement européen pour faire de la politique en France. Le Parlement européen reste marginalisé dans la machine de pouvoir bruxelloise ; et au sein même de ce Parlement, les Allemands font la loi. Édouard Martin n'y changera rien. Les électeurs français l'ont si bien compris qu'ils ne vont jamais voter pour cette échéance-là.

Alors, Martin ou un autre. Il y a suffisamment peu d'ouvriers parmi les représentants du peuple français pour qu'on fasse au délégué CFDT de Florange un procès en illégitimité.

Son statut d'ouvrier est tout ce qui intéressait le PS. La rue de Solférino a traité l'ouvrier Martin comme les femmes et la diversité. Par quotas. Le choc a été rude quand même. Le PS n'avait pas vu un ouvrier depuis l'époque de Jaurès. Même au temps de Léon Blum, il n'y en avait déjà plus beaucoup. Depuis 1983, ouvrier est devenu un gros mot. Édouard Martin, c'est l'Amélie Poulain du socialisme français.

Harlem Désir se moque que Martin ait dit de lui qu'il était plat à en mourir d'ennui. Il a déjà oublié qu'il disait : Soit Ayrault est un imbécile, soit il est complice de Mittal.

C'est Martin qui reste avec ses vérités qui ne sont plus bonnes à dire. C'est Martin qui risque le ridicule ; Harlem Désir, lui, est vacciné. Comme d'habitude, Désir s'est trompé, a fait une erreur de casting. Martin n'est plus vraiment un ouvrier, mais un syndicaliste ouvrier. Ce qui n'est plus du tout la même chose. Martin reprend le discours des hiérarques syndicaux qui n'est plus entendu par la base. Sur l'immigration, il parle comme Cécile Duflot : Laissez entrer les immigrés ! C'est-à-dire qu'il parle comme le patronat. Sur le libre-échange, il dit : Le protectionnisme, c'est ringard. Encore comme le patronat. Martin est un libéral qui s'ignore.

Édouard Martin nous ressert la vieille antienne de l'Europe sociale, dont nous rebattait déjà les oreilles Jacques Delors dans les années 80. Mais on sait depuis lors que c'était un miroir aux alouettes, ou plutôt un oxymore, c'est-à-dire une contradiction dans les termes, puisque la concurrence libre et non faussée et le marché sans frontières impliquent obligatoirement de tirer vers le bas les salaires et la protection sociale.

Ce n'est pas une erreur d'aiguillage ou un défi à relever. C'est la règle du jeu. Édouard Martin aura cinq ans pour le comprendre.

27 décembre 2013

Vivement demain !

2014 sera son année. L'année où elle doit casser la baraque ! Les sondeurs lui promettent, les politiques et les médias le craignent. Premier parti de France, elle trouve que le titre lui sied à ravir. Marine Le Pen s'y voit déjà. Elle a raison. Et elle a tort. Elle a raison parce que l'esprit public est hanté par la question de l'immigration et que, de l'affaire Leonarda au rapport sur l'intégration, la gauche a cédé à ses pires travers laxistes et multiculturalistes ; parce que la délinquance, et en particulier celle venue de l'étranger, a explosé ; parce que Christiane Taubira a donné l'impression que l'État choisissait les voyous contre les honnêtes gens ; parce que les manifs contre le mariage pour tous ont radicalisé beaucoup de modérés ; parce que son nom n'est plus automatiquement associé comme l'était celui de son père à la collaboration et à l'antisémitisme ; parce que son discours étatiste et social, protectionniste, séduit un électorat des classes populaires, qui naguère votait à gauche.

Elle a enfin raison parce que l'UMP, empêtrée dans ses querelles d'hommes et ses contradictions idéologiques, ne profite guère de l'effondrement socialiste.

L'horizon est donc dégagé pour la présidente du Front national qui s'empresse de chanter victoire trop tôt, afin d'encourager ses électeurs potentiels à ne pas l'abandonner en cours de route.

C'est la première limite du Front national : il n'y a pas plus proche d'un électeur du FN qu'un abstentionniste. Les deux attitudes politiques de révolte contre le système se retrouvent alternativement chez les mêmes.

Les municipales sont une très mauvaise élection pour le FN. Ses thématiques traditionnelles, immigration, insécurité, Europe, services publics, sont très peu dépendantes des maires. Nous sommes un vieux pays jacobin où les principales compétences, malgré la décentralisation, sont restées à l'État. Le Front national ne pourra changer les choses qu'à la marge – subventions aux associations antiracistes, laïcité à l'école, construction de mosquées. Comme on l'a vu lors des précédentes conquêtes municipales à Toulon ou Marignane, les édiles du FN n'ont que des coups à prendre, quelle que soit la réalité de leur gestion.

Les européennes sont apparemment idéales. Historiquement, c'est aux européennes de 1984 que Jean-Marie Le Pen a émergé dans la vie politique nationale. L'Europe est une des cibles privilégiées du FN. Marine Le Pen, sous l'influence de l'ancien chevènementiste Florian Philippot, a revisité toutes les thématiques gaullistes contre l'Europe libérale, supranationale et atlantiste.

Mais les européennes sont aussi l'échéance où l'abstention est la plus massive. L'euro est la vraie ligne de fracture entre l'électorat FN et celui de l'UMP.

Comme on l'a vu lors de la dernière présidentielle, l'Europe, et ses complexes thématiques économiques et sociales, montre sous une lumière parfois crue les lacunes persistantes du parti de Marine Le Pen, son manque de compétences techniques, un certain amateurisme, encore, tout qui ne gênait pas dans le parti protestataire de son père, mais qui accuse en revanche les limites d'un mouvement qui revendique sérieusement le pouvoir.

2014

7 janvier 2014

Petit bâton

On s'est trompé. On a cru qu'il y avait deux Hollande, l'un hésitant et dissimulateur à Paris ; l'autre, chef de guerre altier en Afrique. Il n'y a qu'un seul François Hollande. L'enlisement qui menace en Centrafrique nous le montre avec une rare cruauté.

À Bangui, Hollande a envoyé l'armée pour mener une opération de police ; il a pris un début de guerre civile pour de simples émeutes ; il a évoqué l'ingérence humanitaire pour dissimuler son ambition de renverser le président actuel, dans la grande tradition de cette Françafrique pour laquelle il n'a pas de mots assez durs. Il a cru qu'il pourrait paraître impartial alors que nos soldats ont vite compris qu'il fallait avant tout protéger les chrétiens des exactions musulmanes. Mais voilà, notre allié tchadien, qui a la seule armée africaine opérationnelle, est un pays musulman, dont certains soupçonnent qu'il est le protecteur des fameux rebelles de la Seléka qui sèment la terreur dans les rues de Bangui.

La politique française souffre de ses tiraillements, de ses contradictions, de ses refus de choisir. Quand il était premier secrétaire du PS, Hollande refusait de trancher, pour mieux étouffer les différentes factions. C'est une habitude chez lui de ne pas nommer ce qu'il fait. Déjà au Mali, il appelait terroristes les militants islamistes qu'il voulait bouter hors de

Bamako. Mais les méandres de l'arrière-cour africaine sont plus dangereux que les couloirs de la rue de Solférino. Et les dirigeants maliens commencent à se plaindre d'une duplicité hollandaise, qui fait mine de défendre l'intégrité du Mali tandis que l'armée française protège les Touaregs qui ne rêvent que de sécession.

En multipliant les interventions africaines, Hollande voulait se donner l'étoffe d'un grand chef des armées. Encore faut qu'il soit un chef et qu'il y ait une armée.

Hollande n'a plus l'outil à la hauteur de ses ambitions. Il l'a lui-même cassé. Depuis des années, on fait subir à la seule armée française le poids des économies budgétaires. Jospin avait commencé, Sarkozy a continué, Hollande finit le sale boulot.

L'incapacité de notre armée à faire régner l'ordre à Bangui vient avant tout du fait que nos troupes sont insuffisantes. En effectifs comme en matériel. Quand on veut taper, il faut un gros bâton. Quand on veut pacifier, il faut être le plus fort. À Bamako comme à Bangui.

C'est ce que la France ne peut plus faire. En tout cas pas en même temps. Il y a une contradiction fondamentale entre les ambitions françaises de politique étrangère et sa politique économique, budgétaire, monétaire.

Nos interventions en Afrique permettent à la France de rester aux yeux du monde une grande puissance, de ne pas être ravalée au rang de l'Italie ou de l'Espagne ; mais la construction européenne transforme petit à petit et inexorablement la France en une région de l'Europe.

Alain Minc s'est moqué de Hollande fort avec le Syrien Assad et faible avec la CGT. C'est encore plus tragique : Hollande ne peut pas être Jules Ferry en Afrique et vice-chancelier de Mme Merkel à Bruxelles.

10 janvier 2014

L'enfant de Taubira et d'Harlem Désir

Élie Semoun peut se rhabiller. Dieudonné a trouvé un compère bien plus efficace pour rameuter les foules à ses spectacles. Depuis des semaines, Manuel et Dieudonné ont fait un tabac. Dieudonné remettra sans doute une quenelle d'or au ministre de l'Intérieur. Valls voulait apparaître comme un républicain impitoyable, un combattant antiraciste, bref un homme de gauche. Il a seulement oublié que la République, c'est d'abord la liberté d'expression. Ce mélange explosif d'amateurisme, d'obsession de communicant et de partenariat communautariste avec le CRIF, sans oublier le Conseil d'État sommé de renier dans l'urgence toute la tradition libérale du droit public français, révèle le désarroi de la gauche, de ses élites politiques, administratives ou médiatiques.

C'est la gauche qui nous a appris depuis Mai 68 qu'il est interdit d'interdire. C'est la gauche artistique qui nous a enseigné qu'il fallait choquer le bourgeois. C'est la gauche antiraciste qui a fait de la Shoah la religion suprême de la République et, en même temps, a parlé de rafle à chaque fois qu'une Leonarda était renvoyée dans ses pénates. Dieudonné est le bouffon provocateur d'une époque que la bourgeoisie bien-pensante de gauche a façonnée.

L'offensive médiatico-politique contre lui fut concomitante des vœux du président annonçant de nouveaux cadeaux aux patrons, comme on dit à la gauche de la gauche. Pour faire taire les objections, il fallait jouer de la grosse caisse antiraciste. Vieille technique éculée de Mitterrand qui inventa SOS Racisme après le grand virage libéral et européen de 1983. Dieudonné et ses blagues antisémites paraissaient un client idéal. Mais ce n'est pas forcément dans les vieux pots qu'on fait les meilleures soupes. Il était grotesque et ridicule de faire de M'Bala M'Bala un nostalgique du IIIᵉ Reich. Dieudonné n'est pas un lecteur de Maurras ou Barrès. Il reproche aux Juifs de vouloir conserver le monopole de la souffrance et de voler aux descendants d'esclaves la primauté du malheur. Cette concurrence victimaire est du même ordre que celle de

Christiane Taubira qui a érigé une loi pour dénoncer les traites négrières comme crime contre l'humanité, afin d'imiter la loi Gayssot. Dieudonné est l'enfant qu'Harlem Désir et Christiane Taubira auraient fait ensemble. Son public, qui se presse à la Main d'Or, c'est la France black-blanc-beur de la diversité que la gauche exalte depuis trente ans. Ceux-là mêmes qui ont voté massivement pour Hollande en 2012. L'antisionisme de Dieudonné est le même que celui d'Olivier Besancenot. Quand Dieudonné se rend en Iran, pays qu'il affectionne particulièrement, il invite tous les chrétiens français à se convertir à l'islam.

La gauche veut noyer le vilain petit canard qu'elle a enfanté. Les petits curés de la bien-pensance antiraciste prêchent et font la morale, parlent d'intolérance et de haine, pour faire oublier qu'ils ont allumé le grand feu qu'ils font mine de vouloir éteindre.

14 janvier 2014

Les deux corps du roi

Un jour peut-être, François Hollande remerciera *Closer*.

Depuis son avènement, on le présentait comme mou, velléitaire, indécis. Pas vraiment viril. Même deux guerres n'avaient pas réussi à lui conférer l'éclat du sceptre monarchique. Pourtant, on se souvient de son exaltation au Mali au milieu des femmes en boubou qui l'acclamaient.

Désormais, il n'y a plus de doute : nous avons un roi !

Tous nos rois affichèrent leurs maîtresses comme signe de puissance et de munificence. Nos deux empereurs firent aussi honneur à leur rang. Dans la longue lignée de nos monarques, des deux seuls à qui l'on ne connut pas d'aventure, l'un finit en saint, l'autre sous la guillotine. Cela ne donne pas envie. La République ne voulut pas renier cette tradition française. Même les présidents falots de la IIIe République eurent des maîtresses et fréquentèrent les maisons closes ; Najat Vallaud-Belkacem leur aurait mis une amende. Le général de Gaulle, en s'installant à l'Élysée, avait comme ambition d'établir une monarchie républicaine. Il a été servi. Giscard et son laitier, Mitterrand et ses innombrables visiteuses du soir, Chirac et ses dix minutes douche comprise. À l'Élysée, ça a toujours galopé, comme aurait dit Bernadette. Sarkozy ne fut pas en reste, mais lui innova, premier cocu officiel de la République, et sentimental comme un adolescent, qui raconte à tout le monde et ses déboires et ses bonnes fortunes.

Avec Hollande, on revient à la tradition. Pure et dure. Les actrices ont toujours tourné autour de nos rois, de nos empereurs et de nos présidents. Même sa garçonnière, qui appartient sans appartenir tout en appartenant à un ancien des clans mafieux corses, fait songer aux réseaux de prostitution mis au service de l'appétit sexuel de Louis XV, ou aux liens souvent obscurs entretenus par les politiques de toutes les Républiques avec la pègre. Il est vrai que Louis XV finit haï par le peuple et que la République faillit mourir de ses scandales à plus d'une reprise.

Finalement, seule Valérie Trierweiler n'est pas dans la note historique.

Certes, ses douleurs de femme trompée et son hospitalisation évoquent la fureur de Marie-Thérèse, l'épouse de Louis XIV, qui devant les insolences de la Montespan, manquait s'évanouir et poussait des cris de rage de son accent espagnol : « Cette poutain me fera mourir ! »

Mais la reine était mariée au roi. Pas Valérie. Elle n'est qu'une concubine au statut fragile. On ne sait plus aujourd'hui qui doit désormais accompagner le président dans les voyages officiels. L'ancienne est-elle évincée au profit de la nouvelle ? Doit-elle quitter ses bureaux à l'Élysée ?

La gauche a cru habile de jouer la modernité du président qui ne se marie pas, mais marie les homosexuels. Et voilà que son héros nous rejoue le classique de l'homme infidèle et des jolies femmes irrésistiblement séduites par le pouvoir. Un pur stéréotype sexuel, dirait Najat Vallaud-Belkacem, à proscrire des cours de théorie du genre que Vincent Peillon a introduits dans les écoles.

Parfois, il arrive que la tradition et les stéréotypes exaspérés se donnent la main pour se venger. Et se marrer.

17 janvier 2014

Virage

C'est une manie. François Hollande n'arrête pas de tourner comme Nicolas Sarkozy n'arrêtait pas de changer, tandis que Jacques Chirac n'arrêtait pas de remonter sur son cheval. Il tourne, mais quand a-t-il roulé droit ? Les médias, dithyrambiques, évoquent le virage libéral de 1983 ; mais quand y a-t-il eu la relance de 1981 ? Si on veut vraiment évoquer un virage, encore faut-il préciser qu'il y est embarqué depuis son arrivée à l'Élysée. Un long virage interminable de dix-huit mois. Et qui va se poursuivre.

À partir du moment où il ratifiait le traité budgétaire négocié par Sarkozy et Merkel, contrairement à ses promesses de campagne, Hollande s'engageait sur l'autoroute. Quatre voies sans retour. Il devait seulement payer les péages à la majorité de gauche qui l'avait élu. Il le sait mieux que personne, lui, le fils spirituel de Jacques Delors, l'homme qui il y a trente ans a édifié l'Europe libérale telle qu'elle est.

Hollande s'affirme fièrement social-démocrate, à l'heure où le modèle social-démocrate, inventé il y a plus d'un siècle en Allemagne et dans les pays scandinaves, est mort et enterré. La gauche française est une professionnelle de l'anachronisme : elle se revendique socialiste quand toute l'Europe est sociale-démocrate ; et découvre la social-démocratie pour se cacher à elle-même qu'elle suit les pas des sociaux-libéraux européens. La social-démocratie suppose des négociations entre patrons et syndicats à égalité. Dans la mondialisation, les patrons sont trop forts. Il n'y a pas de négociation possible. Rien que des diktats. Sinon, les patrons s'en vont, leurs usines sous le bras. Et leurs emplois avec. Réduire les charges sociales améliorera les marges des entreprises françaises, qui en ont bien besoin, mais elles ne créeront aucun emploi : elles permettront seulement aux entreprises de se moderniser, d'investir, d'acheter de nouveaux robots, pour tenir la dragée haute aux concurrents étrangers. Ce ne sont pas les grosses industries allemandes qui embauchent, sauf en République tchèque ou en Pologne ; mais les services et l'agroalimentaire, pour des emplois à 400 euros.

Or, il n'est évidemment pas question que Hollande supprime le smic ou réduise les allocations chômage.

Hollande, c'est la grande coalition allemande à lui tout seul. Il est tout à la fois le SPD et la CDU. Il fait les négociations, les dosages, les concessions. Mais à la fin, il s'aligne sur la politique voulue par Angela Merkel. Ce n'est pas de gaieté de cœur. On se souvient de son émerveillement envieux lorsqu'il découvrit, au cours d'un voyage à Tokyo, l'audace du Premier ministre japonais qui obligeait la Banque centrale à baisser fortement le yen pour sortir de la déflation qui asphyxie le pays depuis deux décennies. Hollande aimerait bien mais ne peut point. Comme Sarkozy l'avait fait avant lui, il a sacralisé l'euro et le libre-échange. Il n'a plus d'alternative. Il essaie seulement de raccrocher les wagons français à la croissance mondiale que les oracles annoncent pour 2014 ou 2015. D'ici là, il continuera de tourner. Hollande, ou le tournant permanent.

21 janvier 2014

Stéréotypes sexuels

La vie privée est sacrée. Mais la vie privée du président de la République seulement. La vie privée des autres, la vôtre, la mienne, est au contraire l'objet de toutes les attentions publiques.

Il est vrai qu'on se comporte mal, avec nos femmes, nos enfants. On est plein de stéréotypes sexuels. La lutte contre les stéréotypes sexuels, c'est le nouveau mot de la novlangue de gauche pour remplacer la théorie du genre. En vérité, ce sont des synonymes, mais théorie du genre fait peur, docteur Folamour du sexe. Alors, on combat les stéréotypes sexuels en diffusant dans les classes le film *Tomboy* qui conte l'histoire d'une petite fille de dix ans qui se fait passer pour un garçon et noue des relations plus qu'équivoques avec une petite fille ; ou en lisant *Papa porte une robe*. Déconstruire les stéréotypes sexuels pour des enfants de 3 et 6 ans, cela s'appelle en bon français du bourrage de crâne. Du lavage de cerveau. Imposer les fameux ABCD de l'égalité, sous le contrôle vigilant des associations LGBT, c'est mettre les profs sous la surveillance de commissaires politiques du lobby homosexuel, comme jadis les généraux de la révolution russe étaient sous le contrôle des représentants des bolcheviks.

On exigera désormais des hommes qu'ils prennent un congé parental de six mois ; pour ceux qui refuseront de pouponner, les six mois seront perdus, la mère n'aura plus trois ans de congé maternité, seulement deux ans et demi. Mais ce n'est pas une punition, seulement une incitation. On ne se mêle pas de la vie privée des gens, on lutte contre les stéréotypes sexuels.

Car « tout se tient », comme disait naguère Ségolène Royal : si votre femme ne parvient pas à obtenir une augmentation de son patron, c'est parce que vous ne faites pas la vaisselle et ne donnez pas le biberon au petit dernier. Ces mauvais maris et mauvais pères doivent donc être sanctionnés et rééduqués pour qu'on puisse enfin vivre dans le meilleur monde égalitaire possible.

La gauche ne touche pas un cheveu de la vie privée ; elle veut seulement nettoyer au Kärcher des inconscients collectifs surchargés de stéréotypes. Quand une petite fille joue à la poupée, elle est victime des stéréotypes et doit prendre un camion ; quand un garçon joue à la guerre, il est en pleine crise de stéréotypes ; s'il joue à la poupée, il a tout juste. Il ne faut pas que Najat Vallaud-Belkacem s'arrête en si bon chemin : elle doit mettre des mouchards dans chaque appartement pour vérifier que les hommes prennent bien leur tour de vaisselle, se réveillent la nuit pour donner le biberon, et que les femmes descendent bien les poubelles. Et l'amour est un nid de stéréotypes, c'est même son moteur principal : il faudra donc interdire les positions sexuelles qui rappellent le stéréotype de la domination masculine et les insultes qui donnent une image dégradée de la femme.

Sur les ruines de la famille traditionnelle, la gauche a décidé d'imposer de force un nouveau modèle de famille, de relations entre hommes et femmes, d'éducation des enfants. Ceux qui renâclent ou refusent ce projet totalitaire devront se soumettre ou se démettre. Notre vie privée appartient à nos nouveaux maîtres. Le camp du bien veille sur nous.

24 janvier 2014

La rupture bête et brutale

Ces deux-là avaient tout pour s'aimer. François Hollande venait de chez eux, et les cathos se reconnaissaient en lui. Bien sûr, il n'était plus un enfant de chœur et n'allait pas souvent à la messe ; mais eux aussi y allaient moins. Hollande était l'incarnation d'une lente évolution politique, qui avait vu, à partir de la fin des années 70, les catholiques bon teint passer de droite à gauche, pendant qu'ils se sécularisaient lentement, faisant de leur religion de moins en moins une pratique, et de plus en plus une culture, des valeurs, un humanisme, une culpabilité aussi parfois. Ils avaient comme lui été proches de Jacques Delors, car ils avaient noyé leur universalisme catholique dans l'Europe et le libre-échange. L'électorat de Hollande avait eu en 2012 cette particularité rarement notée de rassembler les catholiques de l'ouest de la France et les musulmans des banlieues, comme pour opposer un arc des religions au bloc populaire et athée, héritier lointain des bouffeurs de curés révolutionnaires et patriotes, qui avait fini sa course politique chez Marine Le Pen. Hollande, c'était un peu la revanche historique des cathos sur les sans-culottes.

Mais cette idylle avec les catholiques a été encore moins résistante que celle avec Valérie Trierweiler. C'est bien sûr le mariage pour tous qui a causé la rupture, bête et brutale ; le mépris manifesté par Hollande ayant radicalisé des opposants au départ fort sages.

Depuis, les sujets d'affrontement s'accumulent. PMA, GPA, euthanasie, avortement, théorie du genre, les catholiques découvrent, effarés, que les prêtres ne sont plus dans les églises, mais au Parti socialiste et dans les ministères. Des prêtres formés dans les séminaires des lobbys gays et multiculturalistes. Des prêtres qui prêchent, endoctrinent, excommunient. Des prêtres d'une nouvelle religion qui a pour ambition, comme l'avoue Vincent Peillon dans ses écrits, de remplacer définitivement le catholicisme. Une nouvelle religion de l'indifférenciation qui, au nom de l'égalité, a pour objectif de détruire les différences entre hommes et femmes, entre Français et étrangers, comme si elle parodiait saint Paul qui avait aboli celles entre Juifs et Grecs, entre esclaves et hommes libres. Il n'a échappé à personne que Manuel Valls avait réagi vigoureusement contre les propos antisémites de Dieudonné, tandis qu'il ignorait les provocations des Femen dans les églises ; que les ministres se précipitaient dans les mosquées et les synagogues pour célébrer l'Aïd et le Kippour avec les fidèles, et se moquaient comme de leur dernière guirlande de Noël. Au nom de l'insertion, du nous en commun, tous les récents rapports sur l'intégration arrachaient avec une rare délectation les ultimes traces de la culture chrétienne en France. Les catholiques découvrent enfin, effarés, que Hollande suit son « parti prêtre » non parce qu'il est un croyant sincère de leur foi nihiliste, mais parce que c'est ce qu'il croit être cyniquement son intérêt politicien. Même une bénédiction papale ne permettra pas de l'absoudre.

28 janvier 2014

Islamisme modéré

Comment faire du Sarkozy tout en donnant l'apparence qu'on fait tout le contraire ? Cette dialectique subtile s'avère finalement le fil rouge du mandat de François Hollande. Prenons un exemple simple : la Turquie. Sarkozy s'était comporté en goujat, ne restant sur place que quelques heures et claquant sans ménagement la porte de l'Europe au nez des Turcs qui attendent depuis 1963. Pas besoin de référendum sur la question, clamait Sarkozy, puisque les Turcs ne sont pas européens.

Hollande fait apparemment tout le contraire. Il prend son temps, reste quarante-huit heures, est très poli avec Erdogan. Dans les négociations européennes, la France ne dit plus non à tout. Et Hollande, aussitôt arrivé à Ankara, promet que le peuple français sera consulté par référendum sur l'entrée de la Turquie dans l'Europe, renouant avec la promesse de Chirac annulée par son successeur.

En vérité, les socialistes ont toujours été favorables à l'entrée de la Turquie dans l'Union. Lors des élections européennes du passé, ils couvraient de mépris les malheureux qui y étaient hostiles. Ils s'alliaient pour l'occasion à Chirac et Juppé. Ils faisaient feu de tout bois. Après tout, disaient-ils, si l'Empire ottoman, ancêtre de la Turquie, était surnommé « l'homme malade de l'Europe », c'est qu'il était européen. L'Empire ottoman avait des colonies en Europe. Comme si l'on disait que la France est un pays africain parce qu'elle a eu des colonies en Afrique !

Derrière ces arguments spécieux, les socialistes se faisaient une fois de plus les avocats des milieux d'affaires qui ne rêvaient que de consommateurs turcs enrichis et de salariés turcs dociles et pas chers. Mais voilà, il y a ces fichus sondages qui montrent que plus de 80 % des Français se déclarent hostiles à l'entrée de la Turquie dans l'Union. Ne nous cachons pas derrière notre petit doigt : l'islam est la cause principale de ce rejet.

Le peuple français est bizarre, il n'y a pas que le business qui compte pour lui ; il y a aussi l'histoire, la culture, les mœurs, la religion. Décidément, pas modernes, ces Français ! Pourtant, nos élites lui donnaient la Turquie en modèle d'islamisme modéré. Les Français, pas si bêtes, avaient deviné l'oxymore. Erdogan n'a pas tardé à leur donner raison. De plus en plus islamiste et de moins en moins modéré. De plus en plus autocrate et de moins en moins démocrate. De plus en plus corrompu aussi avec de moins en moins de croissance.

Comme si, en vieillissant, Erdogan revenait à ses certitudes de jeunesse lorsqu'il clamait : « Les minarets seront nos baïonnettes, les coupoles nos casques, les mosquées seront nos casernes et les croyants nos soldats. »

Le miracle turc est devenu miroir aux alouettes. Même les naïfs technocrates de Bruxelles et les chiraquo-socialistes français ont compris qu'Erdogan s'était habilement servi du levier européen pour abattre la puissance de l'armée qui était le plus ferme bastion de la laïcité, héritage d'Atatürk.

Hollande a dû une fois de plus capituler en rase campagne. Sur la Turquie aussi, les socialistes ont désormais le choix entre se renier ou trahir leur parole. La routine.

31 janvier 2014

Sarko, c'est trop !

Comme d'habitude, il en fait trop. Trop de cartes postales, trop de clins d'œil, trop de copains, trop d'anniversaires. Dans sa jeunesse, Nicolas Sarkozy devait relever de ce genre d'adolescent qui a les filles à l'usure, convaincu qu'il faut insister et insister encore pour obtenir une faveur de la belle.

Il a oublié la sagesse de nos anciens : « Suis-moi, je te fuis, fuis-moi, je te suis. » C'est le manque qui crée le désir, et pas le désir qui comble le manque. Il réitère l'erreur de Giscard qui avait précipité son retour un an seulement après sa défaite de mai 1981.

En France, le retour en politique a des règles fixées pour l'éternité par les Cent-Jours de Napoléon quittant en douce l'île d'Elbe pour reconquérir la France sous les vivats du peuple. Mais l'île d'Elbe de Sarkozy, ce fut les grands hôtels internationaux et les conférences payées une fortune. Pas terrible pour forger une légende. Le général de Gaulle, lui, s'était retiré à Colombey-les-Deux-Églises, un endroit pratiquement aussi isolé qu'une île. Quand il venait à Paris, on lui organisait quelques rendez-vous pour l'occuper ; mais personne n'en parlait à la radio ou dans les gazettes. Et il a attendu douze ans pour reprendre le pouvoir. Sarkozy est trop impatient, trop pressé. Pendant dix ans, ministre de l'Intérieur puis président de la République, il a pris l'habitude de faire l'actualité, de raconter une histoire chaque jour aux Français, d'être le rédacteur en chef de tous les médias. Il croit que tout peut recommencer comme avant.

Même si l'esprit de la Ve République lui donne raison, Sarkozy a bien tort de s'opposer aux primaires ; sa popularité dans les sondages lui assurerait une victoire écrasante sur des rivaux de pacotille. Sa chance est que ses rivaux à droite sont tous demeurés jusqu'à présent des nains de jardin. Pas le moindre Raymond Barre pour barrer la route à Giscard ; même pas un Balladur pour tenter d'empêcher l'éternel retour de Chirac. Mais le malheur de Sarkozy est qu'on ne sait pas qui est Sarkozy.

Est-ce le paladin de la nation et le chantre des frontières de ses deux campagnes présidentielles, ou l'européiste convaincu qui fit tout pour sauver l'euro et rétablit une copie de la Constitution européenne refusée par le peuple ? Est-ce le matador du Kärcher, ou l'homme qui abolit la double peine pour faire plaisir à trois cinéastes ? L'inventeur du ministère de l'Identité nationale, ou celui qui laisse entrer 200 000 immigrés par an ? Le libéral qui supprimera les 35 heures et l'impôt sur la fortune, ou le fils spirituel de Chirac qui n'ose rien toucher de peur de faire de la peine à la CGT ? L'ami d'Henri Guaino et Patrick Buisson, ou celui de Juppé, Baroin et NKM ? Le patriote réac, ou le bobo progressiste ? L'homme du peuple contre les notables et les notoires, ou l'ami des riches ?

Les Français ont élu Hollande uniquement pour se débarrasser de Sarkozy ; mais cela ne veut pas dire obligatoirement qu'ils remettront Sarkozy à l'Élysée uniquement pour se débarrasser de Hollande.

4 février 2014

Idéal olympique

Le KGB a de beaux restes. Poutine en fut un membre émérite et sait s'en souvenir. Jusqu'au bout, le président russe a sans doute eu peur que l'émotion médiatique autour des Pussy Riot, de Khodorkovski ou de ses lois sur l'homosexualité ne lui gâche sa fête, comme le boycott occidental avait pourri les jeux Olympiques de Moscou à l'été de 1980. À l'époque de l'URSS triomphante, le sport était une arme redoutable de propagande à la gloire du camp communiste. L'Union soviétique rivalisait avec les États-Unis et, match dans le match, les athlètes de l'Allemagne de l'Est écrasaient leurs voisins ouest-allemands. On découvrira à la chute du Mur qu'ils étaient dopés sans limites.

Mais il ne faut pas prendre les enfants du bon Dieu pour des canards sauvages. Poutine n'est pas le premier ni le dernier. On ne peut se contenter de rappeler les grandes heures de Brejnev, ou même d'Hitler et de ses fameux Jeux de Berlin en 1936. Si les régimes totalitaires furent bien historiquement les premiers à utiliser le sport comme arme majeure de propagande, ils ont été depuis imités partout. Il paraît bien loin et suranné le temps où le président Georges Pompidou refusait avec une hauteur presque aristocratique les usines à champions.

Il y a quelques années à peine, les JO de Pékin ont-ils été

autre chose qu'une fantastique machine de communication pour célébrer le grand retour de la Chine, après deux siècles d'éclipse, comme grande puissance mondiale ? Les États-Unis ne sont pas en reste. Ce sont leurs champions, le sprinter Carl Lewis en tête dans les années 80, qui prirent l'habitude, copiée depuis par tous, de parader après leur victoire, dans les plis d'une immense bannière étoilée, largement exposée aux caméras du monde entier. C'est pendant les jeux Olympiques de Los Angeles de 1984 que l'olympisme fut définitivement professionnalisé et vendu aux grandes marques commerciales. On connaît le fameux adage : « Ce qui est bon pour General Motors est bon pour les États-Unis. » Et le dopage n'est pas moins utilisé dans le royaume américain du capitalisme qu'au temps du communisme en RDA. Chacun s'y met, selon ses moyens et selon le moment. L'Espagne ne manque jamais une occasion de célébrer la gloire de ses sportifs, tennismen, footballeurs ou cyclistes, qui la consolent de ses malheurs économiques. Les Français auraient mauvaise grâce de s'en moquer, eux qui avaient fait de l'équipe de Zidane le symbole de la supériorité du modèle d'intégration à la française. Même les pays qui n'ont pas de sportifs veulent qu'on parle d'eux. On appelle ça le *soft power*. Le Qatar n'a pas de champions mais il a de l'argent. Beaucoup d'argent. Ce qui lui permet de recevoir l'organisation de toutes les compétitions sportives des années à venir.

Les sportifs sont devenus, que cela plaise ou non, les chevaliers des tournois d'antan. Ils sont le symbole de la réussite d'un pays, de l'efficacité de son modèle économique, culturel, de sa place dans la hiérarchie des nations.

Le sport et les jeux Olympiques avaient été inventés par les Grecs de l'Antiquité pour être un symbole de paix, une trêve qui arrêtait la guerre. Ils sont désormais devenus une autre manière de faire la guerre.

7 février 2014

Hollande aux abris

Il est le traître. Le dégonflé. Le capitulard. Le lâche. L'homme qui s'est couché devant l'Église. Qui alimente l'hydre réactionnaire. Jamais depuis le début de son quinquennat, François Hollande n'avait été autant insulté par son propre camp. Même après l'affaire Leonarda. Même après le Pacte de responsabilité. Ce tombereau de violence, ce mélange de haine et de mépris manifesté par les Verts, les députés socialistes, jusqu'au président du groupe à l'Assemblée, révèle la fureur des chasseurs à qui on a enlevé au dernier moment leur proie. La prétendue loi sur la famille était un leurre, un piège, fatras de mesures disparates et sans grand intérêt qui devait seulement servir de prétexte – de véhicule, dit-on dans le langage parlementaire – à un amendement surprise – une surprise préparée avec soin – d'un député vert ou socialiste, introduisant la PMA.

Quand il l'a compris, Hollande a fait sauter le véhicule. En catastrophe. Au dernier moment. Ce n'est pas la Manif pour tous qui a détruit la loi famille ; c'est François Hollande qui s'est servi de la Manif pour tous pour ne pas être détruit par son camp.

Contrairement à ce que disent tous les commentateurs, à ce qu'il croit sans doute lui-même, Hollande n'est pas Mitterrand. Ce n'est pas lui qui manipule, mais lui qui est manipulé. Ce n'est pas un stratège, mais un tacticien au jour le jour qui tente de s'adapter à des mouvements qui le dépassent. C'est un technocrate uniquement intéressé par les questions économiques et qui croyait malin d'utiliser les questions sociétales pour ratisser électoralement un électorat bobo des grandes villes, mais qui se prend les pieds dans le tapis. François Mauriac brocardait jadis « la maladresse des habiles ». Avec Hollande, c'est le sauve-qui-peut des malins. La rébellion des familles de banlieue l'a affolé, car il n'ignore pas qu'il doit en partie son élection au vote massif des populations musulmanes en sa faveur. Le cercle de réflexion Terra Nova conseillait naguère à la gauche d'abandonner l'électorat populaire trop réactionnaire pour se rapprocher de la jeunesse diplômée et des populations issues de l'immigration. Celles-ci se révèlent aussi réactionnaires que le peuple français tant dénigré. Après l'agacement des cathos de gauche, à propos du mariage pour tous, la désillusion des ouvriers depuis Florange, la coupe était pleine. Ou plutôt vide. Les municipales approchent.

Hollande est complètement dépassé par des idéologues qui au nom de la prétendue lutte pour l'égalité hommes-femmes et contre l'homophobie invoquent la légitimité de la science pour déconstruire le modèle anthropologique reposant sur la différence sexuée entre hommes et femmes, avec la même arrogance que les idéologues marxistes s'appuyant jadis sur la scientifique dialectique de la lutte des classes.

Cette bataille idéologique, presque philosophique, lui passe au-dessus de la tête. D'instinct, il sent même qu'il penche plutôt vers les adversaires de son propre camp. Alors, il met son casque pour éviter les balles perdues. L'important est de survivre.

11 février 2014

Relique barbare

Arnaud Montebourg parle d'or. Mais il parle pour ne rien dire. Quand il engage une bataille politique pour faire baisser l'euro, c'est une manière polie d'avouer son impuissance. Le ministre de l'Industrie de la France n'a pas plus d'influence sur le niveau de l'euro que vous ou moi. Mais il en constate aux premières loges les effets catastrophiques sur l'industrie nationale. Dans tous les grands pays du monde, on fait varier sa monnaie en fonction de ses objectifs et de ses besoins. En Europe, ce sont les objectifs et les besoins qui doivent varier en fonction de la monnaie. Dans tous les grands pays, l'indépendance de la Banque centrale est une rhétorique artificielle sur laquelle le pouvoir s'assoit selon les intérêts de la nation. En Europe, les intérêts des nations sont une rhétorique artificielle sur laquelle s'assoit le gouverneur de la Banque centrale européenne. Dans tous les grands pays, la monnaie est une arme au service de l'économie et de la prospérité des citoyens. En Europe, c'est l'économie et la prospérité des citoyens qui sont au service de la monnaie.

Dans tous les grands pays, la monnaie est un outil. En Europe, c'est une relique sacrée qu'on adore à genoux en se fouettant parce qu'on a beaucoup péché. Selon la théorie économique, une monnaie doit correspondre à une zone économique optimale, c'est-à-dire à peu près uniforme. Sauf en Europe.

Dans les années 30, les Français refusèrent d'abandonner l'étalon-or parce que cela leur rappelait le bon temps de la Belle Époque, pendant que le pays s'enfonçait dans une crise terrible.

L'euro est notre nouvel étalon-or. Notre relique barbare. Nos politiques, nos experts, nos élites administratives et économiques, nos médias, nos banquiers, surtout nos banquiers, en ont fait une divinité. Comme les dieux de l'Antiquité, elle est redoutable. Si on ne cesse de l'adorer, ils nous annoncent l'apocalypse : la fin de l'Europe, la destruction de tout le système monétaire mondial, des émeutes, la famine, la guerre. Et même la résurrection d'Hitler. Arnaud Montebourg n'ignore nullement que la monnaie européenne ne peut pas baisser tant que l'Allemagne sera membre de la zone euro. Les excédents commerciaux énormes de notre voisin exigeraient en toute bonne logique économique qu'elle utilise une monnaie beaucoup plus forte. On pourrait l'appeler, au hasard, Deutsche Mark. Pour l'industrie française, mais aussi italienne, structurellement déficitaire, cet euro, colifichet pour les Allemands, est un boulet trop lourd à porter. Il faudrait une monnaie plus faible, qui pourrait s'appeler, au hasard, le franc.

L'euro continuera à monter tant que la Banque centrale européenne refusera de voir que nous sommes entrés en déflation et continuera à poursuivre une inflation chimérique comme Don Quichotte combattait les moulins à vent. Pendant ce temps-là, les Banques centrales américaine, japonaise, britannique déversent des milliards de dollars, de yens, de livres sterling ; leur monnaie baisse pendant que l'euro monte ; leur croissance repart pendant que l'Europe est en récession. Et Montebourg n'en peut plus de regarder passer les trains dans lesquels il ne peut jamais monter.

14 février 2014

Le Suisse est bête

Salauds de Suisses ! Des xénophobes. Des racistes. Et des imbéciles qui n'ont pas compris qu'ils ont fait leur malheur, qu'ils seront punis, comme des garnements qui ont fait une bêtise. Une grosse bêtise. Pire : une infamie. Trop stupides pour ne pas suivre sagement les ordres de leurs élites politiques, médiatiques, des banquiers, patrons, syndicalistes. Trop têtus pour ne pas entendre les avertissements méprisants et les menaces des hiérarques européens.

C'est connu, le Suisse est bas de plafond. Particulièrement le Suisse alémanique qui a donné un oui franc et massif au référendum. Un peu allemand, forcément. Pourtant, quand on détaille le vote, on s'aperçoit que même dans le canton français de Genève, autour de la ville même, les quartiers populaires ou périurbains ont voté eux aussi contre l'immigration de masse. Mais il ne faut pas le dire. Le Suisse est un primitif. On lui avait dit que l'accord avec l'Union européenne provoquerait l'entrée de huit mille étrangers par an ; il en a reçu quatre-vingt mille ; un million en dix ans. Et il se plaint, le benêt ! Le Suisse est un rustaud qui ignore que les promesses n'engagent que ceux qui les écoutent. Il n'entend rien aux délices indicibles de la diversité. C'est dire s'il est bête. La gauche, les élites expliquent le rejet de l'immigration par le chômage massif, la misère sociale, la peur du déclassement. Des bibliothèques entières sont pleines de cette thèse pseudo-scientifique. Les Suisses ont 4 % de chômeurs. Les Suisses n'aiment pas la science.

Comment un peuple peut-il avoir l'outrecuidance de décider lui-même quels étrangers il reçoit ou refuse d'accueillir ? Comment peut-il réclamer le retour d'un système de quotas mis en œuvre par un pays comme le Canada et qui permet à celui-ci de choisir les bacs + 10 qui seront utiles à l'économie, et non les bacs − 10 qui seront chômeurs. Comment la Suisse a-t-elle la prétention de faire le contraire de la France ?

Comment les Suisses peuvent-ils rejeter les charmes du grand marché européen, de la liberté de circulation des biens, des personnes, des capitaux et des marchandises, qui permet au patronat de mettre en concurrence les travailleurs du monde entier pour faire baisser les salaires de tous ? Faut-il être profondément mauvais pour refuser l'afflux de droits d'asile venus de partout qui provoquent nuisance et délinquance ?

De votation en votation, du refus des minarets à l'encadrement des rémunérations les plus élevées, les Suisses essaient de sauvegarder un art de vivre qui leur a été légué par leurs aïeux, fait de tradition chrétienne et d'esprit de mesure. Quelle idée saugrenue que de rester suisse. En plus, ils tentent dans le même temps de protéger l'économie-monde de Genève. Les Suisses veulent sauvegarder leurs intérêts nationaux. Les égoïstes.

Chez eux, la démocratie n'est pas – encore – un vain mot, une façade, un théâtre d'ombres. Les Suisses sont les derniers en Europe à mériter le beau nom de citoyens. Ils doivent être exécutés.

21 février 2014

Pile je gagne, face tu perds

C'est l'histoire d'une mouche sur le dos d'un éléphant qui marche dans la savane. À un moment, la mouche se retourne et, radieuse, murmure à l'éléphant : « Tu as vu toute la poussière qu'on fait ? »

Quand les Français parlent de couple franco-allemand, ces derniers pensent un peu à l'histoire de la mouche et de l'éléphant. Mais ils sont trop bien élevés pour le faire remarquer. Ils préfèrent vanter les réformes de François Hollande, sa politique de l'offre, sa réduction des dépenses publiques, même s'ils sont trop avisés et trop réalistes pour ignorer que ce ne sont encore que des mots. Après des débuts froids pour bien faire comprendre à Hollande qui était le patron, les Allemands adoptent désormais le comportement bienveillant des maîtres d'école encourageant un cancre qui promet de se mettre au travail. C'est la méthode subtile des sociaux-démocrates.

Les Allemands n'ont aucun intérêt à pousser à bout des Français qui pourraient, dans un accès de désespoir, détruire la zone euro. Les Français ne sont pas de vulgaires Espagnols qui acceptent des baisses de salaires et viennent travailler dans les usines bavaroises. Il leur faut davantage d'égards. La monnaie unique, imaginée par François Mitterrand pour contenir la domination d'une Allemagne réunifiée, est devenue au contraire une arme magnifique au service de la puissance industrielle germanique. Moins cher que ne le serait le Deutsche Mark, l'euro donne des ailes aux exportateurs allemands sur les marchés émergents, tandis qu'au sein de la zone euro leurs rivaux français et italiens ne peuvent plus jouer sur les dévaluations compétitives pour résister au rouleau compresseur rhénan.

C'est pile je gagne, face tu perds. Depuis la fin du XIXe siècle, l'économie allemande a toujours été dominante en Europe et n'a jamais craint sa rivale française. C'est même la raison profonde de la Première Guerre mondiale ; les Anglais, alors puissance hégémonique, ne supportant pas d'être rattrapés et dépassés par leurs cousins germains. La seule période où la France fut réellement une rivale se situe au début des années 70, sous le président Pompidou, lorsqu'une monnaie dévaluée et un colbertisme vigoureux forgea une industrie française puissante. Cette époque est bel et bien révolue.

Aujourd'hui, l'ultime supériorité française réside dans son outil militaire. C'est la bombe atomique voulue par le général de Gaulle qui donne à ses successeurs un statut particulier au milieu de ses pairs européens. Ce sont ses interventions militaires en Afrique qui lui conservent une aura de puissance mondiale. Cela agace toujours nos voisins d'outre-Rhin, quand ils observent la « grande nation », comme ils disent avec ironie, montrer encore ses muscles. Mais ils sourient lorsque les glorieux mais impécunieux Français n'ont plus les moyens de financer leur magnifique armée et viennent quémander auprès d'eux une aide financière au nom d'une Europe de la défense dont tout le monde se moque. Les Allemands eux aussi connaissent la fable de la cigale et la fourmi.

25 février 2014

L'Ukraine n'existe pas

C'est l'histoire d'un homme qui craque une allumette au-dessus d'un baril de poudre et accuse son voisin de vouloir faire sauter la maison. Quand l'Europe met en garde contre une partition de l'Ukraine, elle oublie ou fait mine d'oublier que c'est son projet d'association qui a déclenché ce charivari qui risque de tourner à la guerre civile. Quand les médias accusent Moscou de préparer une intervention pour rétablir sa domination sur sa voisine ukrainienne, ils oublient ou font mine d'oublier que Poutine n'en a pas besoin puisque le rapport de force démographique lui est éminemment favorable.

On sait que l'Ukraine, et en particulier Kiev, est le berceau historique de la civilisation russe. Mais l'Ukraine moderne est un pays de bric et de broc. L'Ouest a longtemps appartenu à l'Empire austro-hongrois. C'est Staline qui l'a annexé en 1945. C'est à l'Ouest que l'armée allemande a recruté le plus de partisans, farouchement anticommunistes, antirusses et antisémites. C'est de l'Ouest que partaient ces jours-ci des cohortes de cars pour la place Maïdan à Kiev, où les manifestants étaient encadrés par des groupes paramilitaires qui ne cachaient pas leur nostalgie pour les nazis et leur haine des Juifs. Ceux-ci ont dû bien rire quand ils ont vu débarquer Bernard-Henri Lévy venu les soutenir, comme il avait donné son appui enthousiaste aux grands démocrates libyens.

L'Ouest est rural quand l'Est a les usines et les villes. La Russie est le premier client du pays, loin devant tous les autres. La logique économique pousse l'Ukraine dans l'union douanière avec la Russie, mais les investissements en Europe des oligarques ukrainiens expliquent les tergiversations du président Ianoukovitch. L'Ouest rêve d'Europe quand l'Est commerce avec la Russie, parle russe, est même partie prenante du peuple russe comme en Crimée. L'Ouest souhaite, à l'instar de la Pologne, bénéficier de l'assistance de l'OTAN pour se protéger de l'ours russe, quand l'Est a obtenu en 2010 un vote du Parlement ukrainien rejetant l'entrée dans l'Alliance atlantique.

En 2004, la révolution orange avait déjà démarré à l'Ouest,

qui avait porté sur le pavois médiatique les célèbres nattes blondes de Ioulia Timochenko. En 2010, l'Est avait imposé démocratiquement l'élection de son adversaire Ianoukovitch. Les manifestants d'aujourd'hui protestent contre la corruption de l'équipe en place comme ils protestaient naguère contre la corruption de l'équipe issue de la révolution orange.

Rien ne change sous le soleil d'Ukraine. Ne change pas non plus la stratégie américaine depuis la chute du mur de Berlin qui se sert de l'Union européenne pour morceler l'ancienne puissance soviétique et isoler la Russie. Tandis que François Hollande, encore sous le charme d'Obama, défend sans états d'âme la ligne américaine, seule Angela Merkel tente de ne pas provoquer Vladimir Poutine, dans le but évident de cogérer avec lui le continent européen.

Il faut toujours chercher à qui profite le crime.

28 février 2014

Double jeu

Et si on partait ? Et si on quittait la Centrafrique ? Si on laissait s'affronter les belligérants de cette guerre civile qui n'ose pas dire son nom ?

Cela nous éviterait d'être accusés, même à mots couverts, de l'épuration ethnique des populations musulmanes, alors qu'on a sauvé la vie des chrétiens, qui étaient massacrés par les milices musulmanes. Cela nous éviterait de tendre la sébile aux Allemands qui se moquent en douce de notre prurit néocolonial. Cela nous éviterait de mettre en danger la réputation et la vie de nos soldats, embarqués dans une expédition en trop petit nombre pour un territoire si vaste et si mal équipé en routes dignes de ce nom.

Une armée doit servir à faire la guerre, pas la police ; elle doit tuer des ennemis, pas séparer des combattants. Notre armée doit défendre un territoire, une population, pas se transformer en soldats hors-sol du droit international.

Toutes nos interventions humanitaires se sont achevées en catastrophes : au Kosovo, on a forgé un État islamo-mafieux au cœur de l'Europe ; et si on a empêché l'épuration ethnique des Albanais, ce fut pour permettre l'épuration ethnique des Serbes. En Afghanistan, on a mené une guerre pour rien, où on était sous les ordres de l'armée américaine. En Libye, Sarkozy a fait exécuter le dictateur Kadhafi, et son pays est devenu le refuge de tous les combattants d'al-Qaida.

En intervenant en Afrique, la France croit maintenir son rang de puissance mondiale et protéger son statut de membre du Conseil de sécurité. Elle entend pérenniser un paternalisme néocolonial à la Foccart – le M. Afrique du général de Gaulle –, alors que c'est elle qui est instrumentalisée par des dirigeants africains habiles et corrompus. Autrefois, la Françafrique permettait aux entreprises françaises de s'assurer des marchés protégés. Aujourd'hui, elles se font doubler par les Chinois.

« La violence est l'accoucheuse de l'histoire », disait Marx. Les frontières de l'Europe ont été dessinées au fil des siècles par les guerres. Les frontières des pays africains sont restées les mêmes que du temps de la colonisation. Pourquoi interdire aux Africains de dessiner une nouvelle géographie du continent ? Pourquoi, au nom de principes humanitaires, empêcher les Africains d'entrer dans l'histoire ? Les anciennes colonies anglaises n'appellent jamais au secours leur ancien maître. S'en sortent-elles moins bien ?

Sans oser l'avouer, l'armée française contient la poussée de l'islam venu du nord du continent vers le sud. Une poussée planifiée et financée par les pétromonarchies sunnites du Golfe, qui utilisent tous les moyens pour islamiser les populations chrétiennes ou animistes du Sud : conversions, menaces, trafics de drogue, prises d'otages, exactions. Mais dès qu'on quitte l'Afrique, nous nous retrouvons aux côtés des mêmes Qataris et princes d'Arabie saoudite dans leur combat impitoyable contre les chiites d'Iran, ou de Syrie, et jusqu'en Europe, et même sur notre sol, où nous laissons toute latitude à leur prosélytisme qui fait des ravages dans nos banlieues, et conduit des jeunes musulmans officiellement français à se battre avec leurs frères djihadistes en Syrie.

Notre double jeu n'a sans doute pas fini de nous coûter cher.

4 mars 2014

Les meilleurs amis de la Russie

C'est le sempiternel conflit entre les classiques et les modernes. Vladimir Poutine n'est pas un moderne ; c'est un tradi qui la joue à l'ancienne. On l'accuse de vivre au temps de la guerre froide, de refaire le « coup de Prague » de 1968. On a tort. Poutine est un homme du XIXe siècle. La guerre est pour lui la continuation de la politique par d'autres moyens. On avance et puis on voit, disait Bonaparte. Seul compte le rapport de force. Poutine pense, comme le tsar Alexandre III, que l'armée et la flotte sont les deux meilleurs amis de la Russie. Il les protège et il s'en sert. L'Union européenne, elle, est une créature du XXIe siècle. Elle se veut à la pointe de la modernité. C'est un empire sans impérialisme, disait Manuel Barroso. Une puissance avec zéro division. Ses armes s'appellent le marché, la norme, le droit. Et les médias. C'est le monde des affaires, des lobbyistes, des avocats, des journalistes. À Bruxelles, on parle de *soft power*. Particulièrement efficace dans le cas ukrainien, où des manifestations ont renversé un pouvoir légal, sans que les grands démocrates patentés en Europe ne trouvent à y redire. C'est la Liberté, dit-on, sans chercher à savoir si la majorité du peuple ukrainien approuve cette révolution de rue. Depuis des semaines, les émissaires de l'Union européenne étaient comme chez eux place Maïdan. Ils manipulaient tout le monde dans l'ombre. Mais quand les soldats russes occupent la Crimée, les Européens pétrifiés menacent Poutine de l'éliminer du G8 !

Car face à un homme du XIXe siècle, l'homme du XXIe siècle est comme un type de soixante face à un autre de cent trente kilos : il l'écoute.

Les Français devraient pourtant être bien placés pour comprendre le maître du Kremlin. L'Ukraine est à la Russie ce que l'Afrique est à la France : mieux qu'une ancienne colonie, une chasse gardée depuis plusieurs siècles. Personne ne se scandalise des interventions réitérées de l'armée française dans son pré carré africain. Les médias russes expliquent d'ailleurs que leur armée intervient pour des raisons humanitaires afin de sauver leurs compatriotes de Crimée contre les extrémistes de la place Maïdan, exactement comme nos médias français nous expliquaient que l'armée française intervenait en Libye ou au Mali pour sauver des innocents.

Mais vérité en deçà de la Méditerranée, erreur au-delà du Rhin. Ingérence humanitaire en Afrique, invasion en Ukraine.

Lors de l'intervention américaine en Irak il y a dix ans, refusée par les Français et les Allemands, les néoconservateurs américains s'étaient déjà moqués de ces Européens qui venaient de Vénus quand les Américains venaient de Mars. Poutine, lui aussi, vient de Mars.

D'ailleurs, les Européens vénusiens s'empressent de quémander la protection de leur mâle dominant à eux : l'Amérique. Mais personne à Washington n'a envie de mourir pour la Crimée. Les Américains regardent, goguenards, ces Européens qui se sont mis eux-mêmes dans le pétrin par des actions inconsidérées et demandent à l'oncle Sam de les tirer de là. Mais une diplomate américaine avait donné il y a quelques jours la réponse de l'oncle Sam : « *Fuck the EU !* » Inutile de traduire, non ?

7 mars 2014

Ce type est un malade

Des unes à répétition. Des titres énormes. Des indignations, des colères, des fureurs. Pour l'Ukraine et les soldats russes en Crimée ? Pour la surveillance des comptes de la France par Bruxelles ? Non, roupie de sansonnet. Il y avait des événements beaucoup plus importants. Jean-François Copé avait comploté avec des proches pour ruiner l'UMP. Et Patrick Buisson avait enregistré à son insu Nicolas Sarkozy et ses principaux collaborateurs à l'Élysée. Leur compte était bon. Copé ? Un magouilleur, un homme d'argent. Et Buisson, un maniaque du dictaphone. Un spécialiste des coups tordus. Les méthodes de l'extrême droite, mon cher monsieur !

Puis on s'apercevait que la contre-attaque de Copé en héros de la transparence était aussi fumeuse et évanescente que les accusations portées contre lui. Quand on écoutait les enregistrements de Buisson, on découvrait, un rien surpris, que c'était surtout… Patrick Buisson qui parlait. Buisson enregistrait Buisson. Sans doute conservait-il les bandes pour faire chanter Patrick Buisson. Ses ennemis ont raison : ce type est un malade.

Le patron de l'UMP faisait travailler des proches : ce que ne font jamais les autres partis politiques français. Et les enregistrements de Patrick Buisson révèlent des secrets d'État qui font déjà trembler la planète et la République : Bachelot et Alliot-Marie sont nulles, Nadine Morano est marrante. Hortefeux a peur de son ombre et Claude Guéant s'intéresse beaucoup aux juges. La France entière l'ignorait. Quand, entre deux monologues de Buisson, on entend enfin parler Nicolas Sarkozy, on en sait moins que si on lisait le livre de Bruno Le Maire.

Mais si les faits sont dérisoires, l'importance politique n'est pas à négliger. Nous avons sans doute assisté cette semaine à la revanche de la présidentielle de 2012. Buisson fut le théoricien de la campagne Sarkozy qui, en particulier entre les deux tours, osa parler de frontières, d'immigration, d'Europe, d'identité nationale. Des gros mots pour les médias, la gauche et la droite modérée. Des gros mots qui permirent à Sarkozy de tomber avec les honneurs, sans être humilié. Des gros mots que Copé a repris, sans bien tout comprendre, dans sa bataille contre Fillon au sein de l'UMP, et qui lui ont permis de griller sur le fil l'ancien Premier ministre.

Copé était un diablotin manipulé et Buisson un Gepetto maurrassien. Ils devaient payer cette infamie. C'est fait. Jouissance intense pour la bien-pensance. Les proches de Sarkozy peuvent ainsi l'arracher à l'influence qu'ils jugent néfaste du gourou sulfureux. Cela tombe bien, l'ancien président ne jurait plus ces temps-ci que par Baroin, Juppé, NKM. Comme s'il avait décidé, pour revenir, d'endosser les habits du chiraquisme défunt. Comme s'il avait enterré Hollande pour 2017. Comme s'il s'apprêtait à affronter Marine Le Pen au second tour de la présidentielle. Comme s'il était décidé à ne plus prendre de coups, à se réconcilier avec les médias, à leur faire allégeance. Comme s'il oubliait le peuple et ses attentes. Comme s'il n'avait pas vraiment, au fond, envie de revenir.

11 mars 2014

Juges et avocats

C'est une querelle aussi ancienne que la justice. Les juges prennent les avocats pour des faiseurs et des baratineurs ; les avocats prennent les juges pour des psychorigides. Les juges ont une haute idée de la justice ; les avocats se veulent les apôtres de la liberté. Les juges considèrent que les avocats s'enrichissent grâce à l'argent mal acquis des voyous ; les avocats pensent que les juges ne sont que des petits fonctionnaires jaloux.

Les juges doivent tenir la balance égale entre l'accusation et la défense, et sont en même temps les patrons de l'enquête en tant que juges d'instruction. Les avocats sont à la fois des défenseurs de leurs clients et des auxiliaires de justice. La technologie, téléphones portables et Internet, a donné aux enquêteurs des moyens inespérés. Les juges prennent désormais de plus en plus chez les avocats ce que les policiers sont incapables de trouver, corsetés qu'ils sont depuis une quinzaine d'années par une bureaucratisation excessive des enquêtes voulue par la loi Guigou et les décisions de la Cour européenne au nom des droits de l'homme. Ainsi, les grands voyous et les petits trafiquants sont-ils mieux protégés que les politiques et les avocats.

On réalise ainsi le rêve idéologique du syndicat de la magistrature dans les années 70 : l'indulgence pour les voleurs de bicyclettes et la férocité pour les délinquants en col blanc.

Depuis les années 90, imitant l'exemple italien, les juges français s'en sont pris aux politiques. Ils y gagnèrent une gloire médiatique, dont beaucoup sont avides : on se souvient du juge Jean-Pierre, du juge Halphen ; Eva Joly doit tout aux chaussures Berluti de Roland Dumas !

Le mépris manifesté par Sarkozy lorsqu'il était président pour les petits pois de la magistrature n'a rien arrangé. Beaucoup de juges veulent se payer l'ancien président et, par ricochet, son avocat, un de ses vieux copains de jeunesse. Ils l'accusent non seulement d'être prêt à tout pour défendre son célèbre client, mais de se prêter lui-même à des trafics d'influence pour corrompre un magistrat, dans un cadre général de faveurs politiques et de pressions franc-maçonnes.

Ils l'ont traité comme un bandit de grand chemin, multipliant les perquisitions, l'obligeant à quémander une douche, porte ouverte, pour mieux l'humilier ; prolongeant pendant une année les écoutes téléphoniques, privilège réservé au grand banditisme. Ainsi, la vieille querelle entre juges et avocats rejoint-elle la radicalisation actuelle de l'ensemble des rapports sociaux. Là aussi, comme partout depuis deux ans, Hollande, qui avait promis de pacifier la société, accentue ses tensions et sa violence.

Le pouvoir politique n'a pas besoin de pousser les juges ; il met complaisamment des forces de police énormes à leur disposition dès que leurs recherches s'orientent vers Sarkozy. Valls est le bras armé de Hollande, qui se vante de savoir tout ce que fait son prédécesseur. Montebourg avait prophétisé que l'avenir de Sarkozy serait judiciaire. Que diraient nos indignés professionnels si un pouvoir autoritaire poursuivait de sa vindicte son adversaire politique pour l'empêcher de se représenter contre lui ?

Mais Hollande ne s'appelle pas Poutine.

14 mars 2014

Fouché n'habite plus place Beauvau

C'est M. je ne sais rien. M. je n'entends rien. M. je ne vois rien. Manuel Valls ignorait qu'on écoutait Sarkozy comme il ignorait qu'on avait photographié Hollande sortant de sa garçonnière rue du Cirque, comme il ignorait qu'on avait arrêté Leonarda, comme il ignorait que Cahuzac avait un compte en Suisse. Le ministre de l'Intérieur est devenu l'homme le moins bien informé de France. Pour les Français, c'est un choc, une révolution copernicienne. Dans l'histoire de notre pays, le ministre de l'Intérieur est une figure à la fois crainte et fascinante. Il connaît tous les secrets. Au temps de Fouché, Talleyrand disait de lui : « Un ministre de la Police est un homme qui se mêle d'abord de ce qui le regarde et ensuite de ce qui ne le regarde pas. » Raymond Marcellin, le dernier ministre de l'Intérieur de Georges Pompidou, connaissait tout de la vie des groupuscules gauchistes issus de Mai 68, jusqu'au nom de leurs petites amies. Cela a l'air anecdotique mais c'est en partie grâce à ce travail de fourmi policier qu'on échappa aux vagues de terrorisme que connurent nos voisins allemands et italiens dans les années 70. Même quand les ministres de l'Intérieur ne savent rien, ils font mine de tout savoir. Cela fait partie de leur légende. Et de leur efficacité. Charles Pasqua se vantait de terroriser les terroristes et aimait à effrayer certains de ses interlocuteurs, qu'il croisait, dédaigneux : « Monsieur, depuis que j'ai lu votre fiche des Renseignements généraux, je ne vous sers plus la main. »

Même Nicolas Sarkozy aimait à faire croire qu'il savait tout sur tout et sur tout le monde. Pourtant, le pouvoir du ministre de l'Intérieur n'est plus ce qu'il était : avec la disparition des frontières dans l'Europe, les innombrables règles de droit qui corsètent l'activité policière, l'indépendance des juges, la place Beauvau a des ratés. Beaucoup de ratés. Mais les prédécesseurs de Valls avaient choisi de paraître plus forts qu'ils ne l'étaient devenus. Valls, lui, se montre plus faible qu'il ne l'est.

Pour une fois, Valls n'imite en rien Sarkozy. Il préfère passer pour un benêt plutôt que pour un méchant. Autrefois, le ministre de l'Intérieur était respecté parce qu'il faisait peur. Aujourd'hui, Valls croit qu'il sera aimé parce qu'il fera rire.

Pour une perquisition, ou une opération d'écoutes, on mobilise pourtant des dizaines de policiers. Qui seraient sans doute plus utiles ailleurs. C'est le juge qui les réclame, mais c'est le supérieur hiérarchique de ces policiers qui fournit les hommes. Et le supérieur du supérieur habite place Beauvau et a pour nom Manuel Valls. On a pu observer l'efficacité de cette voie hiérarchique lorsque Valls utilisa ses préfets pour museler Dieudonné. Le ministre de l'Intérieur réussit même à tordre le bras du Conseil d'État qui, pour lui faire plaisir, remit en cause une jurisprudence libérale vieille de quatre-vingts ans. Enivré par son succès, il marchait sur les plates-bandes des autres ministres et même du premier d'entre eux. Peut-être ses mauvais sondages l'ont-ils fait réfléchir. Et changer de stratégie. De M. je me mêle de tout, il est désormais M. je ne sers à rien.

18 mars 2014

Le syndicaliste en bretelles

C'était une image d'Épinal d'un monde englouti : le syndicaliste en bretelles, amateur de gros cigare et de bonne chère, qui menace d'une grève générale et signe en catimini le meilleur accord possible. Un monde d'hommes comme dans *Les Tontons flingueurs*. Un monde où « ouvrier » n'était pas un gros mot. Un monde où la République était à la fois souveraine et laïque ; où nos politiques ne tremblaient ni devant les commissaires de Bruxelles, ni devant les communautarismes.

Un monde où Blondel est né, a grandi, milité. Un monde qu'il a incarné jusqu'à la caricature.

Le paradoxe est que son monde a explosé au moment où il accédait à son rêve, devenir secrétaire général de Force ouvrière.

En 1989, il succédait à André Bergeron et crut qu'il poursuivrait le même boulot : arracher au patronat le fameux grain à moudre. Bien sûr, on reprenait une partie du grain obtenu par l'inflation et la dévaluation. Mais ça marchait. Les gens travaillaient, l'économie française était dynamique, le niveau de vie des plus modestes s'améliorait ; même les inégalités se réduisaient.

Tout l'inverse d'aujourd'hui. On a dans nos poches une monnaie forte, mais on pratique une autre forme de dévaluation, directement prise sur la paie de ceux qui ont la chance d'avoir encore un emploi. L'industrie française s'est liquéfiée et les inégalités s'accentuent.

Il y a quelques semaines, la justice a condamné à un an de prison l'ex-patron de l'Union des industries et métiers de la métallurgie, Denis Gautier-Sauvagnac. On l'accuse d'avoir arrosé les syndicats. Mais l'UIMM incarnait aussi une époque et une pratique sociale où le patronat, contraint par un État colbertiste et une certaine philosophie chrétienne, sans oublier la peur des rouges, acceptait de partager le gâteau.

Aujourd'hui, le patronat n'arrose plus les syndicats, mais n'arrose plus les salariés non plus. Tout pour les actionnaires et la finance. Le patronat moderne n'est plus bêtement prisonnier de sentiments patriotiques désuets. Nos grands patrons sont citoyens du monde. Le vaste monde où ils placent leur argent loin du fisc français. Le vaste monde où ils piochent leurs ouvriers comme on fait son marché, là où c'est le moins cher.

Blondel a tenté de faire comme si rien n'avait changé. Le plus étonnant est que ça a marché. Enfin quelques années. Il faut dire qu'à l'Élysée, avec Chirac, il avait un complice idéal. Un homme de droite mais qui détestait le libéralisme beaucoup plus sincèrement que la plupart des politiques de gauche. Blondel avait table ouverte à l'Élysée. C'est avec le président que le patron de FO arrangeait les bidons, lorsqu'il y avait de la friture sur la ligne, au temps du trop droit dans ses bottes Alain Juppé. Les grandes grèves de 1995 furent l'heure de gloire et le chant du cygne de Marc Blondel et de tout le syndicalisme français. La dernière fois qu'il put jouer dans le monde d'avant. Bloquer une régression sociale qu'on pare du nom de réforme. Depuis lors, il faisait semblant. Comme ses collègues et successeurs. Avec un peu plus de talent. Ce n'est rien, mais ça compte.

21 mars 2014

La non-campagne

Dans *Alice au pays des merveilles*, on célébrait des non-anniversaires avec des non-gâteaux et des non-cadeaux. Avec ces élections municipales, nous avons inventé la non-campagne. Avec des non-polémiques et des non-débats.

Seuls les candidats sont vrais. Mais si peu dans la réalité.

Non pas que les candidats aient méconnu leur réalité locale, leurs querelles légitimes de clocher, de trottoir ou de tramway. Mais de campagne nationale, point.

C'est une première dans la vie politique française.

C'est aux municipales de 1951 que le général de Gaulle lança avec un énorme succès son mouvement, le RPF. C'est avec la vague rose aux municipales de 1977 que Mitterrand assura sa victoire à la présidentielle de 1981. Aux municipales de 1983, la droite prit une revanche éclatante et fit émerger la génération qui gouvernerait plus tard avec Balladur ou Chirac. Chaque fois, la bataille fut camp contre camp, front contre front, mythologie contre mythologie.

Cette fois, rien. Rien de rien.

Les élus socialistes avaient tout intérêt à glisser leur drapeau dans leur poche. À mettre en avant leur bilan municipal pour cacher la calamiteuse impopularité de leur président.

Mais la droite devait, elle, nationaliser la campagne. On ne dit pas que Copé, Fillon et compagnie ne l'ont pas fait, mais on ne les a pas entendus. Ils n'ont pas été maladroits ; ils ont été insignifiants. Comme des adolescents narcissiques, ils n'ont parlé que d'eux, de leurs affaires, de leurs querelles. Jusqu'à l'apothéose de Sarkozy cannibalisant la campagne de l'UMP.

Une habitude et une malédiction.

Même le Front national n'a pas fait son boulot d'opposant. Pourtant, le FN a désormais un programme alternatif, national-colbertiste, qui tranche avec le social-libéralisme du PS et le libéralisme social de l'UMP. Mais ces municipales sont pour le Front national une sorte de centre de formation accéléré. Les dirigeants du parti utilisent cette campagne pour recruter, former ses futurs cadres. Professionnaliser un mouvement qui en a bien besoin.

Seul le Front de gauche a fait une campagne nationale, attaquant Hollande et sa politique d'austérité. Mais sur le terrain, les élus communistes se ralliaient aux socialistes pour sauver leur peau, rendant vaines et ridicules les imprécations mélenchonesques.

Durant les derniers jours, les Verts ont tenté une offensive sur les pics de pollution et les moteurs diesel. Le gouvernement a sorti ses plaques alternées et tout le monde a ri. On s'est dit qu'il nous prenait vraiment pour des imbéciles. C'en était presque touchant, rafraîchissant, comme les mensonges de Taubira ou de Valls.

Pourtant, ces municipales de mars seront décisives pour les sénatoriales de septembre, qui pourraient faire rebasculer à droite la majorité du palais du Luxembourg.

Mais tout le monde s'en moque. Les européennes risquent de subir le même sort. Comme si le cirque démocratique avait usé tous ses charmes.

À moins que la campagne ne commence vraiment au soir du premier tour. Qu'on s'étripe autour du front républicain ou des accords avec le FN. Qu'on se traite de fascistes, de populistes, de trahir la République ou le gaullisme.

On sait, ce n'est guère brillant et pas neuf. Mais on fait ce qu'on peut.

25 mars 2014

Poisons et délices du tripartisme

Marine Le Pen devrait demander à son père. Il lui raconterait, il lui expliquerait. Il est un des seuls encore vivants à avoir connu cette situation où trois partis de force à peu près équivalente rivalisaient. On appelait cela le tripartisme. C'était sous la IVe République. Tout de suite après la guerre. Le Parti communiste était à 25 % des voix. C'était le premier parti de France. Ses deux alliés, qui devinrent très vite ses plus farouches adversaires, s'appelaient le MRP, les démocrates-chrétiens, et la SFIO, les socialistes.

Le hasard malicieux fait miroiter cette époque lointaine avec la nôtre. La sociologie ouvriériste et populaire, jusqu'à l'ancrage géographique dans le Nord et dans le Sud-Est, rapproche le FN d'aujourd'hui du PC triomphant de l'époque. Le MRP, composé de notables centristes et d'hommes de droite pas vraiment décomplexée, ressemble beaucoup à l'UMP des Juppé, Gaudin ou Raffarin. Quant au PS d'aujourd'hui, celui de l'Europe, du Pacte de responsabilité, de l'amitié ostentatoire avec l'Amérique, avec ses barons locaux tout-puissants, il a mis ses pas dans ceux de son ancêtre de la SFIO.

Mais en politique comme dans la vie, le hasard n'existe pas. Les filiations politiques imposent leur marque sans que les acteurs en aient toujours conscience. Le tripartisme de la IVe République fut bousculé et détruit par le général de Gaulle. C'est ce mouvement gaulliste, qui privilégiait un État colbertiste social et un patriotisme sourcilleux, que Chirac enterra définitivement avec la création de l'UMP. C'est ce mouvement gaulliste qu'avaient tenté de ressusciter en vain Séguin et Pasqua au cours des années 90. Et c'est ce mouvement gaulliste que le jeune mentor de Marine Le Pen, Florian Philippot, rêve comme destin glorieux pour le Front national.

Le tripartisme est un système instable. Sous la IVe République, il était renforcé par la proportionnelle. Le scrutin majoritaire à deux tours favorise au contraire le bipartisme. Dans l'entre-deux-tours des municipales, les notables locaux des deux partis installés, UMP et PS, essaient de refermer le couvercle. Mais la mort du front républicain les en empêche.

« Dans un système à trois puissances, il faut être l'une des deux », disait Bismarck. Le plus fragile demeure le FN. En revanche, c'est lui qui a le plus gros potentiel. L'abstention massive est d'abord un rejet des partis de gouvernement. Il est très proche du vote FN. Et la poursuite des politiques d'austérité en Europe fragilise toujours davantage une classe moyenne qui craint la prolétarisation et réagit en demandant la protection de l'État, que seul le FN désormais lui promet.

Si cet électorat-là l'abandonne, le PS pourrait être la grande victime d'un combat entre le FN et l'UMP, comme on l'a vu durant les partielles depuis deux ans. Mais l'UMP est écartelée entre une grosse moitié de sympathisants qui veulent se rapprocher du FN et une petite moitié qui préférerait une alliance avec un PS mis aux normes européennes. Ces deux moitiés de l'orange UMP sont irréconciliables.

Le tripartisme est encore en gestation, mais son destin est déjà fixé. Il finira en bipartisme. Mais on ne sait pas encore qui aura la place du mort.

28 mars 2014

Le destin tragique des demi-habiles

Les griots de la légende hollandaise aiment à conter que le président est tellement malin qu'il parvient toujours à s'échapper par la fenêtre quand la porte est fermée à double tour. Mais cette fois il est menotté à une chaise et il y a des barreaux aux fenêtres. Hollande est enfermé, coincé, immobilisé. Sa prison a des lambris dorés, mais c'est une prison dont on ne sort que si on casse les murs.

Et Hollande ne peut ni ne veut les briser.

Il peut changer de Premier ministre et de gouvernement mais il ne peut changer de politique. N'importe quel hôte de Matignon aura plus de charisme et de talent oratoire que Jean-Marc Ayrault ; un autre ministre des Finances aura peut-être plus d'autorité que Pierre Moscovici ; mais tout cela ne servira à rien lorsque les deux hommes se rendront à Bruxelles devant la Commission, tels les bourgeois de Calais la corde au cou, pour donner le détail des 50 milliards d'économies budgétaires annoncés par François Hollande.

En janvier dernier, le président a été fort habile de prendre à son compte une politique qui lui est imposée par ses engagements européens. De ne plus se cacher derrière Bruxelles au nom de l'intérêt de la France. Il disait haut et fort pour mieux ne rien faire. Il vendait du vent.

Mais désormais le roi est nu. Il doit livrer ce qu'il n'a jamais compté tenir. Et tout le monde le voit.

Il a beau promettre des résultats, annoncer des lendemains qui chantent, il ne pourra rien obtenir.

La politique qu'il conduit – stagnation des salaires, allégement des charges des entreprises – est une sorte de dévaluation sans toucher à la monnaie. Puisqu'on ne peut jouer avec l'euro, on joue avec les coûts salariaux. C'est cruel mais cela pourrait être efficace. Mais tous nos voisins font la même chose en même temps. Notre avantage comparatif est réduit à néant. Si on ne le fait pas, on détériore encore plus notre compétitivité par rapport à l'Italie ou à l'Espagne. Si on le fait, cela ne sert à rien.

Même l'Allemagne qui aurait pu nous sortir de l'ornière en augmentant ses salariés y a renoncé, car ses entreprises ne parviennent plus à vendre leurs belles voitures à des Européens qui n'ont plus d'argent pour les acheter. Le serpent se mord la queue.

Et pique François Hollande de son venin mortel. Pour trouver les 50 milliards d'économies, il devra taper dans la caisse sur laquelle est dessinée une tête de mort : traitements des fonctionnaires, dotations aux collectivités locales, allocations sociales. Hollande visera au portefeuille fonctionnaires, profs, petits retraités, associations, qui vivent grassement du socialisme municipal. La politique de Hollande sapera les bases de la puissance électorale de la gauche.

Cette politique de réduction des déficits et de l'endettement est tout à fait nécessaire. Mais il est opportun de la mettre en œuvre dans une période de croissance ou après une forte dévaluation monétaire. C'est ce que font les Anglais ou les Japonais. Mais pas les Européens.

Pour Hollande, la première lame des municipales annonce déjà la deuxième lame des européennes.

« C'est le destin tragique des demi-habiles », disait déjà en son temps le grand Blaise Pascal. François le retors est devenu Hollande sans issue.

1ᵉʳ avril 2014

Le retour de Giscard, Chirac et Marchais

C'était dimanche soir, à la télévision. Marine Le Pen, impérieuse, sommait Pierre Moscovici de renoncer au Pacte de responsabilité, qu'elle accusait d'avance d'être supporté par les plus pauvres. Quelques minutes plus tard, de son magnifique hôtel de ville de Bordeaux, Alain Juppé, sentencieux, sommait le même ministre de l'Économie de mettre enfin en œuvre ce Pacte de responsabilité. On sentait que Super techno, alias le meilleur d'entre nous, se retenait de montrer la marche à suivre à ces Pieds Nickelés de socialistes.

En quelques minutes, le décor des européennes était posé. Il y a une ligne continue qui va d'Alain Juppé à Manuel Valls, en passant par les chiraquiens de l'UMP, l'UDI et François Bayrou. Continuité politique et idéologique qu'on peut dissimuler dans le fracas dispersé des municipales, mais que les européennes révèlent crûment.

Cette complicité idéologique entre l'UMP et le PS n'est nullement une alliance objective. Au contraire. À chaque échéance électorale, c'est le parti au pouvoir qui trinque, comme on l'a encore vu lors de ces municipales. Hier, le socialisme municipal a reculé de trente ans. Demain, le groupe socialiste rentrera à Strasbourg avec la peau sur les os.

La nomination de Valls à Matignon n'y changera rien. Le

soufflet médiatique retombera. On connaît déjà les deux grands vainqueurs des prochaines européennes.

Le FN pourra récupérer les voix de tous les habitants modestes du périurbain qui avaient choisi Marine Le Pen à la présidentielle, mais n'ont pas pu voter pour le FN aux municipales, faute pour ce parti d'avoir réussi à présenter des listes partout. Il pourrait même grossir de voix venues de la gauche, qui récusent le libéralisme de Bruxelles.

Mais cette montée en puissance du FN sera pour une fois sans danger pour l'UMP. Celle-ci récupérera tous ses électeurs de droite qui craignent l'abandon de l'euro, mais aussi, on l'a vu aux municipales dans l'ouest de la France, des socialistes, tendance catholiques de gauche, dégoûtés par l'amateurisme présidentiel et exaspérés par le dogmatisme arrogant des Taubira et Vallaud-Belkacem. En fait, son seul rival sérieux pourrait être l'UDI, si un Bayrou revigoré retrouve sa verve de la présidentielle de 2007.

L'histoire des européennes reviendrait ainsi à ses débuts, dans les années 70. Le Front national chaussera les bottes du RPR au temps où Jacques Chirac dénonçait le parti de l'étranger et du Parti communiste au temps où Georges Marchais exigeait de produire français.

L'UMP renouera tout naturellement avec les anciens choix européens de l'UDF de Giscard qui sont devenus ceux des notables chiraquiens.

Ce combat frontal aura parfois des accents surprenants qui feront ressembler le FN à un parti de gauche, égalitariste et jacobin, tandis que l'UMP incarnera une droite modérée et libérale.

Il sera observé à la loupe par tous les présidentiables de droite de plus en plus persuadés que le candidat socialiste, qu'il s'appelle Hollande ou Valls, risque fort de ne pas être au second tour de 2017. Les européennes ont toujours été surnommées la présidentielle du pauvre.

4 avril 2014

Mitterrand-Rocard

On avait découvert pendant la campagne de la présidentielle que François Hollande aimait à imiter François Mitterrand, dans la voix, les postures, l'allure. On devine aujourd'hui qu'il en cherche aussi l'héritage dans le machiavélisme.

Dans ce gouvernement, Valls n'a aucun homme à lui ; il n'a pas réussi à placer un fidèle ni place Beauvau ni à Bercy. Il sera entouré au mieux d'indifférents, au pire d'ennemis. Les poids lourds de son gouvernement, comme Ségolène Royal, Michel Sapin, Laurent Fabius, passeront au-dessus de sa tête pour chercher leurs instructions directement à l'Élysée. Valls a dû maintenir Taubira à la Justice alors qu'il avait contesté sa réforme pénale. Qui des deux cédera ? Qui se couchera ?

On a déjà connu situation semblable en 1988 avec le gouvernement Rocard. Valls devrait s'en souvenir, à l'époque, il était un jeune militant rocardien.

Le Premier ministre s'était installé à Matignon, mais le président Mitterrand ne lui avait pas laissé choisir son gouvernement. Il l'avait entouré d'hommes d'expérience, qui avaient tous gouverné dans les précédentes équipes socialistes et ne reconnaissaient comme seul patron que Mitterrand. Pendant trois ans, Rocard vécut l'enfer. Il n'avait aucune autorité sur les Joxe, Lang, Dumas, Jospin, Bérégovoy, qui n'en faisaient qu'à leur tête.

Bien sûr, ce n'est plus la même densité d'homme, la même épaisseur intellectuelle et idéologique ; Hollande est un Mitterrand *low cost* ; il n'a ni sa culture littéraire et économique, et Valls n'a ni les diplômes ni la science économique de Rocard.

Mais les méthodes et les objectifs sont copiés, presque décalqués. Mitterrand avait nommé Rocard à Matignon pour lever l'hypothèque d'un homme qu'il méprisait et détestait. Au bout de dix-huit mois, disait le président, en parlant de son Premier ministre, « on verra au travers ». Il n'y a pas le même passif entre Hollande et Valls, mais le but est le même chez l'actuel président : il s'agit de prendre le plus populaire de ses rivaux et de le plonger dans le bain glacé de Matignon pour qu'il se fracasse sur la réalité. On l'affiche à Matignon, mais on lui coupe les ailes. Alors, Matignon n'est plus une rampe de lancement, mais devient une cible.

En 2002, Jacques Chirac avait refusé de faire de même avec Sarkozy, car il craignait plus que tout l'activisme de son cadet qui l'aurait mis à la retraite anticipée. Mais Chirac avait alors sans le vouloir épargné et sauvé Sarkozy. Il lui avait permis de conserver sa popularité intacte jusqu'à la présidentielle de 2007.

Valls n'aura pas cette chance.

L'idéal pour notre apprenti Mitterrand, après avoir levé l'hypothèque Valls, serait que la majorité socialiste de gauche se révolte contre le petit Tony Blair. Que Hollande soit obligé de dissoudre. Que la droite gagne. Que Copé arrive à Matignon. Et que l'UMP explose en six mois. Hollande aura une dernière fois imité son illustre prédécesseur qui avait ainsi détruit Chirac avec la cohabitation en 1986. Alors, il pourra affronter Marine Le Pen au second tour de 2017. Son rêve enfin réalisé.

11 avril 2014

C'est injuste, mais ça soulage

Quand la défaite est aussi belle, c'est mieux qu'une victoire. Quand la raclée est historique, c'est un objet d'art. Harlem Désir restera comme le fossoyeur du socialisme municipal, un chef-d'œuvre vieux de près de quarante ans, parfois même centenaire. Certes, il ne fut pas le seul ; mais sa contribution fut majeure : un charisme qui confinait à un ascétisme quasi religieux ; une langue de bois directement tirée de la forêt amazonienne ; un sens politique qui le hisse au niveau des plus grands, de Mazarin à Talleyrand.

Un diamant à l'état brut. Il méritait d'être récompensé pour l'ensemble de son œuvre.

Son sort était scellé depuis qu'il avait dénoncé publiquement l'expulsion de Leonarda.

En deux ans à la tête du Parti socialiste, c'est la seule fois où il fut audible. Et c'était pour attaquer le président de la

République et le futur Premier ministre. Chapeau bas. C'est son inconscient qui s'est alors exprimé. Harlem Désir restera l'homme de SOS Racisme. La petite main jaune. Le droit à la différence. Cette époque lui colle à la peau, quoi qu'il fasse, quoi qu'il veuille, quoi qu'il dise. Harlem, c'est une image de synthèse figée dans les années 80. Son entrée rue de Solférino symbolisait l'arrivée de cette nouvelle génération que voulait rassembler Terra Nova, les jeunes diplômés, les femmes des grandes villes, les enfants de l'immigration. Et il n'y a pas eu tromperie sur la marchandise : mariage homosexuel, théorie du genre et explosion du nombre de naturalisations et de droits d'asile ! Touche pas à mon pote ! Les derniers ouvriers ont fui, emmenant avec eux toutes les classes populaires ; même celles qui avaient suivi Hollande pour chasser Sarkozy.

Le PS d'Harlem Désir s'est retrouvé nu comme un ver. Harlem seul devant et personne derrière. Il n'a pas travaillé, lui reproche le président de la République. C'est exactement ce que Martine Aubry disait d'un certain François Hollande lorsqu'il était premier secrétaire. Le probable successeur, Jean-Christophe Cambadélis, devrait se méfier : il y a un micro-climat de paresse rue de Solférino. Apparemment, la flemme d'Harlem Désir devrait davantage convenir au ministère des Affaires européennes. C'est la méritocratie à la manière socia-liste. Si le ministre ne fait rien, les technos, eux, bossent.

Et puis, Harlem Désir n'a pas longtemps à souffrir. Dans deux mois, le PS prendra une nouvelle rouste aux euro-péennes, loin derrière l'UMP et le Front national. Ce sera encore sa faute. Il y a des gens comme ça qui sont prédestinés à se trouver là où il ne faut pas être, à faire ce qu'il ne faut pas faire, à parler quand on doit se taire, à poser des questions quand on attend des réponses et à donner des réponses à côté de la plaque. Dans *Les Tontons flingueurs*, c'est le personnage de Bernard Blier, dont un de ses agresseurs reconnaît, après l'avoir attaqué à la mitraillette : « Je te dis pas que c'est pas injuste, je te dis que ça soulage. » Dans *Lucky Luke*, ce person-nage-là s'appelle Rantanplan.

15 avril 2014

Leader du monde libre

Il condamne. Il menace. Il téléphone à Poutine. Il prend des sanctions contre les intérêts financiers de ses proches. Il gronde. Il rassure ses alliés. Il demande la réunion du Conseil de sécurité à l'ONU qui ne décide rien. Il promet qu'il aidera l'Ukraine. Il fait des chèques. On ne peut pas dire que Barack Obama reste inerte face à l'offensive de Vladimir Poutine en Ukraine. On ne peut pas dire non plus qu'il fasse quelque chose d'important. On le sent perdu, désarçonné, désorienté. Il récite – avec son talent de communicant habituel – une rhétorique de guerre froide à laquelle il ne croit pas. Tant que les chars russes ne traversent pas la frontière, la logique de guerre froide reste vaine. Les services secrets américains et européens ont habillé un coup d'État pro-occidental à Kiev sous un déguisement de grande révolution pour la liberté. Leurs homologues russes leur ont rendu la pareille, avec ces mouvements de rue prétendument spontanés qui dépècent l'Ukraine au nom de la fraternité russe.

Obama s'incline sans oser l'avouer. Obama est paradoxalement une énorme déception pour tous les leaders des pays européens – Cameron ou Merkel, Sarkozy ou Hollande, sans parler des responsables des pays de l'Europe de l'Est, pour qui l'Amérique est le leader naturel du monde libre. Ce titre de chef de l'Occident lui pèse. Lui paraît suranné. Obama n'est pas un lointain descendant d'immigrant européen du XIXe siècle ; il est l'enfant du monde multiculturel du XXIe siècle. Il ne s'intéresse à l'Europe que dans le cadre du seul conflit qui l'intéresse, de la seule bataille qui l'obsède, celle contre la Chine pour la domination mondiale du siècle qui vient. L'Europe est tout juste bonne à servir d'arrière-cour commerciale à une industrie américaine en reconstruction et à manger du bœuf aux hormones *made in USA*, grâce au traité transatlantique de libre-échange.

Obama est avant tout un pacifiste. Il n'a pas les naïvetés messianiques de son prédécesseur. Il interdit à l'Iran de posséder la bombe atomique sans vraiment l'en empêcher et défend mollement son plan de paix entre Israël et les Palestiniens en sachant que tout cela est vain, puisque aucun des deux protagonistes ne veut cesser la guerre. Obama est de ces types trop intelligents qui se demande chaque matin : « À quoi bon ? » Il a le don rare de tracer des lignes rouges qu'il s'empresse d'effacer lui-même. Depuis son recul dans l'affaire syrienne, le monde entier a compris, et Poutine le premier, qu'il n'est pas prêt à la confrontation.

« On ne mange pas gratuitement au restaurant de la dissuasion », selon la formule imagée d'un expert américain.

Obama se moque de l'Ukraine comme de son dernier hamburger, tandis qu'elle revêt une importance existentielle aux yeux de Poutine ; c'est pour lui l'ultime trace de l'antique puissance russe, non pas de Staline, mais de Catherine II. Personne en revanche à Washington n'a envie de mourir pour Kiev. Un récent article du *Washington Post* indiquait que seul un Américain sur six sait situer l'Ukraine sur une carte. Obama n'a pas envie de jouer au prof d'histoire-géo.

18 avril 2014

Le village Potemkine de la démocratie

C'est une campagne électorale unique au monde et dans l'histoire avec pour candidat à la présidence un homme qui ne parle pas, ne marche pas, n'arrive même pas à élaborer une pensée construite. Un pantin, une marionnette. Abdelaziz Bouteflika n'est plus que l'ombre de ce qu'il a été, mais il est sûr d'être réélu pour la quatrième fois ! Bienvenue en Algérie !

Ce miracle a un nom : pétrole. Il a une mémoire : la guerre d'indépendance contre le colonisateur français qui livra le pays à un quarteron de généraux désormais tous au cimetière ou à la retraite. Il a une hantise : la guerre civile, celle qui ensanglanta le pays dans les années 90, lorsque les islamistes gagnèrent les élections, mais aussi les exemples les plus récents de la Libye ou de la Syrie.

Tout mais pas ça. Tout, c'est l'unité d'une nation terriblement divisée entre laïques et islamistes, entre Arabes et Berbères.

Un pays qui a toujours été une terre d'empire, des Romains aux Espagnols ou aux Turcs, jusqu'aux Français, et a parfois l'impression qu'il est désormais occupé et pillé par une nouvelle race de colons : les anciens du FLN. Tout, c'est Bouteflika. Tout, c'est la distribution clientéliste de la rente pétrolière par un régime de prédateurs corrompus à ceux qui arrivent à se faire entendre ou craindre : patrons, armée, police, syndicats de fonctionnaires, associations d'anciens combattants. Les autres n'ont que leurs yeux pour pleurer, ou le rêve de s'enfuir en France. On se souvient de ces innombrables jeunes gens qui acclamèrent Jacques Chirac en lui criant : « Des visas, des visas ! »

L'Algérie est un pays riche rempli de pauvres : 70 % de la population vit avec moins de 250 euros par mois. Ceux-là n'iront pas voter. L'abstention sera leur seul moyen d'expression, de contestation d'un régime figé qu'ils ne savent pas comment abattre. Cette élection présidentielle algérienne est le village Potemkine de la démocratie. Toutes les procédures sont en place, mais elles sont factices, en carton-pâte. Le peuple regarde la comédie se jouer sans y croire, ni même y participer. Personne n'est la dupe de personne. Ni les élites ni le peuple. L'Algérie a inventé la lucidité qui tue. L'immobilisme est le pire des régimes à l'exception de tous les autres.

Alors le régime tient. Il a appris à s'adapter, à tout changer pour que rien ne change. Les Algériens peuvent parler, les journaux sont innombrables et libres, les partis politiques sont près d'une centaine, les chaînes de télévision se multiplient, Internet n'est pas censuré. La loi a même prévu une discrimination positive pour améliorer la représentation des femmes dans les instances publiques. Les Algériens ont réinventé et modernisé la vieille blague : « La dictature, c'est ferme ta gueule ! La démocratie, c'est cause toujours ! »

Le seul qui ne parle pas, c'est le président Bouteflika. Peut-être pour ça que c'est lui qui sera élu.

22 avril 2014

Guerre d'Espagne

La fête avait des relents amers. Un goût de cendres dans la bouche. Ce n'était pas le cirque médiatique de politiques tentant en vain de réchauffer leur impopularité glaciale à la flamme de la compassion nationale. On a l'habitude. Avant Hollande, ce furent Sarkozy hier et Chirac avant-hier. Ce n'était même pas l'hypocrisie autour de la rançon. La France n'a pas payé, affirmait Laurent Fabius. On voyait le nez de Pinocchio s'allonger.

Autre routine. La nouvelle effrayante était bien celle de ces geôliers français gardant des otages français. Les brutalisant, les rudoyant, les martyrisant peut-être. On savait que des centaines de jeunes gens étaient partis des banlieues françaises pour rejoindre la Syrie, via la Turquie. Après tout, le gouvernement socialiste était mal placé pour leur reprocher de soutenir une lutte armée contre un pouvoir syrien qu'il condamne.

Dans les années 30, pendant la guerre d'Espagne, de nombreux Français s'engagèrent aussi dans les Brigades internationales aux côtés des républicains contre le général Franco. La comparaison agacera tous les admirateurs de ce combat, mais il y a pourtant chez les communistes exaltés de ce temps-là comme chez les islamistes fanatiques la même identification à une cause sacrée, qui dépasse et occulte l'appartenance à la patrie.

Le rapprochement n'est pas si étonnant : selon un de ses plus grands spécialistes, Maxime Rodinson, l'islam est un communisme avec Dieu. L'oumma est la nation suprême, tous les musulmans lui doivent allégeance. Ces jeunes djihadistes ont pris au pied de la lettre les appels à la guerre sainte et à l'édification d'un califat mondial. Ils sont à l'islam ce que les Brigades rouges ou la bande à Baader furent au marxisme-léninisme. Ces jeunes djihadistes sont enfants de l'immigration arabo-africaine ou français de souche convertis à l'islam qu'ils voient en religion des déshérités.

Ils n'ont que faire de la France, qu'ils dédaignent ou vomissent ;

mais ils sont en cela plus français qu'ils ne le croient ou ne le souhaitent.

La France a toujours été le pays des guerres civiles. Des deux France qui se regardent en chiens de faïence. Et préfèrent un conquérant étranger à l'autre partie du pays. OAS et gaullistes, résistants et collabos, communards et versaillais, bleus et vendéens. On pourrait remonter aux guerres de Religion entre catholiques et protestants, et plus loin encore.

On croyait ce temps révolu. Il y a dans l'engagement de ces djihadistes-là l'annonce sourde que tout pourrait recommencer. Le retour d'un temps où les Français ne s'aimaient pas, comme avait dit un jour le président Pompidou.

Les spécialistes de l'antiterrorisme, juges et policiers, sont déjà sur les dents. On sait qu'on ne peut pas les empêcher de partir ni les empêcher de rentrer. Cette carte d'identité qui représente tout ce qu'ils haïssent est aussi leur meilleur viatique. Et personne n'osera la leur arracher. Mohamed Merah avait fait un petit stage en Afghanistan avant de revenir dans la banlieue toulousaine. La Syrie est la nouvelle école du crime terroriste. Avec une formation de haut niveau. La France va peu à peu découvrir qu'elle porte dans ses flancs un ennemi de l'intérieur.

25 avril 2014

Modèles

C'est la ronde des réformes qui tourne, mais le manège ne s'arrête jamais : les taxis, le travail du dimanche, la suppression du département, la réduction du nombre des communes, le smic jeunes, la formation professionnelle, le régime des intermittents du spectacle... Et tourne la ronde des experts qui psalmodient : « La France doit s'adapter, se réformer, la France est irréformable »... Et tourne encore la ronde des politiques qui se lamentent : on aimerait bien réformer, mais les Français ne supportent pas la réforme, ils préfèrent la révolution. Et alors, ils coupent la tête des rois ! Et comme les rois veulent conserver leur tête sur leurs épaules, ils deviennent des rois fainéants... Chirac, Sarkozy, Hollande... Tourne, manège.

Et si on s'arrêtait de tourner ? Si on se demandait pourquoi on tourne, pourquoi on se réforme ? Pendant longtemps, on nous a dit : C'est pour l'Europe, pour le progrès. C'était la fameuse contrainte extérieure, comme une épée dans les reins du Français râleur et conservateur. Avec ça, on a réussi en quelques décennies à euthanasier les paysans, les petits commerçants et les ouvriers. Et au profit de qui ? Des grands groupes agroalimentaires, des grandes surfaces, des travailleurs chinois. Les derniers survivants ont compris. Ils se battent comme des chiens pour ne pas mourir. Ça les rend hargneux et méchants. On les comprend. Pourquoi les intérêts catégoriels des chauffeurs de taxi seraient-ils illégitimes, quand les intérêts catégoriels des patrons des banques seraient intouchables ?

Personne ne sait plus à quel saint se vouer. Pourtant, on avait jadis nous aussi su réformer. Bonaparte, de Gaulle, Debré, Pompidou, nos grands réformateurs se bousculent au Panthéon. Dans une main, la puissance de l'État, dans l'autre, la liberté et l'initiative individuelles. Mais ce modèle français est paraît-il désuet, archaïque, ringard. À jeter à la poubelle, nous ont dit nos élites méprisantes. Depuis, on se tourne et retourne comme un insomniaque qui cherche le sommeil. Un jour, on nous dit qu'il faut devenir compétitifs comme les Allemands, mais les Allemands ferment leurs grands magasins dès le samedi après-midi. Un autre jour, on nous dit qu'il faut exporter comme les Japonais, mais les Japonais n'ont pas de grandes surfaces, beaucoup de paysans et pas d'immigrés. On nous dit qu'on va instaurer la flexisécurité à la danoise, la finance à l'anglaise, le référendum à la suisse, la pénalisation des clients des prostituées à la suédoise, la réduction des déficits à la canadienne, la baisse des impôts à l'italienne, le sauvetage de notre industrie automobile à l'américaine, et même sans le dire, la baisse des salaires à l'espagnole. Mais nos modèles eux-mêmes changent de modèles. On veut supprimer le smic quand les Allemands l'instaurent, on développe la discrimination positive au moment où les Américains l'abolissent. On rêve de grandes régions quand les Espagnols s'en mordent les doigts. On est perdu. On est saoulé de modèles comme un boxeur saoulé de coups. Nous ne sommes pas irréformables, nous sommes incohérents. Trop de modèles ont tué le modèle. Et trop de remèdes ont tué le malade.

29 avril 2014

Montebourg vain

On connaît la célèbre apostrophe du corsaire Surcouf à un ancien adversaire anglais qui lui lançait, sarcastique : « Enfin, monsieur, avouez que vous, Français, vous vous battiez pour l'argent tandis que nous, Anglais, nous nous battions pour l'honneur... » Surcouf lui répondit : « Certes, monsieur, mais chacun se bat pour acquérir ce qu'il n'a pas. »

En écoutant Arnaud Montebourg évoquer la souveraineté économique et la vigilance patriotique, on songeait irrésistiblement au mot cruel de Surcouf.

En bon avocat, Montebourg parle très bien de ce qu'il n'a pas. Il voudrait bien, mais ne peut point. Il vantait naguère la démondialisation mais, pas de chance, il a lié son sort à Hollande et Valls qui sont de chauds partisans de la mondialisation. Il peste pertinemment contre l'euro fort, mais n'a aucun pouvoir sur le niveau de la monnaie européenne. Quand il réclame la direction du commerce extérieur pour mieux bloquer les négociations avec les Américains pour le traité transatlantique de libre-échange, c'est Laurent Fabius qui l'obtient pour les favoriser. Quand il prend parti pour Bouygues, les actionnaires de SFR choisissent Numericable. Quand le cimentier Lafarge se vend aux Suisses, il se tait. Quand Publicis se vend aux Américains, il se tait. Quand les Chinois entrent massivement dans Peugeot ou le Club Med, il sable le champagne.

Georges Pompidou a laissé son nom dans l'histoire comme grand bâtisseur des champions nationaux dont la France est si fière quarante ans plus tard. Arnaud Montebourg laissera sans doute le sien, avec ceux de Hollande ou Valls comme les ultimes liquidateurs du travail de Pompidou.

Ces grands groupes sont pourtant les chouchous de l'État

socialiste. Il réduit leurs charges et ferme les yeux sur les impôts qu'ils ne paient pas – quand on pressure les PME. Mais nos grands patrons trouvent toujours que l'herbe est plus verte ailleurs. Et le dividende des actionnaires plus épais. Les patrons allemands ou même italiens font preuve de davantage de sentiment patriotique. Peut-être parce qu'ils ne viennent pas de la haute fonction publique d'État et qu'ils n'ont pas à se faire pardonner leur origine de fonctionnaires.

On ne sait pas pourquoi Arnaud Montebourg a choisi de sortir de sa léthargie pour Alstom. Peut-être la symbolique du TGV. Peut-être aussi le souvenir que Sarkozy, lui, l'avait sauvé. L'avait arraché des griffes de Siemens, son rival historique. Montebourg veut rendre sa proie à l'Allemand. Au nom de l'Europe. Il ne suffit pas d'invoquer Airbus. À l'origine d'Airbus, il n'y avait rien. Les Français étaient dominateurs. Et les États ont alors déployé tout un système d'aides publiques, désormais interdites par Bruxelles au nom de la concurrence libre et non faussée.

Montebourg le sait mieux que personne. Mais il fait semblant. Il est ainsi devenu le faire-valoir, l'idiot utile, disait Lénine, des grands patrons mondialistes et de ses alliés européistes, Hollande et Valls. Une sorte de Chevènement ou de Séguin du pauvre. Au moins, l'un comme l'autre finissaient par démissionner.

2 mai 2014

Roulette belge

On n'échappe pas à son destin. Manuel Valls a toujours été un franc-tireur, un minoritaire au sein du Parti socialiste. Il le restera. Ou plutôt, il est condamné à le redevenir. Sa majorité fond comme neige au soleil. Le redoux printanier risque d'être glissant. La fonte des glaces a commencé dès son arrivée à Matignon avec le départ des Verts qui s'essaient à un classique de l'histoire parlementaire française : le soutien sans participation. Les communistes ont de leur côté compris aux municipales qu'ils n'avaient que des coups à prendre à être assimilés à ce gouvernement. Restaient les socialistes. Le grignotage a commencé. La majorité absolue de François Hollande n'est déjà plus qu'un souvenir. À la manœuvre, les anciens amis de Martine Aubry s'amusent comme des petits fous. Il faut se souvenir que la Mère Emptoire, comme l'appelaient naguère ses camarades, déteste Hollande et méprise Valls. On peut dire aussi qu'elle méprise Hollande et déteste Valls.

Le comte de Monte-Cristo avait eu besoin de s'échapper de prison pour se venger. Martine Aubry arrive à se venger même emprisonnée dans le beffroi lillois.

Mais il ne faut pas croire Manuel Valls désarmé. Il connaît la chanson. Il a commencé en politique auprès de Michel Rocard qui n'avait pas lui non plus de majorité absolue.

La Ve République a justement été conçue pour résister à l'absence de majorité. Le général de Gaulle et Michel Debré ont bien fait les choses.

Le domaine de la loi est très restreint, celui des décrets très étendu.

Le Premier ministre a dans les mains de multiples armes pour mater une majorité rebelle, qui vont du fouet à l'épée dans les reins. Face à la révolte des députés RPR de Chirac, Raymond Barre gouverna pendant cinq ans, de 1976 à 1981, à coups de 49-3 et de votes bloqués. De 1988 à 1991, Michel Rocard, moins belliqueux, passa son temps à négocier avec les centristes afin qu'ils fassent l'appoint des voix sur ses textes. Entre 1995 et 1997, Alain Juppé a dû supporter les sarcasmes d'une majorité balladurienne brocardant sans cesse les reniements d'un pouvoir chiraquien qui avait promis de réduire la fracture sociale pour finir par réduire les déficits. Finalement, à bout de nerfs, le triumvirat Chirac-Villepin-Juppé appuya sur le bouton atomique de la dissolution. Et porta Lionel Jospin sur le pavois de Matignon.

Certains, à droite, s'y voient déjà. Imaginent dissolution, victoire de la droite et, instruits par l'expérience, refus de gouverner. Et démission obligatoire du président Hollande.

Tout est possible. Et rien n'est possible. Hollande tient Valls par sa nomination. Valls tient Hollande par sa popularité. Bruxelles tient Hollande et Valls par leurs engagements européens. Les députés socialistes sont fichus et ils le savent. S'ils font tomber Valls et poussent Hollande à la dissolution, ils se retrouvent devant les électeurs qui les fusilleront comme aux municipales. S'ils votent les mesures de Valls, ils suivront Hollande dans sa descente aux enfers d'impopularité. C'est la roulette belge inventée naguère par Charles Pasqua : six coups dans le barillet. À tous les coups on gagne. À tous les coups on meurt.

6 mai 2014

Les razzias d'autrefois

Les querelles de chiffres sont devenues la plaie du débat politique. On s'étripe sur des statistiques, leur sincérité, leur fiabilité, pour mieux occulter les réalités. Depuis l'arrivée de Valls à Matignon, les communicants sont au pouvoir. Stratégies de diversion en tout genre : retour des djihadistes de Syrie, expulsion d'un imam intégriste, ou encore ministre de l'Intérieur sur les routes pour les grands ponts du mois de mai ! Les explications sont toutes prêtes. La gauche dénonce la crise économique et la hausse des inégalités, alors que la délinquance a baissé aux États-Unis et en Angleterre depuis la crise de 2008. La droite accuse le laxisme de la gauche et de Christiane Taubira, alors même que la réforme de notre ministre de la Justice n'a même pas été présentée à l'Assemblée. C'est que le mal est bien plus profond, bien plus terrible. Il doit donc être tu. Il en va de la légitimité de notre État qui repose sur sa capacité à protéger les citoyens. Alors, il fait illusion, il fait semblant, notre cher État, avec ses effectifs de policiers qu'il balade, ici ou là, dans les zones de sécurité prioritaires. Avec ses lois plus ou moins répressives. Avec ses condamnations en justice plus ou moins sévères. Avec sa vidéosurveillance. Avec ses messages de prévention : Ne tentez pas les pickpockets. Achetez un coffre-fort. Ne portez pas vos bijoux. En vérité, le renoncement de notre État à sa mission régalienne fondamentale est profond. Inaltérable. Si on avait le même taux d'incarcération par habitant que la Grande-Bretagne, on comptabiliserait cent mille prisonniers ; si on atteignait le taux américain, on arriverait à quatre cent mille, quand nos pleureuses professionnelles trouvent déjà excessifs nos soixante mille emprisonnés ! Mais l'enfermement n'est qu'un palliatif, un moyen d'écarter provisoirement le danger ; de reculer pour mieux sauter. Tout se passe comme si nos pays en paix depuis cinquante ans avaient réintroduit la guerre à l'intérieur de nos contrées. Tout se passe comme si les sociétés libérales et multiculturelles modernes forgeaient une violence endémique, imitée des grands modèles américain ou brésilien. Seules les sociétés homogènes comme le Japon, ayant refusé de longue date l'immigration de masse, et protégées par des barrières naturelles, si elles n'ignorent pas les trafics des mafias, échappent à cette violence de la rue. Notre territoire, privé de la protection de ses anciennes frontières par les traités européens, renoue, dans les villes mais aussi dans les campagnes, avec les grandes razzias et pillages d'autrefois, où les Normands, les Huns ou les Arabes des grandes invasions d'après la chute de Rome sont désormais remplacés par les bandes de Tchétchènes, de Roms, de Kosovars, de Maghrébins et d'Africains, qui dépècent, dévalisent, violentent ou dépouillent. Une population française sidérée et prostrée crie sa fureur, mais elle se perd dans le vide intersidéral des statistiques.

9 mai 2014

L'Europe des régions

Jadis, on affublait souvent les rois de surnoms. Il y avait le Gros ou le Grand, le Bel ou le Hutin. Avec Hollande, on a longtemps cru qu'il resterait à jamais François l'Indécis. On s'est trompé. Ce sera François le Liquidateur.

La division par deux du nombre de régions a une conséquence inéluctable, bien que soigneusement dissimulée aux Français : la transformation de notre pays en un État fédéral. C'est le vieux fantasme de nos technocrates et de l'Europe de Bruxelles. Les premiers rêvent depuis les années 70 de singer le modèle allemand en forgeant des Lands à la française. Ils croient, les naïfs, que la régionalisation est la cause de la puissance industrielle germanique, alors qu'elle n'en est qu'une conséquence, et encore imposée en punition par les Américains après la défaite d'Hitler. Bruxelles milite depuis longtemps pour une Europe des régions, car il est encore plus facile pour elle d'imposer ses volontés à des régions qu'à des vieux États-nations. Même chose pour les lobbys des groupes mondiaux qui sont les grands féodaux de notre temps. Pour la France, ce serait la fin de mille ans d'histoire. Le président

Pompidou avait prévenu : « L'Europe des régions, ça a déjà existé. Ça s'appelait le Moyen Âge. » On voit où cela mène chez tous nos voisins, en Espagne, en Belgique, en Italie et en Grande-Bretagne : les régions les plus riches veulent devenir indépendantes pour ne plus subvenir aux besoins des plus pauvres.

Cette révolution ne permettra aucune économie, contrairement à ce que l'on prétend. Quant à la disparition des départements, absorbés par les métropoles, cela signifie que les trois quarts du territoire sont laissés à l'abandon. Mais c'est peut-être le but.

Hollande aura du mal à trouver une majorité au Parlement. À l'UMP, Juppé, Copé et Fillon sont pour ; mais les socialistes couinent. Les dernières élections ont déjà coulé le socialisme municipal et son armée de permanents payés sur la bête. La disparition des départements entraînerait la perte d'un millier de postes supplémentaires. Les socialistes tiennent encore cinquante-quatre départements et vingt et une régions sur vingt-deux.

Depuis quelques jours, Hollande a dans les mains une note des Renseignements généraux indiquant que si les élections régionales et départementales avaient lieu aujourd'hui, la gauche ne disposerait plus que de deux régions et de seize départements. Cette bérézina annoncée provoquerait la ruine du Parti socialiste. En quelques années, Hollande aurait réussi à ramener le PS au stade de la vieille SFIO moribonde et à conduire, avant la fin de son mandat, le parti qu'il a dirigé pendant dix ans à une mort certaine.

Ce serait Hollande le Fossoyeur. Ou alors, devant une telle perspective, cette histoire ne pourrait être qu'une manière habile de mettre la droite devant ses contradictions et d'obtenir un ultime report des élections régionales. Encore une minute, monsieur le bourreau !

Alors, on se serait encore trompé. Pour le surnom, ce serait plutôt François l'Enfumeur.

13 mai 2014

Voyages dans le temps

Nous vivons une époque formidable. Au tourisme de masse dans des pays qui n'ont plus rien d'exotique, on peut préférer les incroyables voyages dans le temps que nous avons vécus ces jours-ci. Vladimir Poutine nous a ramenés au XIXe siècle. Il en utilise toutes les armes que nous, Français, connaissons bien ; nous les avons inventées il y a deux siècles : la souveraineté nationale, le droit des peuples à disposer d'eux-mêmes, le référendum plébiscite. Jusqu'à la rouerie diplomatique qui va de pair avec la pression des armes. Les Boko Haram au Nigeria nous ramènent, eux, au Moyen Âge, lorsque les bandes armées déferlaient en Afrique, faisant des prisonniers par centaines, pour les vendre sur le marché aux esclaves.

Les réactions dans les pays occidentaux prouvent que nous vivons au XXIe siècle. Avec Poutine, nous faisons de grandes déclarations diplomatiques. Nous prenons des sanctions économiques. Nous confisquons les comptes bancaires des oligarques russes. Face à Boko Haram, nous multiplions les manifestations, les affiches, les slogans sur Internet. Nous célébrons l'abolition de l'esclavage pendant qu'on le rétablit au Nigeria. Michelle Obama a pris la tête de cette croisade. Aussitôt, des dizaines d'actrices, de people, se mobilisent pour leurs sœurs asservies. Pour nous, ces femmes, à la fois médiatisées et puissantes, incarnent et le glamour et le progrès de la civilisation. Pour Boko Haram, c'est une preuve de plus de notre avilissement. Nous exigeons que les ravisseurs libèrent leurs captives. Boko Haram nous répond, sarcastique mais sincère, qu'elles sont libérées puisqu'elles ont été converties à l'islam.

La spécialité de la modernité occidentale, c'est le verbe et l'image. La spécialité de nos ennemis du jour, c'est l'action. Et même l'exaction. Nous jugeons ces actions et exactions folles et barbares. Ils nous jugent décadents et sournois. Comme le disait une ancienne publicité : nous n'avons pas les mêmes valeurs.

Nous donnons des leçons de démocratie à Vladimir Poutine, alors que nous n'avons jamais hésité à nous asseoir sur des référendums qui contestaient les choix européens. Nous expliquons à Boko Haram qu'il dévoie le message de l'islam, alors que nous sommes à leurs yeux de grands mécréants qui avons eu l'outrecuidance de décréter la mort de Dieu.

Nos dirigeants occidentaux proposent aux Nigérians d'envoyer des troupes pour faire le travail dont la police de ce pays n'est pas capable. Nous sommes les M. Jourdain du colonialisme, nous le réinventons sans le savoir ni même nous en apercevoir.

La guerre des civilisations n'est pas pour demain. Elle est pour aujourd'hui. C'est une guerre par médias interposés ; c'est une guerre des communiqués ; c'est une guerre d'images, de propagandes. C'est une guerre d'époques. Et dans cette bataille titanesque, les Occidentaux repus et moralisateurs conjuguent l'arrogance avec l'impuissance.

16 mai 2014

L'industrie française est nue

Dans un des grands films des Monty Python qui se déroule au Moyen Âge, on voit un seigneur se battre en duel à qui son adversaire coupe successivement un bras, puis un autre, et une jambe, puis l'autre, et qui n'en continue pas moins de défier son rival : « Alors, tu viens te battre ! »

Arnaud Montebourg aurait fait un magnifique héros des Monty Python. Il en a la prestance, l'allure altière et le ridicule aussi. Il fait mine de passer à l'offensive, alors qu'il est dos au mur. Il prétend mettre fin à l'Europe libérale, alors qu'il essaie désespérément d'éviter à l'industrie française un Waterloo. Son décret n'est que la reprise étendue d'un décret similaire pris en 2005 par Dominique de Villepin et qui n'avait été déjà qu'un coup d'épée dans l'eau. La Commission de Bruxelles avait pris le temps de le raboter discrètement et soigneusement pour qu'il devienne inoffensif.

Le combat entre Montebourg et l'Europe est fondamentalement idéologique : le ministre français remet en cause les sacro-saintes libertés de circulation des marchandises et des capitaux. Il conteste le principe de la concurrence libre et non faussée. Il injecte de la préférence nationale dans la lessiveuse du grand marché européen.

Il n'ignore pas qu'il ne sauvera pas ainsi le Parti socialiste d'une raclée mémorable aux élections européennes. Mais il a enfin compris que le dépeçage d'Alstom, qu'il soit réalisé par des mains américaines ou allemandes, sonnait la fin de notre indépendance énergétique et menaçait même notre force de dissuasion nucléaire. Ce qui n'est déjà pas rien. Mais derrière Alstom, c'est tout le CAC 40 qui y passera : Sanofi, Saint-Gobain, Legrand, Alcatel, Danone et même Total pourraient connaître le sort des Pechiney ou Arcelor. Avalés, dépouillés, vidés.

L'industrie française s'est construite sous de Gaulle et Pompidou en s'adossant à l'État. Le fameux colbertisme français. Un capitalisme d'État qui est encore aujourd'hui le régime de la Chine, du Japon ou de la Russie. Quand les Français ont cédé à la mode libérale des privatisations dans les années 80, ils se sont refusés à créer des fonds de pension qui auraient drainé l'épargne nationale vers l'industrie. Les fonds de pension, c'est la retraite par capitalisation, c'est la finance, c'est sale, disait la gauche. Seul Balladur essaya de protéger l'industrie française avec ses fameux noyaux durs qui furent défaits au fil du temps.

Mais voilà, le capitalisme, comme son nom l'indique, est d'abord une affaire de capitaux. Sans capitalisme d'État ni fonds de pension, l'industrie française est nue. Elle est une proie pour les prédateurs gorgés d'argent par leur État ou par les fonds de pension. Ou les deux, comme les Allemands, les Lands régionaux étant aussi des États. Ou comme les Américains qui n'hésitent pas à nationaliser leur industrie automobile ou à arrêter souverainement tout rachat par des étrangers qui leur déplaît.

Ceux-là ont ceinture et bretelles. Si Montebourg reconstitue l'ancien capitalisme d'État, il doit affronter Bruxelles ; si Montebourg forge des fonds de pension à la française, il doit affronter la gauche. S'il ne fait ni l'un ni l'autre, l'industrie française est morte.

20 mai 2014

On ne fait pas d'omelette
avec des œufs durs

C'est une victoire au goût amer. Le rêve européen est en train de tourner au cauchemar. Les yeux des partisans de l'Europe, longtemps fermés, commencent à se dessiller. Ils n'ont jamais voulu écouter les oiseaux de mauvais augure, les de Gaulle, les Séguin et tant d'autres. Que leur disaient-ils ? Il ne peut pas y avoir de démocratie européenne, car il n'y a pas de nation européenne. Et il n'y a pas de nation européenne – alors qu'il y a une civilisation européenne – parce qu'il n'y a pas de peuple européen. Les européistes croient obstinément que les Français, les Anglais, les Allemands seront un jour prochain les Auvergnats, les Bretons, les Alsaciens avec lesquels on forgea la nation française. De Gaulle leur a d'avance répondu qu'on ne fait pas d'omelette avec des œufs durs.

Longtemps, les peuples ont laissé faire. Les Français ont aimé l'Europe tant qu'ils ont cru que c'était la France en grand. Depuis qu'ils ont compris que c'était l'Allemagne en grand, leur enthousiasme s'est refroidi. Partout en Europe, les peuples se rebellent. Ils ne veulent plus être des laissés-pour-compte. Dans l'affolement, les européistes dressent des rideaux de fumée auxquels ils ne croient pas eux-mêmes. On met en scène un affrontement pour la présidence de la Commission, opposant un démocrate-chrétien luxembourgeois, qui a toujours gouverné son pays avec les sociaux-démocrates, et un social-démocrate allemand, membre de la grande coalition qui en Allemagne dirige le pays avec la chrétienne-démocrate Angela Merkel. Et on veut faire passer cette aimable discussion d'oligarques pour une élection présidentielle à la française, un choix de société, le grand retour du clivage droite-gauche. L'imposture est presque trop belle. La plus belle fille du monde ne peut donner que ce qu'elle a. L'Europe ne peut qu'accoucher d'un débat entre libéraux-sociaux et sociaux-libéraux qui sont d'accord sur presque tout.

Mais la révolte des peuples arrive trop tard. La victoire annoncée

du Front national en France et la montée en puissance des euros-
ceptiques partout sur le continent ne changeront rien. Au Parlement européen, les députés allemands seront les patrons. Mais ils
le sont déjà. La Commission européenne continuera à produire
des normes libérales, la Cour de justice continuera à rendre
impossible le contrôle de l'immigration et la Banque centrale
européenne continuera à lutter contre l'inflation, alors que la
déflation est déjà là. Le système européen est conçu pour rendre
vaine la voix des peuples. C'est cause toujours, tu m'intéresses.
L'oligarchie européenne a inventé le moyen génial d'en finir
avec les passions démocratiques. Le fameux déficit démocratique
tant pleuré par les larmes de crocodile européistes n'est pas une
lacune ou une dérive, mais un projet conceptualisé de longue
date et superbement mis en œuvre. Philippe Séguin l'avait pré-
dit pendant la campagne sur Maastricht : 1992 sera la revanche
de 1789. Le paquebot européen ne changera pas de trajectoire.
Ce n'est pas un bateau à voile qui prend le vent. Il passera ou
cassera. Il écrasera les vagues les plus hautes ou se brisera sur
un récif. Ce sera *La croisière s'amuse* ou le *Titanic*.

23 mai 2014

Les Anglais détestent les perdants

Messieurs les Anglais ont tiré les premiers. C'est une vieille
habitude. Mais pour une fois, ils tirent dans le même sens que
le continent. L'euroscepticisme fut longtemps leur marque de
fabrique, leur spécialité, leur originalité. Comme le thé avec
un nuage de lait ou les chapeaux de la reine. Ce temps-là
est révolu. Les antieuropéens feront un carton. Comme partout ailleurs en Europe. Depuis le tunnel sous la Manche,
l'Angleterre n'est plus une île. Leur talentueux porte-parole
est même venu en France pour donner un coup de main à
Nicolas Dupont-Aignan, se payant le luxe de snober Marine
Le Pen. Humour british sans doute.

Pourtant, vu des côtes françaises, on se demande bien ce
qui les gêne : ils n'ont pas l'euro et ont su habilement jouer
la livre sterling à la baisse pour relancer leurs exportations et

la croissance de leur économie. Ils ne sont jamais entrés dans Schengen et contrôlent encore strictement leurs frontières. Pourtant, ils se plaignent d'avoir reçu des centaines de milliers d'immigrants venus en particulier des pays d'Europe centrale, ce qui pose comme partout les mêmes problèmes : salaires tirés vers le bas, système social assailli et perverti, violence délinquante.

C'est que l'Angleterre paie aujourd'hui ses habiletés et ses ambiguïtés d'hier. Quand elle est entrée dans le marché commun en 1973, elle n'avait qu'un seul objectif : briser l'Europe carolingienne forgée par de Gaulle et Adenauer, détruire la préférence communautaire et transformer l'Europe en une vaste zone de libre-échange.

Quarante ans plus tard, les Anglais ont vaincu. Leur victoire est totale. À partir des années 80, la rencontre du libéralisme de Margaret Thatcher et de celui de Bruxelles a fait de l'Union européenne le meilleur élève de la mondialisation, un grand marché ouvert aux quatre vents, qui s'interdit tout protectionnisme et toute politique industrielle. Les Anglais s'en réjouissent quand les capitaux du monde entier viennent à la City, ou quand les investisseurs japonais et chinois installent des usines chez eux, en raison de leurs bas salaires et de leur droit du travail très « light ». Mais ils sont furieux quand les immigrés du monde entier suivent. Ils ne supportent pas non plus quand les juges européens, imbus de droit anglo-saxon, leur donnent des leçons de respect des droits de l'homme. Ne tolèrent pas qu'un Parlement européen se pousse du col, en imposant sa législation à la mère de tous les Parlements, la Chambre des communes britannique.

Les Anglais sont de nouveau tentés par le grand large. En 1972, l'Europe continentale était le lieu le plus dynamique de la planète, là où il fallait être pour acheter, vendre, faire du business. Aujourd'hui, l'Europe est l'homme malade du monde. Les Anglais détestent les perdants. Ils ont trop la hantise de leur propre déclin pour supporter celui des autres.

Au fond, les Anglais reprochent à l'Europe d'être devenue trop anglaise. Et ce ne sont pas les Français qui leur donneront tort.

27 mai 2014

On ne change pas une équipe qui perd

Lorsque le secrétaire général du Parti communiste, Georges Marchais, était gêné par une question, il avait le don rare de trouver une réponse qui n'avait aucun rapport avec la question. Quand son interlocuteur interloqué le lui signalait, il répliquait avec un aplomb truculent : « Vous avez vos questions, et j'ai mes réponses. » Il y a du Marchais chez Hollande. Sauf que le président répond avec cette désinvolture cynique non à un journaliste, mais au peuple français. Avant les européennes, il avait dit « Pacte de responsabilité ». Il avait nommé Valls à Matignon. Celui-ci avait annoncé des baisses d'impôts pour les plus modestes, et le président avait promis la fin des départements.

On ne change pas une équipe qui perd. Valls continue de promettre des baisses d'impôts pour les plus modestes, la modernisation, le redressement. Et tant pis si les électeurs du FN, les jeunes des classes populaires, les ouvriers, les employés ou les chômeurs ne paient pas l'impôt sur le revenu. Et tant pis s'ils se moquent bien de la fin des départements. Et tant pis si de nombreux sondages indiquent que leur première préoccupation est d'abord l'immigration. Le peuple a ses questions et le pouvoir a ses réponses. En baissant les impôts des plus modestes, Valls fait semblant de faire un geste de gauche. Et les députés socialistes feront semblant d'y croire. Beaucoup d'entre eux rêvent de l'abandon de la rigueur budgétaire, mais savent que Bruxelles l'interdit. Valls aimerait secrètement une grande coalition avec les centristes, mais il sait que le PS n'y survivrait pas. Tout le monde est coincé. Tout le monde est bloqué.

La droite ne l'est pas moins. Selon le modèle de Georges Marchais, Alain Juppé a donné sa réponse à la déflagration électorale : le retour de l'UDI dans le giron de l'UMP. Réponse arithmétique à une question politique. Cette reconstitution de parti dissous aurait l'avantage éminent de faire du maire de Bordeaux son candidat naturel à la présidentielle. Ce serait un retour aux sources pour l'UMP, ce mouvement gaulliste transfiguré en parti de notables, ce RPR métamorphosé en UDF. L'affrontement entre Juppé et Guaino pendant la campagne était donc bien la resucée du grand combat d'il y a vingt-cinq ans, entre le même Juppé et le mentor de Guaino, Philippe Séguin. Ce dernier voulait conserver le triptyque hérité du général de Gaulle : Nation-État-Peuple. Triptyque qu'a recueilli depuis lors le Front national, trop heureux du cadeau inespéré. Guaino crie au voleur et veut récupérer son bien. Juppé et les notables UMP s'en vont labourer d'autres terres le cœur léger. Ces deux parties de l'UMP n'ont plus grand-chose à se dire et même Sarkozy ne parvient plus à les réconcilier.

Marine Le Pen risque de perdre son meilleur adversaire : l'UMPS est en voie de décomposition. Entre Juppé et Valls, c'est la course au centre, ce triangle des Bermudes électoral. Entre Guaino et Mélenchon, c'est la tentative vaine de ressusciter de grandioses synthèses politiques, le gaullisme d'un côté, le socialisme mitterrandien de l'autre, qui sont des astres morts. Mais c'est le propre des astres morts que de briller longtemps après qu'ils ont disparu.

30 mai 2014

Ne peut rien faire

Dans la vie comme en politique, il y a deux types d'hommes : les chanceux et les malchanceux. Ceux qui transforment le plomb en or et ceux qui transforment l'or en plomb. François Hollande est en train de forger une troisième catégorie à lui tout seul : ceux qui ne peuvent toucher à rien. Les éléphants dans un magasin de porcelaine à qui l'on interdit l'entrée du magasin. Ceux qu'on pousse à ouvrir toutes les portes, mais qui découvrent que derrière chaque porte se trouve un mur.

Hollande ne peut plus augmenter les impôts – son activité principaLe Pendant deux ans. Non seulement les Français ne le supportent plus, mais les impôts rentrent moins que jamais. Il ne peut pas les baisser non plus, en dépit des promesses de Valls, car il faut contenir les déficits budgétaires.

Il promet de fusionner des régions, mais cela n'entraînera aucune économie. Il joue sa réélection en 2017 sur la baisse du chômage, mais il ne peut rien pour l'endiguer vraiment. Il pourrait supprimer le smic, simplifier le code du travail, se soumettre aux diktats des libéraux et du patronat, ce qui permettrait au moins, comme en Angleterre ou même en Allemagne, de réduire efficacement le chômage des non-qualifiés et de réinstaller sur notre sol des usines d'automobiles comme aux États-Unis ou en Espagne. Mais il n'a pas de majorité de gauche pour le suivre sur ces chemins escarpés de la dévaluation interne. Alors, il pourrait oser une vraie dévaluation, celle de la monnaie, et sortir de l'euro pour limiter nos déficits commerciaux, ou encore prendre des mesures protectionnistes. Mais ses engagements européens le lui interdisent. On connaît la chanson, qui était déjà celle de son prédécesseur : l'euro, c'est l'Europe, et l'Europe, c'est la paix. Mais on peut être sûr que la fameuse réorientation de l'Europe qu'il a plaidée à Bruxelles tombera dans les oreilles de vingt-sept sourds.

Il pourrait alors estimer qu'avec une croissance zéro il est inutile, voire dangereux, de continuer à recevoir plus de 200 000 étrangers par an, dont la plupart ne sont pas qualifiés, alors même que le chômage des étrangers est déjà très largement supérieur à la moyenne nationale. Mais sa gauche et tous nos humanistes patentés crieraient alors au retour d'Hitler, et la commissaire européenne aux droits de l'homme lui rappellerait les principes de la liberté de circulation dans l'Union. Hollande a bien conscience enfin que la reconstruction d'une industrie digne de ce nom est vitale. Mais il ne peut ni ressusciter le capitalisme colbertiste, ni forger des fonds de pension qui permettraient à nos entreprises recapitalisées de ne plus être des proies. Alors, Hollande est contraint de négocier au coup par coup, comme on le voit avec Alstom, pour obtenir le plus d'emplois possible, à la manière d'un modeste président de conseil général.

Hollande sait ce qu'il faut faire mais ne peut rien faire. Il a les pieds et les mains ligotés, avec un bâillon sur la bouche. Quand on le lui enlève, il hurle qu'il va casser la baraque ; mais jamais il ne renverse aucune table.

3 juin 2014

La tyrannie du tableau Excel

C'est l'événement auquel on a échappé : la démission fracassante du ministre de la Défense, des quatre chefs d'état-major et d'une vingtaine de généraux de l'armée française. Un tremblement de terre. Une crise de régime. Après l'effondrement de sa cote de popularité et la victoire du Front national aux européennes, François Hollande ne s'en serait pas remis. Il essaie pourtant encore de tergiverser, tentant de concilier les contraires, comme l'éternel rad-soc qu'il ne peut s'empêcher d'être. Application de la loi de programmation militaire pour arrêter la menace brandie par les militaires ; mais bonne gestion, expression convenue qui, dans la novlangue de Bercy, signifie économies, encore et toujours des économies. Pour le ministère de l'Économie, le budget de la Défense est par essence mal géré. L'armée coûte toujours trop cher quand le pays n'est pas en guerre. Bercy ne reconnaît à l'armée qu'une seule qualité : elle est muette. C'est la tyrannie du tableau Excel qui voit la Défense comme une dépense budgétaire, alors qu'elle est d'abord l'outil de l'indépendance de la France et même de sa survie.

Mais ces notions-là sont trop abstraites pour les comptables de Bercy. Mauvais comptables de surcroît, qui voient la paille dans l'œil de l'armée – un budget d'une trentaine de milliards d'euros – mais pas la poutre dans celui du social : 300 milliards d'euros. Dix fois plus. Mais pas touche. Dynamite ! Mauvais économistes de surcroît, qui ne parviennent pas à envisager qu'une réduction supplémentaire du budget de la Défense ne pourra être obtenue que par l'arrêt d'un ou plusieurs grands programmes qui préparent les armes de demain : alors, les industries militaires françaises délocaliseront aux États-Unis, comme l'a déjà fait en partie Airbus, ou seront dépecées et rachetées par des prédateurs étrangers. Arnaud Montebourg pourrait peut-être l'expliquer à son voisin Michel Sapin.

Ces jours-ci, Hollande essayait encore de jouer au plus fin. De gagner du temps. Mais Valls lui a forcé la main en déclarant publiquement que le budget de la Défense serait sanctuarisé. D'où le Conseil de défense avancé à hier. D'où le faux jugement de Salomon du président.

On se demande quand le chef des armées percera enfin sous le premier secrétaire du Parti socialiste. On croyait qu'il avait accompli sa mue lorsqu'il envoya l'armée au Mali puis en Centrafrique. Mais l'armée n'est pas seulement un jouet magique pour politiques narcissiques. Alors même que l'industrie française n'est plus que l'ombre de ce qu'elle fut, et que l'hégémonie économique allemande est plus indiscutable que jamais, la puissance militaire française, conventionnelle et nucléaire, est le dernier atout d'une République en voie de déclassement stratégique, le dernier motif objectif qui justifie que la France ne soit pas encore ravalée au rang de l'Espagne ou de l'Italie, et qu'on tende encore l'oreille lorsque son chef s'exprime à Bruxelles, à Berlin ou ailleurs.

Si François Hollande l'oubliait, c'est lui et ses successeurs qui deviendraient à leur tour les grands muets.

6 juin 2014

Parodie de guerre froide

Les grands mots sont de sortie. Les références historiques, les roulements de tambour. Poutine dénonce l'impérialisme américain. Hillary Clinton l'avait comparé à Hitler. Obama va en

Pologne, tance les pays européens qui désarment, tandis que Poutine annonce fièrement la modernisation de son armée.

C'est reparti comme en 1950 ?

Nous sommes dans la gesticulation, la posture, la parodie. Des trucs de propagande. Les Russes dénoncent les fascistes ukrainiens, et les Américains réveillent le spectre de l'URSS. La Russie n'a rien à voir avec l'URSS. Staline était à la tête d'un empire qui couvrait la moitié de l'Europe. En s'emparant de la Crimée, Poutine a sauvé l'héritage de Catherine II. La Russie ne défend pas un modèle économique alternatif à l'Occident capitaliste. Les grandes compagnies multinationales continuent d'acheter le pétrole russe en dépit des sanctions.

Poutine n'est pas le fieffé antiaméricain que l'on décrit. Après les attentats du 11 Septembre, il avait appelé le président Bush pour lui dire qu'ils étaient tous deux dans la même barque contre l'islamisme. Le KGB avait donné un sérieux coup de main à la CIA dans la traque de Ben Laden.

Mais les Américains ont estimé qu'ils avaient gagné la guerre froide et que la Russie devait payer la défaite de l'URSS. Quand Gorbatchev a dissous le pacte de Varsovie, ils ont renforcé l'OTAN, qui n'avait pourtant plus de raison d'être. Ils ont intégré tous les anciens pays du pacte de Varsovie. Les Américains ont favorisé une Ukraine forte pour avoir une Russie faible. La diplomatie de l'Union européenne a joué avec le feu. Comment Poutine aurait-il pu accepter de voir des fusées américaines à ses portes ?

Longtemps, la France et l'Allemagne ont freiné des quatre fers. Sarkozy et Merkel avaient refusé l'entrée de l'Ukraine dans l'OTAN. L'Allemagne a besoin du gaz russe et la France veut vendre ses bateaux de guerre Mistral. L'histoire et la géographie font que la France et l'Allemagne n'ont pas le même rapport à l'ours russe que les Polonais ou les Baltes. De Gaulle a longtemps rêvé d'une Europe de l'Atlantique à l'Oural, seul moyen, avait-il compris, de rendre l'Europe indépendante. Indépendante du protecteur américain, disait-il. Il savait, lui, que c'est l'héroïque résistance russe face à l'Allemagne qui avait permis de vaincre Hitler, et non le débarquement américain en Normandie. Quand il était président, de Gaulle n'assistait pas aux cérémonies de commémoration du 6 Juin. Ce n'est pas un hasard si Poutine s'est référé au général de Gaulle lors de son interview télévisée.

Ce n'est pas un hasard non plus s'il a signé spectaculairement un énorme contrat gazier avec la Chine.

La Chine est le seul nom qui puisse faire réagir Obama. Le grand rival, le grand ennemi de l'Amérique dans le siècle qui vient. La vraie guerre froide, elle est là, et elle est à venir. Les Américains n'ont aucun intérêt à pousser Poutine dans les bras des Chinois. C'est pourtant ce qu'ils ont fait. Comme disait Churchill : « Les Américains finissent toujours par trouver la bonne solution après avoir essayé toutes les mauvaises. »

10 juin 2014

Le Pen et les Juifs

C'était pourtant un rituel bien rodé. Un jeu de mots plus ou moins douteux de Jean-Marie Le Pen qui suscite aussitôt les cris d'orfraie du chœur des fausses vierges antiracistes. Mais avec le temps tout s'en va. La fournée n'avait pas le sombre éclat de « Durafour crématoire » ou du « détail », vieux mot français qui ne se rapporte pas automatiquement au four ; et les réactions indignées manquaient de brio. Les héros sont fatigués.

L'offensive anti-Le Pen viendra de là où on ne l'attendait pas : de Le Pen. Marine contre Jean-Marie. La présidente du FN ne se contente pas d'enrager en privé. La faute politique qu'elle dénonce lui permet d'affirmer hautement que son parti est hostile à tout antisémitisme. C'est du judo. Marine Le Pen se sert de ses ennemis pour se rendre encore plus forte. Pour légitimer son engagement républicain aux yeux des plus incrédules. Le seul risque pris par la fille est de ne plus paraître assez sulfureuse aux yeux des plus radicaux. Mais la perte est réduite et le gain énorme. Du coup, nos antiracistes patentés, pris à revers, s'affolent et sont contraints d'inventer une complicité à laquelle personne ne croit. C'est que Marine Le Pen s'est servie d'eux pour se débarrasser de l'ombre de son père et de tout le passé sulfureux qu'il incarnait. La fille tue le père. Le XXIe siècle se déleste du XXe siècle.

Jean-Marie Le Pen a prononcé un mot anodin, même si certains considèrent que l'arrière-pensée ne l'est pas ; il a surtout commis une faute de temps, ce qui en politique ne pardonne pas. Déjà, il n'avait jamais voulu admettre que selon le célèbre mot de Bernanos : « Hitler a déshonoré l'antisémitisme. » On n'est plus en 1900. On n'est même plus dans les années 80, lorsque les Juifs suivaient aveuglément leurs coreligionnaires les plus médiatisés, intellectuels ou chanteurs, dans un combat antiraciste qui dénonçait les Français comme un peuple indécrottable de Dupont Lajoie. Aujourd'hui, les Juifs sont les premières victimes des exactions islamistes. Les solidarités ont changé de camp. Les banlieues se vident de leurs habitants juifs et chrétiens. Certains esprits israélites iconoclastes commencent à regarder la présidente du FN comme un ultime quoique paradoxal rempart. Après l'arrestation du terroriste de Bruxelles, le président du CRIF demanda comme Marine Le Pen sa déchéance de nationalité. Au Parlement européen, celle-ci est l'alliée privilégiée de Geert Wilders, grand ami d'Israël et des Juifs hollandais. Jean-Marie Le Pen ne devrait pas être étonné ni hostile à la conduite de sa fille : lui-même, au milieu des années 80, avait déjà élaboré une semblable stratégie de dédiabolisation. Un voyage en Israël était même prévu avant que « l'affaire du détail » ne détruisît son savant échafaudage. Il y a quinze ans, lorsque Bruno Mégret et ses amis avaient tenté de le renverser pour les mêmes motifs et avec les mêmes objectifs, Jean-Marie Le Pen s'était drapé symboliquement dans une toge romaine et avait lancé à ses adversaires : « Je ne ferai pas comme Jules César, je ne tendrai pas mon cœur aux couteaux en disant : "Toi aussi mon fils !" » Aujourd'hui, il pourra seulement regarder d'un air las les couteaux qui l'achèveront en murmurant : « Toi aussi ma fille ! »

13 juin 2014

Chapeau à Bush, Sarkozy et BHL !

L'histoire est tragique. Mais elle est aussi cruelle. Il y a dix ans, George Bush chassait Saddam Hussein, un affreux tyran. Les libérateurs yankees s'étaient donné comme noble tâche d'instaurer la démocratie en Irak et, au-delà, dans tout le Moyen-Orient.

Mission accomplie. Les Américains ont d'abord donné les clés de l'Irak à leur ennemi iranien, par l'intermédiaire de la majorité chiite. Maintenant, c'est la deuxième lame. La dictature chiite a suscité la révolte des sunnites qui ont soutenu la conquête du nord du pays par les djihadistes d'al-Qaida. De là-haut, au milieu de ses soixante-dix vierges, Ben Laden se marre. Et il n'est pas le seul à rire. Saddam Hussein rit aussi. Jaune. Et Chirac et Villepin, ces lâches grenouilles françaises, rient sous cape. Les islamistes ont pris au passage un morceau de la Syrie. Leur pays improvisé a pour capitale Mossoul, entre les deux fleuves de la Bible, le Tigre et l'Euphrate. Ils ont du pétrole sous leurs pieds et des armes dans leurs mains, les magnifiques armes que les Américains ont fournies à l'armée irakienne. De là, ils menacent Bagdad, mais aussi la Turquie. Et même l'Arabie saoudite. La désintégration de l'État irakien va pousser les Kurdes, déjà autonomes, sur le chemin de l'indépendance.

God bless America. Bush et les néoconservateurs américains n'auront pas réussi à instaurer la démocratie, mais ils auront réussi à détruire les frontières nationales issues de la colonisation franco-anglaise. C'est leur destinée historique. Au nom de la paix, ils ont apporté la guerre. Au nom du développement, ils ont apporté la destruction. Au nom des droits de l'homme, ils ont apporté les massacres et la terreur.

Ils ne sont pas les seuls. On se souvient de BHL et de Sarkozy en Libye. Eux aussi ont abattu un tyran, Kadhafi, au nom de la démocratie et de la sauvegarde des populations. Comme l'Irak, la Libye est désormais au bord de la dislocation. Comme en Irak, les affrontements entre tribus déchirent la fragile unité nationale. Comme en Irak, les djihadistes en ont fait un terrain de jeu pour déstabiliser les voisins – Mali, Centrafrique. Comme en Irak, en Libye c'est *open bar* pour les armes. Kadhafi lui aussi de là-haut rigole. Le paradis des dictateurs arabes est devenu le dernier endroit où l'on se marre. Hollande n'a pas eu de chance, Obama et Poutine l'ont empêché d'ajouter son nom à ses glorieux prédécesseurs en Syrie.

En détruisant les frontières coloniales, les Américains ont nettoyé le terrain pour permettre d'édifier sur leurs ruines le grand califat que les islamistes rêvent de ressusciter. On revient à l'islam des origines au VIIᵉ siècle. Au nom de la modernité, on facilite un retour en arrière de mille ans. Au nom des valeurs occidentales, on élimine les traces de l'influence française et anglaise. Au nom de la démocratie et de la paix, on crée de vastes terrains d'entraînement pour que des terroristes sortis de nos banlieues reviennent semer la terreur sur notre sol.

Chapeau, Bush ! Chapeau, BHL et Sarkozy ! Chapeau à tous les droits-de-l'hommistes bottés. Les islamistes vous diront que c'est Allah qui les envoie.

17 juin 2014

Gabin et Clemenceau

Une grève à la SNCF, c'est comme l'histoire vue par Shakespeare, « un récit plein de bruit et de fureur, raconté par un idiot et qui ne signifie rien ». L'idiot, c'est vous, c'est moi. Le benêt, coincé à la gare, et qui ne comprend pas ce qui lui arrive. Regarde passer les trains. Ou plutôt les trains qui ne passent pas. Voit les syndicats jouer à Gabin dans *La Bête humaine* et Valls à Clemenceau en premier flic de France mateur de grévistes. Mais ces intermittents du spectacle n'ont pas l'air de comprendre davantage ce qu'ils font.

On croyait que la question fondamentale de la dette de la SNCF avait été réglée il y a belle lurette, lorsque l'entreprise publique avait été coupée en deux, entre ceux qui exploitaient les trains et ceux s'occupaient du rail. On a vu que les rails n'étaient pas toujours au bon écart pour les trains. En plus, la dette a continué de gonfler. À l'hélium.

On nous explique que cette dette vient avant tout du régime social des cheminots qui ont pris leurs aises. Il est vrai qu'on ne comprend pas pourquoi ils prennent leur retraite à 50 ans et pourquoi ils ont des primes qui datent des locomotives à charbon. Mais quand on fait les comptes sérieusement, on s'aperçoit que la dette vient avant tout de la construction des lignes TGV. La grande vitesse avait un prix. Un prix exorbitant, surtout quand elle s'arrête trop souvent pour faire plaisir aux uns et aux autres.

Qui doit payer la dette ? Les clients ? Mais on a peur qu'ils prennent l'avion. L'État ? Mais il a peur que la Commission européenne fasse les gros yeux. Déjà, en 1997, quand Juppé avait coupé la SNCF en deux, c'était pour planquer cette dette et qualifier la France pour l'euro. Et la France donne des leçons de morale budgétaire à la Grèce ! Et Juppé donne des leçons de bonne gestion à la Terre entière !

Alors qui payera la dette ? Restent les salariés. Les politiques et les dirigeants de la SNCF leur disent avec des airs de faux-jeton : « Ne vous inquiétez pas. » Mais en même temps, ils leur expliquent que leur entreprise doit faire face à une nouvelle concurrence.

La concurrence, c'est le truc de la Commission européenne. Elle veut en voir partout, même là où on n'en a pas besoin. Elle oblige EDF à vendre l'énergie qu'elle produit à des concurrents artificiels. Elle contraindra la SNCF à accepter sur son sol la présence des Allemands ou des Italiens.

La concurrence, pour la Commission, c'est comme la sainte Trinité pour l'Église, on ne sait pas si elle existe, mais on a intérêt à avoir la foi.

Les cheminots sont ainsi pris en étau entre deux logiques fondamentalement contradictoires. Celle, ancienne, de l'État colbertiste qui a inventé le TGV et devrait donc prendre la dette à son compte. Et l'autre logique, celle de la concurrence imposée par l'Europe qui ne jure que par la compétitivité. Les gouvernements français n'ont jamais choisi entre les deux, cherchant à les cumuler, vantant le service public à la française à Paris et les bienfaits de la concurrence à Bruxelles. « Je suis oiseau, voyez mes ailes, je suis souris, vivent les rats. » Et les rats sont parfois pris à leur propre piège.

20 juin 2014

Maman Taubira

Le Sénat était naguère appelé la Chambre haute, une assemblée de sages. Des notables, confortablement assis dans leurs larges fauteuils rouges, un brin conservateurs et provinciaux, mais raisonnables et modérés. Ce temps-là est révolu. La majorité sénatoriale a débordé Christiane Taubira sur sa gauche, à la grande joie secrète de cette dernière. La contrainte pénale était une possibilité offerte au juge ; elle devient obligatoire. Même pour les récidivistes. En tout cas, pour les délits qui touchent aux biens. Pour le hold-up d'une banque ou d'un bijoutier, on ne risquera plus la prison. C'est le côté anticapitaliste de nos sénateurs de gauche. La propriété, c'est le vol. Voler les voleurs n'est pas un vol.

La droite au pouvoir reprochait aux juges d'être trop laxistes et voulait les enserrer dans un corset de peines automatiques comme les peines planchers. La gauche soupçonne les juges d'être trop sévères et veut les contraindre au laxisme. Tous les malfrats, trafiquants, voleurs, pourront revenir plastronner dans leurs quartiers, arborant leur bracelet électronique à la cheville, qui ne les empêchera ni de menacer de représailles leurs victimes, ni de continuer leurs trafics. Plus belle la vie, grâce au Sénat.

Le rapporteur de la commission des lois, Jean-Pierre Michel, fut un des fondateurs du syndicat de la magistrature. Notre magistrat devenu sénateur est resté fidèle à l'idéologie de sa jeunesse qui expliquait, dans les années 70, que les délinquants étaient les victimes d'une société bourgeoise et répressive. Ce syndicat tient aussi le ministère de la Justice depuis que Christiane Taubira s'est installée place Vendôme. Cela crée des liens. Et des complicités.

Il y a quelques jours, devant l'Assemblée nationale, Christiane Taubira avait affirmé que sa peine de probation ne concernerait que les délits passibles de peines de moins de cinq ans de prison. Les députés ont obéi à la ministre, mais ont ajouté discrètement que cette limite ne concernait que les délits commis avant le 1ᵉʳ janvier 2017. Colossale finesse :

à partir de 2017, la contrainte pénale pourra être appliquée à tous les délits, qu'ils soient passibles de cinq ans d'emprisonnement ou plus !

Maman Taubira veille sur tous ses enfants, même ceux qui ont fait de grosses bêtises. Elle les met à l'abri de la méchante police qui les arrête et des méchants magistrats qui veulent les mettre en prison. Elle sait qu'ils sont gentils mais que la prison les rend mauvais. C'est en prison qu'ils font de mauvaises rencontres, deviennent grands mafieux ou djihadistes. Elle supprimera donc aussi les peines planchers et les tribunaux correctionnels pour mineurs. Elle interdira même aux méchants policiers et méchants magistrats de mettre sur écoutes les gentils délinquants mis sous probation.

Elle videra les prisons avec une rare efficacité. Elle poussera les victimes à se faire justice elles-mêmes. De plus en plus souvent, de plus en plus violemment. Alors, elle viendra à la télévision et dira : « Je vous l'avais bien dit que la société française était violente et raciste. » Merci, maman Taubira !

24 juin 2014

L'uniforme des pompiers

On allait voir ce qu'on allait voir. Ce serait tous les jours de l'audace, encore de l'audace, toujours de l'audace. À droite, on aurait dit : C'est Bonaparte au pont d'Arcole ; mais à gauche on préfère la comparaison avec le parler vrai d'un Pierre Mendès France. Valls y ajouta lui-même sa petite référence à Clemenceau, premier flic de France, en rêvant qu'il finirait lui aussi Père la victoire. Et puis, on a vu. *Veni, vidi,* mais pas *vici.* On avait cru avoir un chevalier sans peur et sans reproche, on a un arrangeur. Valls avait bien endossé un uniforme, mais c'était celui des pompiers. Derrière les coups de menton, il y avait des coups d'arrosoir. On a cru qu'il était venu pour gagner des batailles, il se contente pour l'instant d'éteindre les incendies. Il est vrai que Jean-Marc Ayrault s'est révélé un pyromane de haut vol.

Ségolène Royal a enfoui six pieds sous terre l'écotaxe qui

avait rendu fous de rage les bonnets rouges bretons. Au ministère de l'Éducation nationale, Benoît Hamon ne se sépare plus
de sa lance à incendie : après avoir abandonné les rythmes
scolaires de son prédécesseur, il a discrètement débranché
l'expérimentation sur les ABCD de l'égalité, qui a coûté de
nombreuses mairies à ses camarades socialistes. Avant lui, sa
collègue Laurence Rossignol avait enterré sans fleurs ni couronne la loi sur la famille et abandonné par la même occasion
tout pas vers la PMA. Le gouvernement a hier renoncé à légaliser l'euthanasie en désignant le député UMP Jean Leonetti
pour réformer sa propre loi sur la fin de vie. C'était pourtant
la proposition vingt et une de la campagne du candidat Hollande. Parfois, c'est lui-même que Valls corrige. Ainsi voit-on
son successeur place Beauvau, Bernard Cazeneuve, s'échiner à
resserrer vaille que vaille le filet du droit d'asile qui est devenu
une passoire largement trouée et de plus en plus coûteuse.
Enfin, à l'Assemblée nationale, Valls fait tout pour circonscrire
la révolte des députés socialistes frondeurs contre le plan
d'économies budgétaires de cinquante milliards. Rien n'est
trop beau ni trop cher pour éviter à notre Premier ministre
d'user du fameux article 49-3 qui tacherait son beau costume
tout neuf de chef du gouvernement respectueux des droits
du Parlement.

Mais tout cela sera vain. Ces gestes d'apaisement ne récon-
cilieront pas le pays avec Hollande. Ils seront considérés par
ses adversaires les plus résolus comme autant de défaites politiques et idéologiques et autant d'encouragements à continuer
le combat. Mais ces reculs à répétition exaspèrent tous les lobbys, associations, groupuscules, qui pourrissent habituellement
la vie des gouvernements de droite et constituent la clientèle
agissante et remuante de la gauche. La ruine du socialisme
municipal a déjà réduit leurs plantureux moyens de subsis-
tance ; les renoncements en cascade du gouvernement Valls
sont pour eux des camouflets idéologiques. Après l'alignement
libéral au nom du sérieux économique, le Premier ministre
tord le cou à la branche sociétale de la gauche, celle de Terra
Nova et des minorités. On ne sait pas ce qu'il restera.

Manuel Valls a raison : la gauche peut mourir.

27 juin 2014

La femme qui valait 3 milliards

Sonnez trompettes, jouez hautbois ! L'État est de retour. Pompidou *is back*. Ségolène Royal s'est coiffée de la perruque de Colbert et Montebourg a posé sur sa tête le tricorne de Bonaparte. Ces deux-là ne manquent ni de tripes ni d'instinct politique. Mais quel État ? Et quel retour ?

Bonaparte comme le général de Gaulle étaient des obsédés de l'équilibre budgétaire. Ils n'étaient pas, eux, à la tête d'un État impécunieux qui vit à crédit. Ils ne passaient pas leur temps à mendier des délais à des technocrates de Bruxelles. Avec eux, la souveraineté ne se déléguait pas, pas plus qu'elle ne se partageait.

La politique industrielle n'était pas un slogan de communicant mais une réalité. Elle se décidait à l'Élysée ou rue de Rivoli. On planifiait pour plusieurs années les efforts du pays. De quoi faire hurler Bruxelles et nos théoriciens si médiatisés de la modernité libérale qui appellent ça avec mépris jouer au Meccano. Le général de Gaulle ou Georges Pompidou auraient été ravis d'apprendre qu'ils jouaient au Meccano. Il y avait aussi à l'époque des patrons patriotes, ou en tout cas obligés de l'être. Aujourd'hui, nos patrons installent leurs sièges sociaux à l'étranger pour payer moins d'impôts et vendent sans états d'âme les trésors du CAC 40 à l'étranger le plus offrant.

Montebourg a pris le patron d'Alstom en flagrant délit. Il a tempêté à juste titre. Mais qu'a-t-il obtenu ? Pas l'Airbus de l'énergie avec Siemens qu'il promettait. Il a humilié les Allemands et les Japonais de Mitsubishi en les prenant pour des lièvres. Le démantèlement d'Alstom a bien eu lieu. Alstom maintenu ne conserve que ses chers TGV et ses superbes tramways. General Electric a bien eu ce qu'il était venu acheter, les trois quarts de l'énergie d'Alstom. En moins cher. Les fameuses co-entreprises arrachées de haute lutte par notre négociateur en chef concernent les domaines où l'Américain n'était pas demandeur. Et qui les dirigera ? À quoi serviront les deux représentants de l'État au conseil d'administration d'Alstom ? À rien. Comme leurs deux collègues chez Renault n'ont pas empêché les patrons de l'ancienne Régie de délocaliser à tout-va.

Mais ces deux représentants inutiles coûteront 2 milliards d'euros à l'État.

Ségolène Royal a encore fait plus fort. En annonçant qu'elle effaçait l'augmentation prévue de 5 % des tarifs d'électricité, elle a fait chuter la valeur d'EDF en Bourse. Un descente aux enfers évaluée à au moins 3 milliards de capitalisation. Le patrimoine de l'État remercie Ségolène. En capitulant devant les bonnets rouges sur l'écotaxe, elle a par ailleurs réduit de moitié les recettes fiscales prévues. Et pour éviter que la société Écomouv', qui devait collecter ces taxes, ne se retourne juridiquement contre l'État, Ségolène Royal envisage que celui-ci entre au capital d'Écomouv'. Pour le chèque, demandez à Manuel Valls, il a l'habitude.

Le retour de l'État tourne ainsi à la pantalonnade parodique, ravissant ses nombreux ennemis.

Montebourg a été surnommé le « matamore de Prisunic » par Alain Madelin. Et la Madone Ségolène a gagné cette semaine un nouveau surnom : « la femme qui valait 3 milliards ».

C'est toujours comme à la cour de nos anciens rois : tout finit par des bons mots.

4 juillet 2014

Sarkozy contre Sarkozy

Un homme, ça ne change pas. Depuis quarante ans, Nicolas Sarkozy a bâti sa carrière politique sur l'audace transgressive, le rapport de force, la meilleure défense, c'est l'attaque. Il n'a pas changé une équipe qui a longtemps gagné. Il est mis en garde à vue et soupçonné de multiples forfaits ? Il se pose en victime d'un acharnement. Il est mis en cause par la justice ? Il accuse les juges de politisation. Ses ennemis de gauche et ses faux amis de droite s'en servent pour empêcher son retour en politique ? Il annonce qu'il prendra l'UMP à l'automne.

Jean-François Copé doit démissionner de la présidence de l'UMP, alors qu'il n'est même pas mis en examen dans l'affaire des fausses factures de Bygmalion ? Nicolas Sarkozy n'hésitera pas, lui, à prendre la tête de son ancien parti, alors même qu'il aura été mis en examen. Mais l'intervention judiciaire des magistrats aura été au préalable délégitimée politiquement. Sarkozy se sert fort habilement de l'erreur d'avoir nommé un membre de ce syndicat de la magistrature qui avait appelé à voter contre lui avec des mots injurieux. Il n'a pas tort de laisser entendre qu'il y a chez certains magistrats militants une volonté de désacraliser la fonction et de l'avilir en tant qu'homme. Derrière la mise en examen de l'ancien président, c'est la V\ :sup:`e` République que certains à gauche rêvent de mettre en examen.

Pour Sarkozy et l'UMP, c'est quitte ou double. Ça passe ou ça casse. Sarkozy estime que les militants feront bloc autour de leur chère victime, et que ses adversaires, Juppé, Fillon et consorts, auront peur de lui. Comme d'habitude. Il a pu montrer mercredi soir qu'il demeurait au-dessus du lot d'un personnel politique de plus en plus médiocre. Au pays des aveugles, les borgnes sont rois. Il a même fait étalage d'une maîtrise nouvelle du passé simple et de l'imparfait du subjonctif. Mais imaginons un instant une perquisition au siège de l'UMP et une arrestation spectaculaire de son président. Alors, les élus de droite se jetteront éperdument dans les bras d'Alain Juppé qui ne demande que ça. Dans les mois qui viennent, le programme sarkozyste est tout tracé : un coup de barre à droite, pour séduire les militants UMP dont beaucoup sont désormais proches idéologiquement de ceux du Front national ; puis, une fois élu, un recentrage chiraquisé, avec ses nouveaux alliés, François Baroin et Nathalie Kosciusko-Morizet, pour déjà préparer le second tour de 2017 qu'il croit inéluctable contre Marine Le Pen.

Et si c'était là, au-delà de l'acharnement des juges et de ses ennemis politiques, au-delà même des révélations à venir sur les finances de Bygmalion, le vrai talon d'Achille de notre comte de Monte-Cristo ? Ses contorsions de demi-habile. Ses tours de passe-passe. Un jour candidat du peuple, et le lendemain, trônant au milieu des amis du show-biz de Carla et des patrons du CAC 40. Un jour tonnant contre l'Europe, et la sauvant le lendemain. Son côté « Retenez-moi ou je fais un malheur », mais qui ne renverse jamais la table. Qui promet le Kärcher, mais ne le passe jamais. Le cousin mal élevé qui dit des insanités pour se faire remarquer, mais ne veut pas vraiment rompre avec la famille.

26 août 2014

Une bombe déflationniste

C'est peut-être l'été 14 qui veut ça. Il y a cent ans, la question allemande se posait en termes incandescents de guerre ou de paix, et opposait les bellicistes comme Poincaré ou Clemenceau aux pacifistes Jaurès et Caillaux. À l'été 2014, les canons se taisent, mais c'est la même question allemande au cœur du conflit qui ravage la majorité socialiste, entre Hollande et Valls d'une part, Montebourg et Hamon de l'autre. Montebourg avait fait scandale il y a quelques années en comparant la chancelière Merkel au chancelier Bismarck. Cette fois, il a dénoncé « les obsessions de la droite allemande ». Montebourg dit tout haut ce que Hollande pense tout bas. Montebourg fait de la politique quand Hollande agit en technocrate. Mais cette différence fait justement la base de leur affrontement. Il y a cent ans, Guillaume II défendait la politique mondiale de l'Allemagne ; Merkel défend, elle, la compétitivité mondiale de l'Allemagne. Entre-temps, la guerre est devenue économique.

La croissance en Europe n'est plus un sujet pour l'Allemagne qui a « reprofilé » sa machine exportatrice vers les pays émergents. L'Europe est de moins en moins un marché, de plus en plus une vaste plate-forme de sous-traitants vassalisés de l'industrie germanique. Le niveau de l'euro est juste ce qu'il faut, ni trop fort pour rivaliser avec les Américains ou les Chinois sur les marchés mondiaux, ni trop faible pour ne pas désespérer ses retraités et rentiers. Les Allemands ont eu du mal à abandonner leur cher Mark, mais ils ont découvert à l'usage que la monnaie européenne était une fantastique muselière pour empêcher les caniches français et italiens de leur mordre les mollets par des dévaluations compétitives intempestives. Ces naïfs de Français prétendaient que la monnaie unique accentuerait la convergence des économies du continent ; au contraire, elle a accéléré la désindustrialisation des pays du Sud, accru les divergences entre pays et renforcé la capacité d'attraction de l'économie rhénane, la mieux dotée et la plus puissante du continent. La force de l'industrie exportatrice allemande et sa faiblesse démographique ont fait de l'Allemagne une bombe déflationniste au cœur de l'Europe. Le Prix Nobel d'économie, l'Américain Christopher Sims, explique pudiquement que « l'Allemagne fait davantage partie du problème que de la solution ». Certains de ses collègues prônent la sortie de l'Allemagne de la zone euro. L'Allemagne est trop grosse pour l'Europe, trop petite pour le monde. Rien n'a changé en un siècle.

La question de l'Allemagne est liée étroitement à celle de l'euro. Comme son prédécesseur Sarkozy, Hollande a fait de l'euro la base non négociable de son quinquennat. Un dogme sacré. C'est pourquoi, à l'instar de Sarkozy, il est aussi faible face à Merkel. Quand celle-ci exige des sanctions plus dures contre les pays qui ne respectent pas les règles budgétaires communes, le président français ne peut que quémander la compréhension compassionnelle de la chancelière, puisqu'il se refuse à brandir la seule menace qui lui ferait peur : la mise à mort de l'euro. Même Arnaud Montebourg n'ose en parler, rejetant les conséquences de ce qu'il veut. Angela Merkel peut dormir tranquille.

28 août 2014

Le libéral et la libertaire

Ils sont jeunes, ils sont beaux. Ils sont brillants. Lui en tout cas : l'ENA, Inspection des finances et élève du grand philosophe Paul Ricœur. Elle n'en a pas besoin ; elle est une femme, née à Rabat : féminité et diversité, dans la société médiatico-politique d'aujourd'hui, cela vaut tous les diplômes du monde.

Pierre Gattaz a fort bien défini le nouveau ministre des Finances en trois mots : entreprise, marché, mondialisation. Dans la bouche du patron des patrons, c'était une trilogie flatteuse, une devise de la modernité chère à son cœur. Pas sûr que dans l'esprit des électeurs populaires cela remplace avantageusement liberté, égalité, fraternité. Najat Vallaud-Belkacem, elle, fut la grande prêtresse de la théorie du genre, avant de découvrir qu'elle n'existait pas ; elle a défendu bec et ongles les ABCD de l'égalité à l'école où l'on apprenait à nos enfants que papa portait une robe et qu'il était bon d'avoir deux papas ; elle a encouragé le développement des crèches neutres à la manière suédoise où l'on interdit les poupées aux filles et les ballons aux garçons ; enfin, elle avait proposé qu'on enseigne l'orientation sexuelle des grands écrivains et qu'on remplace, dans les livres d'histoire, les hommes blancs trop nombreux par des femmes et des héros plus exotiques. Macron à Bercy, ce sont les recettes libérales à l'honneur, dérégulation, allégement du code du travail et de la fiscalité des entreprises. Belkacem, rue de Grenelle, ce sont les lobbys féministes et gays en maîtres de la machine scolaire.

L'arrivée d'Emmanuel Macron à Bercy et de Najat Vallaud-Belkacem rue de Grenelle est la signature de ce second gouvernement Valls. Elle lui donne sa couleur idéologique. Elle le révèle presque à l'insu de ses auteurs. Elle prouve que si le précédent était un pur produit hollandais, celui-ci porte la marque du Premier ministre : Macron le libéral et Belkacem la libertaire font la paire. Ils entourent ce gouvernement d'une aura moderniste chère aux médias de gôche, au monde du show-biz et de la télé, et aux élites mondialisées. Ils dissipent le rideau de fumée Montebourg, qui surjouait le patriotisme industriel sans guère de résultats. Ils rappellent que Valls admirait Tony Blair et qu'il est un enfant de la gauche rocardienne, cette gauche américaine que dénonçait jadis Jean-Pierre Chevènement. Ils rendent inaudibles les critiques des hiérarques UMP, de Juppé à Chatel, convertis depuis belle lurette aux injonctions du libéralisme mondialisé et du progressisme libertaire.

Ces deux-là ont tout pour devenir les chouchous du MEDEF, qui acclamait debout dès hier Manuel Valls. Le Premier ministre a forgé un gouvernement qu'on attendait de Dominique Strauss-Kahn, celui dont avait rêvé Terra Nova. Comme si Valls faisait tomber le masque derrière lequel François Hollande avait pris soin de se dissimuler pendant toute sa carrière politique.

2 septembre 2014

Histoire-géo

C'est la guerre des mémoires, des souvenirs, des histoires. Les commémorations récentes de l'été 1914 et du débarquement de 1944 ont fait office de devoirs de vacances. Chacun manipule ces événements lointains à son profit dans une bataille confuse de communication. Poutine compare le siège de Donetsk par l'armée ukrainienne à celui de Leningrad par l'armée allemande en 1942. Les Polonais exhortent les Occidentaux à ne pas refuser encore une fois de mourir pour Dantzig, lorsque Hitler menaçait leur pays. François Hollande et Angela Merkel se replient, eux, derrière l'évocation de la Première Guerre mondiale et l'engrenage funeste des alliances. C'est le triomphe des mauvais élèves. Poutine n'est pas un social-démocrate suédois, mais il n'est pas Hitler, et ne menace nullement la France et l'Angleterre ; l'Europe n'est pas davantage divisée en deux blocs d'alliance qui pourraient l'embraser. La situation n'est même pas comparable à la guerre froide, comme voudraient le faire croire les Américains ; et comme en serait flatté secrètement Poutine.

Puisque tous ces gens aiment tant l'histoire, ils devraient se rappeler que Kiev fut le berceau millénaire de la Russie. Que l'Ukraine est russe depuis le règne de Catherine II au XVIIIe siècle. À l'époque, la Corse et la Lorraine devenaient françaises. L'Ukraine n'a pas été une nation souveraine avant la chute du communisme, longtemps partagée entre un Ouest catholique appartenant aux Habsbourg de Vienne et une partie est, orthodoxe et russe. La Pologne fut sans aucun doute une nation martyre, mais elle devrait elle aussi éviter de faire parler l'histoire, car les Français se souviendraient alors que par deux fois, en 1812 et en 1939, nos armées ont déclaré la guerre pour la protéger, une fois des Russes et une autre des Allemands, deux tragédies qui ruinèrent à jamais notre indépendance et notre domination sur l'Europe.

Au lieu de tordre l'histoire, on devrait plutôt ouvrir les livres de géographie. Les cartes nous tiendraient un autre discours. Nous diraient que l'Ukraine et la Russie ne peuvent pas vivre l'une sans l'autre et encore moins l'une contre l'autre. Que la Pologne ou les pays Baltes sont trop près du diable russe et trop loin du bon Dieu américain pour être tout à fait sereins. Mais que la France et l'Allemagne n'ont pas les mêmes intérêts ni les mêmes besoins. C'est le drame de l'Union européenne que d'avoir déséquilibré le continent en faisant entrer les ex-démocraties populaires sans leur protecteur russe. C'est ce qu'avait vu le général de Gaulle lorsqu'il parlait de l'Europe de l'Atlantique à l'Oural. C'est ce qu'avait aussi entrevu François Mitterrand lorsqu'il avait proposé une confédération après la chute de l'Union soviétique. Pas d'Europe indépendante sans la Russie, songeaient-ils. Mais les Tchèques ou les Polonais avaient hautement refusé cette Europe au rabais et s'étaient lovés dans les bras du grand frère américain, trop content de pérenniser une OTAN qui n'avait plus de raison d'être après la disparition du pacte de Varsovie.

Zéro en histoire et zéro en géographie ! Pour nos éminences européennes, la rentrée scolaire sera la bienvenue.

4 septembre 2014

Choquer le bourgeois de gauche

C'est la valse des tabous. Un ministre du Travail qui entend lutter contre les faux chômeurs et un ministre de l'Intérieur qui combat une immigration clandestine qu'il juge excessive, quoi de plus normal dans un pays normal. Mais pas en France, où les belles âmes montent aussitôt au créneau pour dénoncer la « stigmatisation » des plus faibles, quand ce n'est pas la « guerre aux pauvres ». Nos deux ministres scandaleux auraient pu encore faire monter le taux d'adrénaline du débat public en évoquant la part plus importante que la moyenne nationale de chômeurs dans les populations étrangères. Ce travail de coproduction ministérielle sera sans doute pour la prochaine fois.

La lecture politique de ces coups d'éclat médiatiques est limpide : il s'agit de choquer le bourgeois de gauche pour montrer sa détermination, tout en rendant l'UMP muette.

Au contraire de ce que pense le microcosme parisien, ces déclarations à l'emporte-pièce ne sont nullement impopulaires. Une majorité de Français, surtout parmi les plus modestes, ne supportent pas les fraudes aux allocations sociales de ceux qu'ils appellent les fainéants et les profiteurs ; et tous les sondages depuis des années montrent l'exaspération massive contre l'arrivée jamais ralentie, sur le territoire français, de nombreux étrangers.

C'est bien parce que les chefs de l'UMP avaient découvert les mêmes chiffres de quatre cent mille offres d'emploi non satisfaites et lu les mêmes sondages qu'ils avaient naguère tenu les mêmes discours iconoclastes.

Quand il était président, Sarkozy avait fait voter une loi instaurant l'« offre raisonnable d'emploi », pour punir les chômeurs trop désinvoltes. Il avait par ailleurs multiplié les lois pour enrayer l'inexorable montée des chiffres de l'immigration, régulière et irrégulière. Mais tout cela avait été vain. Sarkozy avait échoué sur tous les tableaux. S'était cassé les dents sur les résistances. Des agents de Pôle emploi avaient refusé de contrôler les chômeurs ; ils considéraient que ce n'était pas leur travail ; ils avaient l'impression de déchoir ou estimaient manquer d'effectifs. Par ailleurs, de nombreux juges relâchent systématiquement les clandestins arrêtés, tandis que les jurisprudences des cours européennes et françaises ont mis tant de bâtons dans les roues de la police française que celle-ci ne renvoie qu'une part ridicule de ceux qu'elle arrête. Sans compter ceux qu'elle n'arrête pas ou qu'elle n'a pas le droit de maintenir dans ses prisons. De loin les plus nombreux. Cela s'appelle l'État de droit. La manière moderne de ligoter l'État et de le rendre impuissant. C'est parce qu'il avait pris la mesure de cette impasse que Sarkozy avait fait sa campagne présidentielle de 2012 autour du thème des frontières, contre l'Europe, les juges et les corps intermédiaires. C'est parce que l'électorat populaire ne lui avait pas pardonné son échec qu'il fut vaincu.

C'est parce que les éminences socialistes n'iront pas au-delà de leurs audaces sémantiques et ne toucheront pas même d'une main tremblante aux véritables tabous qu'elles subiront le même échec. Et seront à leur tour balayées.

9 septembre 2014

La gloire des petites nations

Ils n'ont pas encore gagné. Mais la dynamique est en leur faveur. L'Écosse pourrait se retrouver indépendante au soir du référendum du 18 septembre. Ce serait la mort de la Grande-Bretagne. La fin de trois siècles d'histoire depuis l'union de l'Angleterre et de l'Écosse en 1707. Même si le non finit par l'emporter sur le fil du rasoir, le Royaume-Uni n'aura plus le même visage. L'establishment anglais tente de retenir les inventeurs du kilt en leur promettant une plus grande autonomie. Pourtant, l'Écosse dispose déjà de son Parlement, de son gouvernement et même de sa propre fiscalité. On se demande bien ce qu'elle pourrait avoir de plus, alors même que les leaders indépendantistes ont annoncé qu'ils conserveraient la livre sterling.

Cette émancipation de la nation écossaise ne sera pas sans lendemain. En Espagne, la Catalogne et le Pays basque suivront les premiers. Le référendum catalan est déjà sur les rails. Madrid tonne, menace encore, mais comment s'y opposer après le précédent écossais ? Et puis viendra le tour de la Flandre, inéluctablement, elle en rêve depuis des années. Les velléités d'indépendance de l'Italie du Nord retrouveront une vigueur quelque peu alanguie ces derniers temps. On peut même imaginer que la sage et riche Bavière s'interrogera sur son destin si elle se lasse de payer pour les pauvres de Prusse et de toute l'Europe. L'Écosse veut garder son pétrole pour elle. Égoïsme sacré, oui, comme la Flandre ou la Catalogne, mais égoïsme de gauche, car le pays à majorité travailliste reproche à Londres ses excès libéraux depuis Thatcher.

C'est une révolution profonde et inouïe : le lent travail d'édification de plusieurs siècles des États-nations d'Europe occidentale sur le point d'être mis à bas en quelques années. Dans la mondialisation, les États providence sont vécus comme des boulets inutiles. Ils ont perdu leur souveraineté mais coûtent cher. Les marchés économiques nationaux sont devenus trop étroits pour les entreprises, qui ont le monde entier comme horizon. Les petits États, dynamiques et cohérents, font un carton, qu'ils s'appellent la Suisse, Singapour, Israël ou la Corée du Sud. La gloire des petites nations alors qu'on nous annonce depuis longtemps la mort des nations. À Bruxelles, les institutions européennes menacent l'Écosse de ne pas l'accueillir au sein de l'Union. C'est l'affolement du pompier pyromane. N'est-ce pas la Commission de Bruxelles qui, depuis des décennies, a exalté l'Europe des régions, encourageant celles-ci à recevoir les subventions de Bruxelles et à passer par-dessus la tête de leur capitale ? N'est-ce pas les mêmes eurocrates qui ont poussé tous les gouvernements à leur accorder toujours plus d'autonomie ? C'est une grande leçon pour nos politiques français qui, depuis près de quarante ans, ne jurent que par la décentralisation. Récemment encore, François Hollande a réduit sur un coin de table le nombre de régions françaises. Toujours au nom des grandes régions de niveau européen. On voit désormais où cela mène : à l'indépendance des plus riches et à la désintégration des États-nations. Mais c'est peut-être l'objectif.

11 septembre 2014

VIᵉ République

Ils sont politiques ou juristes, députés, anciens ministres ou professeurs de droit. De gauche pour la plupart, mais pas tous. Ils saturent l'espace médiatique de cette rentrée. Tribunes dans les journaux, interviews aux radios et télés. Ils disent la même chose. Parfois au mot près. S'ils ne se sont pas concertés, c'est bien imité. Ils veulent nous persuader que la crise politique qui disloque la gauche est en vérité une crise de régime. Ce n'est pas Hollande ou Valls ou Montebourg qui sont en cause, mais les institutions. Ils veulent abattre la Vᵉ République pour inventer une VIᵉ République qui ressemblerait comme une sœur à la IVᵉ République. Magie des chiffres historiquement bien française. À chaque fois qu'une crise politique était inextricable, on en sortait en changeant de République. Le général de Gaulle crut nous avoir guéris de cette maladie hexagonale. Mais nos médecins de Molière n'ont jamais renoncé. La Vᵉ République, ils la haïssent depuis toujours. Ce président élu par le peuple est pour eux au pire Mussolini, au mieux Napoléon III. Ces députés corsetés et soumis au pouvoir exécutif, c'est la négation de la démocratie.

De Gaulle nous a débarrassés du parlementarisme, ils veulent le rétablir. Vieille querelle, vieille chimère, vieille lune. Nos prétendus modernes mènent des combats du XIXᵉ siècle. Ils veulent faire croire que le discrédit de François Hollande est dû à son statut de roi élu, alors que c'est justement parce qu'il ne parvient pas à endosser les habits de monarque républicain qu'il est rejeté.

Il y a quelques années, ils nous disaient : Il faut moderniser les institutions, instaurer le quinquennat, donner plus de pouvoir aux juges et aux députés. Chirac puis Sarkozy ont obtempéré. Les mêmes nous disent désormais : Le quinquennat a détruit l'équilibre des institutions, a transformé le président en Premier ministre, a rendu inutile celui-ci. Les mêmes nous disaient : Il faut plus d'Europe, plus de fédéralisme. Les mêmes nous disent aujourd'hui : La souveraineté nationale est en miettes, le président ne l'incarne plus seul ; son pouvoir n'est plus légitime, il faut le transformer en inaugurateur de chrysanthèmes. Et lorsque le peuple, furieux de voir que sa voix est désormais vaine, que les présidents successifs ne font pas la politique pour laquelle ils ont été élus, se détourne et ne se rend plus aux urnes ou vote pour le Front national, les mêmes s'exclament : Le régime n'est plus démocratique. Ils n'osent pas répéter, après Brecht, « le peuple vote mal, changez le peuple » ; ils préfèrent dire : « Changez la République. »

Ce n'est pourtant pas le président qui est illégitime, mais les députés socialistes ou UMP qui ont été élus sur une base populaire ridiculement étroite. Sans la Ve République, le gouvernement Valls aurait sauté, le président Hollande aurait démissionné ou aurait été débranché ; la France serait dans un état d'anarchie qu'elle a connu par le passé. La crise politique serait devenue crise de régime qui aurait ajouté ses effets délétères à la crise économique. Alors, nos éminences auraient doctement disserté sur l'incorrigible mal français.

16 septembre 2014

Sarkollande

Le retour de Sarkozy n'est plus un événement, c'est une nouvelle. À force d'annoncer son retour, on a l'impression qu'il a déjà eu lieu. Si c'était l'objectif, il est atteint. Contrairement à Lionel Jospin, Nicolas Sarkozy n'a jamais quitté la vie politique. Il n'a donc pas à y revenir. Il revient mais pour quoi faire ? Pour quel discours, quelle politique, quelle orientation ? Ce n'est apparemment pas le sujet. Il revient. C'est le seul message. Sarkozy a rompu avec les thèmes des frontières et de l'identité nationale que lui avait inspirés son ex-mentor Patrick Buisson ; mais il ne tombera pas non plus dans celui de l'identité heureuse pour Bisounours, de son grand rival Alain Juppé. Alors quoi ? Mystère et boule de gomme. Il veut rassembler. Faire la synthèse comme il avait naguère réalisé la synthèse sur l'Europe entre le oui et le non au référendum de 2005. En clair, fumigène et clair-obscur.

Sarkozy ne le sait pas lui-même. Il improvisera. Il s'adaptera.

Il réagira au coup par coup. Il suivra l'air du temps et son instinct. Comme il l'a toujours fait. Il fera de l'image, encore de l'image, toujours de l'image. Il renouvellera. Il mettra devant lui des jeunes et surtout des femmes. Des femmes et surtout des jeunes. Des petites sœurs de NKM et des petits frères de Baroin. Bien lisses, bien propres. Des enfants de la télé et du politiquement correct. Bref, il fera comme Hollande. Il fera tout comme Hollande. Hollande avait misé toute sa campagne présidentielle sur l'antisarkozysme et avait tiré le gros lot élyséen ; mais se trouva fort dépourvu lorsqu'il fallut gouverner : c'est qu'il n'y avait pas pensé. Sarkozy s'apprête à commettre la même erreur tragique : peu importe ce qu'il dira, ce qu'il proposera, l'essentiel est la posture antihollandaise. Avec moi, c'était et ce sera autre chose.

La médiocrité de Hollande est finalement le pire service que le président sortant rendra à son prédécesseur qui aspire à être son successeur. Cette médiocrité hollandaise, devenue proverbiale, est un écran de fumée qui fait croire à Sarkozy que sa seule présence, son talent, son énergie, son autorité suffiront à rétablir une situation catastrophique. Il se leurre mais ça l'arrange de se leurrer. Il ne voit pas que c'est le système qui est vermoulu et ne veut pas le voir. Il a oublié et veut oublier qu'à l'Élysée il n'a pas fait beaucoup mieux. Il n'a pas mieux résolu les contradictions insolubles de la situation française : entre la Ve République et l'Europe, entre la volonté de maîtriser l'immigration et la délinquance et les rigueurs incapacitantes de l'État de droit. Entre la liberté de circulation des marchandises et des capitaux et notre protection sociale. Il ne veut rien casser, il ne veut pas choisir. Comme Hollande.

Dans leur affrontement désormais légendaire, Giscard et Mitterrand se poussaient mutuellement vers le haut. Hollande et Sarkozy se tirent vers le bas.

Cela ne signifie nullement que Sarkozy n'a aucune chance de réussir à être réélu président de la République. Mais que son retour ne servira probablement à rien.

18 septembre 2014

Daech n'est pas dans la dèche

C'est reparti. Mais pas comme en 14. Plutôt comme en 1990. C'était alors la première guerre du Golfe. On se souvient de la prétendue quatrième armée du monde. Depuis, le modèle a beaucoup servi, a beaucoup été imité, jamais dépassé. C'est toujours la même grande coalition internationale qui s'en va bannière au vent. La bannière est étoilée comme le drapeau des États-Unis, mais c'est un hasard. Ce n'est pas une guerre, mais une opération de police. On ne défend pas des intérêts, mais le droit. On n'affronte pas un adversaire, mais on poursuit un méchant, un malfaisant, un diable. Un monstre, un barbare, à peine humain, qu'auraient fait ensemble Hitler et Belzébuth. Il s'est successivement appelé Saddam Hussein, Milosevic, talibans, Kadhafi, etc. Demain, ce sera peut être Boko Haram au Nigeria si l'émotion télévisée du moment le désigne comme méchant du jour. Cette fois-ci, il n'a même pas de nom. Car il en a trop. État islamique, califat, autant de titres pompeux dont il se pare. Notre ministre des Affaires étrangères, Laurent Fabius, tel Dieu à la création du monde, lui a donné son nom : Daech, acronyme en langue arabe d'État islamique. Notre brillant arabisant du Quai d'Orsay a aussi décrété qu'il ne fallait pas dire islamistes car l'islam n'avait rien à voir là-dedans. Laurent Fabius et Barack Obama sont des grands docteurs de la loi coranique : ils savent distinguer entre le vrai et le faux islam. Celui qui est avec eux est le vrai, celui qu'ils bombardent est le faux. Laurent Fabius va vers l'Orient compliqué avec des idées simples. Avec lui, derrière lui plutôt, les représentants du vrai islam – Arabie saoudite, Qatar et Turquie – sont ceux qui, il y a quelques semaines seulement, finançaient et aidaient les défenseurs du faux islam, ceux du califat, pardon, de l'État islamique, pardon, de Daech. Qui n'est pas dans la dèche avec ses réserves de pétrole sous les pieds et sa banque pleine de dollars à Mossoul. Mais nos amis du Golfe tremblent désormais et nous appellent au secours : tel Frankenstein, leur créature leur a échappé, se retourne contre eux et les menace. C'est donc aux mécréants occidentaux de défendre le vrai islam.

Tout cela est logique. Ce sont les guerres américaines en Irak qui, mettant les officiers de Saddam Hussein au chômage, les ont poussés dans les bras du calife, lui donnant une puissance militaire inédite. C'est parce que Sarkozy a abattu Kadhafi que Hollande a envoyé notre armée au Mali. Le Syrien Assad, que la France s'apprêtait à bombarder il y a quelques mois, propose désormais son aide contre le califat qui lui a volé une partie de son territoire. L'Iran, dont la bombe atomique empêchait nos diplomates de dormir, est désormais notre allié contre l'État islamique, alias le califat, alias Daech. Mais l'Arabie saoudite et le Qatar, en bons sunnites, ne veulent pas entendre parler du diable chiite iranien. *Vade retro chiito diabolicum !* La fin de l'histoire, on la connaît. On a déjà vu le film. À chaque fois qu'on a renversé un tyran, un monstre, un diable, on a eu pire. Mais cela ne nous empêche pas de poursuivre notre noble tâche.

23 septembre 2014

Référendum

Il a prononcé le mot. Le mot magique. Le « Sésame, ouvre-toi ». Le mot maudit aussi. Le mot qu'il détestait par-dessus tout. Pour Sarkozy, le référendum fut longtemps le tabou suprême. Il débuta son quinquennat en s'asseyant sur le non au référendum européen de 2005 pour imposer le traité de Lisbonne. Puis il fit semblant d'introduire dans la Constitution le référendum d'initiative populaire pour mieux en interdire l'accès par un verrou parlementaire. Jusqu'à l'entre-deux-tours de la présidentielle de 2012, son conseiller Patrick Buisson le harcela pour qu'il promette un référendum sur l'immigration. En vain. Sarkozy n'osa renverser la table. Il poursuivait alors de sa vindicte le référendum, car, disait-il, le peuple ne répond jamais à la question posée, mais à celui qui la pose. Il reprenait ainsi l'argument traditionnel des élites qui ont peur du peuple.

Une fois de plus, Sarkozy aurait changé. Il brûle ce qu'il a adoré et adore ce qu'il a brûlé. À tout pécheur miséricorde. Les plus méfiants – ou les plus lucides – y verront un attrape-nigaud pour électorat populaire, en particulier celui du Front

national. Les mêmes noteront avec raison qu'il n'en a précisé
ni les modalités ni les thèmes. Il n'a pas dit s'il voulait un
référendum dans la tradition du général de Gaulle où le souverain appelle le peuple à trancher ; ou bien un référendum
d'initiative populaire à la Suisse où c'est le peuple lui-même
qui se saisit. Sarkozy n'a pas davantage précisé les sujets qu'il
avait l'intention de soumettre au référendum : immigration,
Schengen, laïcité, droit social, école, justice, retraites ?

De Gaulle avait utilisé le référendum pour imposer la décolonisation en Algérie à l'armée et aux pieds-noirs ; et abattre
un régime parlementaire dont les poisons et délices étaient
devenus un bâillon étouffant pour le peuple. Sous la IVe République, le peuple votait pour Mendès France et Guy Mollet
était nommé à Matignon ; il votait pour la paix en Algérie et
on envoyait le contingent. La démocratie était devenue un
leurre. Aujourd'hui, c'est encore pire, la volonté populaire est
ligotée de toutes parts : par l'oligarchie bruxelloise, par les
juges français et européens, par les syndicats et les lobbys, ou
encore par les médias. Ce sont eux les nouveaux « notables »
et « notoires », comme disait de Gaulle ; avant la Révolution,
on les appelait les privilégiés. Tous s'abritent *in fine* derrière
la notion d'État de droit pour refuser avec hauteur de satisfaire les revendications populaires qu'ils jugent inconvenantes,
en particulier sur l'immigration ou la sécurité. Or, les vieux
marxistes le savaient jadis, le droit n'est que l'expression
d'un rapport de force et incarne l'idéologie des classes domi-
nantes, des élites, des puissants. Seul le référendum peut briser
leur imperium et rendre le pouvoir au peuple. Soit Sarkozy
empruntera sans détour la voie du général de Gaulle et sera
triomphalement porté sur le pavois ; soit il sera un nouveau
Louis XVI qui prit le parti des privilégiés. C'est cette dernière
option, après moult tergiversations et rideaux de fumée, qu'il
avait choisi lors de son premier mandat. Et le suffrage universel le guillotina.

25 septembre 2014

Le bal des cocus

« Les promesses n'engagent que ceux qui les écoutent. » La célèbre formule de Charles Pasqua a fait des émules. Christiane Taubira apparaît comme une de ses meilleures élèves. Au bal du cynisme et de la dissimulation, elle ne fait pas tapisserie. En pleine bataille du mariage pour tous, elle avait assuré, la main sur le cœur, que sa loi ne permettrait jamais à un couple de femmes d'obtenir un enfant par la procréation médicale assistée ; et encore moins à un couple d'hommes d'acquérir un bébé par une gestation pour autrui, les fameuses mères porteuses. La première, la PMA, était réservée à des couples stériles, pour des raisons de santé, et l'homosexualité féminine n'est pas une maladie. La seconde est interdite en France.

Quelques mois seulement après l'adoption de la loi Taubira, ces tabous sont déjà tombés comme les premières feuilles d'automne. Avant l'été, la Cour européenne des droits de l'homme obligeait la France à inscrire à l'état civil les enfants nés par GPA pratiquées à l'étranger. Il y a quelques jours, la Cour de cassation remettait le couvert en autorisant l'adoption par un couple de femmes d'un enfant né dans le cadre d'une procréation médicalement assistée. Dans les deux cas, le gouvernement n'a pas bougé. Ni protesté, ni tempêté, ni fait appel. Qui ne dit mot consent.

La ministre de la Justice jubile en silence. Ses conseillers avaient expliqué à Christiane Taubira que la jurisprudence européenne imposerait la PMA et la GPA à partir du moment où les couples de même sexe seraient légalement mariés. Il suffisait donc de se taire et d'attendre. L'alliance tacite entre Taubira et les juges a parfaitement fonctionné, par-dessus la tête des parlementaires français et du peuple. Ça fait beaucoup de cocus.

Cocus et ridicules aussi les représentants de la droite et du centre, tels NKM ou Yves Jégo, qui acceptent le mariage homosexuel mais rejettent avec hauteur la PMA et la GPA. Cocus les intellectuels de gauche qui refusent la GPA au nom d'une certaine dignité de la femme et de la marchandisation des corps. Cocus les spécialistes de l'enfance qui alertent sur la douleur des adolescents de plus en plus privés de leur père.

Grands vainqueurs, les libéraux de gauche comme de droite qui rêvent de faire de l'enfant un objet de consommation comme un autre, et de sa commercialisation, un grand marché fort rémunérateur. Vainqueurs, tous les militants de l'indifférenciation qui se projettent avec délice dans un monde unisexe où la famille classique aurait disparu. Contrairement à ce que croit Nicolas Sarkozy, la question dépasse et de loin l'opposition entre homosexuels et familles traditionnelles. Bienvenue dans le monde merveilleux des usines à bébés, en Inde ou ailleurs, et des enfants achetés sur étagères, qu'on accepte ou refuse si le produit est défectueux.

Lors du débat parlementaire, Christiane Taubira, emportée comme d'habitude par son lyrisme, avait lancé : « C'est une réforme de société et on peut même dire une réforme de civilisation. » Là, elle parlait vrai.

30 septembre 2014

La gamelle

Tout va trop vite de nos jours. L'amour dure trois ans et les événements historiques, deux ans seulement. Pourtant, en 2012, lorsque la gauche était devenue majoritaire au Sénat, le palais du Luxembourg avait frémi. On flirtait avec l'histoire. On n'avait pas vu ça depuis la IIIe, lorsque le Parti radical avait pris la barre au tournant du XXe siècle. C'était d'ailleurs un mouvement comparable. Les socialistes, comme leurs lointains ancêtres, avaient conquis le Sénat au bout d'un long processus, sur deux décennies, qui les avait vus emporter peu à peu la majorité des cantons et des villes. La domination du PS sur la France des collectivités locales avait été le haut fait d'armes du premier secrétaire du PS des années 2000 qui avait pour nom… François Hollande.

Mais, comme un gosse capricieux casse le jouet qu'il a longuement désiré, le président Hollande est en train de détruire de ses propres mains le travail accompli par le premier secrétaire qu'il fut.

La chute de la maison PS au Sénat est la conséquence inéluctable de la liquidation des positions socialistes lors des dernières municipales. La démolition se poursuivra l'an prochain dans les régions et les conseils généraux. Le quinquennat avance au rythme du bulldozer. Mais sous les gravats, il y a des hommes qui souffrent. Les mairies, les départements, les régions emploient de nombreux militants du parti. Les frères, les sœurs, les cousins, les maîtresses des élus et des militants. Subventionnent une nuée d'associations, tout un maillage humain et politique qui quadrille l'Hexagone. On sert la bonne cause et on se sert. Les collectivités locales, c'est la gamelle. Et la gamelle permet de rester ensemble quand on n'a plus rien à se dire. On l'a vu après le référendum de 2005 sur l'Europe. Les socialistes s'étaient étripés entre partisans du oui et du non. Pourtant, Laurent Fabius, chef du non, refusa d'abandonner la vieille maison. Trop de souvenirs datant de François Mitterrand. Et trop d'intérêts en commun.

C'est ce lien essentiel qui se défait. Cela éclaire l'insolence iconoclaste des frondeurs. Plus rien à perdre. En 2017, l'ultime coup de bulldozer sera donné par l'élimination du sortant Hollande au soir du premier tour de la présidentielle, laissant Marine Le Pen face au candidat de l'UMP, Sarkozy, Juppé ou même Fillon. Dans la foulée, les élections législatives ne renverront à l'Assemblée qu'une poignée de députés socialistes. Alors, le grand procès de Hollande et Valls sera instruit. Les bûchers flamboieront. Les rebelles, majoritaires, quitteront le navire socialiste en perdition pour fonder une nouvelle enseigne, qui renouera avec les idéaux traditionnels de la gauche, sans savoir d'ailleurs si les électeurs reviendront ou pas. Rejoindront Mélenchon ou pas. Mais laisseront le dernier carré des amis de Valls rallier le panache blanc des centristes. La gauche aura clos un cycle historique. On sera revenu aux débuts de la Ve République, lorsque la vieille SFIO de Guy Mollet se disloqua autour de la guerre d'Algérie. François Hollande, nouveau Guy Mollet : fin de cycle. Fin de partie. Fin d'histoire pour le socialisme français.

2 octobre 2014

Les nantis

Ils sont affreux, riches et méchants. Ils sont les nantis. Ils gagnent des mille et des cents. Ils gagnent toujours trop. Ils sont des rentiers. Dans notre mémoire collective, le mot « rente » suscite aussitôt des souvenirs de personnages de Balzac âpres au gain et sans pitié, ou de caricatures de Daumier, avec leurs grosses bedaines et leurs yeux cupides. Des sales gens qui devraient, a même affirmé un ministre socialiste, rendre l'argent qu'ils ont pris. À qui donc ? Mais aux consommateurs, aux autres salariés, à tout le monde.

Mais ne craignez rien : les rentiers dont on parle ne sont pas les grosses sociétés qui ont acheté à l'État les autoroutes pour une bouchée de pain, ou les grandes entreprises qui touchent des milliards de subventions depuis quinze ans pour compenser les stupides 35 heures. Ou les actionnaires des groupes du CAC 40 qui ont vu leurs dividendes augmenter de 30 % en un an. Ces horribles rentiers sont pharmaciens, notaires, pilotes d'avion. Pourtant, avant d'être voués à la vindicte de l'ennemi public numéro 1, ils avaient poursuivi des études longues et exigeantes ; leurs parents avaient été fiers de leur progéniture ; ils avaient travaillé beaucoup et durement. Ils avaient cru, les naïfs, mériter leur réussite sociale. Rendre un service à la société, au pays. Être des notables respectables, à l'avenir assuré. Ils n'étaient que des nantis à jeter aux chiens.

Dans leur bras de fer avec leurs pilotes grévistes, les patrons d'Air France ont bien saisi l'esprit public, en jouant la plèbe, personnels au sol ou pilotes du *low cost*, exaspérés par la morgue et les privilèges de cette aristocratie du métier, comme le roi de France jadis jetait le peuple et les bourgeois contre les grands seigneurs. De leur côté, les grandes surfaces guettent avec avidité leur prochaine proie : les pharmaciens, quand ils auront réussi à faire croire aux naïfs qu'ils combleront ainsi le trou de la Sécu. Les notaires ont enfin compris que leur grand ennemi, la Commission à Bruxelles, voulait leur peau pour détruire le modèle napoléonien au profit du droit anglo-saxon où les avocats, les fameux *lawyers*, font tout et surtout entassent les dollars. Ils ont réussi à arrêter la main d'Emmanuel Macron qui, plus magnanime que son prédécesseur, a renoncé à les exécuter. Encore une minute, monsieur le bourreau !

Car tous les médias et faiseurs d'opinion, tous les politiques de droite et de gauche, crient sus aux corporatismes, aux conservateurs, aux rentiers. Tous les consommateurs les suivent, tous drogués aux prix bas, au *low cost*, sans diagnostiquer la schizophrénie morbide qui pousse le consommateur qui est en eux à tuer le salarié qu'ils sont aussi, contraint de se soumettre au droit portugais ou polonais, pour éviter de devenir chômeur.

La leçon des petits commerçants n'a servi à rien, traînés dans la boue dans les années 50, traités de poujadistes et de beaufs, remplacés par des caissières à moins de mille euros par mois. Quel destin magnifique et exaltant qu'un pays entier de caissières à moins de 1 000 euros, mais au nom de la réforme, de la libre concurrence et de la fin de la rente !

7 octobre 2014

La droite, cette non-gauche

Caramba ! Encore raté. Ce succès de la Manif pour tous est une anecdote pour la gauche, mais un drame pour l'UMP. Elle montre qu'une partie du peuple de droite n'a pas renoncé, pas capitulé. Que la campagne des primaires sera pourrie par cette question. Que Juppé et Fillon s'aliéneront leurs suffrages puisqu'ils ont déjà renoncé à abolir la loi Taubira. Que Sarkozy sera obligé de sortir de l'ambiguïté, à son détriment. Qu'il devra trancher entre ses soutiens. Que les rares qui osent réclamer encore cette abrogation, Hervé Mariton ou Xavier Bertrand, en feront un sujet de différenciation politique. Au contraire de ce qu'avait voulu faire accroire Manuel Valls au moment des grandes protestations de 2013, la Manif pour tous n'est nullement composée d'excités, encore moins de fascistes : de braves gens, bien élevés, souvent trop, presque dépolitisés, qui n'ont guère agressé le président Hollande, pourtant au plus bas. Des provinciaux de tradition catholique. Des électeurs pro-européens, centristes, qui ont longtemps voué aux gémonies le Front national. La radicalisation de cet électorat modéré est une mauvaise nouvelle pour les hiérarques de l'UMP car c'était la dernière base sûre qui leur restait. Les chefs de la droite sont imprégnés jusqu'à la moelle d'une antique révérence pour les idées de la gauche. Depuis la Révolution française, la droite est une non-gauche. Elle considère que la gauche incarne le progrès, le sens de l'histoire. Depuis Mai 68, cette soumission craintive de la droite est particulièrement exemplaire en matière de mœurs. Ce que fait ou dit la gauche concernant les femmes, la famille, les homosexuels, est considéré par la droite comme un dogme. Quand elle est au pouvoir, la droite essaie de se montrer bonne élève en faisant adopter des mesures que la gauche promeut. Mais surtout, elle a pour règle intangible de ne jamais abolir ce que son auguste maître a édifié. Il y a d'ailleurs une certaine logique dans cette révérence craintive. La gauche s'est convertie depuis quarante ans à une idéologie libertaire qui consacre l'individu et ses droits illimités jusqu'à la démesure comme un horizon indépassable. La droite libé-rale peut considérer à juste titre que ce culte de l'individu roi est aussi dans sa tradition. L'UMP continuera donc à faire semblant de croire qu'on peut ériger un mur entre mariage et filiation, alors que toute la jurisprudence européenne dit le contraire. Après tout, pour certains esprits libéraux qui se veulent cohérents, la PMA et surtout la GPA sont des marchés comme les autres. Et fort rentables de surcroît. Les leaders de l'UMP auraient pu se saisir de cette question du mariage homosexuel pour marquer un coup d'arrêt symbolique à la domination idéologique de la gauche. Pour montrer que le sens de l'histoire n'existait pas. Mener pour une fois la guerre culturelle des idées. C'est ce qu'espéraient, suppliaient même les manifestants de dimanche. Il n'est pas pire sourd que celui qui ne veut point entendre.

9 octobre 2014

Erdogan tombe le masque

C'était il y a trois ans. C'était il y a un siècle. C'était il y a mille ans. La Turquie paradait. Elle était un modèle, elle était un phare. Les leaders occidentaux, toujours à l'affût de la dernière illusion rassurante, avaient forgé l'oxymore d'« islamiste modéré ». Les leaders islamistes de Tunisie et d'Égypte, qui venaient de conquérir le pouvoir à la suite des Printemps arabes, débarquaient en délégations studieuses et admiratives, comme jadis les chefs des Partis communistes se rendaient à Moscou. La croissance économique de la Turquie caracolait, l'armée avait été muselée, et les libertés démocratiques paraissaient respectées.

Nos grands hommes d'État comme Alain Juppé, Dominique de Villepin et Jacques Chirac, et de nombreux socialistes comme Laurent Fabius ou Pierre Moscovici, militaient encore vivement pour que la Turquie entre dans l'Union européenne. Nicolas Sarkozy avait discrètement supprimé le verrou du référendum pour lui laisser une chance de s'y installer sans ambages. Ceux qui rappelaient timidement que la Turquie avait des frontières avec la Syrie et l'Irak, et qu'on ne pouvait introduire un pays de cent millions de musulmans dans une Europe aux racines chrétiennes, étaient regardés avec mépris, comme des islamophobes invétérés. Des crétins qui croyaient à cette vieille lune du conflit de civilisations.

Et puis, tout a basculé. Erdogan a mis en prison des dizaines de journalistes et d'esprits rebelles. Il a maté violemment des manifestations de rue. Il a poussé toujours plus loin l'islamisation de la société turque, faisant venir des millions de paysans d'Anatolie, fort pieux, dans les grandes métropoles comme Istanbul pour submerger les reliquats de la société cosmopolite d'antan.

Son alliance de fait avec l'État islamique est la cerise sur le gâteau. La Turquie a laissé sa frontière ouverte pour que les combattants musulmans venus d'Europe rejoignent le front, comme les Brigades internationales de jadis au cours de la guerre d'Espagne. La Turquie a recueilli et soigné les blessés de Daech. Il a laissé passer des armes payées par le Qatar, qui alimentaient les combattants et en Syrie et en Irak. Désormais, il laisse massacrer les Kurdes par les islamistes, comme les soldats de Staline avaient regardé, l'arme au pied, les résistants polonais être décimés par les Allemands dans Varsovie en 1944.

Erdogan ne se trompe pas de combat. Les risettes à ses alliés occidentaux sont pour la galerie. Ses priorités sont celles d'un sunnite qui hait les chiites iraniens et syriens, d'un Turc qui ne tolérera jamais l'émergence d'une nation kurde à ses frontières. Et surtout d'un islamiste rigoriste qui, il y a quinze ans, alors qu'il était maire d'Istanbul, avait récité au cours d'un meeting un poème qui lui avait alors valu quatre mois de prison : « Les minarets seront nos baïonnettes, les coupoles nos casques, les mosquées seront nos casernes et les croyants nos soldats. » Un joli poème empli de modération qu'il devrait dédier à tous nos beaux esprits régnant à Washington, Londres et Paris.

14 octobre 2014

Le premier de la classe

Élève Macron, au tableau ! Élève Macron, vous n'avez pas bien travaillé ! Élève Macron, inutile de lire vos antisèches ! Élève Macron, votre copie est médiocre ! Élève Macron, vous me copierez cent fois : « Je dois faire des économies. » Élève Macron, vous êtes un cancre ! Élève Macron, vous irez à Bruxelles vous faire taper sur les doigts !

Les Français observent ce spectacle pitoyable dans un mélange d'effarement et de mépris. Spectateurs parce qu'ils ne sont plus acteurs. On ne leur demande pas leur avis, il est quantité négligeable. Plus ça change, moins ça change. Comme dit drôlement l'économiste Jean-Paul Fitoussi : « Les Français ont le droit de changer de majorité, mais pas de politique. »

Nos gouvernements successifs ont eux-mêmes serré le garrot qui désormais les étrangle. C'est Nicolas Sarkozy qui a signé le traité budgétaire. C'est François Hollande qui a fait semblant de le renégocier. C'est ce double jeu de la classe politique française, droite et gauche confondues, depuis des décennies, qui est mis au jour : souverainiste à Paris, fédéraliste à Bruxelles ; défenseur des intérêts de la France à Paris, avocat des États-Unis d'Europe à Bruxelles ; représentant du peuple français à Paris, signataire à Bruxelles des traités qui donnent toujours plus de pouvoir aux oligarques européens, qu'ils soient banquiers centraux, commissaires bruxellois ou juges.

Longtemps, les politiques ont traité par-dessus la jambe ce qu'ils signaient. Leur main gauche ignorait ce que faisait leur main droite. Le droit, justement, c'était pour les autres, ces balourds d'Allemands ou d'Espagnols. C'était pour la frime. Ça lui en touchait une sans faire bouger l'autre, disait notre Chirac paillard. Quand est-ce que Bruxelles va me déclarer la guerre ? rigolait le même Chirac, toujours impayable. C'est un nouveau proverbe corrézien : Chirac qui rit un jour, Macron qui pleure toujours.

L'élève ne peut satisfaire le maître sur les déficits budgétaires car la croissance est trop faible pour réduire les déficits sans dégâts sociaux mais aussi économiques énormes. Et la croissance n'est pas près de repartir. Et les besoins de financement de s'alourdir d'année en année. Et l'Allemagne elle-même en train de s'enliser dans la déflation. Alors, Macron tente de faire diversion avec la réduction des allocations chômage. Macron ne fut pas pour rien un premier de la classe ; il sait flatter le maître pour avoir une bonne note. Macron cherche à gagner du temps. Il attend que la Banque centrale européenne fasse marcher la planche à billets et arrose de milliards d'euros tout le monde. C'est le syndrome classique du mauvais élève qui attend que les premiers de la classe aient des mauvaises notes pour que le maître comprenne que c'est lui qui est mauvais.

16 octobre 2014

Prix Nobel

Tous les vaccins du monde contre le chauvinisme, les cocoricos ridicules, le simple patriotisme même, n'y pourront rien : deux prix Nobel, en l'espace de quelques heures, pour nous tout seuls, c'est une énorme bouffée d'oxygène. Un bol d'air pur. Une soudaine lumière dans la nuit noire. Un instant, un instant seulement, on oublie la croissance zéro, notre chômage de masse, nos impôts qui montent et nos déficits qui ne baissent pas, notre dette « himalayesque », Bruxelles qui nous gronde comme des garnements, nos avions qui ne servent à rien contre l'État islamique ; et Hollande qui ne sera jamais président. Un instant, un instant seulement, la consécration de Patrick Modiano nous rappelle la France est le pays qui a récolté le plus de Nobel de littérature dans l'histoire séculaire du prix ; et que notre patrie a toujours été regardée dans le monde entier comme la nation littéraire par excellence, le pays de Victor Hugo. Le prix Nobel d'économie de Jean Tirole, c'est l'autre grande tradition française, celle de la raison, de l'abstraction, des brillants théoriciens libéraux du XVIIIe siècle, couplée à notre goût pour les mathématiques qui nous fait collectionner depuis des années les médailles Fields.

Un instant, un instant seulement, la France redevient la grande nation et abandonne les oripeaux honnis de cette puissance moyenne, cette grande région de l'Union européenne, ce 1 % de la population mondiale, cette économie pas compétitive, ce peuple irréformable, cet homme malade de l'Europe.

Mais l'illusion ne dure pas. L'introspection presque masochiste fait aussi partie du tempérament français. On est heureux, mais pas dupes. Notre gloire nous flatte mais risque d'être éphémère. Nos deux lauriers font également notre bonheur, mais n'ont pas le même sens. Modiano, c'est la France d'avant, Tirole, la France de demain. Modiano, c'est la dernière génération qui a appris à écrire et à penser dans cette langue française qui faisait jadis l'admiration des cours d'Europe, avec son style épuré, limpide et subtil à la fois, avec aussi ce regard porté sur la période de l'Occupation et de Vichy, où rien n'est dessiné en noir et blanc, où tout est gris, loin, très loin des manichéismes contemporains. C'est une qualité française qui n'existe plus, qui a sombré dans la dégradation de l'école, celle de l'enseignement du français et de l'histoire, et le sectarisme bien-pensant. Tirole, c'est la France de nos élites baignant dans le grand marché mondialisé, publiant en langue anglaise, adoptant les codes intellectuels des universités anglo-saxonnes où il a longtemps étudié et professé. Un de ces grands esprits français qui font le bonheur des organisations internationales sous domination américaine.

Modiano, c'est une France engloutie. Tirole, c'est un brillant Frenchie, que l'école française aura de plus en plus de mal à forger, à cause de la baisse constatée du niveau en mathématiques. Alors, profitons bien de ce moment unique : on risque de ne plus le revoir de sitôt.

21 octobre 2014

Le père et la fille

C'est le retour de la Mère Emptoire. Ce surnom savoureux, Martine Aubry l'avait gagné naguère auprès de ses amis socialistes à force d'ordres impérieux et de sarcasmes grinçants. Un mélange d'arrogance technocratique et de caractère soupe au lait. Une espèce de Juppé de gauche. Martine Aubry a dû se dire que le triomphe de Juppé dans les sondages était un signe favorable. Hollande a tellement abusé de la faiblesse que les « droits dans leurs bottes », vilipendés jadis, passent désormais pour des hommes d'État.

Comme Juppé, Martine Aubry fait patte de velours. Candidate au débat d'idées comme l'autre n'est candidat qu'aux primaires. L'âge leur a appris la prudence. C'est le vieux refrain du « J'ai changé ».

Pourtant, Martine Aubry vient exactement sur le terrain politique où on l'attendait. La maire de Lille est une moderne... des années 70. Un mélange de colbertisme et de compassionnel, d'emplois jeunes et de hausse des impôts. Des emplois qui ne servent à rien et sont payés par les hausses d'impôts.

Ou l'endettement. Ou les deux. Fromage et dessert. C'est la spécialité historique de Martine Aubry. Quand elle imposa les 35 heures, à la fin des années 90, la France adoptait au même moment la monnaie unique. L'euro comme couronnement du grand marché unique, le chef-d'œuvre de son père. L'économie française aurait pu supporter l'un ou l'autre, la concurrence du grand marché ou les 35 heures, le père ou la fille ; mais pour notre malheur, on eut les deux, le père et la fille. L'euro et les 35 heures. Depuis, on finance les 35 heures sur fonds publics à grands coups de subventions et d'endettement. Les grandes entreprises font semblant de combattre Martine Aubry, mais en vérité l'adorent : c'est une corne d'abondance qui ne s'est jamais tarie.

Manuel Valls est pourtant l'héritier naturel de Jacques Delors et de Martine Aubry. C'est l'Europe que le père et la fille ont faite qui impose désormais le clone catalan de Tony Blair. En attaquant Valls, qu'elle déteste, et Macron, qu'elle dédaigne, Aubry veut faire oublier ce fil rouge de sa carrière et de celle du pouvoir socialiste depuis le grand virage de 1983. À partir du moment où François Hollande renonçait à renégocier le traité budgétaire signé par Sarkozy – renoncement approuvé par Martine Aubry au nom de ses convictions européennes –, il se mettait dans la seringue bruxelloise. Que son gouvernement soit dirigé par Ayrault, Valls ou Aubry. À défaut de réduire vraiment les déficits, les socialistes doivent donner des signes de vertu aux sourcilleux technocrates bruxellois, que cela soit sur le travail le dimanche ou la baisse des allocations chômage. Ce que Martine Aubry appelle avec mépris les vieilles recettes libérales, mais qui ont la cote à Bruxelles et à Berlin, qu'elle n'affronterait pas davantage que ne le font Valls et Hollande. Le reste n'est qu'effets de tribune et postures de congrès pour ressusciter une social-démocratie morte depuis longtemps. Comme si les socialistes aussi étaient emportés par la nostalgie du c'était mieux avant.

23 octobre 2014

Le retour de Bismarck

Ils sont allés à Berlin sans faire escale à Bruxelles. Nos duettistes de Bercy, comme Manuel Valls il y a un mois, savent où est le maître. La Commission de Bruxelles mettra sa note au budget français, mais le gouvernement de Berlin tiendra le stylo.

Berlin règne sans partage. A imposé ses principes de bonne gestion, qui correspondent à ses besoins et ses intérêts : règle d'or, pacte de stabilité budgétaire, union bancaire au rabais. Elle a aussi placé ses hommes dans les rouages européens. Le cabinet du président de la Commission européenne sera dirigé par un Allemand, Martin Selmayr. Il ne jure que par le droit et les normes, qui s'imposent à tous sans barguigner. Dans l'administration bruxelloise, les Allemands tiennent tout. Les secrétaires généraux du Conseil des ministres sont allemands. Le Parlement européen est depuis belle lurette dirigé par la CDU et le SPD, qui s'entendent comme larrons en foire, loin du clivage droite-gauche qui hante encore ces naïfs de socialistes français. Angela Merkel a désigné un Espagnol comme prochain président de l'Eurogroupe, et le Polonais Donald Tusk comme président du Conseil européen.

L'Allemagne a des faiblesses pourtant : démographie en berne, infrastructures lamentables, dépendance excessive aux exportations. Mais sa domination est dans la tête de ses voisins, des dirigeants français en particulier. Ceux-ci sont persuadés que l'Allemagne garantit auprès des investisseurs internationaux la pérennité de l'euro et préserve les taux d'intérêt bas. En réalité, l'euro est une chance pour l'Allemagne. Et surtout pour l'Allemagne. L'euro empêche les industries françaises et italiennes d'entamer la suprématie de leur redoutable rivale allemande. Le principe même d'une monnaie unique favorise la zone au départ la plus puissante. Toute l'Europe est devenue le sous-traitant de l'industrie rhénane. Et les dirigeants français, de Sarkozy à Hollande ont tellement peur de perdre leur cher euro qu'ils obéissent au doigt et à l'œil à Berlin. C'est la stratégie française de la poule mouillée.

Les fédéralistes européens avaient cru nous arracher à la réalité des nations et retrouvent la question allemande. François Mitterrand avait cru se débarrasser du Mark, qu'il surnommait l'arme nucléaire des Allemands, et l'euro renforce la domination germanique.

Nous sommes revenus au temps du chancelier Bismarck, après la lourde défaite subie par l'armée française en 1870. L'ambassadeur britannique à Paris écrivait alors à son gouvernement : « Inutile de demander l'avis de la République française ; tout est décidé à Berlin. »

Le fameux couple franco-allemand est devenu intraduisible en allemand ; et un sujet de plaisanterie en Europe. Quand Merkel et Hollande se rencontrent, les sujets de fond sont rarement abordés. Contrairement à ce qu'il prétend en public, le Français a renoncé à la faire changer d'avis. Mais il paraît que Hollande la fait rire. Après Sarkozy, que son mari comparait à de Funès, Merkel a hérité de M. Petites Blagues. Mme la chancelière est gâtée. Au moins, il y en a une qui rit encore.

28 octobre 2014

Saint-Sulpice

Ils sont venus, ils sont tous là. Ils sont tous bénis des dieux, tous membres du gratin, la crème de la crème. Ils remplissent la majestueuse église de Saint-Sulpice. Les gens célèbres et les anonymes. Mais il n'y a pas d'anonymes. Le président de la République est là, le Premier ministre aussi, et un de ses prédécesseurs, François Fillon. Et le ministre de l'Intérieur, et Bernard Kouchner et Christine Ockrent, et Harlem Désir. Et puis des grands patrons. Et puis l'émir du Qatar. Et même, venue de Washington, la directrice du FMI, Christine Lagarde.

On n'avait pas connu ça depuis… Depuis quand déjà ? Depuis la mort de Philippe Séguin ? Depuis quand la France officielle n'a-t-elle pas organisé ainsi des obsèques quasi nationales ? Depuis Pompidou ou de Gaulle ? Depuis quand la gauche n'a-t-elle pas communié ainsi devant la dépouille d'un de ses grands hommes ? Depuis la mort de Mitterrand ? De Jean-Paul Sartre ? De Léon Blum ? De Victor Hugo ? D'Émile Zola ? Depuis le transfert des cendres de Voltaire et Rousseau au Panthéon au début de la Révolution française ? Mais pour ces grands écrivains, ces intellectuels, ces hommes d'État, ces hautes figures, le peuple – le fameux peuple de gauche – était présent dans la rue, immense et sincèrement éploré.

Le peuple de gauche et le peuple tout court n'étaient pas à Saint-Sulpice. Son absence ne s'assimilait nullement à la fureur vindicative d'un Gérard Filoche contre le « suceur de sang », qui est apparue à beaucoup comme une insulte déplacée à l'égard d'un défunt. Une absence qui est plutôt une réserve, une distance instinctive ; une question de rang, de classe. Margerie, malgré ses *big* moustaches, n'était pas de leur monde. Un grand patron, oui, dont les choix avaient des conséquences sur l'essence qu'on achète à la pompe pour partir en week-end, ou pour emmener la belle-mère en vacances. Mais, comme proximité, c'est peu. Une grande entreprise française, nous répètent à satiété les hommages qui défilent sur les chaînes d'info. Mais était-elle encore française ? Ses choix tenaient-ils encore compte de l'intérêt de notre pays ou de ses actionnaires internationaux ? Est-on encore une entreprise nationale quand on paie aussi peu d'impôts en France ? Dans l'église Saint-Sulpice, la révérence des éminences alignées en rang d'oignons résumait à elle seule une politique et une sociologie. Une politique : le social-libéralisme de Manuel Valls, consacré depuis sa déclaration d'amour au MEDEF. Une sociologie aussi, avec les liens tissés depuis des années, personnels et professionnels, entre la haute technostructure et les ultimes reliquats de ces deux cents familles vilipendées naguère par la gauche du Front populaire.

On a déjà connu semblable situation au XIXᵉ siècle, avec la fusion lente, contée fastueusement par tous les grands romanciers, à travers les mariages et les affaires faites en commun, entre l'aristocratie d'Ancien Régime et la nouvelle bourgeoisie capitaliste. « L'argent prend son bien en patience », disait alors drôlement une riche héritière sous la IIIᵉ République. Déjà, la gauche surprenait favorablement les possédants. Comme une vieille habitude.

30 octobre 2014

Le Malik Oussekine de Valls

C'est le choc de deux brutalités, de deux violences, de deux ambitions.

Celle de Manuel Valls d'abord. Le Premier ministre a pris Clemenceau comme modèle. Mais le Tigre lançait l'armée faire feu sur les grévistes. À l'époque, cela ne choquait pas grand monde. Pas de chance pour lui, Valls vit un siècle après. On n'ose imaginer les torrents d'indignation que la gauche – Valls y compris – aurait déversés sur la droite si Sarkozy était encore à l'Élysée.

Pourtant, ce n'est pas la violence des gendarmes qui dépasse la volonté du Premier ministre ; mais au contraire le savoir-faire des forces de l'ordre, leur professionnalisme, qui contient le plus souvent la violence politique dégagée par Valls. On l'a vu l'an dernier lors des manifestations contre le mariage pour tous, lorsque Valls alors ministre de l'Intérieur traitait les pacifiques veilleurs de fascistes et de putschistes qu'il poursuivait de sa vindicte, tandis que beaucoup de policiers exécutaient les ordres brutaux de leur hiérarchie avec une gêne visible.

Valls a compris l'immense demande d'ordre des classes populaires, mais il y répond à contretemps, pas contre la délinquance qui continue de prospérer, mais contre les manifestants politiques. Cette fois, son ambition a glissé dans le sang de Rémi Fraisse. C'est son Malik Oussekine à lui. En 1986, le président Mitterrand avait ruiné l'allant de son Premier ministre de cohabitation Jacques Chirac en prenant fait et cause pour la famille de la victime. On s'étonne encore que François Hollande n'ait pas agi de même avec son rival de Matignon. Ce qui prouve qu'il a encore beaucoup à apprendre en matière de cynisme politicien.

Dans le genre, Cécile Duflot, elle, est une surdouée. Elle n'a pas tardé à dénoncer la tache indélébile sur la veste du gouvernement. La récupération et l'instrumentalisation d'un mort ne font pas peur à la patronne des Verts. Elle joue son va-tout et sa candidature présidentielle de 2017 sur la radicalisation d'un *mano a mano* avec Valls qu'elle vomit. Elle s'appuie habilement sur les protestations légitimes contre un socialisme productiviste et soumis au lobby des grandes surfaces. Mais ces mouvements contestataires multiples – contre un aéroport à Nantes, un stade de foot à Lyon ou encore des lignes TGV – charrient le pire et le meilleur, le libertaire et le collectiviste, le doux et le farouche, l'ami de la nature et le Black Bloc venu casser du flic.

Depuis les années 70, ce gauchisme vindicatif a investi et dominé la mouvance écologique. Il lui a donné son radicalisme, sa fascination pour la violence révolutionnaire, son anticapitalisme viscéral, sans oublier son goût pour les manœuvres d'appareil groupusculaires. En Allemagne et en Italie, ces tendances jusqu'au-boutistes se sont perdues dans la vague terroriste de la bande à Baader et des Brigades rouges. En France, elles ont toujours pignon sur rue. Le gauchisme est la maladie infantile de l'écologie. Et les Verts sont bien décidés à ne pas grandir.

Joyeux anniversaire

Il n'y aura pas de gâteau. Pas de bougies. Et pas de Julie Gayet en robe fourreau pour chanter « *Happy Birthday Mr. President* ». François Hollande déteste les anniversaires comme Jean Yanne naguère détestait les routes départementales. Il les hait, les anniversaires. Il les vomit. Il les ignore. Il les oublie. Il les méprise. Il ne lit pas les journaux, il n'écoute pas les radios, il ne regarde pas les télévisions. Un anniversaire, mais quel anniversaire ? Une moitié de mandat ? Mais quel mandat ? Un président de la République ? Mais quel président de la République ?

François Hollande n'a jamais été président de la République. Ne le sera sans doute jamais. Quelques minutes peut-être, lorsqu'il décida l'intervention de l'armée française au Mali. Et puis, le soufflé est retombé. Il n'est pas le premier. Nicolas Sarkozy ne devint président de la République qu'au soir de sa défaite du 6 mai 2012. Ça laisse de l'espoir à son successeur. Les deux hommes ne furent que des Premiers ministres. Dans le genre surexcité et survitaminé pour Sarko ; dans le genre plan-plan social-démocrate suédois pour Hollande. Des chefs de parti, des communicants, des manipulateurs de journalistes. Mais des rois de France, non. Le moule est cassé.

Le pire est qu'ils n'en ont pas conscience. Ils vivent dans le déni. Sarkozy est persuadé qu'il a été vaincu à cause de la crise économique de 2008. Hollande est convaincu qu'il n'est rejeté que parce que la chance ne lui a pas souri, parce que cette croissance qu'il espérait tant, qu'il annonçait, qu'il prophétisait, n'est pas venue. Fichue croissance. Il n'ose plus en parler. C'est pourtant maintenant qu'il faudrait. Alors qu'il ne la promet plus, elle va peut-être débarquer par surprise. Toutes les conditions sont réunies, mais Hollande n'ose plus le dire. Comme le Pierre de notre enfance qui avait tellement crié au loup que plus personne ne le crut lorsque le loup survint. La baisse de l'euro et celle du prix du pétrole, et même le relâchement budgétaire avalisé tacitement par Bruxelles, tout concorde, tout va dans le même sens, tout s'accumule : les conditions de la reprise économique sont là. L'Europe pourrait enfin monter dans le train de la croissance américaine. Ah ! l'Amérique, Hollande en rêve : baisse du chômage, retour de l'industrie, réduction des déficits. Pourtant, là-bas aussi, le président à mi-mandat subit un rejet digne de celui de son homologue français. Enfin presque. Obama s'apprête à subir un revers électoral équivalent à ceux qu'accumule son homologue français. Enfin presque. Partout les peuples occidentaux cherchent de grands présidents et ne les trouvent nulle part. N'ont sous la main que des technos qui ne traitent que d'économie ; qui les abreuvent de chiffres alors qu'ils espèrent des mots ; qui ne leur parlent que de chômage, de dépenses, de recettes, de déficits, alors qu'ils désirent qu'on leur parle de morale, d'identité, de civilisation. Qui passent leur temps à leur faire de la pédagogie, alors qu'ils veulent seulement qu'on les entende. Et pourquoi pas écouter les peuples pendant qu'on y est ! Faut être raisonnable quand même.

Allez, *happy birthday, Mr. President !*

6 novembre 2014

Le vrai scandale de la CGT

La République en a connu d'autres. Des scandales, et des bien pires. Un appartement de fonction, une belle vue sur le bois de Vincennes, 130 000 euros de travaux payés par la maison. En d'autres temps on n'aurait guère tiqué. La CGT a l'habitude de bien traiter sa nomenklatura. L'ennemi de classe, qu'il soit patron, ministre ou journaliste, était complice ou regardait ailleurs. Et la classe ouvrière était solidaire de ses chefs. Qui se souvient des comptes du comité d'entreprise d'EDF ou de l'argent de la formation professionnelle ?

Les temps changent. Thierry Lepaon doit se dire qu'ils ne changent pas toujours en bien. En tout cas pas pour lui. Et encore moins pour la CGT. On pardonnait à ses prédécesseurs car ils étaient puissants et craints. On ne lui pardonne rien, parce qu'il ne compte plus. Les effectifs de la centrale fondent comme neige au soleil ; la CGT n'est plus depuis belle lurette la courroie de transmission du Parti communiste d'antan ; et l'argent de Moscou n'arrondit plus les fins de mois. La classe ouvrière a été disloquée et marginalisée par des décennies de désindustrialisation, de délocalisation et d'immigration. La CGT ne sait plus qui elle défend, comment elle les défend. La disparition des frontières a donné les pleins pouvoirs aux grands groupes mondialisés qui mettent en compétition les ouvriers du monde entier et se moquent des manifs République-Nation. Seule la droite française, quand elle est au pouvoir, fait encore semblant d'avoir peur de la CGT et lui donne le rôle du méchant dans un savant théâtre d'ombres.

La CGT n'est plus communiste, mais n'est pas encore assez socialiste. Depuis l'avènement de Hollande, la CFDT est le partenaire officiel, celui qui négocie avec le patronat et le gouvernement. Les rares syndiqués l'ont compris et vont bientôt en faire la plus forte – ou la moins faible – dans le secteur privé.

Pendant ce temps-là, les troupes votent avec leurs pieds pour le Front national. La centrale syndicale a renoncé à exclure tous ses affiliés qu'elle retrouvait militants ou même élus du parti de Marine Le Pen. Celle-ci a aligné sa politique sociale – retraite à 60 ans ou encore augmentation du smic – sur les revendications de la CGT. Prise à revers, la centrale ouvrière se retrouve à tenir un discours universaliste, aimez-vous les uns les autres, pas de guerre entre les pauvres, que n'auraient pas renié les chaisières d'antan. Leurs positions antiracistes les rapprochent du libre-échangisme du grand patronat.

Des alliances inédites se nouent : les hauts dignitaires de la

CGT parlent comme ceux du MEDEF, tandis que les ouvriers et les petits patrons se retrouvent dans une même hostilité à l'Europe, à la mondialisation et à l'immigration. Une partie de plus en plus importante des classes populaires en arrive à rejeter les politiques de redistribution, du logement social à l'assistanat des plus pauvres, qui privilégient à leurs yeux les seules familles d'immigrés.

Devant une telle révolution des esprits, la CGT apparaît comme un pôle conservateur. De quoi donner le tournis au camarade Lepaon !

11 novembre 2014

L'Europe d'avant 1914

Les Chinois savent recevoir. Mettre les petits plats dans les grands et les baguettes en or. Montrer à leur invité qu'il est le bienvenu. Qu'il est un ami. Ou un adversaire. Ancienne diplomatie, ancienne civilisation, ancienne nation. Vladimir Poutine ne s'y est pas trompé. La Russie ostracisée par les États-Unis et l'Europe à cause de l'Ukraine est tombée avec une ostentation voulue dans les bras du géant asiatique. C'était écrit. Les Occidentaux étaient prévenus. Les Allemands ont tout fait pour le retenir. En vain. Poutine sait faire. Lui aussi est un héritier. Ancienne diplomatie, ancienne civilisation, ancienne nation. La Russie de Poutine a rebâti l'alliance des tsars avec l'Église orthodoxe, tandis que la Chine a renoué avec ses racines confucéennes. Chacun plonge dans son passé pour retrouver sa gloire d'antan et affirmer son patriotisme d'aujourd'hui. Les États-Unis sont leur ennemi commun. Les États-Unis ont toujours considéré que la Russie communiste avait perdu la guerre froide et qu'elle devait en boire le vin jusqu'à la lie : perdre les conquêtes de Staline, mais aussi celles des tsars. Les États-Unis ne toléreront pas que les Chinois aient l'ambition de leur disputer l'imperium sur le siècle qui vient. Les États-Unis coalisent derrière leur armada militaire tous les voisins asiatiques, à commencer par le Japon, qui craignent l'émergence de la superpuissance chinoise. Les États-Unis se veulent aussi une puissance d'Asie. Obama vient également à Pékin pour le sommet de l'APEC. Mais Obama n'est pas Poutine. Le rival, pas l'allié. On lui sourit, mais les rictus restent figés. On se toise, on se mesure, on rivalise. On montre ses muscles, économiques, mais aussi diplomatiques et militaires.

L'Asie ressemble de plus en plus à l'Europe d'avant 1914, avec l'affirmation des nationalismes et le ballet des alliances. Incroyable automne 2014, où l'histoire en marche semble chevaucher et rejoindre l'histoire que l'on commémore, que ce soient le centenaire de la guerre de 1914 ou l'armistice du 11 Novembre, sans oublier les vingt-cinq ans de la chute du mur de Berlin, qui rendit la nation allemande à son destin inéluctable de puissance dominante du continent européen, ce qui avait justement provoqué le déclenchement des hostilités il y a un siècle.

Incroyable retour de l'histoire dont certains avaient annoncé prématurément la fin. Incroyable retour des nations, alors même que nos intellectuels et nos politiques, depuis quarante ans, avaient annoncé leur mort.

On n'ose imaginer ce qu'aurait fait de cette situation qu'il avait prophétisée le général de Gaulle, lui qui avait osé reconnaître la Chine et tendre la main à l'Union soviétique, pardessus le rideau de fer, persuadé qu'il était que dans ces deux pays le sentiment national finirait par boire le communisme comme le buvard buvait l'encre. Nous y sommes.

Et pendant ce temps-là, la France de François Hollande, elle, toujours accrochée à sa chimère européenne, à laquelle les élites hexagonales sont les dernières à croire, regarde passer les trains de l'histoire.

13 novembre 2014

Préférence nationale

Les révolutions commencent toujours par des révolutions du droit. Quand les mots changent de sens, c'est la réalité qui s'en trouve chamboulée. Ce que le juge appelait il y a peu discrimination, il l'appelle désormais flexibilité. Ce qu'il appelait entrave à la libre circulation, il l'appelle désormais charge déraisonnable. Cette notion de charge déraisonnable est appelée à un grand avenir. Certains, effrayés par les conséquences – tel Jean-Luc Mélenchon, hier à RTL –, veulent circonscrire la décision du juge à la seule lutte contre la fraude. Cet arrêt a une bien plus grande portée. Il légitime le principe même de la préférence nationale, qui réserverait certaines prestations aux citoyens d'un pays.

Cette décision du juge prend tout le monde à contre-pied. Ceux – qui comme moi ou d'autres – étaient convaincus que l'Europe – celle des normes et du droit – était le barrage le plus absolu à la souveraineté des États et des peuples. Mais la surprise est encore plus grande pour tous ceux qui, à gauche et à droite, comptaient sur l'Europe pour contenir ce qu'ils appellent avec mépris le populisme. Ceux-là se sentiront trahis et désarmés. Les mêmes répéteront que la Constitution française interdit de distinguer les aides sociales entre citoyens français et étrangers.

Ce n'est pas la Constitution mais le juge constitutionnel qui a érigé cette règle d'égalité entre Français et étrangers, en la tirant d'un article de la Déclaration des droits de l'homme qui n'avait nullement vocation à devenir un texte de droit positif. Mais ce qu'un juge a fait, un autre juge peut le défaire. D'autant plus que depuis des années tous les juges français – y compris les plus hautes institutions – se sont mis au garde-à-vous devant le juge européen.

Dans les années 80, Jacques Chirac, alors maire de Paris, avait réservé une allocation de naissance aux enfants nés de parents français. Le tribunal administratif l'avait censuré. Trop content de pouvoir se cacher derrière le juge, Chirac n'avait pas insisté. La décision du juge européen est un coup dur pour tous les politiques. La gauche est embêtée : elle doit se souvenir que c'est elle, depuis la Révolution française, qui a inventé la distinction entre nationaux et étrangers. La droite est embêtée : ses électeurs estiment depuis longtemps qu'il faut couper les pompes aspirantes sociales – comme disait le RPR dans les années 90 – pour tarir les flux d'immigration. Même le Front national est embêté, car il avait récemment mis de l'eau dans son vin en remplaçant la préférence par la priorité nationale. Marine Le Pen avait ainsi essayé de contourner et de vider de sa substance ses propres principes, pour complaire aux médias et aux bien-pensants.

L'ironie est que c'est le juge européen, détesté par tous les nationalistes purs et durs, qui lui fait honte de son apostasie. Karl Marx avait raison : le droit n'est que le produit d'un rapport de force à une époque et dans une société. Sous la pression des peuples européens, ce rapport de force est en train de changer. Tel un sismographe, le juge européen l'a senti avec plus de finesse que tous les politiques français.

18 novembre 2014

Souvent Sarko varie, fol est qui s'y fie

Il ne voulait pas dire le mot. Le mot magique, le mot maudit. Le mot interdit. Le mot d'abrogation. Nicolas Sarkozy avait jusque-là éludé, contourné, finassé. Il s'était répété sans cesse la remarque célèbre du cardinal de Retz qu'affectionnait tant le président Mitterrand : « On ne sort de l'ambiguïté qu'à son détriment. » Rien n'y a fait. Il n'a pas tenu. Il a dû s'incliner. Il a dû promettre l'abrogation de la loi Taubira qu'il avait jusque-là refusée. La pression était trop forte. La pression dans la salle. Houleuse, méfiante. L'acclamant ironiquement quand elle a enfin obtenu sa victoire. Personne dans la salle n'a cru que Sarkozy président abrogerait la loi Taubira. Comme personne n'a cru à son idée impraticable et grotesque de double mariage, l'un pour les hétéros, l'autre pour les homos. Comme personne ne l'a cru quand il avait dénoncé à Nice l'immigration qui menace notre manière de vivre après avoir exalté les sociétés métissées.

C'est la nouvelle devise à l'UMP : Souvent Sarko varie, fol qui s'y fie.

Emporté par son élan, il a même reconnu que, juridiquement, tout mariage entraînait toutes les autres formes d'adoption et de gestation. Que le mariage pour tous impliquait inéluctablement la PMA pour tous et la GPA pour tous, alors même que ces pratiques sont officiellement interdites en

France. Qu'il fallait donc mettre un verrou, comme il dit. Mais le seul verrou efficace ne pourrait être que l'abrogation de la loi Taubira. Ce que dissimulaient obstinément tous ceux qui assurent, la main sur le cœur, qu'une loi ne peut défaire ce qu'une loi a fait. À gauche, mais aussi à droite.

Mais ce n'était pas l'ancien président aspirant à le redevenir que la foule parisienne acclamait. C'était elle-même et sa capacité nouvelle à imposer ses thèmes, ses idées, ses projets. Jusqu'à présent, c'était l'apanage des groupuscules de gauche, associations et lobbys divers, bien relayés par les médias, qui dictaient leur calendrier et leur idéologie aux politiques socialistes, avant que ceux de droite, intimidés et tétanisés, ne s'alignent sur leurs adversaires.

La roue a tourné. Les groupes issus de la Manif pour tous ont compris la leçon. La guerre culturelle a changé d'âme. Le Mai 68 à l'envers, diagnostiqué par certains observateurs de gauche atterrés, prend lentement forme. Sarkozy n'en sera pas la seule victime. On a vu François Fillon, après Xavier Bertrand, durcir ses propositions sur l'immigration. Alain Juppé lui-même a dû se renier sur les 35 heures ou l'ISF. Les chefs de l'UMP ont compris qu'il en allait de leur survie. S'ils ne voulaient pas connaître le destin de la gauche, et perdre leurs électeurs par pans entiers, les classes populaires sur l'immigration, les modérés catholiques sur la loi Taubira. Tous sur l'assistanat. Les électeurs sont devenus redoutables. Ils prennent les idées au sérieux. Les politiques devront faire semblant d'y croire.

20 novembre 2014

Guerre des religions

Œil pour œil, dent pour dent. C'est la loi du talion. Le Premier ministre israélien traite les assassins palestiniens d'animaux humains, qui qualifient volontiers leurs victimes de cochons de Juifs. Une animalisation qui nous ramène aux imprécations vengeresses des textes sacrés. C'était la coutume naguère d'édifier son temple à la place même de celui du vaincu. Certains rabbins se proposent donc de reconstruire le Temple de Jérusalem, détruit par les légions du Romain Titus en l'an 70, là où il était, c'est-à-dire en lieu et place de la mosquée Al-Aqsa. Jusqu'alors les Israéliens pouvaient s'enorgueillir de laisser les musulmans prier dans l'un de leurs lieux saints, quand les Juifs avaient été longtemps privés du Mur des lamentations. En 1967, dans l'ivresse de la victoire, des soldats proposèrent de faire sauter la mosquée, mais le général Moshe Dayan avait refusé avec hauteur.

Mais c'était alors une guerre d'États, de nations, de territoires, pas de religions ni de dieux. Chacun des deux camps maniait les symboles sacrés sans vraiment y croire. Le fondateur d'Israël Ben Gourion prenait les Juifs orthodoxes pour des dinosaures et le président Nasser faisait rire les foules égyptiennes en se moquant des islamistes, avant de les mettre en prison. Entre Israéliens et Palestiniens, c'était un mouvement des nationalités contre un mouvement des nationalités, des Juifs athées contre des Arabes souvent chrétiens. Le sionisme était né à Paris dans la tête d'un journaliste viennois ; la nation palestinienne fut conceptualisée et popularisée à Paris par des gauchistes, souvent juifs. Ce n'était pas un hasard. La France est persuadée depuis la Révolution française que tout peuple rêve de l'imiter. La France fut donc une des premières à reconnaître Israël et le premier pays européen à défendre la cause nationale palestinienne.

Mais le Moyen-Orient compliqué a depuis lors abandonné cette simplicité française. La révolution iranienne de 1979 a remis l'islam comme moteur politique principal du monde arabe ; la reconquête des lieux saints du judaïsme a réconcilié les rabbins avec ces mécréants de sionistes. La société politique israélienne a vu l'émergence de plus en plus influente d'une tendance nationale-religieuse qui a évincé peu à peu les fondateurs socialistes du pays. Certes, la démocratie israélienne a conservé l'esprit libéral de son parlementarisme d'origine et contient encore la passion des religieux qui rejettent les principes démocratiques comme des inventions impies de l'Antiquité grecque. Le Fatah de Mahmoud Abbas tente, lui, de garder la flamme du nationalisme palestinien, mais les Israéliens l'ont privé de continuité territoriale et des attributs d'un État souverain, tandis que ses rivaux islamistes de Gaza le considèrent comme un traître.

Le mouvement national palestinien, longtemps central au moins dans les cœurs et les discours arabes, est en train d'être marginalisé par le combat de l'État islamique pour le retour du califat. La guerre des nations a tourné à la guerre des religions. Deux peuples pour un territoire sont devenus deux religions pour une ville sacrée. Une guerre de cent ans se perd dans les méandres d'un conflit millénaire.

27 novembre 2014

Un pape postcatholique ?

C'est l'histoire d'un pape qui se rend à Strasbourg et ignore la cathédrale. Comme un musulman irait à Jérusalem sans prier à la mosquée Al-Aqsa ; comme un président français qui célébrerait le 11 Novembre sans se recueillir sur la tombe du soldat inconnu ; comme la reine d'Angleterre qui dédaignerait la Royal Navy ; comme un président américain qui ne prêterait pas serment sur la Bible.

Le pape François parle des racines de l'Europe, mais ne précise pas qu'elles sont chrétiennes. Il exalte la spiritualité, mais prononce à peine le nom de Dieu et pas celui du Christ. Il dit droits de l'homme, solidarité, exploitation, diversité, écologie, mondialisation, immigration. Il ne dit pas avortement, euthanasie, mariage homosexuel. Il dit les mots qui plaisent, pas les mots qui fâchent. Il parle de l'Europe des peuples, pas de l'Europe des nations. Il prône l'accueil généreux des migrants, en ignorant que ces vagues incessantes en Méditerranée transforment peu à peu l'Europe en terre d'islam. Le chef des chrétiens n'a pas l'air de s'en inquiéter ni même de s'en soucier. Ce pape est obsédé par le dialogue entre le christianisme et l'islam ; mais au-delà d'un dialogue convenu et protocolaire, comment le christianisme peut-il utilement dialoguer avec un islam qui considère que les chrétiens sont des musulmans qui s'ignorent ou se renient ?

François est l'anti-Benoît XVI qui avait fait scandale en

exaltant le christianisme fécondé par la raison grecque, au contraire de l'islam. Benoît XVI rappelait les principes de l'Église, que sapait le misérabilisme compassionnel véhiculé par les médias ; François joue du misérabilisme compassionnel pour soigner sa popularité auprès des médias. Benoît XVI rappelait les dogmes à une époque qui les rejette ; François jette les dogmes aux orties pour complaire à l'époque. Le récent synode sur la famille et sa complaisance pour le mariage homosexuel avaient déjà troublé les chrétiens. En France, ceux qui avaient manifesté contre le mariage pour tous au nom de leur foi chrétienne s'étaient sentis trahis. Ce voyage à Strasbourg finit de les désespérer. Vatican II avait bouleversé les repères liturgiques des chrétiens ; François paraît décidé à brader leurs repères culturels et cultuels. Le pape François est l'idole des médias, des députés européens et de la gauche occidentale. Il n'a pas l'air de s'inquiéter que les habituels contempteurs les plus sarcastiques et vindicatifs de l'Église l'applaudissent. Le pape semble davantage l'héritier de Jacques Delors que de Jean-Paul II. Un démocrate-chrétien converti à la social-démocratie. Une grande coalition allemande à lui tout seul. Un pape postcatholique ; un adepte du christianisme sans le dogme qu'adorent nos contemporains progressistes qui ont renvoyé le sacré dans les poubelles de l'histoire. Un pape qui incarne le mieux la célèbre phrase de Chesterton sur « le monde moderne plein d'anciennes vertus chrétiennes devenues folles ».

Le pape François est en train de transformer l'Église en une simple ONG. Entre Greenpeace et Terre d'asile.

Européen comme un Polonais

Il parle allemand. Il apprend l'anglais. Le français n'est pas à son programme. Les langues de Donald Tusk disent tout des nouveaux rapports de force au sein de l'Europe. Les Polonais ont beau appartenir au Triangle de Weimar avec la France et l'Allemagne, leur triangle vital est celui qu'ils forment avec l'Allemagne et les États-Unis. Comme tous les Polonais, Tusk appelle Union européenne le meilleur rempart contre la menace russe. Et la défense européenne est assurée par les États-Unis. Leçons de l'histoire et de la géographie. La Pologne fut longtemps une nation martyre coupée et redécoupée par Allemands et Russes. Les Polonais se sont toujours mis avec la puissance dominante en Europe qui pouvait le mieux les protéger des Russes. De la France de Napoléon aux États-Unis de Wilson un siècle plus tard, et même un temps l'Allemagne d'Hitler dans les années 30.

Rien n'a changé sous le soleil. On l'a vu lors de la crise ukrainienne : les Polonais jouent les boutefeux contre Poutine, poussent les Américains à la fermeté, harcèlent les Français pour qu'ils ne livrent pas les Mistral à la marine russe, montent l'ouest de l'Ukraine contre l'Est. Eux n'ont pas oublié que cette partie-là leur avait appartenu jadis.

En polonais, le mot économie se traduit par Europe. Fonds structurels pour l'agriculture et grand marché. Mais pas l'euro.

Les Polonais ne sont pas fous. La monnaie unique leur interdirait de développer leur industrie. Celle-ci fabrique avant tout des pièces détachées pour les automobiles allemandes. Elle fait partie de cette plate-forme de sous-traitance qu'a su créer autour d'elle l'industrie germanique. Pas chères, car composées par des salariés peu exigeants et une monnaie de pacotille, les pièces détachées quittent les usines polonaises, ou tchèques, ou slovènes, et se retrouvent dans les usines de BMW et de Mercedes en Allemagne, pour y être assemblées par les remarquables ouvriers rhénans, avant que ces belles limousines soient exportées vers la Chine et les États-Unis.

La machine est bien rodée et tourne à plein régime depuis des années.

On se doute que dans ces conditions Donald Tusk n'aura rien à refuser à Angela Merkel, qui a installé à la tête du Conseil européen un allié indéfectible.

Dans cette ronde économico-stratégique, la France est absente, la France ne compte pas. Tous les choix et intérêts des Polonais sont contradictoires avec ceux, historiques, des Français : ils craignent plus que tout Poutine, quand les Français ont une vieille tradition d'alliance russe ; ils sont libéraux comme les Anglais, quand les Français fantasment encore sur un colbertisme européen ; ils sont les plus fervents adeptes de l'OTAN, quand la France a tenté jadis de s'en émanciper ; ils sont les sous-traitants sans états d'âme de la puissante industrie allemande, quand les Français font encore semblant de vouloir la concurrencer.

Les dirigeants polonais considèrent que l'Europe défend parfaitement leurs intérêts nationaux ; les Français affirment la même chose. Un des deux est forcément le cocu de l'histoire.

4 décembre 2014

Cascade de mépris

Les histoires d'amour d'été s'achèvent souvent dans les premiers frimas de l'hiver. Qui dira je t'aime en août criera je te hais en décembre. C'est la rupture bête et brutale. Entre Valls et le MEDEF se joue une banale confusion des sentiments. Le chef du gouvernement socialiste a chanté paroles, paroles et paroles ; le patronat rappelle à son séducteur empressé qu'il n'y a pas d'amour, mais des preuves d'amour. Comme le vilain mari remplace un jour le prince charmant, l'administration s'est depuis la rentrée substituée au Premier ministre. Le patronat se révèle une belle capricieuse qui en demande toujours plus. Comme disait Lacan : « L'amour, c'est donner quelque chose qu'on n'a pas à quelqu'un qui n'en veut pas. » La gauche ne peut donner au patronat les 40 heures payées 35 ou la suppression du smic. Et le MEDEF fait mine d'engager l'ensemble d'un monde qu'il représente moins que jamais.

Il y a toujours eu des divisions entre petits et grands patrons, entre artisans et technocrates pantouflant dans les grands groupes. Mais leurs différences étaient de degré ; elles sont devenues de nature. Le monde patronal connaît désormais cette cascade de mépris qui caractérisait la société d'Ancien Régime avant la Révolution. Les patrons du CAC 40 sont les nouveaux aristocrates. Ils dirigent des multinationales ; la plupart de leurs usines sont délocalisées ; parfois, eux-mêmes et leurs enfants se sont auto-délocalisées. Pour eux, la France n'existe plus que pour les vacances en famille ; ils n'y vendent plus grand-chose ; mais y achètent encore pour leurs filiales des pièces détachées à des sous-traitants français qu'ils pressurent, en les mettant en concurrence avec des Chinois ou des Turcs. Ils regardent Valls et Gattaz avec un égal mépris d'élites mondialisées qui ne comparent leurs millions d'euros qu'à ceux de leurs homologues américains ou britanniques.

En bas, les patrons des PME sont économiquement et sociologiquement plus proches de leurs ouvriers que de ce monde de nababs. C'était le sens de la révolte des bonnets rouges que n'a pas compris un Mélenchon. Les petits patrons souffrent comme leurs salariés des charges et impôts excessifs, de la concurrence des emplois détachés, et des contrôles tatillons de l'administration française, chargée de surveiller l'application des innombrables directives européennes. Ils ne comprennent pas que les grandes surfaces ou la Sodexo touche des millions d'euros du crédit d'impôt pour la compétitivité et l'emploi. L'administration française continue de privilégier avant tout les grands groupes, comme au temps du président Pompidou, sans se rendre compte que ceux-ci ne sont plus les champions nationaux d'antan. Cette collusion entre le pouvoir et le MEDEF est devenue insupportable aux syndicats de petits patrons. Qui font révolte à part. Leurs souffrances ne sont pas les mêmes, leurs intérêts non plus. Pierre Gattaz fait semblant de tenir un discours revendicatif unitaire autour de moins de charges qui ne trompe plus personne. Les petits patrons ne sont pas au MEDEF et ceux des multinationales n'y sont plus. Valls a cru embrasser à l'été la princesse au bois dormant. Le carrosse est redevenu citrouille, et le pied de Cendrillon ne rentre plus dans la chaussure de vair.

9 décembre 2014

Réforme

La jeunesse a l'avantage de croire naïvement mais sincèrement qu'elle invente quelque chose de neuf. À chaque génération, l'histoire recommence. Emmanuel Macron est jeune et brillant. C'est dire si sa loi est originale et novatrice. Et courageuse et réformatrice. Et audacieuse et moderne. Pourtant, l'idéologie qui la sous-tend n'est pas neuve : c'est la concurrence qui doit théoriquement dynamiser l'activité économique, relancer la croissance, créer des emplois. Sans remonter à Turgot qui l'expliquait déjà à Louis XVI – on sait comment cela a fini –, c'est le discours de nos élites technocratiques depuis toujours. La concurrence, la concurrence, la concurrence. Depuis les années 80, Bruxelles a repris cette antienne. La concurrence, la concurrence, la concurrence. Et la réduction des dépenses publiques, la réduction des dépenses publiques, la réduction des dépenses publiques. C'est facile d'être commissaire européen. Mais les gouvernements français n'osent jamais réduire les dépenses publiques, car il faudrait alors tailler dans le vif des effectifs de la fonction publique et des collectivités locales. La modernité atteint sa limite dans la clientèle du Parti socialiste. De plus, en période de déflation, ce n'est pas vraiment le moment idéal pour réduire les dépenses publiques. Il faut reconnaître qu'en France, depuis quarante ans, ce n'est jamais le moment idéal.

Alors, tancé par Bruxelles et Berlin, le gouvernement est contraint de donner des gages. Pas de blâme pour les déficits budgétaires, mais une dérégulation des professions juridiques et quelques dimanches de travail en plus pour apaiser la colère de nos maîtres. Ainsi, dans l'Antiquité, immolait-on des jeunes vierges pour apaiser les dieux. Aujourd'hui, on offre les notaires, les avocats, les commissaires-priseurs et autres. La piétaille judiciaire. Pourquoi elle ? Et pourquoi pas elle ? C'est injuste mais ça soulage. Des nantis qui, de surcroît, sont les héritiers d'un modèle très français, intact ou presque depuis Napoléon. Une organisation juridique du pays qui n'a rien à voir avec le modèle anglo-saxon. Un modèle anglo-saxon pourtant beaucoup plus inégalitaire et qui connaît d'innombrables contestations, tandis que le système français garantit une sécurité juridique presque parfaite. C'est la meilleure raison pour l'abattre. En jargon technocratique, on dit réformer.

Après, il faut vendre la réforme. On dit : expliquer. Expliquer aux Français et aux députés. Arnaud Montebourg avait usé d'une très vieille ficelle : les notaires sont riches, il faut qu'ils rendent l'argent ! Macron est moins démagogue, plus hypocrite. Il dit réforme, négociation, compromis. Il dit Europe aussi. Il y a trente ans déjà, Mitterrand, Delors, Bérégovoy disaient la même chose. C'est la contrainte extérieure qu'aiment tant nos technocrates modernistes. Les députés socialistes hurlent à juste titre au libéralisme, à la dérégulation. Pestent. Jurent qu'ils ne voteront pas. Qu'ils se révolteront. Qu'ils feront sécession. Et puis, à la fin, ils se coucheront. Bonne nuit, les petits, le marchand de sable passera bientôt.

12 décembre 2014

Déchristianisation

Mission accomplie. Il n'y a plus de crèche au conseil général de Vendée. Son président s'est soumis. Reste encore un rebelle à Béziers, mais il ne tardera pas à être mis aux arrêts de rigueur. L'infâme, comme disait Voltaire, doit partout rendre gorge. Les docteurs Homais de la libre-pensée triomphent. Il ne faut pas qu'ils s'arrêtent en si bon chemin. Ils doivent exiger que les cloches des églises ne sonnent plus. Que les pharmacies ne soient plus indiquées par des croix. Que le plus mathématique ne ressemble pas à cet horrible signe religieux. Nous voici revenus aux temps bénis de la Terreur ou de la République des bouffeurs de curés.

La laïcité ne doit pas souffrir d'exception. Peu importe que l'Église ne menace plus la République depuis belle lurette. Peu importe que la crèche et ses animaux adorateurs d'un Enfant Dieu relèvent davantage de traditions populaires ancestrales et païennes que du strict dogme catholique.

Dura lex, sed lex. Nos laïques impérieux nous rappellent que la loi de 1905 est une arme impitoyable. Ce n'est pourtant pas ce qu'on nous serinait depuis des années. On nous affirmait au contraire que c'était un texte de tolérance, de conciliation. Que la laïcité ne devait pas être utilisée pour susciter la haine. Quand le maire de Paris célèbre à l'Hôtel de Ville de festifs repas de fin de ramadan. Quand de nombreux maires financent sur fonds publics la mosquée de leur ville sous couvert d'édifices prétendument culturels. Quand la ministre de l'Éducation nationale tolère que les mères voilées accompagnent les enfants dans le cadre scolaire.

Tolérance pour les uns, rigueur pour les autres. Mais multiculturalisme pour tous. L'objectif politique de nos laïques et de nos juges est de déchristianiser l'espace public de la France pour servir le multiculturalisme. D'effacer les racines chrétiennes de la France pour imposer une égalité des cultures et des traditions. On ne dira plus Noël ou Pâques mais fêtes de fin d'année ou de printemps. On nettoie les calendriers et les rues pour faire place nette. Place nette à la consommation de masse ; le dieu marchand doit être le seul adoré en cette période de Noël, pardon, de fêtes de décembre. Mais ce vide spirituel, culturel et identitaire ne restera pas longtemps inoccupé. Le marché n'a pas vocation à lui seul à satisfaire les foules sentimentales en quête d'idéal. Interdits de se réchauffer au feu de leurs traditions chrétiennes millénaires, les jeunes Français iront assouvir ailleurs leur besoin de dépassement spirituel. L'islam ne demande qu'à remplir ce vide spirituel soigneusement entretenu.

Cette transhumance religieuse a déjà commencé dans nombre de banlieues. Récemment, on s'étonnait de retrouver certains de ces jeunes convertis dans les rangs du califat aux premières loges barbares du djihad. Formidable succès : le laïcisme farouche de la libre-pensée au service de la fin de toute pensée libre.

16 décembre 2014

Va te faire (re)voir chez les Grecs !

C'était il y a trois ans. C'était il y a un siècle. Une éternité. La Grèce, ses dettes, ses élections, sa Bourse qui s'effondre. Ses manifs contre l'austérité, ses armateurs qui ne paient pas d'impôts et ses pauvres qui ne peuvent se payer des médicaments. Sa sortie de l'euro évoquée, étudiée, démentie, rejetée, empêchée. La Grèce ne sortira jamais de l'euro. Jamais. On nous avait dit : N'ayez pas peur. La situation est sous contrôle. On nous avait dit troïka, FMI. Bruxelles, Washington, Berlin. Politique de rigueur courageuse qui commence à porter ses fruits. Comme en Espagne, comme en Irlande, comme au Portugal. La Grèce, bonne élève. L'Espagne, très bonne élève. L'Irlande, excellente élève. La France, seule, mauvaise élève.

Et voilà que tout recommence. Il a suffi que le Premier ministre grec annonce des élections anticipées pour que la Bourse d'Athènes plonge, et que repartent les rumeurs de sortie de l'euro. Que le commissaire européen Pierre Moscovici soit dépêché à Athènes pour éteindre l'incendie. Le feu couvait donc sous la braise. Le bon élève grec était toujours un cancre. Les élections risquent de donner la majorité aux partis qui ne veulent plus rembourser les dettes du pays. Tempête sous les crânes des banquiers.

Le peuple, cet éternel empêcheur de tourner en rond. Il faudrait pouvoir changer le peuple grec. Et le peuple espagnol aussi, qui s'apprête également à voter. Et qui ne voit pas non plus les résultats des efforts fournis et fait un triomphe à un mouvement antieuropéen. Et les Belges qui manifestent en nombre. Et les Irlandais qui se rebellent.

C'est la révolte des bons élèves. Victimes de leurs bonnes notes. La théorie économique explique fort bien ce paradoxe apparent. En période de déflation et donc de croissance très faible, plus on rembourse et plus on doit payer. Les taux d'intérêt ne baissent jamais autant que les prix. Le désendettement ralentit la reprise économique et aggrave la déflation. C'est le cercle vicieux parfait. Un cercle vicieux qui pourrit la vie des Japonais depuis vingt ans. Les pays du sud de l'Europe ont donc toujours un chômage énorme et lorsque des industries s'y installent, en Espagne le plus souvent, plus rarement en Grèce ou au Portugal, c'est parce que les salaires des ouvriers locaux ont beaucoup baissé. Ce qui empêche ces derniers de consommer et donc de faire tourner la machine.

Mais c'est la seule solution. Quand des Espagnols ou des Grecs, ou même des Français, ont la même monnaie que les Allemands, ils ne peuvent jamais rattraper leur retard de compétitivité sur leur grand concurrent rhénan. Il faudrait pour cela qu'ils dévaluent massivement leur monnaie pour espérer rivaliser. Si la Grèce et les autres pays du Sud ont été empêchés de sortir de l'euro, ce n'est donc pas pour rétablir leur situation économique, mais pour éviter de ruiner leurs créanciers.

Finalement, les notes, c'est trop injuste.

2015

Queue de comète

Emmanuel Macron peut trembler. Il avait déjà sur le dos la Commission de Bruxelles, le ministre allemand des Finances, les députés frondeurs du Parti socialiste, le chef du PS, Jean-Christophe Cambadélis, Martine Aubry, sans oublier son prédécesseur, Arnaud Montebourg. Il avait reçu, pire encore, le soutien de quelques politiques de droite. Les uns lui reprochaient de ne pas être assez libéral, les autres de l'être trop. Mais le plus dangereux, le plus menaçant, était encore à venir : Cécile Duflot appelle solennellement à mettre en échec la loi Macron. Tremble, carcasse !

Cécile Duflot ne croit pas que Hollande ait la moindre chance d'être réélu en 2017. Mais elle n'est pas la seule. Elle prépare une alternative à cette candidature perdue d'avance. Mais elle n'est pas la seule. ElLe Pense qu'il faut tourner le président sortant sur sa gauche. Mais elle n'est pas la seule. Elle se retrouve sur un créneau aussi encombré que le métro aux heures de pointe : Mélenchon, Montebourg, Aubry, les frondeurs du PS. Cécile Duflot n'est ni la plus populaire, ni la plus charismatique du lot. Sa place dans les sondages est dérisoire. Mais il y a pire. Au lieu de s'inquiéter du réchauffement climatique provoqué par les cars, ou de contester l'érection d'un aéroport ou d'un barrage, la patronne du parti écologique devrait s'intéresser à une forme sournoise et massive de

destruction d'un milieu naturel jadis giboyeux, de désertifica-
tion d'un territoire autrefois verdoyant, un territoire naguère
immense et densément peuplé, qui se vide à vitesse folle, je
veux parler du pays des électeurs de gauche. Ce fut pourtant
une spécialité française, comme le gevrey-chambertin ou les
innombrables fromages : des candidats trotskistes à la présidentielle, un Parti communiste puissant, des congrès du PS qui
se gagnaient toujours à gauche, des Verts qui, contrairement
à leurs collègues allemands, refusaient de se soumettre aux
lois d'airain du capitalisme mondialisé. Depuis un siècle, les
professeurs de sciences politiques appelaient cela le sinistrisme
français. En clair : toujours plus à gauche ! Mais ce monde-là
est mort. Il reste médiatiquement puissant, mais est intellec-
tuellement en déshérence et électoralement atone. La queue
de comète brille encore, mais la planète a disparu. Il n'y a plus
d'électeur au numéro que vous demandez. Toutes les élections
depuis 2012 le prouvent cruellement. Comme l'a reconnu,
dépité, Mélenchon, au soir des européennes, le clivage est de
moins en moins social, et de plus en plus ethnique, identitaire.
Et l'environnement n'a jamais été un sujet électoral porteur.
Même pas pour les Verts qui lui ont toujours préféré la cause
des sans-papiers ou le mariage gay.

Duflot n'a pas tort de dénoncer dans le libéralisme du
gouvernement une resucée des idées des années 80 ; mais le
projet égalitariste, antiraciste et antiprogressiste de l'ancienne
ministre du Logement sent les rébellions des années 70 à plein
nez. On est toujours l'archaïque de l'autre. En tapant Macron
et Hollande, Duflot croit préparer sa campagne présidentielle
dans les meilleures conditions. Elle tape dans le vide et à côté.

8 janvier 2015

La fin de la parenthèse enchantée

Il y a des morts qui sont plus que des morts. Des attentats
qui sont plus que des attentats. Des dates qui ne sont pas seulement des événements, mais des ruptures, des fins de cycle,
et des commencements. Le 11 septembre 2001, les Américains

ont cessé de croire qu'ils étaient cette nation indestructible, protégée par Dieu et l'océan, qui ne pouvait jamais être attaquée sur son sol. Le 7 janvier 2015 est notre 11 Septembre. Le jour où la guerre est revenue. Comme jadis. Comme toujours. Pas la guerre pour la liberté d'expression, mais la guerre tout court. Avec de vrais ennemis et des ennemis de l'intérieur. On l'avait oubliée, la guerre, c'était si loin. La dernière fois, c'était la guerre d'Algérie. Des attentats, on en avait connu depuis, terrorisme venu d'Iran, en 1985, terrorisme venu d'Algérie, en 1995. Pasqua avait terrorisé les terroristes. C'était tragique, mais cela conservait un côté grand-guignol. On n'y croyait pas vraiment. On ne voulait pas y croire. Notre grande affaire, c'était la paix, pas la guerre. On avait oublié que l'histoire est tragique. Oublié que jamais notre nation n'avait connu une si longue période de paix. Oublié que la France avait toujours été le pays des guerres civiles, des guerres de Religion.

Les Wolinski, Cabu, Maris et le nom même de *Charlie Hebdo* – héritier de l'ancien *Hara-Kiri* – symbolisaient précisément cette volonté farouche d'oublier le tragique de l'histoire. Comme si les tueurs n'avaient pas choisi au hasard. Ils incarnaient une génération, celle du baby-boom, un esprit, celui des années 60, une utopie, pacifiste et libertaire, qui avait décidé de s'affranchir de toutes les contraintes et de repousser toutes les limites. C'était l'heure de la consommation, de l'hédonisme, de la libération sexuelle, du culte du moi, de la tolérance. De la quête du bonheur avant tout et au-delà de tout. On s'interdisait d'interdire, de stigmatiser, de discriminer, d'amalgamer. Il n'y avait plus d'ennemis. On se donnait toutes nos différences, tous ces défauts qui sont autant de chances. L'Autre devenait un pote qu'on aimait avec passion, jusqu'à la haine de soi. La guerre entre nations n'existait plus, pas davantage que la guerre des religions ou des civilisations. L'humanité était une grande farandole et on se tenait tous par la main. Le CRS était un SS à qui l'on reprochait de faire régner l'ordre. Les forces de police ont été désarmées, inhibées par des années de baisse de crédits et de contraintes juridiques, conditionnées à ne pas employer leurs armes. Ils affronteront désormais des soldats implacables et aguerris.

Après Mai 68, Françoise Giroud avait parlé de « parenthèse enchantée ».

Depuis quarante ans, on s'obstinait à ne pas refermer cette parenthèse enchantée. Quitte à prendre tous les risques, à entretenir toutes les illusions, à refuser tous les avertissements, à brûler tous les prophètes de malheur. Encore une minute, monsieur le bourreau, suppliait l'époque, à la manière de la du Barry. Le bourreau a frappé.

13 janvier 2015

Fête de la Fédération

L'écran de télévision était coupé en deux. À droite, la foule, innombrable et anonyme. À gauche, les invités, célèbres et bavards. Les uns admiraient les autres. Les autres n'entendaient pas les uns. Les uns communiaient avec les autres. Commentaient, analysaient, interprétaient. Orientaient. Récupéraient. La foule immense était française, c'est-à-dire composée de gens de toutes races et de toutes religions, mais noyés de tricolore. On acclamait les policiers et les gendarmes. *La Marseillaise* était entonnée à pleins poumons. Les CRS n'étaient plus des SS, mais des libérateurs. À vous dégoûter de *Charlie* ! Cette fois, guère de bannières algériennes, marocaines ou palestiniennes, portées par les jeunes des banlieues. Eux étaient aux abonnés absents. Dans leurs écoles, dans leurs quartiers, sur les réseaux sociaux, ils avaient fait savoir, narquois, qu'ils n'étaient pas Charlie. Certains, plus francs, ou plus provocateurs, s'affichaient même Kouachi. Soudain, on découvrait des images de la synagogue de la Victoire, où le Premier ministre israélien était acclamé comme le protecteur des Juifs français, sous le regard noir de François Hollande. Mais, de l'autre côté de l'écran, on ne remarquait rien de tout ça. On n'en parlait pas. On ânonnait plutôt les mêmes couplets rassurants et mensongers. Les meurtriers sont nés en France, de parents immigrés, mais cela n'a aucun rapport avec l'immigration. Après avoir liquidé *Charlie Hebdo*, leurs assassins ont crié « *Allahou Akbar* » et « On a vengé le Prophète », mais cela n'a rien à voir avec l'islam. Ils ont exécuté une sorte de sanction judiciaire, mais on continue à les qualifier de terroristes. Les victimes de l'Hyper Cacher sont juives, mais les musulmans sont les premières victimes d'un inacceptable amalgame. On nous répète à satiété que la France debout a défendu victorieusement la liberté d'expression : mais qui osera désormais dessiner des caricatures du Prophète ? Le délit de blasphème s'est invité dans notre droit. Après tout, n'est-ce pas ce que souhaitaient il y a trois ans tous ceux qui, de Jacques Chirac à Alain Juppé en passant par Daniel Cohn-Bendit, les associations antiracistes et les défenseurs des musulmans, avaient vilipendé ces mêmes Charlie qu'ils portent désormais au pinacle ? La liberté d'expression, ce n'est bon que pour les morts. La fracture entre les deux côtés de l'écran semblait irréductible, insurmontable. Pourtant, une même émotion les unissait ; une même quête d'unité nationale. Un même espoir de paix et de rassemblement. À droite comme à gauche de l'écran, rien que des sentimentaux. La France aime ces instants où nous tutoyons le sublime. Nous adorons les grandes effusions, notre histoire regorge de ces moments magnifiques de communion, où les arrière-pensées, le cynisme, les calculs sont dissimulés derrière le masque des grands élans et des grands sentiments.

Notre modèle indépassable, notre scène fondatrice, demeure cette Fête de la Fédération du 14 juillet 1790, lorsque le roi et les révolutionnaires juraient le même serment à la nation unie. Trois ans après, c'était la Terreur et on guillotinait le roi. Le pire n'est pas toujours sûr. Il est seulement fréquent.

15 janvier 2015

Père de la nation

Son pied n'a pas glissé dans le sang. Il a fait les gestes et dit les mots qu'il fallait. Pour une fois, le président a été président. À la fois hiératique et protecteur. Pas trop près ni trop loin. À la fois rassembleur appelant à l'unité nationale et chef d'État recevant la solidarité de ses pairs. Martial et bisounours. À la fois nous punirons les assassins et pas d'amalgame.

La main droite qui ignore ce que fait la main gauche. Des années de synthèse à la tête du PS lui ont enfin été utiles. La séquence, comme disent les communicants, a été réussie. Elle a été poursuivie par Valls, acclamé par une assemblée unanime comme chef de guerre. On sent chez les deux hommes le désir compréhensible de faire durer le plaisir. Valls a cloué le bec de son aile frondeuse du groupe socialiste. Hollande a gagné son premier bras de fer avec Nicolas Sarkozy, reléguant son adversaire préféré au rang subalterne de comparse. Sarkozy fut tout juste bon à se faufiler dans le défilé. Il dut reconnaître toute honte bue que son successeur avait fait ce qu'il devait faire. Il se contenta de réclamer deux ou trois mesures techniques, qui le ramenaient à son ancien métier de ministre de l'Intérieur. Propos oubliés aussitôt que prononcés. On imagine la jubilation de Hollande. Il a repris la main. Il signale ainsi à ses rivaux qu'il n'est pas encore tout à fait mort pour 2017. D'ailleurs, les sondages sont remontés.

Mais il y a le jour d'après. Déjà, al-Qaida et le califat islamique fêtent leurs glorieux martyrs et annoncent de nouvelles actions contre la France. Comment désarmer nos ennemis redoutables alors que nous continuons à bombarder en vain les territoires conquis par Daech ? Comment avoir des renseignements sur le terrain, alors qu'on refuse toujours de se rapprocher d'Assad en Syrie ? La solidarité des peuples et des dirigeants européens fait chaud au cœur ; mais c'est l'Union européenne qui, avec ses juges vétilleux, son État de droit extensif et Schengen, a transformé nos frontières en passoire et rend le travail de nos policiers si compliqué. La gauche soutient Valls dans sa quête de sécurité mais refuse de rogner sur nos libertés. Ici et là, on dénonce les ratés de l'école, de l'intégration ; Valls lui-même se plaint du comportement de nombreux élèves de classes de banlieue ; mais ni Hollande, ni Valls, ni la gauche ne sont prêts à réduire les flux d'immigration. Comment éviter que les futurs Kouachi et Coulibaly soient dans de nombreux quartiers comme des poissons dans l'eau ? Comment exiger un aggiornamento de l'islam, réclamé par certains intellectuels musulmans lorsque Hollande et Valls affirment que les terroristes n'ont aucun lien avec l'islam ? Comment nous protéger de l'islam le plus rigoriste quand on

demeure les meilleurs amis du Qatar et de l'Arabie saoudite ?
Questions sans réponses.

Quand François Hollande sortira de sa bulle flatteuse de
père de la nation, il retrouvera toutes les contradictions d'une
politique qui le dépasse et le précède. Et qu'il n'a aucune
intention ni aucun moyen de résoudre.

22 janvier 2015

Politique arabe de la France

Et si on avait eu tout faux ? Et si, depuis dix ans, vingt ans,
trente ans, nous nous étions fourvoyés ? Et si nos brillants
diplomates gourmés du Quai d'Orsay s'étaient pris les pieds
dans le tapis d'Orient ? Et si l'ultime écho des bombardements
de nos avions en Libye, au Mali, en Irak, avait résonné dans
le crépitement des kalachnikovs à Paris ? Les deux dernières
grandes vagues d'attentats des années 80 et 90 nous punis-
saient déjà pour notre soutien à l'Irak contre l'Iran, et aux
militaires algériens contre les islamistes du GIA.

Mais, cette fois-ci, la menace est bien plus terrifiante, et la
remise en cause de nos choix diplomatiques et militaires bien
plus globale.

Souvenons-nous que Chirac, et Juppé, et les socialistes ont
tout fait pour que la Turquie entre dans l'Europe ; cette Turquie qui laisse passer nos djihadistes européens vers leur lieu
d'entraînement syrien. Nos trois derniers présidents, Chirac,
Sarkozy et Hollande, ont eu les yeux de Chimène pour le
Qatar. Non seulement celui-ci est accusé de financer al-Quaida
et le califat islamique, mais avec l'Arabie saoudite, notre ami
qatari est le principal agent de la salafisation de nos banlieues,
analysée par les meilleurs spécialistes, et désormais reconnue
au plus haut sommet de l'État. Cet islam salafiste, le plus rigoriste, le plus belliqueux aussi, est le moteur religieux et idéologique de nos Kouachi et Coulibaly, pointe avancée d'une
sorte de cinquième colonne qui frappe notre pays. Nous avons
l'impression déplaisante que la politique arabe de la France
finit son grand dessein dans la politique française du Qatar.

Et si nos amis les plus chers étaient nos ennemis les plus redoutables ?

La France paie sa naïveté et son arrogance. Son refus de choisir. Conserver la vieille politique arabe de la France du général de Gaulle et lui ajouter un supplément d'âme droits-de-l'hommiste à la Kouchner. La première ne connaît que la froide raison d'État, tandis que la seconde parle au cœur et à l'âme. Ce double discours est le propre de la superpuissance américaine qui joue sur tous les tableaux.

On a voulu être plus américain que les Américains sans avoir les moyens militaires de l'Amérique. On a voulu être ami des Israéliens tout en étant pro-palestinien. Bombarder le califat islamique tout en se rapprochant du Hamas. Combattre la poussée islamique au Mali tout en la soutenant en Syrie. Détruire Kadhafi et laisser la Libye aux tribus. On a donné des leçons de morale à la Russie sur l'Ukraine, alors que Poutine était prêt à nous aider contre les islamistes. On a cherché noise aux chiites d'Iran à cause de son ambition atomique, alors que ce sont leurs ennemis héréditaires sunnites qui font régner la terreur dans les rues de Paris. On a prétendu assurer la sécurité de toute l'Europe contre le terrorisme sans exiger des Allemands qu'ils financent notre armée. On a voulu être la France de Richelieu et la Suède des sociaux-démocrates. Rentrer dans l'OTAN et faire croire qu'on n'obéissait pas au protecteur américain. Apparaître encore comme un grand prédateur du nouvel ordre international, alors qu'on est devenu une proie.

27 janvier 2015

Républicains des deux rives

C'est la seule surprise de cette victoire tant annoncée. Le chef de Syriza, Alexis Tsipras, ne s'est pas tourné vers les socialistes du Pasok pour former une coalition, mais vers la droite souverainiste des Grecs indépendants. Pourtant, le nombre de députés que chacun des deux partis pouvait apporter était le même. Pourtant, les désaccords entre le vainqueur de gauche et son allié de droite sont patents, en particulier au sujet de l'immigration. Mais les dirigeants de la gauche de la gauche et la droite souverainiste ont considéré que la question la plus importante était bien l'Europe, et à travers l'Europe, celle de la souveraineté nationale. Ce choix n'était pas évident et provoquera des remous dans les deux camps. Il faut imaginer en France Jean-Luc Mélenchon gagner l'élection présidentielle et gouverner avec Nicolas Dupont-Aignan et Marine Le Pen. D'ailleurs, ces derniers n'avaient pas hésité à soutenir publiquement Syriza. Cette alliance transgressive entre gauche eurosceptique et droite souverainiste et populiste n'est pourtant pas une invention grecque, mais française. Lors de la campagne pour le référendum de Maastricht en 1992, tout semblait rapprocher les principaux chefs du non, Séguin, Pasqua, Villiers et Chevènement. Mais le oui gagna d'un souffle. Lors de la présidentielle de 2002, le candidat Chevènement s'efforça de rapprocher ce qu'il appelait les républicains des deux rives. À l'époque, il n'était pas question de Jean-Marie Le Pen, ostracisé alors comme le sont aujourd'hui en Grèce les néonazis d'Aube dorée. Le Che ne tendit la main qu'à Philippe de Villiers, mais ses soutiens de gauche se récrièrent quand même. Il leur céda. Et s'effondra aussitôt dans les sondages. Quelques années auparavant, Pasqua avait lui aussi tenté la même manœuvre, avec encore moins de succès. En 2005, lors du référendum pour une Constitution européenne, le non l'emporta, mais droite et gauche firent campagne séparément. Ce qui permit à Sarkozy de faire voter par les députés UMP et le PS un traité qui ressemblait comme un frère jumeau à celui qui avait été rejeté par le peuple.

En France, ce n'est pas la gauche de la gauche qui domine électoralement, mais la droite de la droite. C'est le FN et non le Parti de gauche qui a les faveurs d'une part importante des ouvriers. Contrairement à la Grèce, à l'Espagne ou à l'Italie, la présence d'une immigration bien plus ancienne et bien plus nombreuse a divisé les classes populaires vivant dans l'Hexagone autour d'un clivage ethnique et religieux qui n'existe pas encore dans les autres pays méditerranéens. La gauche de la gauche grecque peut ainsi tenir un discours favorable à l'immigration et recueillir quand même les suffrages populaires des autochtones, comme le faisait la gauche française dans les années 70 et 80. Voilà pourquoi en France le clivage droite-gauche survit dans les mots même s'il est mort dans les faits. Les pro-européens de l'UMP et du PS peuvent ainsi se succéder au pouvoir, bien que leurs politiques se ressemblent de plus en plus et soient de plus en plus contestées.

L'expérience grecque brise bien un tabou politique majeur. Elle sera donc suivie à la loupe dans toutes les capitales européennes. Les partis européens de droite et de gauche, à Berlin, Bruxelles, Madrid ou Paris, ont un intérêt vital à ce qu'elle déçoive et échoue.

29 janvier 2015

États d'âme germaniques

Et si les Allemands disaient « Basta » ? Ou plutôt « *Genug* » ? Et si les Allemands disaient « Ça suffit » ? Ça suffit, les Grecs, ça suffit, les Français, ça suffit, Mario Draghi ! Et même ça suffit, Bruxelles, Moscovici et Juncker !

Pendant quinze ans, les Allemands ont dirigé la zone euro et l'Europe. Ils étaient depuis leur réunification la puissance économique et commerciale majeure du continent. Ils imposaient leur modèle, leur idéologie : jusqu'à leurs obsessions et traumatismes historiques, sélectionnés avec soin. Ils se souvenaient de l'hyperinflation des années 20, mais ils oubliaient ces réparations qu'ils n'avaient jamais payées à la France après la Première Guerre mondiale, ou leurs dettes que les Américains ont généreusement annulées après la Seconde. Mais au diable, ces vieilles lunes ! Les Allemands se donnaient fièrement en modèle à suivre : leur juridisme, leur monétarisme, leur rigueur budgétaire. L'Europe marchait à leur pas. Ce temps-là est révolu. La victoire en Grèce de Syriza est l'ultime camouflet subi par Berlin. Des Grecs que les Allemands ont déjà copieusement aidés et qui en réclament toujours plus. Qui menacent de ne pas payer des dettes dont le principal créancier est le contribuable allemand. Et un gouvernement français qui les approuve et les couvre de fleurs, alors que le contribuable français payera lui aussi une note salée. Incompréhensibles Français ! Toujours aussi légers ! Heureux Français pourtant qui ont obtenu de la Commission de Bruxelles qu'elle oublie ses exigences budgétaires, alors que les Allemands voulaient faire un exemple. Oui, heureux Français de la chute de l'euro face au dollar. Les industriels allemands, eux, ne festoient pas. Leurs limousines se vendaient quel que soit le prix. En revanche, avec un euro faible, les vacances coûtent plus cher au touriste allemand ; et les industriels rhénans ne peuvent plus acquérir à bas prix ces produits qu'ils font fabriquer dans les usines d'Europe de l'Est. Le modèle si rentable du *made in Germany* a du plomb dans l'aile. Mais pire que la baisse de l'euro, il y a la Banque centrale européenne. Les dirigeants de la Bundesbank s'étaient depuis l'origine méfiés de ce Machiavel italien. Ils n'avaient pas tort. Mario Draghi a d'abord baissé au maximum les taux d'intérêt, au grand dam des retraités allemands : les revenus de leur épargne ne rapportent plus rien. Désormais, le même Draghi emprunte le fameux hélicoptère des banquiers anglo-saxons pour déverser des milliards d'euros sur les banques européennes. Avec ses manières de diplomate gourmé et son anglais de Wall Street, l'Italien a réinventé la planche à billets ! Mais pour obtenir l'aval des Allemands effrayés de payer pour leurs voisins impécunieux, le patron de la BCE leur a concédé que chaque Banque centrale nationale rachèterait l'essentiel des obligations de son propre gouvernement. Il a signé ainsi la fin de l'Europe monétaire fédérale. Car si la gestion des dettes redevient nationale, la politique monétaire redevient nationale.

Un euro qui n'est plus que l'ombre de lui-même ! Un euro dévalué, cogéré avec des pays du Club Med devenus maîtres à bord ! Les Allemands pourraient s'en lasser. Et revenir plus vite qu'on ne croit à leur cher Deutsche Mark !

Tout s'achète et tout se vend

La grande nation. C'est ainsi que l'Europe surnommait la France au XIXe siècle après les guerres de la Révolution et de l'Empire. La grande nation. C'est ainsi que les Allemands nous appellent encore aujourd'hui quand ils veulent moquer avec ironie notre suffisance. La grande nation. En handball, au moins, la France mérite encore et plus que jamais ce surnom flatteur. Grande bien sûr parce que depuis dix ans notre équipe gagne tout avec une régularité déconcertante et exaspérante pour ses adversaires : championnat d'Europe, Coupe du monde et jeux Olympiques. Mais tout simplement une nation avec des Français qui ne crachent pas sur le drapeau ou *La Marseillaise,* et où même les vedettes qui jouent à l'étranger ont quand même à cœur de défendre le maillot tricolore. Avec un entraîneur qui exalte encore un génie français, sans chauvinisme ni arrogance, un mélange de solidarité et d'inventivité, une sorte d'art français de la synthèse entre individualité et collectif. Oui, une nation tout simplement avec une équipe qui la représente fièrement. Car cela ne va plus de soi. En finale, dimanche, la France affrontait le Qatar. Oui, le Qatar. Pas l'Espagne, la Suède ou l'Allemagne, nos adversaires habituels. Non, le Qatar ! Qui organisait la compétition. Le Qatar qui n'a jamais eu de tradition sportive, mis à part peut-être les courses de chevaux dans le désert. Mais le Qatar a de l'argent.

Beaucoup d'argent. Énormément d'argent. Ce que le Qatar a fait avec le club du Paris Saint-Germain en football, il l'a aussi obtenu avec son équipe nationale de handball. Une équipe qui n'avait justement rien de national. Une équipe cosmopolite. Une équipe hors-sol. Une équipe composée de mercenaires venus des quatre coins de la planète, avec des Bosniaques, des Monténégrins, des Syriens, des Égyptiens, un Cubain, et même un Français. Une équipe où l'entraîneur espagnol donne ses conseils en anglais. Une équipe à la pointe de la modernité pour plaire à la fois à nos intellectuels de gauche internationalistes et aux théoriciens libéraux pour qui seule compte la loi du marché. Le Qatar a poussé le vice, et la dépense, jusqu'à s'offrir des supporters, payant des Français et des Espagnols afin qu'ils viennent soutenir dans les gradins leurs joueurs. Tout s'achète et tout se vend. Nos émirs ont bien assimilé la loi du monde. Pour organiser les compétitions, ils s'offrent ceux qui votent. Et pour jouer les matchs, ils s'offrent des joueurs. Et cela ne choque personne. Ni parmi les dirigeants, ni parmi les joueurs. Au foot comme au hand. Seuls les supporters, ces beaufs si décriés, vibrent encore pour leur pays et voient les grands sportifs comme des chevaliers défendant l'honneur de leur nation. Les supporters et Claude Onesta. L'entraîneur de l'équipe de France de hand, qui a avoué qu'il n'aurait pas pu entraîner le Qatar, parce que « pour tout l'or du monde, il y a des choses qui ne sont pas à vendre ». Que cet anachronisme en survêtement, ce ringard sympathique avec son accent du Sud et ses valeurs à l'ancienne, soit le vainqueur, le maître absolu de la planète handball, le *winner*, le *killer*, fait passer un petit vent de fraîcheur sur nos esprits désabusés, revenus de tout. Un vent frais, désuet. Délicieusement désuet.

5 février 2015

Candidat de toutes les gauches

Le royaume d'Absurdie a envahi l'UMP. Les responsables les plus huppés et les plus capés de la formation unique de la droite semblent soudain frappés d'idiotie ou de delirium tremens. Leurs propos ressemblent davantage à des formules de comiques voulant faire rire que de responsables politiques voulant gouverner la France. Nicolas Sarkozy explique qu'il n'est pas pour le front républicain, mais pour la liberté de vote ; mais que la liberté de vote implique de faire barrage au Front national. C'est le ni-ou. Alain Juppé appelle à voter socialiste, mais ne se rallie pas « à un front républicain qui scellerait une alliance avec le PS ». C'est le ni-ni mais non. Lorsqu'il était secrétaire général du RPR, dans les années 90, le même Juppé avait sanctionné Alain Carignon qui avait appelé, lors d'une partielle, à voter pour le candidat socialiste. À l'époque, le RPR promettait l'immigration zéro et affirmait que l'islam était incompatible avec les valeurs de la République. Il n'y a que les imbéciles qui ne changent pas d'avis, et Alain Juppé est loin d'être un imbécile. Il est l'incarnation la plus aboutie d'un déplacement séculaire de la droite vers la gauche qui a conduit les chefs du RPR chiraquien à faire de l'ancien mouvement gaulliste un rassemblement de notables centristes. Juppé est aujourd'hui le meilleur allié de François Bayrou qui a voté Hollande en 2012. La prochaine étape serait logiquement de fusionner l'UMP avec le Parti socialiste. Alain Juppé aspire au rôle envié de candidat de toutes les gauches, y compris la droite. L'objectif stratégique de Nicolas Sarkozy est apparemment de lui rafler ce titre. Après avoir recyclé les idées des socialistes, la droite adopte leurs méthodes : primaires, courants et désormais synthèse. Naguère, Sarkozy décidait, imposait et menaçait. Il interprétait un Bonaparte de pacotille. Il est devenu une copie agitée de François Hollande. Un 33 tours chanté en 45. On dit que les électeurs préfèrent toujours l'original à la copie. Mais les électeurs de l'UMP ont croisé leurs dirigeants dans leur course folle. Ceux qui étaient naguère séduits par le front républicain ne supportent plus les socialistes au pouvoir. Ceux qui penchaient jadis pour un ni-ni équilibré ont désormais basculé pour l'alliance avec le FN. Les électeurs de l'UMP conservent un différend fondamental avec le parti de Marine Le Pen sur les questions économiques et l'euro ; mais ils sont d'accord avec elle – et souvent moins conciliants qu'elle – sur l'immigration et l'islam. Sur ces thèmes-là, ils sont même rejoints par une minorité de gauche, issue des classes populaires. Les électeurs de l'UMP sont exaspérés de voir une gauche ragaillardie transformer habilement la manifestation du 11 janvier dernier en un grand mouvement en faveur du pouvoir en place et des valeurs de l'antiracisme multiculturaliste de la gauche, sous le regard fasciné des chefs de la droite, tels les lapins pris dans les phares d'une voiture. Ils savent, eux, que le destin des lapins immobiles est de finir abattus par le chasseur.

10 février 2015

Plafond de verre

Ce fut une soirée électorale atypique où le vainqueur avait une tête de vaincu et où le vaincu sablait le champagne. Une victoire à la Pyrrhus pour le socialiste, et une défaite à la Ségolène Royal pour la candidate du FN qui promettait elle aussi d'autres victoires un soir de défaite. Il est vrai qu'un échec à mille voix près ressemble à un pile ou face. Qu'un parti qui passe de 32 % à 48 % des suffrages entre les deux tours a de belles réserves de voix. Que cette élection du Doubs a démontré que l'abstention était souvent un corridor vers le vote FN. Qu'un front républicain qui ne parvient même pas à 52 % a du plomb dans l'aile. Que les campagnes médiatiques contre des déclarations vieilles de vingt ans sur une éventuelle supériorité des races n'intimident plus grand monde. Que le Premier ministre ne pourra pas aller partout à travers l'Hexagone proclamer la République en danger. Que le fameux esprit du 11 Janvier contre les extrémismes tourne à l'occultisme : esprit es-tu là ? Jamais le contexte national et local n'avait été aussi favorable au Front national. Les attentats de début janvier, encore dans toutes les mémoires, donnaient une consistance tragique aux très anciennes imprécations de Jean-Marie Le Pen sur les dangers de l'immigration. La sociologie de la quatrième circonscription était idéale pour le FN, avec une surreprésentation des catégories populaires, ouvriers en particulier, et un faible nombre de membres des classes supérieures, cadres et professions libérales. Sa géographie aussi le favorisait, avec son univers périurbain, qui semble tout droit sorti des livres du géographe Christophe Guilluy, et ses nombreuses petites communes qui ont accueilli en masse ces dernières années les habitants fuyant les banlieues. Pourtant, les deux seuls gros bourgs de plus de dix mille habitants, Audincourt et Valentigney – on ne vous parle pas de Paris ou Lyon ! –, sont parvenus à renverser la vapeur en faveur du socialiste. Dans cette circonscription, le camp du non au référendum sur l'Europe avait cartonné à 70 % en 2005. C'est ce camp-là que le Front national, pourtant seul en piste aujourd'hui, ne parvient pas à rassembler. Quand Marine Le Pen déclare : « Nous sommes un parti comme les autres, parfois on gagne, et parfois on perd », elle s'efforce légitimement de ne pas désespérer ses électeurs, mais elle a tort car elle ne gagne jamais. Quand elle se persuade que « la rediabolisation entre les deux tours ne fonctionne plus », elle se leurre volontairement pour ne pas remettre en question sa stratégie. Le ridicule front républicain a prouvé qu'il avait de la ressource. Les vainqueurs de l'élection du Doubs ne sont ni Hollande ni Valls, mais Juppé et NKM, qui ont démontré qu'ils pouvaient encore retenir assez d'électeurs UMP pour faire gagner le Parti socialiste. À charge de revanche, pensent-ils. Le Front national n'a toujours pas réussi à détruire le plafond de verre des 50 %. Cette malédiction persistante du FN est en train de transformer le scrutin majoritaire de la Ve République en un tripartisme bancal où la bataille est féroce et indécise jusqu'au bout, mais où, à la fin, c'est toujours le Front national qui perd.

12 février 2015

Rousseau et le marquis
de Sade au Carlton

Il y a des rires et des larmes. Des méchants et des victimes. Des riches et des pauvres, des puissants et des faibles, des hommes et des femmes. De l'argent, du sexe, de la violence. Il y a tout dans le procès du Carlton. Tout sauf du droit. Les juristes sérieux le savaient depuis le début. Un client de prostituées n'est pas un proxénète. Un acheteur n'est pas un vendeur. D'ailleurs, le procureur de la République ne voulait pas de ce procès, lui qui se souvenait encore que le grand progrès apporté par un État de droit est que les vices ne sont pas des crimes. Mais un juge d'instruction obstiné en a décidé autrement et a fait d'un vide juridique un trop-plein médiatique. Un mélange de voyeurisme et de puritanisme. Un modèle de tartufferie et de grands sentiments. Le procès de ces hommes, de tous les hommes, le procès de la virilité, de ses pulsions, de ses appétits, de sa brutalité, de son manque d'égards, de douceur, de son manque surtout de sentiments. Comment peut-on payer pour avoir du plaisir ? Comment peut-on désirer sans amour ? Comment un homme peut-il ne pas être une femme comme les autres ? Au nom de l'égalité, notre époque retrouve ainsi paradoxalement les poncifs pudibonds du XIXe siècle, même si la vertu d'alors est désormais remplacée par la dignité de la femme. Quand on lit le récit des témoignages des prostituées, on se croirait revenu dans les romans populaires du XIXe siècle d'Eugène Sue. Elles sont des petits êtres fragiles, forcément fragiles, victimes, forcément victimes, qui retrouvent un statut et une identité dans la dénonciation de leurs tortionnaires et l'aveu de leurs souffrances. Elles sont des Cosette qui avaient le frigidaire à remplir. Pourtant, toutes les femmes pauvres qui ont un frigidaire à remplir et des enfants à nourrir n'offrent pas leur corps. Et celles qui le font ne sont pas forcément des victimes ou des coupables. La violence dans les jeux sexuels est aussi vieille que l'humanité, mais notre époque arrogante a décidé que cela n'était acceptable que dans un cadre égalitaire qui justement le nie et même l'interdit. C'est le contrat social de Rousseau pour les relations amoureuses. Dominique Strauss-Kahn lui-même accrédite cette fumisterie en faisant semblant de ne pas savoir à qui il avait affaire. Il est dans la nasse de tous les progressistes de gauche, pris entre leurs instincts de mâle dominant et leurs discours féministes. Chaque époque a ses hypocrisies et ses tabous. Au XIXe siècle, on cachait le désir et le plaisir féminins. Aujourd'hui, on les exhibe, mais on veut croire qu'ils ne s'épanouissent que dans un cadre égalitaire et contractuel. Cette fiction contemporaine est à la source du succès planétaire du livre – et aujourd'hui du film – *Cinquante nuances de Grey*. Ou quand la niaiserie des romans à l'eau de rose débarque chez le marquis de Sade. Les accusés du Carlton viennent percuter brutalement cette douce utopie et nous ramènent à la réalité crue. On s'empressera donc de les clouer au pilori médiatique. Il faut qu'ils paient d'une manière ou d'une autre pour cet outrage.

24 février 2015

Partage de l'Ukraine

L'Ukraine se meurt, l'Ukraine est morte. Mais il est interdit de le dire. La France, l'Allemagne et la Russie se pressent autour de son cercueil, mais font semblant de le confondre avec un berceau. On croit revivre l'histoire tragique des partages de la Pologne au XVIIIe siècle. Mais l'Ukraine n'a pas l'antique et glorieuse histoire de sa voisine. Jamais une nation, l'Ukraine, toujours en meublé chez les autres, toujours une région d'empire, que celui-ci soit russe ou autrichien, toujours divisée entre paysans catholiques à l'Ouest et ouvriers ortho-doxes à l'Est. Avec une capitale, Kiev, lieu de naissance de son puissant voisin : « La sainte Russie est née à Kiev », a coutume de dire l'académicienne Hélène Carrère d'Encausse. Avec une ouverture sur la mer, la Crimée, conquise au XVIIIe siècle par Catherine II, confiée à la république soviétique d'Ukraine par Khrouchtchev, sans doute un soir de beuverie, et rendue à la mère patrie par Poutine, un jour de colère. Les Ukrainiens de l'Est ne voudront plus jamais réintégrer le giron d'un pays qui les a bombardés. Le droit des peuples à disposer d'eux-mêmes vaut aussi pour eux. Le président ukrainien attend les armes américaines pour reconquérir l'est de son pays. Les Américains étaient absents des négociations de Minsk, et il se murmure que l'Ukrainien s'absentait souvent pour téléphoner à la Maison Blanche. Mais Obama hésite à franchir le Rubicon ukrainien. Et à provoquer l'ours russe qui a des motifs d'être mal léché. Lorsque Gorbatchev accepta la réunification alle-mande en 1990, Bush père lui promit que l'OTAN n'aurait jamais de frontières avec la Russie. Mais il fallut l'obstination de Merkel et Sarkozy pour empêcher en 2008 l'entrée de l'Ukraine dans l'OTAN. Aussitôt après la révolution de Maïdan, en février 2014, le nouveau pouvoir ukrainien mit le feu aux poudres en tentant d'interdire l'usage de la langue russe. Et révélait son intention de chasser la marine russe de ses bases de Sébastopol. Mais ses protecteurs américains découvraient que Poutine n'était ni Gorbatchev ni Eltsine. C'est pourquoi leurs grands communicants le comparent à Staline. Agitent le fantôme de la guerre froide. Les médias occidentaux suivent le mouvement et revisitent au pas de charge l'histoire du XXᵉ siècle. Les accords de Minsk sont comparés à ceux de Munich. Le Parlement anglais évoque le somnambulisme des dirigeants européens à la veille de la guerre de 1914. Les Ukrainiens réveillent le spectre monstrueux de la grande famine provoquée par Staline dans les années 30, tandis que Poutine voit des fascistes partout, comme au temps où les Ukrainiens s'engageaient dans l'armée allemande qui fonçait sur Moscou. Ces références historiques abondent mais aveuglent. Hollande et Merkel ont mis des mois à s'émanciper quelque peu de la pesante tutelle américaine. Des mois à défendre d'abord les intérêts économiques et stratégiques de leur pays. À se recentrer sur le vrai conflit contre l'offensive islamiste, que Poutine ne demande qu'à soutenir. Mais cet acte de lucidité et d'indépendance a un prix : la chimère d'une Ukraine unifiée, membre ruiné mais porté à bout de bras par l'Europe, a vécu. Son cadavre bouge encore, mais plus pour longtemps.

26 février 2015

Lénine cathodique

Pour dîner avec le diable, il faut une longue cuillère. Les ministres grecs ont désormais tout le loisir de traduire ce fameux proverbe allemand. Le diable, pour Alexis Tsipras et ses amis de Syriza, était incarné par ces hommes en noir, technocrates envoyés à Athènes par le FMI, l'Union européenne et la Banque centrale européenne pour vérifier les comptes et imposer une dure politique d'austérité. Les hommes en noir se sont faits discrets, ils sont restés derrière leurs ordinateurs, ils ont même poussé la mansuétude jusqu'à changer de nom, troquer la troïka de sinistre mémoire pour les institutions, terme plus policé, plus discret, mais sur le fond ils n'ont rien cédé ; rien n'a changé. Des Grecs bravaches et arrogants d'il y a un mois il ne reste presque rien : ils ont dû céder. Les Grecs ont dû se coucher. Renoncer à l'arrêt des privatisations qu'ils avaient programmées ; accepter une vaste déréglementation de leur économie et lever les barrières à la concurrence. L'essentiel de la potion libérale a été imposée à ces gens de Syriza qui rêvaient, sous les yeux énamourés de leur ami Jean-Luc Mélenchon, de réenchanter la gauche européenne.

Le reste est accessoire, caramels mous pour bouches édentées, concessions de pacotille pour faire croire que l'Europe a respecté la souveraineté de la Grèce.

En vérité, la souveraineté ne se partage pas. On l'a ou on ne l'a pas. Et les Grecs ne l'ont pas. Les institutions européennes, la Banque centrale ou la Commission, elles, l'ont.

D'abord parce que la Grèce n'a pas d'argent. Elle dépend de ses créanciers pour régler ses fins de mois, payer ses fonctionnaires et même alimenter ses banques. Quand le créancier parle, en anglais ou en allemand, le débiteur l'écoute. Dans ce bras de fer, ou plutôt cette partie de poker menteur, les Grecs n'avaient qu'une arme : la sortie de l'euro. La stratégie du faible face au fort. Leur dissuasion nucléaire à eux. Prendre le risque de mourir, mais tout faire sauter. C'est ce qui avait affolé les dirigeants européens il y a quatre ans, lors de la première crise grecque. Les avait poussés à payer et encore payer. À réduire la dette grecque, le fameux « *haircut* ». Mais depuis, les banques européennes s'étaient déchargées de leurs créances sur les États. Les contribuables européens, ces bonnes poires, pouvaient payer. Au nom de la solidarité des peuples européens, bien sûr. Mais avant même d'arriver au pouvoir, Syriza annonçait qu'il ne voulait pas quitter l'euro. Comme si les Grecs avaient renoncé à leur seule arme avant même d'engager le combat. Comme s'ils s'étaient déjà attachés les mains avant d'affronter un lutteur beaucoup plus gros qu'eux.

Les jeux étaient faits, Alexis Tsipras avait beau jouer à un

Lénine cathodique, il n'était qu'un Hollande de plus. Notre président aussi, pendant sa campagne électorale, avait promis de renégocier le traité budgétaire signé par Sarkozy et Merkel. Puis il s'était couché. Devant Bruxelles. Devant Berlin. Un mois après son arrivée au pouvoir. Exactement comme les Grecs de Syriza. Comme se coucheront les Espagnols de Podemos s'ils accèdent au pouvoir dans quelques mois. La gauche européenne est devenue une grande boutique de literie.

[illisible, texte estompé en haut de page]

3 mars 2015

Grand renversement d'alliances

On se souvient de la célèbre une de *Charlie Hebdo* représentant un Mahomet accablé : « C'est dur d'être aimé par des cons… » Barack Obama ne se prend pas pour un prophète, mais il doit souvent songer la même chose. Bien sûr, sa bonne éducation et son respect scrupuleux du politiquement correct l'empêchent de dire de telles insanités, que ce soit au sujet des sénateurs républicains ou de son allié israélien Benjamin Netanyahu. Mais il est des silences et des bouderies éloquents. Dans cette affaire iranienne, l'Israélien dit sans finesse – c'est son habitude et il est en campagne électorale – ce que d'autres expriment avec plus de manières. En 2013, Laurent Fabius a rompu les négociations autour du nucléaire iranien pour dénoncer un compromis que les Américains étaient sur le point d'accepter. Quelques mois plus tard, c'est Obama qui arrêtait avec désinvolture le bras de Hollande s'apprêtant à jeter les Rafale sur la Syrie d'Assad.

Derrière ces mauvais coups entre amis, il y a, souterraine et obsédante, la question iranienne. L'Amérique d'Obama compte effacer trente ans de lutte entre la République islamique et le grand Satan : l'Iran des mollahs embourgeoisés est prêt à signer un pacte avec le diable, mais veut obtenir en échange l'assurance vie pour son régime : la bombe !

Des grands renversements d'alliances de cette taille, il y en a un ou deux par siècle. C'est la France de Louis XV qui s'allie à la monarchie autrichienne des Habsbourg, son adversaire séculaire. Ou Kissinger et Nixon qui ouvrent les bras à la Chine communiste en 1972. On travaille pour les livres d'histoire, pas pour les bandeaux de chaînes d'info. On prend des risques énormes. On déstabilise les positions acquises. On provoque des réactions violentes des États alliés et même parfois des peuples.

Ceux qui crient le plus fort ne sont pas forcément ceux qui ont le plus mal. Certes, la bombe atomique iranienne anni- hilerait l'avantage stratégique des Israéliens dans la région. Mais quelle que soit la violence de leurs désaccords, l'Amé- rique n'abandonnera jamais son protégé. Cette garantie d'une alliance éternelle, l'Arabie saoudite ne l'a pas. Ne l'a plus. Il faut dire qu'elle a tout fait pour. Depuis dix ans, ces soi-disant grands alliés de l'Occident ont financé tous les mouvements islamiques, d'al-Qaida au califat. Charles Pasqua devrait propo- ser sa célèbre formule aux *speechwriters* d'Obama : « Avec des amis comme ça, on n'a pas besoin d'ennemis ! » Et comme un malheur ne vient jamais seul, les princes saoudiens voient se rapprocher dangereusement de leurs côtes les troupes du cali- fat islamique qui rêvent de conquérir La Mecque. Nos princes sont ainsi pris entre deux feux, entre les nouveaux héros sun- nites et la grande puissance chiite. On a connu situation plus confortable. Le basculement de l'Amérique dans le camp de l'Iran sonnerait le glas pour l'Arabie saoudite.

Dans son grand mouvement tournant, Obama avance donc ses pions avec une prudence de Sioux. Il finira peut-être son mandat sans n'avoir rien osé. Mais il sait ce qui lui reste à faire s'il veut rester dans l'histoire pour autre chose que sa couleur de peau.

5 mars 2015

Cravate au vent

C'est une de ces grandes découvertes qui changent la face du monde. Alain Juppé s'est rappelé soudain qu'il y avait des militants à l'UMP et des électeurs à droite. Jusqu'à présent, il ne parlait qu'aux médias et à la gauche. Il osait parfois s'aventurer jusqu'aux rivages du centre. Il était le candidat de toutes les gauches, y compris la droite. Juppé dénonce désormais la pusillanimité de Hollande et même la mauvaise gouvernance de Valls. Il oublie désormais de citer son ami Bayrou. Il a enfin compris que c'était pour lui un boulet. Ce changement tactique a un nom : l'esprit du 11 Janvier. Qui a ressuscité Hollande, ridiculisé Sarkozy et tué Juppé. Tant que François Hollande faisait de la figuration pour la présidentielle, Alain Juppé jouait le remplaçant de luxe pour un électorat de gauche en déshérence. À partir du moment où le sortant redevient sortable, le centriste se sent à l'étroit et meurt à l'étouffée, entre la gauche qui se requinque et la droite qui se durcit. Ce fut le destin de Raymond Barre en 1988 et d'Édouard Balladur en 1995.

Alors, il leur parle, aux gens de droite. En tout cas il essaie. Il a perdu l'habitude. En bon élève, il récite les leçons qu'il a apprises naguère. Il parle de sécurité, d'autorité, de sanctions contre la délinquance, de lutte contre l'immigration illégale. Il dénonce le laxisme de Taubira, comme il dénonçait avec Chirac celui de Badinter. Ses amis fustigent le double jeu de Hollande qui dénonce le FN pour mieux le faire monter ; ils ont sans doute exhumé les vieux tracts du RPR montrant du doigt les accointances de François Mitterrand et de Jean-Marie Le Pen. Juppé est à droite comme on l'était dans les années 80. Ce serait délicieusement désuet si ce n'était terriblement anachronique. La chance de Juppé, c'est que Sarkozy n'a pas la queue d'une idée nouvelle, et refait poussivement la campagne de 2007. Le drame de Juppé, c'est que lui refait la campagne de 1986, quand il criait « Vivement demain », cravate au vent.

À l'école chiraquienne, il a appris qu'un politique doit pouvoir dire tous les ans « J'ai changé ». Mais c'est l'électorat de droite qui a repris les classiques du grand Jacques. C'est l'électorat de son vieux RPR qui a changé. L'électorat de sa chère UMP qui pense exactement la même chose que celui du Front national sur toutes les questions d'immigration, d'islam et d'identité nationale, tandis que lui s'est aligné en la matière sur le multiculturalisme de la gauche et des bobos de droite incarnés par NKM. Et c'est l'électorat modéré qui a fait le succès des Manifs pour tous et révélé un retour des valeurs traditionnelles, tandis que Juppé a fait la une de la presse bien-pensante en bénissant le mariage homosexuel. Décalé, Juppé. Hors-sol. L'ancien techno raide est devenu un bobo cool, mais pas de chance : les modernes des années 80 sont devenus réacs. C'est la malédiction du meilleur d'entre nous qui continue.

C'est Juppé qui a une tête d'homme d'État, mais Sarkozy qui a été président. Juppé qui a les diplômes, mais Sarkozy qui est le chef. Juppé qui a imposé les primaires à l'UMP, mais Sarkozy qui a toutes les chances de les gagner. Car, comme disait Staline : « Les élections sont toujours gagnées par celui qui tient l'urne. »

10 mars 2015

Gabin

C'est l'histoire d'une pièce de théâtre qui connut jadis un immense succès populaire mais dont le texte a vieilli, les ficelles dramatiques paraissent convenues, et elle est aujourd'hui sur-jouée par un acteur grandiloquent devant une salle aux trois quarts vide. C'est *La République en danger, Le fascisme ne passera pas*, ou, pour faire plaisir à l'acteur, *No pasarán*. Manuel Valls peut tout jouer. Mal, mais tout. Alors qu'il est en campagne pour des élections locales, il a déjà déclenché le programme spécial 21 avril 2002 : les loups sont entrés dans Paris ! C'est trop tôt ou trop tard. À l'époque, le candidat vaincu, Lionel Jospin, n'avait pas tardé à reconnaître que tout cela était du théâtre, qu'aucun danger fasciste ne menaçait la République.

En 2002, Manuel Valls était conseiller en communication du Premier ministre, et François Hollande, premier secrétaire du PS. Ce n'est pas que les deux hommes ne désirent pas revivre un pareil séisme, mais ils veulent simplement que ce soit à leur profit.

La seule chance de réélection de Hollande est de se retrouver au second tour face à Marine Le Pen. Le président fait donc tout pour en faire la seule opposition, à la fois en majesté et diabolisée. Valls met son énergie et son sens de la démesure au service de cette tactique exclusive. Les deux hommes achèvent ainsi le travail commencé il y a trente ans par François Mitterrand. L'ancien président avait alors réussi à casser la droite en trois morceaux irréconciliables. Désormais, il s'agit de reconstruire une droite populaire et populiste rassemblée derrière un FN qui partagera avec le PS les morceaux épars de l'UMP.

La manœuvre est limpide et poursuit trois objectifs successifs : réveiller et rameuter un peuple de gauche chauffé artificiellement au feu antifasciste ; culpabiliser la gauche de la gauche, de Mélenchon à Duflot ; préparer le troisième tour des départementales, lors de l'élection des présidents des conseils généraux, pour casser l'UMP entre ceux qui pactiseraient avec le diable et ceux qui se draperaient dans leur dignité. Pour, en fin de course, avoir deux candidats de l'UMP à la présidentielle : Sarkozy et Juppé. Du nan-nan.

C'est qu'il y a le feu au lac socialiste. La raclée annoncée aux départementales suivra celle des municipales et précédera celle des régionales. Ces innombrables collectivités locales, dominées par le PS depuis une décennie, sont des vaches à lait qui paient les milliers de permanents et financent des myriades d'associations bien-pensantes. Un réseau souterrain qui assure à la gauche de vastes clientèles et sa domination culturelle sur la société. À la fin de l'année 2015, les initiales PS signifieront « plan social ». Un désastre. Un Waterloo idéologique, politique et alimentaire. Qui s'achèvera par la mort du PS si Hollande n'est pas au second tour de 2017. On comprend que Valls ait peur. Et sonne le tocsin de la République en danger.

« Lorsqu'un mauvais coup se mijote, il y a toujours une République à sauver », disait, goguenard, Jean Gabin dans le film *Le Président*. Son personnage s'inspirait beaucoup d'un certain Clemenceau. Le héros de Manuel Valls. Il n'y a pas de hasard.

12 mars 2015

Ne rien apprendre pour bien penser

Les seventies sont de retour. Dans la mode, robes à fleurs et pantalons pattes d'éléphant. Et à l'école, collège unique et activités de groupe. Macramé, poterie ou peinture sur soie ? Ou développement durable, tous en scène et Déclaration des droits de l'homme ? L'essentiel n'est pas ce qu'on apprend, car on n'y apprend pas grand-chose, mais comment on l'apprend. Non pas recevoir un savoir mais le découvrir soi-même. Il faut éveiller, travailler par petits groupes dans le cadre interdisciplinaire d'enseignements modulaires. Najat Vallaud-Belkacem a vite appris ce jargon *made in* rue de Grenelle. Elle y a ajouté son goût inépuisable de la com', qu'elle partage avec son Premier ministre. Parler et faire parler, telle est la consigne. Si on peut, au passage, ouvrir encore davantage l'école aux associations qui pensent bien, afin d'endoctriner un peu plus les enfants, on ne va pas se priver. C'est fromage et dessert.

Les mesures annoncées par la ministre sont déjà mises en œuvre dans de nombreux établissements des zones d'éducation prioritaire, c'est-à-dire des quartiers pauvres à forte concentration d'enfants d'immigrés. Le résultat est brillant : l'illettrisme gagne du terrain jour après jour. Alors, avant d'imposer une deuxième langue étrangère dès la cinquième, il faudrait peut-être rétablir les heures de français supprimées au fil des années. Mais personne n'y songe. Le collège essaie désespérément de rattraper les lacunes accumulées au primaire, comme le lycée tentera de même de pallier les manques nés au collège. Et on se retrouvera à faire des dictées à l'université. Si les élèves s'ennuient, comme l'affirme notre ministre, c'est soit qu'ils n'ont pas le niveau pour suivre, soit qu'ils n'apprennent pas assez. Les premiers devraient être en apprentissage, les seconds ont le malheur d'être nés trop tard, dans une école qui a renoncé aux exigences culturelles d'antan. Les deux sont victimes du mythe égalitariste du collège unique. L'illusion mortelle que la massification équivalait à une authentique démocratisation.

La vérité que notre ministre n'a pas encore eu le temps

d'apprendre est que les enseignants n'ont cure de ses plans de réforme. Depuis belle lurette, ils n'en font qu'à leur tête. Ils sont devenus des sortes d'auto-entrepreneurs, avec la sécurité de l'emploi et les vacances scolaires en plus. Pour le meilleur et pour le pire.

Le principal syndicat du secondaire, SNES-FSU, a déjà prévenu qu'il « n'accepterait rien qui pourrait se traduire par une réduction des horaires disciplinaires ». En clair, qu'il refuserait en bloc les mesures annoncées. Ce comportement conservateur sera vilipendé par tous les modernes, médias et pédagogistes, alliés comme d'habitude ; mais les profs sauveront ainsi le peu qui n'a pas encore été détruit. Pas grand-chose, mais c'est toujours ça que la rue de Grenelle n'aura pas.

17 mars 2015

Pays de merde

Et soudain Zlatan le héros est devenu Zlatan le salaud.

Zlatan le rigolo, Zlatan les gros mots. En une seule phrase : « Pays de merde qui ne mérite pas le PSG », le dieu du foot a été cloué au pilori médiatique. Chacun y a planté son clou. Chacun lui a craché au visage.

Tous ont voué aux gémonies son dérapage. Politiques, ministres, journalistes, bonnes consciences. « Eux ne dérapent jamais, ils sont la glace », disait le grand écrivain Philippe Muray.

Pourtant, que n'a-t-il dit que nous avons déjà entendu ? Pays de merde. C'est ce que chantent depuis des années les rappeurs qui maudissent à longueur de chansons la France, son peuple, son passé, son histoire, ses flics, ce qui ne les empêche nullement d'être invités à l'Élysée ou à Sciences Po.

Pays de merde où le FN est à 30 %. C'est ce que suggère Manuel Valls dans ses colères mémorables.

Pays de merde qui ne nous mérite pas. C'est ce que penseront les centaines d'élus et de permanents socialistes qui seront virés de leur confortable sinécure départementale le 29 mars au soir.

C'est ce qu'a songé Nicolas Sarkozy au soir de sa défaite le 6 mai 2012.

C'est ce qu'ont proclamé toutes les élites, politiques, économiques, médiatiques, culturelles, artistiques, au soir du référendum sur la Constitution européenne en 2005 qui vit la victoire du non.

C'est ce que ne cessent de titrer nos médias lorsqu'ils dénoncent la France conservatrice des droits acquis qui refuse de faire les réformes indispensables.

Pays de merde, c'est ce que pensait Pierre Berger pendant les énormes manifestations contre le mariage homosexuel.

Pays de merde, c'est ce que signifie l'accusation réitérée de populisme.

Pays de merde, pestent les patrons et les riches acteurs ou sportifs qui s'exilent pour des raisons fiscales, ou les grandes entreprises qui délocalisent leurs usines, ou les riches investisseurs américains, chinois et qataris qui rachètent nos entreprises sous nos cris d'orfraie. Pays de merde qu'abandonnent sans regret les jeunes banlieusards qui vont faire le djihad en Syrie, ou tous les Français qui s'exilent au Canada, en Amérique, en Australie, en Israël ou en Suisse.

Zlatan a dit tout haut ce que tout le monde pense tout haut et fait tout bas. Il est comme l'âne de la fable de La Fontaine, « Les animaux malades de la peste ». Haro sur le baudet. En une phrase, il a résumé et concentré cette haine de soi française qui fait des ravages depuis des décennies. Il nous a tendu un miroir et nous n'avons pas supporté de nous y reconnaître. Lui, la vedette d'une équipe française sans presque aucun joueur français, le Serbe suédois, le musulman catholique, le milliardaire héros des pauvres, qui incarne nos fantasmes de réussite individuelle et de métissage, n'avait pas le droit de parler comme nous. Il était la mauvaise personne au mauvais endroit au mauvais moment. Pas lui, pas ça et pas maintenant !

19 mars 2015

Bibi ne dit pas *bye bye*

C'est la bérézina des humanistes, le Waterloo des journalistes, le Juin 40 des sondeurs. Les élections israéliennes ont sonné le glas des bien-pensants et de tous les prophètes de bonheur, qu'ils soient à Tel-Aviv, Paris ou Washington.

Benjamin Netanyahu devait perdre, il a gagné. La montée des inégalités, la crise du logement, la folle hausse du coût de la vie devaient être déterminantes ; c'est la mise en avant des thèmes sécuritaires et identitaires qui a permis au sortant de s'en sortir. L'élection devait se gagner au centre gauche ; elle a été emportée à droite toute. Grandes leçons politiques qui ne seront pourtant pas retenues par tous ceux qui refusent de voir ce qu'ils voient.

Bibi Netanyahu était usé, vieilli, fatigué. Les médias dénonçaient son train de vie dispendieux ; Obama le méprisait parce qu'il contestait son rapprochement avec l'Iran ; et Hollande ne le supportait plus depuis que, venant à Paris après les attentats de janvier, il avait appelé tous les Français de confession juive à le rejoindre en Israël. C'était une cible idéale. Un perdant idéal. À qui chacun crachait sans regret un dernier « *Bye bye*, Bibi ».

La gauche israélienne se réjouissait d'avance de lui refaire le coup de Bill Clinton à George Bush père, lorsque le fringant démocrate avait abattu le glorieux vainqueur de la première expédition américaine en Irak d'une pichenette goguenarde : l'économie, stupide ! Vingt-cinq ans plus tard, la droite israélienne peut retourner le compliment à toutes les gauches occidentales : l'identité, imbécile ! Netanyahu a gagné en promettant qu'il n'y aurait jamais d'État palestinien. Comme un pied de nez belliciste à toutes les résolutions pacifistes de l'ONU. On était revenu au temps de Bismarck lorsque le Prussien disait : « La force prime le droit. » Pendant que la liste des Arabes israéliens obtenait un beau succès électoral, même auprès de certains Juifs de gauche, Avigdor Lieberman, l'allié de Netanyahu, appelait à « trancher la tête avec une hache » des Arabes israéliens déloyaux.

Cette montée aux extrêmes ne présage d'ailleurs rien de bon pour la démocratie israélienne ; un jour prochain, la puissance démographique des Arabes israéliens et des Palestiniens dans les territoires toujours occupés conduira les dirigeants israéliens à devoir imposer un régime d'apartheid ou à renoncer au caractère juif de leur État.

C'est le grand retour des questions que l'on croyait révolues : la guerre et la paix, la démographie et l'identité, la nation et ses adversaires, eux et nous. Nos problématiques du XXIᵉ siècle sont aux antipodes de celles autour de l'économique et du social, auxquelles la période bénie des Trente Glorieuses nous avait habitués. Toutes les gauches, mais aussi les médias, mais aussi les sociologues et experts en tout genre en sont désarçonnés : leur monde s'écroule. L'histoire redevient tragique, et c'est le peuple qui le rappelle aux élites. En Israël comme en France, comme dans tout l'Occident.

25 mars 2015

Quand on est petit, mieux vaut être modeste

Il faudra bientôt un microscope pour observer les Verts. À moins de 5 % des suffrages, un candidat à la présidentielle n'est pas remboursé de ses frais de campagne ; à moins de 2 %, un parti politique devient un groupuscule. Il faut se pincer pour se rappeler que l'ambition stratégique des Verts était de devenir la force principale de la gauche à la place des socialistes, comme le PS de Mitterrand avait supplanté les communistes à la fin des années 70. Au soir des européennes de 2009, alors que la liste conduite par Daniel Cohn-Bendit faisait jeu égal avec celle des socialistes, les Verts ont cru toucher leur graal. C'était un mirage. Depuis, ils tournent en rond dans le désert. Les institutions de la Vᵉ République sont darwiniennes : il y a les dominants et les dominés. Les dominants peuvent gagner la présidentielle ; les dominés doivent se contenter de sièges et d'élus. Le RPR et le PS sont les seuls dominants.

Le Front national se bat pour être admis dans ce club très restreint. Dans l'histoire de la Vᵉ, seul Giscard fut l'exception qui confirme la règle ; Bayrou a essayé d'imiter Giscard ; dans son échec mégalomane, il a dispersé façon puzzle son parti et ses élus. Cécile Duflot a copié Bayrou en mieux : avant même de se présenter à la présidentielle, elle a déjà détruit son parti. Elle a oublié la sagesse des dominés, des petits, des sans-grade, celle que lui rappelait son ancien compère Jean-Vincent Placé, qui connaissait cette célèbre réplique de Michel Audiard : « Quand les types de cent trente kilos disent certaines choses, ceux de soixante kilos les écoutent. » Une morale qu'a au contraire mise en œuvre l'UDI. Son union avec l'UMP a été le grand succès de ce premier tour des départementales. Les leaders des deux partis ont fini par comprendre le calcul improvisé au soir même des européennes par Alain Juppé : l'UMP a 20 % et l'UDI a 10 % ; si on ajoute les deux, on obtient 30 %. Devant la complexité d'une semblable arithmétique, on comprend mieux pourquoi Alain Juppé fut jadis surnommé « le meilleur d'entre nous ». Juppé retrouvait là ses classiques du temps du RPR et de l'UDF : le premier amène les électeurs et le second amène les élus. Sarkozy connaît lui aussi ses classiques. Il a payé ainsi le titre envié de premier parti de France que l'UMP seule n'aurait pas réussi à ravir au Front national. Mais le patron centriste, Jean-Christophe Lagarde, est rentré de fait à la maison UMP que Borloo avait quittée. Il a perdu toute légitimité pour se présenter à la présidentielle de 2017. La suite est écrite : l'UDI va accumuler les élus aux départementales et régionales ; les Verts vont se déchirer entre le parti et les parlementaires, entre ceux qui ont les mains pures mais n'ont pas de mains et ceux qui iront à la soupe hollandaise pour un maroquin ministériel. Les écologistes sont favorables à la mort dans la dignité, au refus de l'acharnement thérapeutique. Il est temps qu'ils appliquent leurs principes à eux-mêmes.

26 mars 2015

Justice nulle part

Juges d'instruction, levez-vous ! Cela devient une habitude. Après DSK, Éric Woerth. Les procès se suivent et se ressemblent. Ce n'est plus l'inculpé dans son box qui se retrouve en accusation et que le procureur poursuit de sa vindicte, mais le juge d'instruction qui a monté le dossier dans son bureau. Ce n'est plus l'accusé qui est contraint d'avouer ses crimes et turpitudes, mais la justice, penaude, qui doit reconnaître que ses dossiers étaient vides. Lamentablement vides. Juridiquement vides mais médiatiquement pleins, idéologiquement pleins, sociologiquement pleins. On cherche en vain les mobiles de ces criminels qui se révèlent innocents ; mais on devine les motivations impures des juges d'instruction : la revanche des petits juges contre les grands de ce monde. La revanche des juges féministes contre le grand méchant homme obsédé sexuel. La revanche des juges de gauche contre le grand méchant ministre de droite. Voleur, forcément voleur, comme l'autre était proxénète, forcément proxénète.

Il y a trente ans, tout le monde a cru que l'alliance entre le juge et le journaliste serait l'arme absolue pour traquer les pourris et les corrompus. On se rend compte désormais que cette alliance devient dangereuse pour les libertés individuelles et la sérénité de la justice elle-même.

Sous le mandat de Nicolas Sarkozy, les juges d'instruction ont combattu victorieusement une réforme qui les menaçait et se proposait d'adopter le système anglo-saxon, dit accusatoire, où l'avocat et le procureur mènent l'enquête selon une dramaturgie que les amateurs de séries américaines connaissent bien. Les arguments du modèle français n'étaient pas médiocres : le système anglo-saxon rend les avocats très riches, mais se révèle très inégalitaire pour les justiciables, ne commet pas moins d'erreurs judiciaires et protège encore moins la présomption d'innocence que son homologue français.

On a désormais la désagréable impression que les juges d'instruction ont décidé eux-mêmes d'œuvrer à leur disparition. On se demande si certains ne sont pas stipendiés par les lobbys très puissants qui à Bruxelles militent avec une rare efficacité pour l'adoption dans toute l'Europe du modèle anglo-saxon.

On se souvient du « mur des cons » découvert dans le local du syndicat de la magistrature. Les cons étaient des politiques, écrivains, journalistes, qui avaient commis le crime d'être catalogués à droite, conservateurs, voire réactionnaires. Même des parents de victimes, qui avaient le grand tort de réclamer justice pour leur enfant, étaient épinglés en cons d'honneur.

Ces cons en tout genre sont les cibles privilégiées de certains juges d'instruction, que ceux-ci appartiennent ou non au syndicat de la magistrature. Les règlements de comptes politiques et idéologiques prennent de plus en plus le pas sur la quête de la vérité. Jadis les jeunes gauchistes criaient dans les rues : « Police partout, justice nulle part ! » Il serait grave qu'on puisse crier désormais : « Juges d'instruction partout, justice nulle part ! »

31 mars 2015

Le rêve de Nicolas

Il a gagné. C'est plié. Il en est convaincu. Il les aura tous : Hollande, rien qu'un minable usurpateur, Valls, rien qu'un immonde imitateur, Juppé, rien qu'un héritier, Fillon, rien tout court, et Marine Le Pen, qui n'a rien gardé de la culture de son père. Tous, il les aura ; et ces journalistes insignifiants qui l'ont enterré cent fois. Et ces juges, petits pois hargneux, qui le harcèlent. Depuis qu'il a découvert la littérature, il se prend pour le comte de Monte-Cristo. Rêve de vengeance. Mais il ne le dit pas. C'est qu'il a progressé. Mûri. Vieilli. Appris à contrôler ses mots à défaut de contrôler ses gestes. Appris à se taire. Appris à faire le gentil, le consensuel, l'unitaire, le bonasse. À prendre un ton doucereux quand il a envie d'étrangler. À jouer l'homme de paix qui évite de froisser les gens quand on l'accusait naguère de monter les populations les unes contre les autres.

Quand Nicolas Sarkozy dit : « L'alternance est en marche », rien ne l'arrêtera. Il pense : « Dans deux ans, je suis à l'Élysée. » C'est là que le bât blesse. Sarkozy a de la mémoire. Deux ans, c'est le temps qu'il a fallu à Balladur pour passer de vainqueur irrésistible à perdant irrémédiable. Comme lui, Balladur avait en face une gauche décrédibilisée, impopulaire en diable, qui s'effondrait à chaque élection. Comme lui, Balladur tenait bien son camp, alliance des états-majors avec le centre et discours droitisé pour la base. Balladur allait de Pasqua à Bayrou, comme Sarkozy court de Wauquiez à NKM, de la droite forte à l'UDI. Comme Balladur, Sarkozy donne des places aux notables centristes et fait des risettes à un électorat modéré en symbiose avec celui du FN sur tout ce qui concerne l'immigration, la sécurité, l'islam. Comme Balladur. Plus que Balladur. Mieux que Balladur. Avec plus de talent, plus de gouaille. Pour rassurer l'électorat âgé, effrayé par les audaces des Le Pen, il joue le sérieux économique, à la fois gestion de bon père de famille et audace réformatrice. Il est libéral sans prononcer le mot, il est européen tout en critiquant Bruxelles. Il prépare déjà le second tour de la présidentielle quand Hollande aura du mal à sortir du premier et que Marine Le Pen a démontré dans ses départementales qu'elle ne dispose toujours pas d'une machine efficace de second tour.

Il ne peut rien lui arriver. Rien. Trois fois rien. Des régionales à la proportionnelle qui réinstallent aux yeux de tous le Front national en premier parti de France. Des juges qui lui donnent des nouvelles de Libye ou d'Irak. Un nouveau parti, Les Républicains, trop américain pour les uns, ou sœur jumelle de la gauche républicaine de Valls pour les autres. Des primaires, qu'il supprime d'un trait de plume, ou qu'il limite à la base UMP. Juppé qui se rebelle, joue la vertu outragée, se présente au premier tour et rassemble les derniers reliquats de l'électorat centriste, qui croient encore à l'identité heureuse. Assez pour le rétrograder derrière un Hollande qui parviendrait à rameuter son faible électorat de gauche sur le slogan facile « Sarko-Le Pen, bonnet blanc, blanc bonnet ».

Parfois, la nuit, Sarkozy se réveille en sursaut ; une voix d'outre-tombe lui a murmuré : « Souviens-toi d'Édouard. »

2 avril 2015

« L'École des fans »

Tout le monde il est beau tout le monde il est gentil. Tout le monde il est excellent tout le monde il est un grand lycée. À Paris et en province. Et en banlieue aussi. Surtout en banlieue. Il ne faut pas croire ce que l'on raconte. Paul-Éluard à Saint-Denis est bien meilleur qu'Henri-IV, Alfred-Nobel à Clichy-sous-Bois largement au-dessus de Louis-le-Grand. Le-Corbusier à Aubervilliers enfonce Condorcet. Les lycées des ZEP que tout le monde contourne avec soin, où le français est souvent une langue étrangère, sont en vérité les meilleurs de France. Non pas des lycées d'excellence mais d'excellents lycées. Peu importe que les profs y mettent rarement leurs enfants, et que les ministres ou les journalistes n'appellent jamais les proviseurs pour y imposer leur progéniture. Les classements de l'Éducation nationale, c'est désormais comme « L'École des fans » au temps de feu Jacques Martin : à la fin tout le monde gagne.

La méthode est cousue de fil blanc : vous distribuez le bac à tout le monde, sauf à ceux qui ont tué leur père et leur mère ; puis vous évaluez la progression des élèves par rapport aux résultats attendus. Attendus par qui ? Par rapport à quoi ? Mais à leur classe sociale, voyons. On a bien dit origine sociale, pas nationale ou ethnique : la rue de Grenelle, jadis royaume de l'égalitarisme marxiste, est toujours celui du politiquement correct.

La machine de propagande se met alors en route. Elle repose sur l'alliance des organismes publics et des médias, qu'on a déjà observée dans le passé pour les chiffres de l'inflation, du chômage ou de l'immigration. Alliance redoutable qui repose sur le mot célèbre de Mark Twain : « Il y a trois sortes de mensonges : les mensonges, les sacrés mensonges et les statistiques. »

La rue de Grenelle en avait assez d'être déstabilisée par les tableaux sortis chaque année, entre deux marronniers sur l'immobilier, par les hebdomadaires qui sanctifiaient les derniers établissements scolaires, publics et souvent privés, qui osaient prôner la sélection et l'élitisme. Assez de ces classements internationaux, le fameux PISA, qui avaient révélé, avec une rare cruauté, le déclin du système éducatif français. Assez de voir que les seuls à rivaliser avec les Asiatiques étaient les très bons élèves français – de moins en moins nombreux d'ailleurs – et de constater que les inégalités se creusaient entre ceux-là et le reste de la population, tandis que coulaient la plupart des lycées de banlieue. Il fallait d'urgence corriger ce tableau intolérable qui faisait le jeu de qui vous savez. Il fallait d'urgence dissimuler que les méthodes modernes des pédagogistes, mises en place il y a plusieurs décennies pour réduire les inégalités sociales, les avaient en vérité aggravées. L'urgence, ce n'est pas la lutte contre l'illettrisme, mais la lutte contre les préjugés. Ce n'est pas de transmettre un savoir, mais de transmettre des valeurs. Pas de lutter contre l'inculture, mais de lutter contre les inégalités. Pas de connaître l'histoire de France, mais d'en finir avec les discriminations racistes et sexistes. Pas d'apprendre quelque chose, mais de se sentir bien.

L'urgence n'est pas de regarder la réalité en face, mais de la mettre sous le tapis.

7 avril 2015

La quête vaine d'un islam tricolore

C'était le week-end de Dieu. Les chrétiens et les juifs célébraient leurs Pâques. Les musulmans avaient le rassemblement du Bourget. On ne saura jamais quelle fut la voie la plus efficace pour atteindre le Seigneur, mais on a constaté que les musulmans avaient trouvé le meilleur moyen d'accéder au dieu des médias. Il y a deux mille mosquées en France ? Doublons ce chiffre, dit l'un ! Et des mosquées-cathédrales, ajoute l'autre ! Qui paiera ? répond l'écho suspicieux. L'État ou les communes ? Mais la loi de 1905 l'interdit. L'Arabie saoudite, le Qatar ? Mais ils sont étrangers. Les fidèles ? Mais ils sont pauvres.

Et pourquoi toujours plus de mosquées ? Parce qu'il y a de plus en plus de musulmans. Mais nos statistiques officielles nous avaient affirmé le contraire. Nous aurait-on menti ? Et un musulman est-il forcément pieux ? Voilà un essentialisme qui ne correspond en rien aux canons de la modernité qui ne connaît que le libre choix individuel.

Justement, rétorquent les uns. La mosquée, c'est mon droit. Comme d'autres, il y a deux ans, disaient : Le mariage, c'est mon droit. Un enfant, c'est mon droit. Certains musulmans sont si bien intégrés à la société française qu'ils adoptent le même comportement d'enfants capricieux que les autres. On construit une mosquée pour un islam pépère venu du bled, et on se retrouve avec une mosquée tenue par des Frères musulmans ou des salafistes. Bien sûr, ces deux mouvements connaissent des divergences et ne poussent pas tous au djihad. Mais ils ont en commun une lecture littéraliste d'un Coran écrit au Moyen Âge pour une société de Bédouins. Et ce sont eux qui ont le vent en poupe parmi la jeunesse musulmane de France. C'est le traditionnel conflit des générations, mais à l'envers, avec des jeunes qui se révèlent plus rigoristes que leurs anciens. Cette mondialisation version islamique, facilitée par la technologie – télévision par satellite et Internet – et la puissance financière des monarchies pétrolières, a fait exploser jusque-là toutes les tentatives d'édification d'un islam tricolore.

La France est confrontée à un grand classique de son histoire : le conflit entre une religion universaliste et l'État-nation. C'est tout le sens des luttes séculaires entre nos rois, puis nos Républiques, avec l'Église. Tout le sens aussi de la célèbre phrase du révolutionnaire Clermont-Tonnerre : « Il faut tout refuser aux Juifs en tant que nation et tout accorder aux Juifs en tant qu'individus. » Ou encore l'impérieuse réunion du Sanhédrin, convoquée par un Bonaparte n'hésitant pas à poser des questions aux rabbins sur la loi juive ; et à exiger des modifications pour que celle-ci se conforme à son cher code civil.

À l'époque, pas de concertation, de double loyauté, de « on peut aimer son père et sa mère ». Pas de louvoiement, pas de double langage, pas de victimisation. Pas de Cour européenne des droits de l'homme et de pression médiatique. Pas d'État dans l'État. Non seulement la loi religieuse doit se soumettre à la loi de la République, mais les religions minoritaires doivent se conformer à la culture issue de la tradition catholique. C'est le respect impérieux de ces règles qui a fait la France. Et c'est son abandon qui la défait.

9 avril 2015

L'alliance russe

Jadis, on appelait ça une alliance de revers. L'histoire des guerres européennes en est remplie. Cette fois-ci, les Russes ne jettent pas leurs chars et leurs cosaques à la tête des Allemands, mais leurs roubles. Bien sûr, officiellement, il n'est pas question de sortir du « cadre de la famille européenne ». Mais tout dit le contraire. Ukraine, gaz, sanctions : Athènes est en train de lâcher Bruxelles. C'est la rupture bête et brutale. On n'a jamais été aussi près d'une sortie de la Grèce de la zone euro. Le Grexit, comme disent les Anglo-Saxons. Chacun s'y prépare. Chacun fourbit ses armes. Les Grecs n'ont pas dans leurs caisses les quatre cent cinquante-huit millions d'euros qu'ils doivent payer au FMI ce 9 avril. Encore moins les vingt milliards d'euros qu'ils devront sortir pour payer leurs dettes de l'année. Sans une nouvelle aide de l'Europe, ils feront défaut. Comme un vulgaire Soudan ou une misérable Zambie. Mais les dirigeants de Syriza entendent maintenir leurs services publics et payer les pensions de leurs retraités. Tenir leurs promesses électorales. Naïveté qui ferait bien rire les politiques français qui, de Mitterrand à Chirac, de Sarkozy à Hollande, ont toujours choisi l'Europe contre leurs promesses. Les Grecs ont inventé la démocratie il y a deux mille ans ; ils ont peut-être la haute ambition de la redonner une seconde fois au Vieux Continent.

Mais ils le font en position d'extrême faiblesse. D'où leur appel au renfort russe. Car personne ne veut céder. Chacun au nom des grands principes. L'Europe, au nom du respect des traités. Les dirigeants de Syriza, au nom du respect de la démocratie. L'Union européenne ne veut pas faire de précédent ; les Grecs ne veulent pas trahir leur peuple. Les Grecs dénoncent le protectorat européen. Bruxelles rappelle qu'il y a des pays plus pauvres que la Grèce qui ont mis la main à la poche pour les aider.

Les Grecs n'ont plus le choix : ils doivent sortir de l'euro, revenir à la drachme et nationaliser leurs banques. À Berlin, comme à Bruxelles ou à Paris, on est convaincu que le gouvernement de Tsipras n'osera pas. Qu'il se couchera. Que les Grecs ne les suivront pas. Angela Merkel estime non sans raison qu'elle a déjà beaucoup donné, beaucoup payé. Son peuple ne lui pardonnerait pas d'en faire davantage, alors que les épargnants allemands doivent déjà subir la baisse des taux d'intérêt voulue par la BCE de Mario Draghi. C'est peuple contre peuple, intérêts électoraux contre intérêts électoraux.

C'est le vice de fabrication de la monnaie unique : elle profite mécaniquement à la région la plus productive de la zone – c'est-à-dire l'Allemagne rhénane – en y attirant tous les facteurs de production ; mais elle transforme les pays les moins productifs en éternels quémandeurs, éternels assistés, car ils ne peuvent pas réellement rétablir leur compétitivité sans une dévaluation monétaire. L'euro accroît les tensions entre riches et pauvres, travailleurs et fainéants, Nord et Sud, bons élèves et cancres. Réveille les anciens stéréotypes et vieilles haines. Tout ça au nom de la paix, de la prospérité et du rapprochement des peuples. Au moins, cette logorrhée artificielle devrait plaire à Poutine. Elle lui rappellera le bon vieux temps de l'URSS !

14 avril 2015

Ni droite ni droite

La famille Le Pen a tout pour plaire à notre machine médiatique qui n'aime rien tant que transformer la vie politique en affaires sentimentales, à romancer, théâtraliser, psychologiser, psychanalyser : Le Pen en chef de horde freudien et castrateur ; Le Pen en roi Lear shakespearien trahi par ses filles ; Le Pen en patriarche brûlant tout pour que rien ne lui survive... Pourtant, la bataille qui vient de s'achever ne devait pas grand-chose à la psychanalyse, et beaucoup plus à la politique. Au risque de décevoir les amateurs de psychodrame, les propos de Jean-Marie Le Pen souhaitant la réconciliation entre gaullistes et pétainistes, et plus largement entre Français qui ne s'aimaient pas, n'avaient rien de neuf, puisque c'était là l'expression même du président Pompidou, il y a plus de quarante ans. En revanche, la grande nouveauté résidait dans l'attaque violente contre le programme économique du Front national. Retraite à 60 ans, 35 heures et augmentation des impôts. Le Pen n'a rien laissé debout. Il a rappelé qu'il était de droite et libéral, deux gros mots dans le parti de sa fille. Et qu'il n'aimait pas les marxistes, même lorsqu'ils se cachaient sous les habits d'un patriote. Jean-Pierre Chevènement était désigné, mais c'était son émule, Florian Philippot, qui était visé. Philippot et sa casquette d'énarque. Philippot accusé d'avoir converti Marine à l'étatisme, au socialisme et au fiscalisme. Et, accessoirement, de l'avoir détournée de la juste lutte contre le mariage homosexuel.

La violence des attaques contre Le Pen de tous les Philippot *boys* prouve que ce dernier a compris le message. Avec le renoncement de Jean-Marie aux régionales, Philippot a gagné une bataille ; mais avec la montée en puissance de Marion, ce gaulliste fervent risque de perdre la guerre. Depuis des mois, Marion réclame elle aussi une inflexion libérale et conservatrice. Ni droite ni gauche, oui, mais pas ni droite ni droite. Après tout, le général de Gaulle lui-même était un dirigiste sans tabou, mais à son époque les prélèvements obligatoires plafonnaient à 35 % et l'équilibre budgétaire était rigoureux. Or, les départementales sont venues à point nommé pour donner raison au grand-père et à la petite-fille. La désillusion du FN au second tour est en effet due aux très faibles reports des voix des électeurs UMP sur ses candidats. La sociologie a parlé. Alors que les électeurs du FN sont jeunes et pauvres, ceux de l'UMP sont âgés et bourgeois. Ils ont des économies. Ont peur d'une sortie de l'euro et d'une dévaluation massive. Craignent les augmentations d'impôts. Les syndicats et l'assistanat. N'aiment pas quand on évoque des augmentions du smic.

C'est ce qu'a très bien compris Sarkozy qui a fait du programme économique du FN un épouvantail à électeurs UMP. Il sait lire des sondages, Sarko, et a bien vu celui du *Figaro Magazine* qui révèle que 90 % des électeurs de l'UMP sont d'accord avec le FN sur l'immigration. Les questions identitaires faisaient naguère mauvais genre ; elles façonnent désormais dans le pays un électorat majoritaire UMP-FN. Le paradoxe est que Nicolas Sarkozy comme Marine Le Pen font tout pour le séparer.

16 avril 2015

Quand on hait, on ne compte pas

C'est le temps des grandes manœuvres.

Entre l'Iran et l'Arabie saoudite, la guerre se fait désormais à visage découvert. Perses contre Arabes, chiites contre sunnites. Les guerres de Religion sont les plus inexpiables car c'est le sort de chacun pour l'éternité et le salut de son âme qui sont en jeu. Le christianisme a connu au XVIᵉ siècle la lutte entre catholiques et protestants ; l'islam a aujourd'hui celle des chiites et des sunnites. À côté, le massacre de la Saint-Barthélemy apparaîtra bientôt comme un conte pour enfants. Chaque camp se rassemble et fait silence dans les rangs. Les Iraniens rameutent sans souci de pureté de doctrine :

le Hezbollah au Liban, les alaouites en Syrie, les chiites en Irak, et maintenant les houthis au Yémen. Avec son nouveau roi, l'Arabie saoudite a décidé de faire régner l'ordre dans le camp arabe sunnite. Ce n'est pas tâche aisée. Contrairement au chiisme, le sunnisme n'a pas de clergé ni d'autorité religieuse hiérarchique. C'est la même anomie sur le plan géostratégique. L'Arabie saoudite s'efforce de faire rentrer dans le rang les al-Qaida et autre califat islamique ou Boko Haram, ces monstres qu'elle a enfantés et qui risquent de la dévorer. L'Arabie saoudite envoie son lieutenant égyptien pour rétablir le calme en Libye, aide les Libanais sunnites à résister au Hezbollah, joue de ses relais tribaux en Irak et en Syrie pour contenir la poussée de Daech. Les bombardements récents du Yémen par l'armée saoudienne répondent sans doute à ceux opérés ces derniers mois en Irak par l'aviation iranienne. C'est bombardement contre bombardement, massacre contre massacre, territoire contre territoire, œil pour œil, dent pour dent.

Jadis, l'Espagne envoyait des troupes pour aider les catholiques, l'Angleterre armait les protestants et les lansquenets allemands se battaient à leurs côtés. Aujourd'hui, les Russes s'empressent d'alimenter les chiites iraniens en armes sophistiquées tandis que les Français pourvoient les troupes sunnites, qu'elles soient égyptiennes ou libanaises, en avions Rafale. Le prince saoudien signe les chèques sans regarder à la dépense. Quand on hait on ne compte pas. Les Américains étaient les protecteurs de l'Arabie saoudite depuis 1945 ; sous la houlette d'Obama, ils sont en train d'opérer un grand renversement d'alliances au profit de l'Iran. Ils ont compris que tous les mouvements terroristes qui ont depuis quinze ans ensanglanté New York, Londres, Madrid, Paris ou Copenhague avaient été financés et organisés par des princes saoudiens ou qataris. Pris dans leur rivalité séculaire avec le diable chiite, dans une course sans fin vers l'islam le plus pur et le plus absolu, nos amis du Golfe ne reculent devant aucun sacrifice pour favoriser dans les banlieues de tous les pays européens la conversion au salafisme de populations toujours plus nombreuses et de plus en plus étrangères au pays dans lequel ils vivent. Mais nos grands visionnaires, qu'ils s'appellent Chirac, Sarkozy,

Hollande, Juppé ou Fabius, comme les fameux trois singes de la fable, ne voient, ni n'entendent, ni ne disent rien.

21 avril 2015

Liberté, que de crimes on commet en ton nom !

Tous les amateurs de romans policiers vous le diront : on reconnaît le coupable au fait qu'il paraît le plus innocent de tous les suspects. Il a le meilleur alibi, il est le plus serviable auprès de l'enquêteur. En annonçant qu'il saisirait le Conseil constitutionnel sur le projet de loi sur le renseignement – une première pour un président de la République de la Ve ! –, François Hollande s'est cru très malin et n'a fait que signer son crime. D'abord parce que, à droite comme à gauche, de nombreux députés s'apprêtaient eux-mêmes à le faire. Ensuite parce que la saisine du Conseil n'est pas en elle-même une garantie absolue pour les libertés publiques.

L'histoire des décisions des hautes juridictions françaises n'est pas avare de petits calculs et de grands services. On se souvient que le Conseil d'État s'était empressé il y a quelques mois d'abolir une de ses jurisprudences les plus anciennes et les plus libérales ce qui n'avait pas déplu à Manuel Valls qui voulait à toute force interdire les spectacles de Dieudonné.

Ce texte sur le renseignement trouble le traditionnel clivage droite-gauche. Il inquiète les esprits les mieux disposés, grands flics ou juges antiterroristes. Les garanties sont dérisoires et les risques immenses. Il profite du fameux esprit du 11 Janvier pour légaliser une Plateforme nationale de cryptage et de décryptement (PNCD) qui permet depuis des années de recueillir et de stocker des données personnelles massives. Pour une efficacité fort réduite : on écoute tout le monde pour en entendre quelques-uns. On pêche au chalut pour attraper quelques poissons. On traque le délit d'opinion sans poursuivre le crime. On se refuse à interdire le retour sur le territoire des djihadistes à la manière anglaise ; on n'ose pas descendre dans les banlieues pour mettre à jour les innombrables caches d'armes par peur des bavures. Alors, pour faire taire ce message qu'on ne veut pas entendre, on s'en prend au facteur. Cette loi sur le renseignement doit être mise en relation avec le plan, annoncé la semaine dernière, par le Premier ministre pour lutter contre le racisme et l'antisémitisme. Désormais, on fait basculer tout le délit du racisme dans le code pénal, alors qu'il relevait jusque-là d'un droit de la presse éminemment protecteur. Et on en profite au passage pour serrer encore la vis à Internet. Une fois de plus, c'est la parole qui est suspectée, pas le crime. On sort de plus en plus du cadre démocratique qui respecte toute opinion, même celle qui dérange ou choque, pour un discours moralisateur et compassionnel, qui traque le dérapage de manière obsessionnelle. Non seulement ces lois sont liberticides, mais elles privatisent le droit au profit de communautés à qui on reconnaît une protection particulière, représentées qu'elles sont par des associations qu'on arrose de subventions publiques pour mieux réduire la liberté de parole. Ces lois antirépublicaines sont prises au nom de la défense de la République. On nous oblige à renoncer à *nos* libertés au nom de la sauvegarde de *la* liberté. On nous bâillonne, mais il faut auparavant que l'on dise merci.

23 avril 2015

Le camp des saints

On s'émeut, on s'apitoie, on s'attendrit. On ploie sous le poids des mots et le choc des photos. La raison est sommée de se soumettre à l'émotion. La machine médiatique est redoutablement efficace. On dit : L'Europe tue, la Méditerranée tue. Nous sommes tous des assassins. On évoque l'odyssée de migrants vers l'Europe, comme si nous étions l'Amérique du XIXᵉ siècle. Et dans le rôle des Indiens, nous, Français, Italiens, Allemands, Suédois. Il y a plus de quarante ans, un livre de Jean Raspail, *Le Camp des saints*, avait décrit minutieusement cette situation. Pas seulement l'arrivée massive de miséreux dans des rafiots branlants accostant les côtes françaises, mais

aussi, mais surtout, la paralysie des autochtones, et en particulier de leurs élites politiques ou médiatiques, tétanisées par
la compassion et la culpabilité, incapables de résister à cette
invasion de la misère. La nature imite l'art.

Au nom des droits de l'homme, on doit les secourir. On
doit les accueillir. On doit les adopter. Les intégrer. Au nom
des droits de l'homme, on doit oublier qu'on ne leur a pas
demandé de venir, qu'ils forcent notre porte. Que jamais
aucun peuple européen – à part le suisse – n'a pu démocratiquement donner son avis sur la politique d'immigration de
ses gouvernants.

Les droits de l'homme sont notre nouvelle religion ; nous
devons nous y soumettre comme à un dieu vengeur. Au nom
des droits de l'homme, l'Amérique pendit Saddam Hussein
et détruisit l'État irakien. Au nom des droits de l'homme, la
France de Sarkozy et BHL liquida Kadhafi. Au nom des droits
de l'homme, on a déstabilisé Assad en Syrie. Depuis lors, d'Irak
et de Syrie partent des centaines de milliers de personnes
fuyant le chaos, qui passent par la Libye où plus personne ne
les arrête dans leur poussée vers les côtes italiennes depuis
que le méchant Kadhafi est mort.

Au nom des droits de l'homme, la Cour européenne de
justice interdit que notre marine arraisonne leurs bateaux
et les renvoient d'où ils viennent à la manière australienne ;
au nom des droits de l'homme, pas le droit de trier, de
sélectionner, d'empêcher que des terroristes islamistes ne se
glissent dans le lot. Si certains ont la force de noyer des compagnons de route uniquement parce qu'ils sont chrétiens,
nous devons nous attendre à tout. Au nom des droits de
l'homme, ils quittent le sud de l'Italie pour le nord du pays,
puis en route pour la France, l'Allemagne ou la Suède. Au
nom des droits de l'homme, l'Europe a supprimé les frontières. On doit leur accorder le droit d'asile ; mais ils peuvent
rester, même si on ne leur accorde pas. Ils ont le droit au
logement, le droit à l'aide médicale gratuite, le droit au
regroupement familial, le droit du sol pour leurs enfants nés
chez nous, le droit à des aides multiples payées par des associations subventionnées. Puis ils auront droit à un travail, ou
à une allocation chômage, à la Sécurité sociale. Nos droits de

l'homme sont un attrait irrésistible. Même le risque de mort ne décourage personne. Ce ne sont pas la France ou l'Italie ou l'Europe ou la Méditerranée qui tuent, mais les droits de l'homme.

28 avril 2015

Cinquième colonne

Silence, on compte. On négocie, on charcute, on truque. On jongle avec les lignes budgétaires et les recettes qu'on n'a pas encore. Depuis la chute du mur de Berlin en 1989, le budget de la Défense était le premier à faire des économies. Souvent le seul. On tirait les dividendes de la paix. On coupait, on taillait, et personne ne criait. Grande Muette oblige. Un rêve de fonctionnaires de Bercy. Mais la Grande Muette a retrouvé la parole ; elle hurle même. Et tout le monde l'écoute. L'armée est Charlie. L'État n'arrive pas à recruter dans l'Éducation nationale les soixante mille postes promis par le candidat Hollande ; mais elle a un besoin pressant de soldats. La gauche est dans la tenaille budgétaire ; ne pourra pas continuer à ouvrir sans limites nos guichets sociaux. Prime d'activité aux jeunes ou prime aux soldats, Hollande devra choisir. Choix cornélien pour une gauche qui, convertie au pacifisme depuis la guerre de 1914-1918, préfère toujours le beurre aux canons. Mais l'armée française est à l'os. Hélicoptères, drones, renseignements, on manque de tout. Soldats dévoués, forces spéciales redoutablement aguerries qui impressionnent les Américains ; mais matériel vétuste, usé jusqu'à la corde ; pas assez de gilets pare-balles ou même de chaussures. À côté, les va-nu-pieds de l'armée d'Italie sous Bonaparte étaient des privilégiés. En dix ans, l'armée de terre a perdu quarante-cinq mille hommes. Elle arrive aujourd'hui à un seuil de cent mille hommes. Seuil symbolique : cent mille hommes en armes, c'est ce qu'avait laissé Hitler à Vichy. En 1918, le traité de Versailles avait aussi limité les effectifs de l'armée allemande à cent mille hommes. À l'époque, on disait que c'était tout juste suffisant pour assurer la paix intérieure.

La paix intérieure, on y revient. Depuis le mois de janvier, les effectifs de l'armée chargée, dans le cadre de l'opération Sentinelle, de protéger les lieux publics, synagogues ou églises en particulier, atteignent près de dix mille hommes. Autant que ceux engagés dans les interventions extérieures, au Mali ou en Centrafrique. Le territoire national est en train de redevenir un lieu de guerre. Révolution conceptuelle dont seul l'état-major a pris la mesure, mais en silence. Il ne faut pas affoler les populations, monter les communautés les unes contre les autres, alimenter l'islamophobie. Mais on n'a pas encore mesuré tous les effets d'un tel retour de l'armée sur notre sol, situation qu'on n'avait plus connue depuis la guerre d'Algérie.

« Ennemi intérieur », dit Manuel Valls. « Cinquième colonne », disent d'autres. Seule la terminologie change. Des frères, des sœurs, une amie convertie, un imam. Toujours la même histoire, de Mohamed Merah à Sid Ahmed Ghlam. On a découvert, effarés, que la limite entre la délinquance et le terrorisme était aussi poreuse qu'une frontière Schengen. À Marseille ou à Paris, les mêmes armes sont utilisées pour tuer un caïd de la drogue ou un dessinateur. Des armes de guerre. Le politiquement correct interdit plus que jamais les mots qui fâchent au nom du « pas d'amalgame » ; mais c'est bien l'islamisme que la France combat. Là-bas et ici. Au Mali et à Paris. Mais silence, on compte.

30 avril 2015

Attila bien coiffé

Il faut sonner l'alerte. Appeler SOS enfants battus. Un quarteron de pédagogistes à la retraite a profité de l'ignorance ingénue d'une jeune ministre pour lui fourguer tout leur stock de réformes qu'ils avaient au fond de leur arrière-boutique. Les pédagogistes sont à l'école ce que les médecins de Molière étaient à la médecine : des cuistres prétentieux, jargonnants, arrogants, malfaisants. Pour eux, la piscine est un « milieu aquatique profond standardisé » ; avec eux, on ne fait plus de dictées, mais on « exerce sa vigilance orthographique » ;

l'élève n'apprend plus à écrire, mais à « maîtriser le geste graphomoteur et automatiser progressivement le tracé normé des lettres ». Ils haïssent le roman national à l'égal du péché ; l'identité française – sa littérature, sa langue ou sa géographie – est une infamie qu'il faut éradiquer. Leur dernière réforme du collège, c'est le grand nettoyage de printemps. On vide tout, on élimine tout : le latin et le grec ; les redoublements ; les classes européennes, les classes bilangues. De moins en moins d'heures de cours et la fin programmée de tout cours magistral, remplacé par des EPI, « enseignements pratiques interdisciplinaires ». Aux élèves de faire eux-mêmes leurs leçons. Un peu d'histoire, de géo, de physique. Vous reprendrez bien un peu de français. Un peu de tout, beaucoup de rien. Notre ministre ne veut plus que les pauvres chéris s'ennuient à l'école. Ce sera la récré pendant les heures de classe. On ne révisera plus les tirades si ennuyeuses de Racine, mais les stand-up de Jamel Debbouze.

En histoire, on avait déjà eu la peau de Louis XIV et de Napoléon ; on met à la poubelle les Lumières et le christianisme au Moyen Âge. En revanche, l'islam, les traites négrières et la colonisation deviennent le cœur de l'histoire de France. Mais il n'y aura plus d'histoire de France, seulement des histoires globales. Plus de chronologie, mais une année dans le monde. Au hasard. On n'apprendra plus la date de la mort de Saint Louis, mais on a intérêt à connaître celle de l'Hégire. On ne saura plus qui sont Robespierre et Danton, mais on ne pourra pas échapper à Olympe de Gouges, héroïne féministe, pourtant guillotinée sous la Terreur dans l'indifférence générale. La Seconde Guerre mondiale ignorera tout de Churchill, Staline ou de Gaulle, et se résumera à la seule extermination des Juifs.

C'est l'alliance des comptables – qui veulent faire des économies – et des sociologues gauchisants – qui veulent détruire la culture bourgeoise. L'excellence, voilà l'ennemi. Il n'y aura plus de bons ni de mauvais élèves. Au nom de l'égalité, ils seront tous mauvais ! Notre ministre est cohérente : elle avait déjà décidé il y a deux ans qu'au nom de l'égalité il n'y aurait plus ni garçons ni filles.

Najat Vallaud-Belkacem, c'est un Attila bien coiffé. Où elle passe, l'herbe de la culture ne repousse plus. Si sa réforme est appliquée, l'Éducation nationale ne sera plus nationale et n'instruira plus. Notre ministre achève – dans les deux sens du terme – le travail de déconstruction et de destruction accompli par tous ses prédécesseurs depuis quarante ans. Elle est la cerise sur le gâteau empoisonné. Pose les derniers clous sur le cercueil. Après elle, le déluge.

5 mai 2015

Républicain

Je suis républicain. Tu es républicain. Il est républicain. Nous sommes tous républicains. Jacques Chirac, en son temps, était le patron du Rassemblement pour la République et il n'a jamais dépassé 20 % des voix au premier tour d'une présidentielle. Giscard avait forgé l'Union pour la démocratie française, ce qui ne l'a pas empêché de perdre démocratiquement l'Élysée. Et le Mouvement démocrate, le Modem, n'a jamais conduit tous les démocrates à voter François Bayrou.

Sarkozy croit habile de capter un héritage ancien et glorieux. Il ne tardera pas à découvrir qu'il a attrapé un fantôme.

La République était hier une exception française dans une Europe de monarchies ; les trois quarts des pays de la planète sont désormais des Républiques. Le mot couvre tous les régimes, même les pires. La république populaire de Chine et son parti unique. La république d'Iran et ses mollahs. La république de Corée du Nord et son tyran. Notre génie national s'inscrit sur tous les frontons des édifices publics : Liberté, Égalité, Fraternité. Mais la monarchie suédoise n'est pas moins égalitaire que la République française. La monarchie anglaise n'est pas moins libre. Et les monarchies danoise ou hollandaise ne sont pas moins fraternelles. Le titre de républicain fut jadis une marque d'indépendance d'esprit, de rébellion contre l'ordre millénaire des élites aristocratiques ; il est devenu bien souvent un signe de soumission au conformisme politiquement correct, à l'ordre imposé par les élites médiatiques. Un républicain était un farouche patriote vitupérant les traîtres et les capitulards prêts à des compromis au nom de la paix et du concert des nations européennes ; un républicain d'aujourd'hui s'élève vigoureusement contre le nationalisme au nom de la paix et de l'Europe. Un grand républicain à la Jules Ferry ou à la Victor Hugo était colonialiste, assimilateur et fier du roman national ; un républicain d'aujourd'hui est multiculturaliste et passe son temps à se repentir des crimes des républicains d'hier. Depuis Giscard dans les années 70, tous nos hommes politiques – à de rares exceptions près – s'imaginent en Kennedy français. C'est leur rêve américain à eux. Les Républicains de Sarkozy anticipent l'avènement des démocrates de Valls. Le Premier ministre a toujours dit que le nom du Parti socialiste lui paraissait suranné. Qu'il se sentait plus démocrate que socialiste. Son mentor, Michel Rocard, avait déjà eu la même idée il y a vingt ans. Lionel Jospin lui-même, dès 2002, avouait que son programme n'était pas socialiste. Hollande ne dit pas autre chose en 2012. Le grand Jaurès leur avait pourtant appris que le socialisme était l'aboutissement de la République.

Républicains contre démocrates : ce sera l'affiche de 2017. Ou de 2022. À moins que la montée de Marine Le Pen n'oblige les deux rivaux d'hier à faire cause et parti communs. Le Pen exaltera les patriotes ; ses adversaires sonneront le réveil des républicains. Étonnant retournement de l'histoire : il faudra alors se souvenir un instant, un instant seulement, que républicains et patriotes furent pendant longtemps de parfaits synonymes.

7 mai 2015

Chirac

Vingt ans après ce sera toujours le roman de la nostalgie et des désillusions. Cela vaut pour Chirac comme pour d'autres. Il avait mis trente ans et trois essais pour conquérir son graal. Mais il parcourut son mandat à toute allure, de son habituel pas d'homme pressé. Il ne lui fallut pas plus de trois mois pour abandonner ses promesses de campagne. Après la dissolution de l'Assemblée nationale en 1997, qui installa le socialiste Jospin à Matignon, il inventait le septennat de deux ans. En 2002, il était réélu contre Le Pen avec un nombre de voix de dictateur africain, alors qu'il avait recueilli au premier tour le plus faible score jamais réalisé par un sortant. Pendant sa campagne homérique de 1995, trahi de toutes parts par ceux qu'il avait faits, il avait prévenu ses derniers fidèles : « Vous serez surpris par ma démagogie. »

Il avait été gaulliste par carriérisme et radical-socialiste par électoralisme.

Au fond de lui, il était resté le jeune homme idéaliste, fasciné par les cultures exotiques, qui vendait l'*Humanité*. Il fut un homme de gauche élu par la droite, comme Mitterrand avait été un homme de droite élu par la gauche. Avec son célèbre discours du Vél' d'Hiv, où il reconnut la culpabilité de la France dans le génocide juif – ce qu'avaient toujours refusé et de Gaulle et Mitterrand –, il entraîna notre pays dans l'engrenage de la repentance, des lois mémorielles et de la concurrence victimaire. Les médias l'avaient d'abord surnommé Facho-Chirac ; et finirent par lui ériger une statue de défenseur de la République contre le Front national, en oubliant que le programme du RPR sur l'immigration avait longtemps été la copie de celui du FN. Chirac introduisit l'euro et perdit le référendum sur la Constitution européenne ; fort loin de son tonitruant appel de Cochin de 1979. Il était résolument hostile au quinquennat ; c'est pourquoi sans doute il le fit adopter. Son ancienne conseillère, Marie-France Garaud, eut alors ce mot d'une sublime cruauté : « Giscard a détruit la Ve République par vanité, Mitterrand par orgueil et Chirac par inadvertance. »

Il fut le dernier hôte de l'Élysée à avoir l'allure d'un monarque républicain ; mais il fut le premier à ne pas en avoir l'étoffe. Une fois réélu, il présenta les trois grandes priorités de son mandat : la lutte contre les accidents de la route, le cancer et l'insertion des handicapés. Des priorités de président... de région. La région France de l'Union européenne. Mitterrand l'avait prévenu : « Je suis le dernier des grands présidents » ;

Chirac répondit, en prince de l'autodérision : « Je suis un grand président... par la taille ! » Entre grands séducteurs et grands cyniques, ces deux-là se comprenaient.

Grand, Chirac le fut pourtant lorsqu'il refusa de suivre les États-Unis dans une guerre du Golfe qui ravagea les fragiles équilibres de la région, comme il l'avait prophétisé.

Il passera à la postérité pour ses bonnes fortunes féminines et ses bons mots, son goût des gueuletons et des blagues salaces ; et son sourire enjôleur qui contraste avec l'air revêche de Bernadette. Comme ces chefs d'État de la IIIe République dont il a fini par ceindre la bedaine rassurante ; un président tête de veau comme il y eut des présidents cassoulet.

12 mai 2015

La place Rouge était vide

Il n'y avait personne. Ni Obama, ni Cameron, ni Hollande, ni Merkel. Aucun chef d'État occidental n'a assisté au soixante-dixième anniversaire de la guerre patriotique, comme on dit à Moscou. La Russie a été punie pour son comportement en Ukraine. Isolée, sanctionnée, bannie. Les médias occidentaux n'ont pas lésiné sur les adjectifs pour décrire l'humiliation subie par Vladimir Poutine. Humiliation d'autant plus cinglante que Poutine, lui, était venu célébrer en Normandie, avec les anciens alliés de l'URSS de Staline, le débarquement du 6 juin 1944. Ne pas lui rendre la pareille était une manière ostentatoire de marquer le Russe au fer rouge du méchant garçon de la « communauté internationale ». Un affront qui a d'autant plus d'éclat que, selon Churchill lui-même, « c'est l'armée russe qui brisa la machine de guerre allemande ».

Il n'y avait donc personne à Moscou le 9 mai. Il n'y avait pas le président américain, mais il y avait le chef d'État chinois. Pas le Français mais l'Indien ; pas l'Allemande mais l'Africain du Sud. Pas les Occidentaux mais seulement... vingt chefs d'État. Une gigantesque parade militaire dont les Russes ont le secret, et des centaines de milliers d'anonymes marchant fièrement dans les rues de Moscou, tenant le portrait de leur

ancêtre mort au combat. Personne, on vous dit. Seulement les
BRICS, 50 % du PIB mondial et les quatre cinquièmes de la
population mondiale. Personne.

Au XIXe siècle, quand les côtes de l'Angleterre devenaient
inaccessibles à cause du brouillard, le fameux *fog*, la presse
britannique titrait, superbe : « Le continent isolé ». Au moins,
à l'époque, la Grande-Bretagne était-elle la première puissance
du monde. Ce qui est encore le cas des États-Unis. Mais plus
des nations européennes. D'un côté, l'Occident, de l'autre, le
reste du monde. D'un côté, l'Amérique et l'Europe, de l'autre,
la Chine et l'Asie. Les maîtres du monde d'aujourd'hui et
d'hier et les maîtres du monde de demain. Étonnant face-
à-face. Qui vient quelques semaines après la création, sous
l'égide de la Chine, des NDB et AIIB, les nouvelles grandes
banques qui ont pour ambition de concurrencer le FMI ou
la BIRD, ces institutions de Bretton Woods justement nées à
la fin de la Seconde Guerre mondiale, pour assurer jusqu'à
aujourd'hui l'hégémonie américaine sur le monde.

Obama a théorisé le fameux « pivot » de l'Amérique, dépla-
çant son regard et ses forces de l'Europe vers une Asie bien
plus riche en perspectives économiques ; mais Poutine semble
appliquer à la lettre les concepts géostratégiques de l'Américain. Il y a dix ans, le président russe se joignait avec plaisir à
l'axe Paris-Berlin-Moscou monté par Chirac et Schröder contre
la guerre du Golfe. Désormais, il lui préfère l'axe Moscou-
Astana-Pékin.

Au moment où Poutine célébrait fastueusement la victoire
russe, François Hollande inaugurait en grande pompe le
Mémorial ACTe sur l'esclavage, en Guadeloupe. Pendant que
le Russe exaltait l'héroïsme et la grandeur de son pays, le
Français ne se lassait pas de battre sa coulpe sur les crimes
du sien.

14 mai 2015

Macron

Ne dites pas à sa mère qu'il est colbertiste, elle le croyait libéral ! Ne dites pas aux sénateurs socialistes et à ceux de l'UMP qu'il est de gauche, ils le croyaient de droite. Emmanuel Macron brouille les lignes qu'il avait lui-même tracées. L'homme des autocars et du travail le dimanche devient la terreur des patrons : Thales, Air France, Renault, l'État *is back.* Sonnez trompettes de la renommée : le banquier d'affaires fait sa mue de grand serviteur de l'État, à la manière d'un Georges Pompidou naguère. Mais Macron est à Pompidou ce que le pistolet à bouchon est au lance-roquettes. Le colbertisme pompidolien reposait sur deux armes redoutablement efficaces : les commandes d'État et la préférence nationale. Les deux ont été sacrifiées sur l'autel de l'Europe. Macron a lui-même théorisé la fin de notre capitalisme d'État. Que reste-t-il ? « Un capitalisme de long terme, qui accompagne nos entreprises. » Ou comment combler le vide par des grands mots. Notre impérieux ministre n'aime pas être défié et veut se faire obéir. Mais un caractère et une légitime haute idée de soi ne font pas une vision. Et la panique devant les plans sociaux qui s'accumulent alors que se rapproche la présidentielle de 2017 ne fait pas une politique industrielle. Ce mot est d'ailleurs interdit par Bruxelles. On reproche aux Français, et en particulier à la gauche, de ne pas être assez sociaux-libéraux, comme le seraient nos voisins allemands ou anglais. Et si c'était l'inverse ? Et si nous étions trop libéraux et trop sociaux ? Plus libéraux que les Allemands, qui ont conservé une forme de capitalisme d'État avec leurs banques régionales publiques, et que les Anglais, qui ont gardé leur souveraineté monétaire. Plus sociaux que les Anglais et les Allemands qui privilégient le travail – même mal payé – sur l'assistanat. La seule réponse stratégique de la Hollandie fut le fameux CICE. Des cadeaux aux entreprises, a-t-on dit, alors qu'ils n'étaient que la simple compensation des hausses d'impôts décidées en 2012. Politique de l'offre, se sont vantés les communicants de l'Élysée et de Matignon, alors qu'elle n'est que la sempiternelle baisse des charges sociales suivie par tous les gouvernements depuis François Mitterrand. L'ancien patron de Macron, Arnaud Montebourg, avait fini par s'apercevoir qu'il ne lui suffisait pas de multiplier les déclarations fracassantes et de s'habiller en marinière pour défendre l'industrie française. Il a quitté le gouvernement et la politique, écœuré. Le capitalisme français a toujours été un capitalisme sans capitaux. Mais il n'a plus ceux de l'État et n'a jamais eu les fonds de pension. Le CAC 40 est devenu un vaste marché où le monde entier vient faire ses courses. Macron est trop intelligent pour ne pas voir le carnage, mais trop désarmé pour pouvoir l'empêcher. Il a laissé dévorer Alstom par les Américains, Alcatel par les Finlandais, Lafarge par les Suisses. Au suivant ! Comme ses prédécesseurs, Macron s'est contenté d'évoquer le modèle d'Airbus, oubliant qu'Airbus fut d'abord un projet de l'État français, mis en œuvre à coups d'aides publiques et de protectionnisme. Comme un hommage du vice à la vertu et de l'impuissance à la nostalgie.

19 mai 2015

Un grand pas en avant

Une divine surprise. Une grande manif de profs contre la gauche. Avec banderoles et Pataugas. Les plus anciens évoquent les révoltes contre Claude Allègre d'il y a quinze ans. Mais le pourfendeur du Mammouth avait le soutien d'une droite libérale. Cette fois, les profs et la droite, jusqu'au Front national, les cathos de la Manif pour tous comme les laïcards, s'ils ne sont pas tous ensemble, regardent tous dans la même direction. C'est le début de l'amour. À droite, on se pince pour y croire. On se pince tellement fort qu'on n'arrive pas à parler. Bien sûr, Bruno Le Maire est monté sur ses grands chevaux de normalien latiniste et germaniste ; mais la gauche lui a aussitôt joué la rengaine démagogique de l'élitisme. Bien sûr, Sarkozy s'est payé d'une seule balle Belkacem et Taubira. Jean-Christophe Cambadélis l'a aussitôt traité de xénophobe. Comme si les deux ministres de la « diversité » étaient des étrangères. L'ancien trotskiste avait cru ainsi habile de détourner le sens de la bataille, à la manière de Mitterrand dans les années 80. Mais la sauce antiraciste n'a pas pris. Le peuple de gauche n'a pas marché dans la combine. Pour Cambadélis aussi, c'était mieux avant.

Les autres grands chefs de la droite se taisent ou se font tout petits. Ils semblent intimidés. Empruntés. Comme une équipe de foot qui ne joue pas sur son terrain.

La droite reste coite car elle sait qu'elle est complice de ce qu'elle dénonce. Et depuis belle lurette. C'est la loi Haby sous Giscard qui a inventé le collège unique. Et Fillon qui a entériné le bloc de compétences. Depuis quarante ans, les ministres de droite ont complaisamment laissé la rue de Grenelle aux mains des pédagogistes adeptes de Bourdieu et d'une extrême gauche libertaire, féministe, écologiste, multiculturaliste, qui a imposé ses thèmes pour endoctriner les nouvelles générations entre repentance et développement durable. Les révoltes contre cette mainmise furent rares et vite abandonnées.

Le président de la République a dénoncé les conservatismes. Il ne croyait pas si bien dire. Cette réforme s'habille des oripeaux du changement pour poursuivre tout ce qui a été fait depuis des décennies. Ses inspirateurs sont les vrais conservateurs. Ils veulent poursuivre et achever ce qui a été fait. Ils mettent en avant les inégalités croissantes, mais ce sont précisément les méthodes modernistes qui les ont aggravées. De même, l'affaiblissement continu du niveau en maths ou en français est dû à la baisse massive des heures de cours ; baisse qui sera encore accentuée par le développement des enseignements interdisciplinaires. La devise de la réforme est : Nous sommes au bord du précipice, faisons un grand pas en avant.

L'égalité républicaine est brandie en totem, mais la République n'a jamais été fondée sur l'égalitarisme, seulement sur des inégalités fondées sur le mérite et non sur la naissance. En dépit de son nouveau nom républicain, la droite a du mal à retourner la République contre la gauche car elle a tout couvert, tout avalisé, et souvent avec un enthousiasme de néophyte.

Paradoxe d'une droite traitée de conservatrice alors qu'elle n'ose pas être réactionnaire.

21 mai 2015

Un Daech qui a réussi

On le croyait perdu. Noyé sous le déluge des bombes américaines. Asphyxié, liquidé. Le califat islamique est de retour. Daech *is back* ! A pris Ramadi en Irak et Palmyre en Syrie. Contraint le gouvernement irakien à envoyer, pour reprendre Ramadi, des milices chiites réputées pour leur sauvagerie ; et provoque l'émoi des chancelleries occidentales qui craignent pour les œuvres antiques de Palmyre. Le gouvernement irakien et le pouvoir d'Assad en Syrie appellent au secours. Leur sort dépend du soutien de l'Iran – et en arrière-plan de leurs amis russes. Mais l'Iran, et ses milices chiites qui se battent en Syrie, en Irak, au Liban, et désormais au Yémen, trouve désormais partout à qui parler. Les trois grandes puissances sunnites, Turquie, Arabie saoudite et Qatar, ont en effet conclu une récente alliance contre l'Iran. Cet axe est sans doute l'un des secrets du regain de Daech. Des djihadistes blessés sont soignés en Turquie. Des armes leur arrivent payées par l'Arabie saoudite. Peut-être des armes françaises. Merci, François Hollande. Officiellement, elles sont destinées à l'opposition démocratique à Assad. La belle blague ! L'opposition non islamiste n'existe que dans les esprits des diplomates français. Une chimère. Une licence poétique. L'Arabie saoudite et ses alliés sunnites sont pourtant censés se battre eux aussi contre Daech dans le cadre de la coalition occidentale. En vérité, les États sunnites préféreront toujours un califat islamique, sunnite, comme eux, à l'ennemi héréditaire des chiites hérétiques. Le conflit s'internationalise, s'enlise et s'éternise. Il ressemble de plus en plus à la guerre de Trente Ans entre catholiques et protestants qui avait ensanglanté l'Europe du XVIIe siècle, entre 1618 et 1648. À l'époque aussi, les troupes officielles des États et les milices se croisaient, s'alliaient et s'affrontaient. Les massacres s'accumulaient et les frontières volaient en éclats. Et les bandes huguenotes, prises elles aussi dans une fureur iconoclaste comparable à celle de Daech, détruisirent d'innombrables statues dans les églises et cathédrales de France ou d'Allemagne. Les fronts de cette nouvelle guerre de Trente Ans sont comme l'ancienne, multiples et mouvants. Nous n'y échapperons pas. Les attentats de janvier contre *Charlie* n'étaient que le début. Bombardé par les Occidentaux, le califat islamique combat les croisés en chassant les chrétiens d'Orient et en jouant en Europe sur une cinquième colonne d'enfants d'immigrés de nationalité française, belge ou anglaise, mais fascinés par le retour mythique du califat islamique. À l'issue de cette guerre de Trente Ans, tout le paysage politique de l'Europe en était sorti chamboulé. De même, un nouveau Moyen-Orient est en train de naître dans le sang et la fureur. L'Irak et la Syrie, États factices tracés de la main du colonisateur français et anglais sur les ruines de l'Empire ottoman il y a cent ans, sont en train de se volatiliser.

À quand Daech dans Bagdad? Et Daech dans Damas? Alors, on ne donnera pas cher de la peau de la Jordanie et du Liban. Et la fameuse communauté internationale devra se rendre à l'évidence et reconnaître diplomatiquement Daech. Avec échange d'ambassadeurs et entrée à l'ONU. Après tout, l'Arabie saoudite n'est rien d'autre qu'un Daech qui a réussi.

26 mai 2015

Les dessous de l'exception culturelle

Le cinéma français est sur le toit du monde. Des récompenses comme s'il en pleuvait dans le ciel cannois. Des Palmes d'or auxquelles on serait presque tenté vaniteusement de s'habituer. La troisième en sept ans! À chaque fois, le titre est décerné par un président de jury américain, qu'il s'appelLe Penn, Spielberg ou Coen. Comme si les stars d'Hollywood goûtaient particulièrement ce délicieux *politically correct* si *frenchy* qui se penche avec une compassion sociologisante sur les immigrés et leurs enfants, les chômeurs de plus de 50 ans ou l'amour entre femmes. Comme si les artistes d'outre-Atlantique, qu'ils soient musiciens de jazz, rock stars, acteurs ou cinéastes, ne parvenaient pas à rompre ce goût très particulier qu'ils éprouvent pour notre pays depuis au moins la guerre de 1914. Il est pourtant paradoxal de voir des stars d'Hollywood couvrir de lauriers un cinéma français que la machine hollywoodienne ne rêve que d'éradiquer, afin d'accrocher à sa ceinture cet ultime scalp qui lui manque encore. Le cinéma hexagonal est en effet un survivant en Europe, tous les autres – on pense au si séduisant cinéma italien d'après guerre, ou au si puissant cinéma allemand d'avant guerre – ayant été laissés sans défense face au prédateur américain. Le secret du cinéma français est jalousement gardé par les gardiens du temple. Il a une apparence glorieuse : exception culturelle ; et a une réalité moins prestigieuse : aides d'État, protectionnisme et préférence nationale. Tout ce qui est strictement interdit par l'Europe. Tout ce qui est condamné moralement par les progressistes. Tout ce qui ressemble à l'économie française d'avant, sous de Gaulle ou Pompidou. Tout ce qu'aurait tant aimé conserver l'industrie française dépecée depuis trente ans. On est loin des réformes libérales prônées sans se lasser par Bruxelles et la cohorte des économistes et éditorialistes modernistes. Loin aussi du propos universaliste, cosmopolite et sans-frontiériste tenu par le milieu du cinéma français.

Mais les grands discours et les grands principes, c'est bon pour les autres. La France du repli, la France rance, c'est uniquement quand les classes populaires réclament de se protéger de la concurrence ou de l'immigration. C'est moins présentable, moins sexy, moins glamour que l'exception culturelle, comme une actrice qui monterait les marches sans hauts talons.

Cela n'enferme pourtant pas notre industrie cinématographique nationale derrière ses frontières, comme autant de barricades, mais au contraire lui permet de financer et de révéler des talents étrangers, chinois, italiens ou israéliens. On est d'autant plus ouvert sur le monde que l'on est à l'aise dans son identité et son marché intérieur. Pourtant, que nous racontent les films primés ? La France est ce pays du chômage de masse que même les immigrés tamouls préfèrent fuir pour l'Angleterre, affolés qu'ils sont par la violence qui règne dans les banlieues françaises. Le cinéma français est schizophrène. Il exalte ce qui le banaliserait et le détruirait ; et vomit ce qui fait sa gloire et accessoirement la fortune de ses plus brillants représentants. Pardonnons-leur, ils ne savent pas ce qu'ils font.

28 mai 2015

Dans la cour des grands

On y pensait depuis le début. On ne pouvait pas ne pas y penser. Tout le monde y avait pensé, journalistes, politiques, spectateurs. Et d'abord François Hollande lui-même. C'était fait pour. « Entre ici, Jean Moulin, avec ton terrible cortège. » On entendait la voix chevrotante de Malraux, à la fois émouvante et ridicule. La figure hiératique du général de Gaulle en grand manteau de soldat. Le souffle lyrique des mots qui s'enfuient dans le vent glacial. L'histoire qui vous étreint, l'histoire qui vous prend aux tripes. La guerre, l'Occupation, la Résistance, la torture, la mort, sans avoir parlé et, ce qui est pire, après avoir parlé. Hollande ne pouvait pas se manquer. L'histoire, c'est son truc, nous murmurent depuis des jours ses communicants. Alors, on a vu. Et on a entendu. Les mots, les grands mots étaient tous de cérémonie, aussi bien alignés que les cercueils drapés de tricolore : liberté, fraternité, courage, patrie, République. Toutes les familles politiques honorées, même les royalistes qui vomissaient la Gueuse : il faut dire que ces réprouvés-là furent souvent les premiers à s'engager. Tous les mots étaient là, il ne manquait rien, sauf l'essentiel : le style, le talent, l'âme.

Le texte était à la fois solennel et ennuyeux, empesé et soporifique. L'orateur butait sur certains mots. Il était comme absent, flottant dans un costume trop grand pour lui. On avait affaire à un petit biographe besogneux. Un tâcheron sans souffle ni force. Son discours sonnait comme un match de foot sans buts, comme un concert des Rolling Stones sans Mick Jagger. Comme un grand vide. Pire que l'ennui, le chagrin. « Prenez place. Vous êtes accompagnés par le long cortège des jeunes, des femmes, des déshérités... » On passait insensiblement de l'hommage au clin d'œil et du clin d'œil au pastiche. Quand l'un évoquait Carnot et Victor Hugo, l'autre pensait à ses électeurs. Quand l'un écrivait pour la légende des siècles, l'autre rédigeait ses futurs slogans électoraux : « La solidarité ne soit pas regardée comme de l'assistance » ou « Et si l'intégration connaît des ratés (...), ce n'est pas la faute de la

République, mais faute de République ». On passait de Victor Hugo à Séguéla. De Chateaubriand à Marc Levy. Comme boire un vin de table après un gevrey-chambertin.

Hollande ne semblait pas habiter son texte, ne semblait pas vivre cette grandiose histoire. Il avait choisi la Résistance pour se hisser à la hauteur des derniers géants. Pour nous refaire le coup de l'esprit du 11 Janvier. Ses prédécesseurs avaient été plus prudents ou plus malins. Chirac avait pris Alexandre Dumas ; Mitterrand, Jean Monnet. Le métissage pour l'un, l'Europe pour l'autre. C'était politiquement correct en diable ; on n'en attendait rien et on fut servi. Hollande a voulu s'égailler dans la cour des grands. Il n'a fait que montrer sa petitesse.

Alors, pour se consoler, on se repassera en boucle : « Entre ici, Jean Moulin, avec ton terrible cortège. » Pour oublier la médiocrité des temps. Pour noyer son chagrin.

2 juin 2015

Les gentils et les méchants

Vladimir Poutine n'est pas gentil. Vladimir Poutine n'est pas Potiron dans *Oui-Oui*. Vladimir Poutine est un méchant car il n'aime pas tout le monde et ne laisse pas entrer qui veut dans son pays. Il ne publie même pas la liste noire, forcément noire, des indésirables. Vladimir Poutine n'est pas très transparent. Ne respecte pas le droit international. La Russie de Poutine glisse vers un État totalitaire, a dit, solennel, un député européen belge.

L'Union européenne est gentille. Jean-Claude Juncker est gentil. Angela Merkel est gentille. François Hollande est gentil. Barack Obama est gentil. Ils font tous une farandole pour montrer qu'ils aiment tout le monde. Quand l'Union européenne établit une liste de cent cinquante personnalités russes, dont plusieurs hauts fonctionnaires, les prive de visas et gèle leurs avoirs dans les banques occidentales, elle a l'élégance de rendre publique cette liste. L'Union européenne est très transparente. Elle respecte le droit international. Comme Barack Obama lorsqu'il décide de bloquer des comptes bancaires de nombreux proches de Poutine. Comme François Hollande lorsqu'il refuse de livrer des bateaux de guerre Mistral, commandés par Poutine à Sarkozy et payés par la Russie. Tout est beaucoup plus simple quand on sait d'avance qui sont les gentils et les méchants. Le méchant surveille, sanctionne et chasse des ONG étrangères de défense des droits de l'homme. Les gentils financent et instrumentalisent ces ONG pour fomenter des révolutions orange, ou des Printemps arabes, avec des gens du cru formés en Amérique aux méthodes modernes d'agitation politique et médiatique. Le méchant n'est pas beau joueur : il refuse de se laisser renverser alors qu'il a une majorité du peuple derrière lui. Le méchant corrompt les délégués de la FIFA pour obtenir l'organisation de la Coupe du monde, tandis que les gentils obtiennent la même chose seulement parce qu'ils sont gentils. Le méchant est très méchant et les gentils très gentils. Le méchant envoie en secret des troupes russes pour soutenir les rebelles ukrainiens. Les gentils ont aidé en secret au renversement du précédent pouvoir ukrainien. Cela ne s'appelle pas un coup d'État mais une révolution. Et puis un jour, les gentils découvrent, effarés, qu'il y a un méchant encore plus méchant : on l'appelle Daech, parce que ce n'est pas très gentil de dire qu'il se prétend califat islamique. Le gentil Obama se rend compte mais un peu tard qu'il peut avoir besoin du méchant Poutine. Que le méchant Poutine est proche du méchant Iran et du méchant Assad qui sont des ennemis jurés du nouveau grand méchant Daech. Les ennemis de mes ennemis sont mes amis : c'est une vieille règle d'or, même chez les gentils.

Alors, le gentil Hollande, qui obéissait sagement à la gentille Merkel et au gentil Obama, commence à comprendre que l'affaire islamiste est bien plus dangereuse pour son pays que celle de l'Ukraine. Le gentil Hollande ose même remettre en cause les sanctions – pourtant si conformes au droit international – contre le méchant Poutine. Mais il le fait discrètement, sans élever la voix, pour ne pas peiner les gentils Merkel et Obama. Le pire pour un gentil serait de se transformer en méchant.

4 juin 2015

Le bras armé de l'empire

C'est comme à la télé. Dans une série, américaine bien sûr. Un vieux despote corrompu aux abois, des inspecteurs du FBI pugnaces et incorruptibles, des médias qui ne savent plus s'ils informent sur l'enquête ou enquêtent pour la forme.

La machine judiciaire américaine telle qu'elle aime se mettre en scène. Telle que les journalistes de France et du monde entier aiment la magnifier. L'Amérique, nation de *lawyers* et d'Hollywood. Sauf qu'on n'est pas aux États-Unis et qu'on n'est pas à la télévision. Le mystère le plus épais dans ce scandale autour du football n'est pas de savoir si de nombreux délégués de la FIFA sont à vendre – ils le sont –, ni même si le Qatar a payé pour obtenir l'organisation de la Coupe du monde en 2022 – un enfant de 10 ans l'aurait deviné. Non, le mystère le plus épais est : de quoi la justice américaine se mêle-t-elle ? Au nom de quoi le parquet de New York peut-il ordonner à la police suisse de mettre son nez dans les comptes pas nets du football mondial ? On nous dit : Des délégués de la FIFA résident sur le sol américain. Mais ils habitent aussi dans d'autres pays. On nous dit : Les États-Unis s'étaient portés candidats pour la Coupe du monde de 2022. Mais les Anglais aussi ont postulé à celle de 2018 et la Russie a gagné. La justice française aurait pu alors s'intéresser aux valises que transportaient Tony Blair et les Britanniques pendant leurs visites aux délégués du CIO lorsque Londres obtint, au nez et à la barbe de Paris, les jeux Olympiques de 2008. On nous dit : Les Américains osent, eux, s'attaquer au monde du sport et ont ainsi fait tomber le cycliste Armstrong pour dopage. Mais Lance Armstrong était citoyen américain.

Bismarck disait jadis : « La force prime le droit. » Les Américains ont modernisé la vieille formule du chancelier prussien : « Le droit est ma force. » Plus redoutable que leur armée qui n'arrive pas à détruire les trente mille soldats du califat islamique ; plus efficace que leur industrie qui doit composer avec la concurrence chinoise. On ne devrait plus parler de règne du droit, mais d'impérialisme du droit. Du droit, bras armé de l'empire. Les Américains font de leur droit une arme de domination mondiale au service de leur idéologie et de leurs intérêts. Ils infligent des milliards de dollars d'amendes à des banques étrangères seulement parce qu'elles n'ont pas respecté leurs règles nationales. À coups de menaces, de chantage, d'échanges automatiques d'informations et au nom des grands principes, que ce soit la lutte contre le terrorisme ou la fraude fiscale, la justice américaine se comporte comme si elle était partout chez elle. Les juristes disent pudiquement que « l'extraterritorialité du droit des États-Unis ne cesse de progresser ». Mais le droit, ce ne sont pas seulement des règles, ce sont des principes, une philosophie, une façon de vivre. La justice des États-Unis agit avec les autres pays comme la justice du roi de France jadis marginalisa peu à peu celle des seigneurs. Et un jour, on se retrouve à Versailles, courtisan d'un roi absolu.

9 juin 2015

Tous califes

C'est l'histoire connue d'un homme qui voulait être calife à la place du calife. Mais il ne s'appelait pas Iznogoud, et son calife à lui n'était pas un personnage de bande dessinée. Recep Tayyip Erdogan est surnommé par ses partisans le bey Tayyip, ce qui prouve qu'il est déjà bien plus qu'un président de pays démocratique. Le faste du palais qu'il se fait construire et sa nostalgie de l'Empire ottoman ont fait le reste ; mais les électeurs turcs lui ont cette fois donné un sacré coup d'éventail. Erdogan devra rabattre sa superbe : moins d'arrogance, moins de corruption, moins de répression. Il saura faire. Après tout, il conserve le pouvoir et son parti reste de loin le plus puissant du Parlement. C'est une demi-défaite qu'il saura retourner en demi-victoire. L'homme est habile. Il a naguère réussi à réduire l'influence politique de l'armée, héritière de Mustafa Kemal et de son laïcisme rigoriste. Ce Kemal qui avait justement aboli le califat il y a près d'un siècle en 1924. Dans sa bataille victorieuse contre ce bastion de la laïcité, Erdogan avait reçu le soutien paradoxal des idiots utiles de l'Union européenne qui y voyaient un progrès des libertés démocratiques, alors que l'armée kemaliste était le seul rempart contre la réislamisation de la Turquie. De même, Erdogan saura demain circonvenir les Kurdes, grands vainqueurs de cette élection.

On ne sait pas encore ce qu'il fera de ce coup d'arrêt électoral. Temporiser ou jouer son va-tout. Assumer au grand jour son rêve impérial ou soutenir en douce les alliés de Daech qui volent, eux, de succès en succès. Daech qui reçoit déjà armes et médicaments par la frontière turque. Daech qui signifie en arabe « califat ». Encore un. Et cette fois-ci officiel, qui appelle tous les Arabes sunnites à se rassembler en brisant ces frontières nationales artificiellement créées par les colonisateurs britanniques et français.

Les califes au Moyen-Orient deviennent aussi nombreux que les Pères Noël devant les grands magasins un 24 décembre. Comme eux, ils sont à la fois concurrents et alliés, rivaux et servant la même cause. Erdogan a rapproché la Turquie du Qatar et de l'Arabie saoudite, dont le nouveau roi se considère lui aussi comme le successeur naturel des califes d'antan. Encore un. Officiellement, la Turquie d'Erdogan est membre de l'Alliance atlantique et toujours candidate à l'entrée dans l'Europe. En réalité, depuis des années, Erdogan lui a fait prendre un lent virage à l'opposé de ses propos officiels, au plus près des anciennes gloires ottomanes.

L'histoire joue à l'éternel retour. C'est dans les vieux pots qu'on fait les meilleures soupes. Poutine renoue en Russie avec l'alchimie tsariste du pouvoir personnel et de l'Église orthodoxe. Les communistes chinois sont de plus en plus mandarins confucéens. Les mollahs iraniens cherchent à retrouver l'influence de la Perse d'antan sur la région. Et le monde musulman sunnite est lui aussi travaillé par un double retour à la lettre religieuse du Coran et à la structure politique qui fit sa fortune historique. Nos modernes occidentaux sont dépités et désemparés : chacun essaie d'écrire un avenir glorieux avec les mots d'hier.

11 juin 2015

Voyage à Barcelone

Croit-on que François Mitterrand achetait à l'agence de Nouvelles Frontières sa place de charter pour se rendre en Égypte dans le plus grand palace de Louxor ? Que Jacques Chirac montait dans un bateau à rames pour se rendre dans les îles lointaines où il aimait tant se reposer ? Que ces deux-là et les autres présidents ou Premiers ministres de la Ve République prenaient le métro pour rejoindre leurs nombreuses maîtresses en France et ailleurs ?

Il faut le rappeler à notre époque bêtement égalitariste : le pouvoir sans privilèges n'est plus le pouvoir. Le privilège est le prix à payer pour le travail et la légitimité. Dans un pays monarchique comme la France, le privilège n'enlève rien à la majesté et à l'autorité du gouvernant ; au contraire, il les renforce. Les histoires scandinaves de carte bleue qu'on nous donne en modèle ne montrent pas que la Suède ou la Norvège sont des démocraties parfaites, mais qu'elles ont poussé l'égalitarisme prophétisé par Tocqueville à un tel point que la notion même de pouvoir a été expurgée de la vie de la cité. Expurgée du politique en tout cas, car le pouvoir est alors transféré ailleurs, dans la finance, dans les grands groupes mondialisés, chez les juges ou les lobbys, ou les médias, tout ce que le général de Gaulle appelait les « féodaux ».

Personne ne moquerait le curé de se rendre au bordel s'il n'avait pas au préalable dénoncé ce haut lieu de perdition. Valls n'est pas coupable d'aller au bordel, mais d'être un curé. Ce que les médias appellent roi de la communication, et qui en bon français se dit hypocrite et falsificateur. Défendre une République exemplaire alors qu'on ne rêve que de profiter de ses privilèges. D'avoir tancé Sarkozy et sa soirée au Fouquet's et goûter des endroits bien plus luxueux.

On ne reprocherait pas à Valls d'être fidèle au club de Barcelone, et à la ville de sa naissance, même étrangère, si les socialistes n'avaient pas interdit au peuple français d'aimer ses racines et le pays de leur enfance. « La France n'est pas une nostalgie », nous a gourmandés Hollande ; mais la Catalogne, si. Jean-Christophe Cambadélis prétend ne connaître que l'identité républicaine et ignorer tout de l'identité française ; Manuel Valls prouve qu'il connaît au moins l'identité catalane. Certains craignent que la dévalorisation incessante du politique ne provoque une fuite des meilleurs vers le privé, la banque, l'entreprise, où se seraient réfugiés l'argent et la puissance. Mais ces observateurs pleins de sagacité n'ont pas remarqué que leurs prophéties avaient déjà été réalisées. On est passé en cinquante ans des normaliens aux énarques, puis de ceux qui avaient raté l'ENA aux attachés parlementaires et aux chefs de service de presse. La quatrième roue du carrosse est devenue le volant. Pour conduire des voitures sans chauffeur, où tout est en pilotage automatique, défini à Bruxelles, Francfort, Berlin ou Washington, nos émérites dirigeants du jour exigent les avantages qu'obtenaient leurs lointains prédécesseurs qui conduisaient à mains nues des bolides sur des routes verglacées. Les Français ne dénoncent pas les privilèges des politiques mais leur inefficacité ; pas leur suffisance mais leur insuffisance ; pas leur vanité mais leur vacuité.

16 juin 2015

Les vieux

C'est un goût qu'on lui découvre sur le tard. Pas celui pour les belles actrices, non, mais pour les dictateurs. Les vieux tyrans même, qui semblent l'attirer irrésistiblement. Après Castro, voici le tour de Bouteflika. Impotents, grabataires, presque séniles, et François Hollande se précipite ; son bon cœur sans doute. Son amour de l'histoire, qui sait. Castro était retiré des voitures ; Bouteflika fait encore semblant mais plus illusion. À Cuba, c'est Raúl, le frère de Fidel, qui est aux manettes ; en Algérie, ce sont les services secrets issus de clans familiaux qui dirigent tout, les mêmes depuis le FLN et la guerre d'indépendance. François Hollande aime les familles solides. Cuba a été ruiné quand le camp communiste n'a plus acheté son sucre ; l'Algérie suit le même chemin depuis que le prix du pétrole s'effondre. Notre président n'aime pas les riches. Cette dilection particulière pour les vieux tyrans n'empêche nullement notre cher président de proclamer son amour immodéré des droits de l'homme. Sa main droite ignore toujours ce que fait sa main gauche, selon les bonnes vieilles habitudes acquises rue de Solférino. Hollande aime l'Algérie comme il aimait Cuba. S'il y a encore des électeurs socialistes qui doutent qu'il est de gauche, ils seront convaincus pour 2017. On embrasse Bouteflika sur la bouche, mais on met Assad au ban de l'humanité. Les deux combattent pourtant les mêmes ennemis islamistes. Et les massacres et les atrocités commis par l'armée algérienne pendant la guerre civile des années 90 valent bien ceux de l'armée syrienne. Mais Assad est un tyran sanguinaire, et Bouteflika est notre ami. C'est un salaud, mais c'est notre salaud, pourrait dire Hollande, s'il osait reprendre la célèbre formule de Ronald Reagan. Mais il n'osera pas. Pas plus qu'il n'évoquera l'assassinat des moines de Tibhirine, toujours pas élucidé. Hollande est bien élevé. Le devoir de mémoire, c'est son dada. Surtout avec l'Algérie. Dès qu'il en a l'occasion, à chaque anniversaire, Hollande a fait les discrets gestes de repentance qui plaisent tant à ses interlocuteurs. La France, et la gauche française en particulier, n'a jamais abandonné à l'égard de l'Algérie un sentiment irrépressible de culpabilité, qu'entretient avec délectation le régime FLN, qui se fait toujours fort de crier au complot des Français, la main de l'étranger, et ses vieilles habitudes colonialistes. Après ces grands discours patriotiques, les hauts dignitaires algériens inscrivent leurs enfants au lycée français, se font soigner dans les hôpitaux parisiens et donnent des conseils de fermeté aux dirigeants français contre les voyous des banlieues.

Mais, un jour, la cocotte-minute explosera. La jeunesse innombrable, appauvrie et sans travail, renversera le régime vermoulu et corrompu. Ce sera un nouveau Printemps arabe. Les islamistes se frotteront les mains. Ils tiendront leur revanche. Depuis des décennies, ils ont inoculé aux nouvelles générations cet islam littéraliste, rigoriste, salafiste venu d'Arabie saoudite. Et la France socialiste sera associée à la dictature honnie, comme la France sarkozyste fut accusée d'avoir été le meilleur soutien de Ben Ali en Tunisie.

C'est devenu un proverbe dans le Maghreb : Bats la France tous les matins, si tu ne sais pas pourquoi, elle, elle le sait !

18 juin 2015

Waterloo

La morne plaine fait salle comble. Un public énorme, une reconstitution soignée de la bataille, des descendants de Napoléon, de Wellington et de Blücher, bras dessus bras dessous. Des rois, des reines, comme s'il en pleuvait. L'Europe célèbre sa victoire contre la France avec une joie mauvaise. Waterloo, c'est d'abord la fin de la domination française sur le continent. La fin du conflit entre la France et l'Angleterre pour l'hégémonie mondiale commencée sous Louis XIV. Les Anglais avaient gagné la première manche à l'issue de la guerre de Sept Ans ; les Français avaient pris leur revanche avec l'indépendance de l'Amérique. À Waterloo, les Anglais emportent la belle. Depuis deux siècles, nous vivons sous l'imperium anglo-saxon, des Britanniques au XIXe siècle, puis des Américains qui prirent le relais au XXe. Waterloo met aussi un terme aux guerres de la Révolution et à l'affrontement des deux modèles politiques issus des Lumières, le modèle égalitaire et étatique de la France, et celui, inégalitaire et libéral, des Anglais. Napoléon fut le seul Français qui combattit la finance. Napoléon devrait être adulé par la gauche si la gauche d'aujourd'hui était restée fidèle à ses idéaux révolutionnaires. Avec François Hollande, l'histoire commence au XXe siècle. Notre président n'évoque le passé que lorsqu'il sert la morale bien-pensante. Pour une fois, il avait la bonne excuse de ne pas célébrer une défaite. Mais il y a dix ans, son grand copain Chirac avait dédaigné Austerlitz, la plus prestigieuse de nos victoires. Il avait même envoyé le *Charles-de-Gaulle* pour participer à la commémoration de la bataille de Trafalgar. Un bel exemple de haine de soi. Les réactions de nos présidents sont à l'image des livres d'histoire d'où ont été expurgés les hauts faits d'armes du petit caporal. On s'intéresse au code civil, aux préfets ou à la Banque de France sans comprendre que Napoléon n'aurait rien légué de tout cela à la postérité s'il n'avait pas d'abord conquis sa légitimité glorieuse sur les champs de bataille. Mais Napoléon incarne le guerrier, la patrie et l'État. Tout ce que nos bien-pensants vomissent. Ils ne voient pas que l'Empereur est la quintessence de cette modernité dont ils se réclament. Napoléon est l'homme de la volonté qui forge seul son destin, tandis que les hommes de la tradition, même les plus grands rois, se mettaient entre les mains de Dieu. Le petit Corse, parlant mal le français, mais devenant empereur d'Occident, est le modèle suprême de tous les immigrés qui réussissent, tous les self-made men, tous les Bill Gates et Steve Jobs que la machine hollywoodienne a survendus aux gogos que nous sommes devenus.

Victor Hugo avait, lui, parfaitement compris que la fin du héros signifiait la fin d'un monde : « Napoléon avait été dénoncé dans l'infini, et sa chute était décidée. Il gênait Dieu. »

Les étrangers ne s'y trompent pas non plus qui adulent le héros, les Américains comme les Russes ou les Chinois. Même les Anglais reconnaissent son génie. Seules les élites françaises le mésestiment et le rejettent, comme s'il leur faisait honte, comme si elles étaient tellement habituées à leur si confortable petitesse qu'elles ne pouvaient plus saisir la dernière trace de notre grandeur enfuie.

23 juin 2015

Armée mexicaine et chapeaux à plumes

Plus on est de fous plus on rit. C'est la nouvelle devise rue de Solférino.

Cinquante-trois secrétaires nationaux, vingt-deux secrétaires nationaux adjoints, trois porte-parole, ainsi que sept conseillers auprès du premier secrétaire, deux directeurs d'études, etc. Sans compter les treize secrétaires nationaux chargés des régions qui seront désignés dans quelques jours. Jean-Christophe Cambadélis découvre les joies de l'armée mexicaine. Dans un Parti socialiste qui compte de moins en moins de militants – au fil des déceptions – et de moins en moins d'élus – au fil des défaites électorales –, on fait nombre comme on peut : on se serrera d'autant plus les coudes qu'ils seront collés les uns aux autres. Le Parti socialiste applique les méthodes pédagogiques modernes chères à Najat Vallaud-Belkacem : pour réduire les inégalités et éviter les traumatismes, tout le monde est premier de la classe. C'est la redistribution, rigole Marie-Noëlle Lienemann. Au PS, on rigole, mais on prend. Un titre ronflant, c'est toujours ça de pris. Les titres risquent de devenir rares après la défaite annoncée de 2017. Les frondeurs pestent contre ce secrétariat national ingouvernable. Cela prouve qu'ils ne comprennent rien à la politique. Cambadélis et son acolyte Julien Dray n'ont pas perdu la main depuis leur jeunesse trotskiste : plus il y a de chefs, moins il y en a. On manipule d'autant mieux une assemblée pléthorique qu'on lui fait croire qu'elle gouverne. Avec ses nouveaux « Républicains », Sarkozy a appliqué les mêmes méthodes. C'est la loi des grands nombres et du plus petit dénominateur commun. Le miracle de la multiplication des chapeaux à plumes, chère à Jacques Chirac. Cambadélis imite Hollande qui imitait Mitterrand. Sarkozy imite Chirac qui avait l'habitude de promettre à tout le monde un poste de ministre. De quoi constituer plusieurs gouvernements. Et lorsque les déçus venaient se plaindre à lui, il répondait : « C'est Juppé qui n'a pas voulu. » Cambadélis double la mise avec la composition de son bureau national où il rameute tous ceux qu'on appelait naguère les éléphants. Même Martine Aubry en sera. Une fois encore, elle montre son manque de sens politique. Après la défaite en 2017, seuls les absents auront eu raison. Mais il n'y aura quasiment pas d'absents. Tous les présents seront collectivement responsables de la défaite. « Il vaut mieux qu'il pisse dedans que dehors », disait Churchill à propos d'un de ses adversaires qu'il nommait ministre de son gouvernement. Cambadélis œuvre pour son ami Valls. Le Premier ministre compte reprendre le PS après 2017 pour le transformer en parti de ses rêves, où se retrouveraient tous les éclopés du progressisme, des écolos raisonnables aux centristes en passant par les socialistes européistes, tous ceux qui se croient sociaux-démocrates alors qu'ils ne sont que sociaux-libéraux. La gauche américaine, disait jadis avec mépris Jean-Pierre Chevènement. Ce sera la victoire posthume de Michel Rocard qui avait proposé dès 1990 la création d'un parti démocrate. Sans que l'on sache si le mot important est victoire ou posthume.

25 juin 2015

L'aveugle et le paralytique

C'est la vieille fable du paralytique guidé par l'aveugle. Le paralytique, c'est le gouvernement grec. Il prend des engagements qu'il ne pourra tenir. Il augmente les taux de TVA, mais tous les Grecs paient en liquide. Il s'engage à des hausses d'impôts, mais il n'a pas l'administration nécessaire pour les collecter. La Grèce n'est pas un État européen, car il n'y a pas de cadastre ni d'administration fiscale dignes de ce nom. Syriza tente légitimement de protéger les plus pauvres des Grecs, qui ont beaucoup souffert ; mais la compassion, même parée des atours révolutionnaires, ne fait pas une politique. Syriza n'a pas rompu avec les pratiques claniques et clientélistes de ses prédécesseurs. Mais il a habilement négocié, multipliant les provocations, allant chercher à Moscou la protection de Poutine, pour ne pas avoir à s'en servir, jouant de la seule arme entre ses mains : la menace de l'explosion de la zone euro que pourraient provoquer la faillite et la sortie de la Grèce de la monnaie unique. Tsipras est à l'image de tous les Grecs, il veut la feta, l'argent de la feta et la danseuse de sirtaki : garder l'euro, une monnaie forte, qui lui permet de s'endetter à bon compte et acheter son pétrole pas cher, mais sans jamais rembourser ses dettes, car cette monnaie trop forte l'empêche justement de vendre autre chose que de l'huile d'olive et du soleil.

L'aveugle, c'est Bruxelles. Qui croit que le problème, c'est la Grèce, alors que le problème, c'est l'euro. Qui croit qu'Athènes souffre d'un manque de solvabilité alors qu'elle pâtit avant tout d'un manque de compétitivité. Qui donne en exemple l'Espagne, qui a dû baisser les salaires de ses ouvriers pour attirer des usines automobiles, sans pour autant réduire son chômage massif des jeunes. Qui ne veut pas voir que dans une zone unifiée par une monnaie, tous les capitaux et toutes les ressources convergent mécaniquement vers la zone la plus développée et la plus productive. C'est la célèbre parabole des talents appliquée à l'euro ; on donne à celui qui a tout et on enlève à celui qui n'a rien. On a connu ça en France, avec Paris et le désert français. En Italie, avec le Mezzogiorno. Ce phénomène se reproduit à l'échelle européenne, avec l'Allemagne rhénane et sa périphérie déshéritée, l'Europe du Sud. France y compris. Pour compenser cette mécanique infernale, il faudrait un budget commun, où les Allemands mettraient beaucoup plus au pot que les autres. Les Allemands s'y refusent car cela engloutirait toutes leurs réserves. Mais les pays du Sud devraient eux aussi s'y refuser, par simple fierté nationale. Le plus sage serait de conserver l'euro comme monnaie commune, mais de forger des unités nationales, euro-drachme, euro-franc, euro-mark, qui redonneraient une souplesse au système qui se meurt de son excessive rigidité. Mais pas question pour nos arrogantes élites technocratiques bruxelloises de reconnaître leur erreur. Pas question pour Merkel et Hollande de brader l'héritage de Mitterrand et Kohl.

Alors, les Grecs, non sans une certaine fourberie, ont une nouvelle fois obligé les Allemands à payer en prenant l'euro en otage. C'est la dissuasion du faible au fort. La victoire fragile et précaire du paralytique sur l'aveugle.

30 juin 2015

Guerre de civilisation(s)

Manuel Valls sait-il ce qu'il dit ? Connaît-il le sens des mots qu'il emploie ? Maîtrise-t-il toutes les subtilités de la langue française ? Est-il un provocateur impétueux ou un ignorant ingénu ? Guerre de civilisation au singulier ou au pluriel ? Guerre pour la civilisation ou guerre entre civilisations ? Manuel Valls fait-il référence au célèbre *Choc des civilisations* de Samuel Huntington ? Le Premier ministre ne paraît pas lui-même en mesure de répondre à ces questions. Il explique qu'il ne fait pas la guerre à l'islam, mais au terrorisme, et que les premières victimes de ce terrorisme sont les musulmans. Comme s'il avait hâte de revenir dans les chemins balisés du politiquement correct. François Hollande, Julien Dray, Jean-Christophe Cambadélis l'y aident comme on soutient un ami qui a trop bu. Lui rappellent la version officielle : le meurtrier de l'Isère est un barbare, un fanatique, un malade mental. Un loup solitaire qui envoie un selfie à un correspondant de Daech. Un perdant radical. Perdant de l'époque, de la modernité, de la mondialisation. Une victime. Qu'il faut aider, soigner, psychiatriser. Mais rien à voir avec l'islam. Le propos de Manuel Valls a pourtant un sens, mais que le Premier ministre n'assumera pas. Comme l'expliquent de nombreux spécialistes de l'islam, les musulmans doivent imiter la vie du prophète Mahomet comme les chrétiens imitent la vie de Jésus-Christ. Or, Mahomet fut aussi un chef politique qui fit la guerre et commit des massacres, comme cette tribu juive vaincue dont tous les hommes furent exécutés. Par décapitation déjà. La plupart des musulmans ne suivent pas cette inspiration belliqueuse et préfèrent l'enseignement spirituel du Prophète. Mais notre terroriste de l'Isère était un salafiste, c'est-à-dire un musulman adepte d'une lecture littéraliste du texte sacré. Y compris ses parties les plus violentes. Tous les musulmans ne sont pas salafistes et tous les salafistes ne sont pas terroristes. Mais on note depuis quelques années une expansion de l'islam salafiste dans les banlieues françaises, en particulier chez les jeunes. Il y aurait donc un lien entre la montée de la ferveur religieuse dans nos banlieues et la progression d'un islam rigoriste. Un ennemi intérieur, une cinquième colonne. Valls voudra-t-il les conséquences des causes qu'il dénonce ? Fermer les mosquées salafistes ? Expulser leurs imams ? Interdire leurs écoles coraniques ? Faut-il continuer à édifier des mosquées qui peuvent passer sous la coupe des salafistes ? Faut-il se méfier des salafistes dans la vie quotidienne ? Embaucher un chauffeur salafiste ? Comment le distinguer d'un brave chauffeur musulman ? Manuel Valls encourage-t-il à la discrimination ? Que dire aux musulmans qui pensent que le Coran est un bloc ? Dans une République démocratique et laïque, ce n'est pas à l'État de trier le bon grain de l'ivraie d'un texte sacré. Napoléon le fit pour les Juifs. Mais Napoléon n'était ni républicain, ni démocrate, ni laïque. Le plus grand pays salafiste du monde s'appelle l'Arabie saoudite. C'est l'amie de la France. Et un de ses clients les plus fidèles. Manuel Valls l'ignore sans doute.

2 juillet 2015

Foccardowski

Montons dans la machine à remonter le temps. Le Libyen Kadhafi plante sa tente dans les jardins de l'Élysée, le Syrien Assad est reçu au défilé du 14 Juillet, et le président Sarkozy fait ami-ami avec de nombreux dictateurs africains. L'opposant Hollande dénonce les atteintes aux droits de l'homme de ces tyrans et l'intolérable persistance des méthodes honteuses de la Françafrique. Quelques années plus tard, les rôles sont inversés. Hollande s'apprête à rencontrer les présidents angolais et camerounais, plus de cent cinquante ans d'âge à eux deux, au pouvoir depuis plus de trente ans. De son côté, Sarkozy ne regrette pas d'avoir renversé Kadhafi et explique benoîtement qu'il ne l'avait reçu que pour sauver la vie des infirmières bulgares. Éthique de conviction et éthique de responsabilité, aurait dit le grand Max Weber. Souci de communication et besoin d'argent, pour paraphraser le maître. Une fois à l'Élysée, nos présidents se rendent compte que les droits de l'homme ne font pas une politique. Les intérêts économiques et géostratégiques de la France l'emportent sur les discours vertueux. Sous Sarkozy, Rama Yade, secrétaire d'État aux Droits de l'homme, était là pour faire joli dans le décor, comme Annick Girardin est aujourd'hui une secrétaire d'État du Développement qui n'existe que dans les organigrammes officiels. Le pire est d'ailleurs quand nos présidents ont l'ambition folle de mettre en application leurs discours humanitaristes, comme Sarkozy lorsqu'il renversa Kadhafi, provoquant le chaos libyen et faisant sauter le verrou de l'immigration africaine, ou lorsque Hollande voulut l'imiter en bombardant Assad. L'humanitarisme se révèle alors le contraire de l'humanisme. Il fut un temps où la France tenait pourtant un autre discours, celui de la liberté des peuples à disposer d'eux-mêmes. Chaque nation avait le droit de choisir ses chefs. Nos diplomates ne s'étaient pas transformés en hypocrites donneurs de leçons de morale. À l'Élysée, nos présidents n'étaient pas des adeptes du double discours. Quand de Gaulle reconnaissait la Chine, il se doutait bien que Mao n'était pas un social-démocrate suédois. Foccart ne se cachait pas sous la table quand le Général recevait les chefs d'État africains. C'est Mitterrand qui, après la chute du mur de Berlin, a commencé à faire la morale aux Africains et à la Terre entière. Ses successeurs ont continué. On imite les Américains qui tiennent depuis toujours cet hypocrite discours démocratique et droits-de-l'hommiste, mais sans avoir leur puissance de feu.

Au Quai d'Orsay, les vieux gaullistes ont été remplacés par des héritiers de Bernard Kouchner qui ne savent plus parler que la langue des droits de l'homme et de la bonne gouvernance, qui plaît tant dans les machins internationaux. Alors on s'arrange. On sous-traite, on fait mine de, on fait semblant. On se contredit, on se prend les pieds dans le tapis. Sous Sarkozy, Claude Guéant avait pris en douce le rôle de Foccart. Sous Hollande, c'est Le Drian, ministre des Armées, qui assume les bons vieux principes de la realpolitik. Son directeur de cabinet, Cédric Lewandowski, est même surnommé Foccardowski. Il nous reste au moins quelque chose de notre grandeur passée : le goût des mots d'esprit.

7 juillet 2015

Le retour de la doctrine Brejnev

La démocratie, ce n'est pas comme le football : à la fin, ce ne sont pas les Allemands qui gagnent. Enfin, pas toujours.

Enfin, pas tout de suite. Enfin, pas complètement. Le non grec est un non à l'ultimatum européen, un non à l'arrogance technocratique d'une oligarchie qui avait réussi à se faire haïr du petit peuple d'Athènes. Mais c'est avant tout un non à l'Allemagne. Un des grands intérêts de cette catharsis grecque est d'avoir dissipé toutes les illusions et tous les faux-semblants, tous ces concepts flatteurs médiatiquement, mais qui n'étaient que des rideaux de fumée : l'indépendance de la Banque centrale européenne, la Commission de Bruxelles, sans oublier notre cher couple franco-allemand. Juncker, Draghi, Hollande, tous sont apparus pour ce qu'ils étaient : des fantoches. La réalité d'une Europe allemande a sauté aux yeux de tous comme une évidence. Dans sa brutalité. Une Europe allemande qui repose sur des réflexes de bonne gestion des deniers publics que les Grecs – et d'autres – ont bien du mal à acquérir. Une Europe allemande qui doit accepter – de gré ou de force – les bienfaits d'un ordo-libéralisme tournant de plus en plus à un ordo-autoritarisme. Les arguments de l'Allemagne sont fondés à la fois sur la morale – les Grecs ont triché – et sur l'antique loi des nations : le débiteur doit se soumettre à son créancier.

Les Allemands parlent la langue économique de la bonne gestion, tandis que les Grecs parlent la langue politique de la démocratie et de la souveraineté des peuples. Mais derrière le langage politique, presque romantique des Grecs, il y avait aussi un raisonnement économique, approuvé par des Prix Nobel d'économie américains, tandis que derrière le langage gestionnaire des Allemands il y avait un discours politique beaucoup moins présentable : faire un exemple, montrer qu'il n'y a pas d'issue en dehors du diktat de Berlin et Bruxelles. L'alliance de l'extrême gauche et de l'extrême droite grecque avait été perçue comme un défi populiste lancé à Berlin, mais aussi à Paris et ailleurs, par toute l'élite européenne qui ne jure que par le centre. Comme si les Allemands et les institutions bruxelloises avaient ressuscité la doctrine Brejnev de la souveraineté limitée, avec l'argent de la BCE en guise de chars. Le référendum grec, comme les non de la France et des Pays-Bas en 2005, révèle une fracture de plus en plus profonde : les jeunes et les classes populaires votent contre l'Europe des retraités allemands et européens. Les classes possédantes du continent se mettent sous la protection de l'Allemagne contre les revendications de la jeunesse appauvrie du Sud. Un schéma qui nous ramène au XIXe siècle, lorsque les armées allemandes de Metternich ou de Bismarck protégeaient les monarques européens contre les passions révolutionnaires de leurs peuples. Déjà, le grand frère russe orthodoxe prend la défense du grec, qui menace de ne plus respecter ses obligations de Schengen et ses alliances au sein de l'OTAN. La querelle économique risque de virer à l'explosion géostratégique. Ce serait la pire situation pour Angela Merkel que d'être accusée, et l'Allemagne avec elle, de provoquer la destruction de l'ordre européen. Pour la troisième fois dans l'histoire.

9 juillet 2015

De Gaulle balkanique ?

Il est le prince du jour. Celui qui rassemble derrière lui Mélenchon et Villepin, Laurent et Guaino, Cécile Duflot et Marine Le Pen. Sa sempiternelle chemise blanche à col ouvert fait oublier celle de BHL ; son sourire de jeune premier a effacé celui de Matteo Renzi. Poutine le cajole et Obama le surveille. Il est le chouchou des Français et la tête de Turc des Allemands. Pour un Grec, c'est un rôle de composition. Les médias français et américains le comparent à Hugo Chávez et lui promettent le sort sinistre de l'Argentine, tandis qu'il est pour ses admirateurs l'homme qui dit non, un de Gaulle balkanique. Tout le monde connaît désormais le nom d'Alexis Tsipras. On croyait jusque-là que Papandréou voulait dire Premier ministre en grec. Avec lui, la gauche redécouvre la nation, et la droite se souvient de l'indépendance. Alors que tous nos présidents depuis Chirac ont choisi l'Europe contre leurs promesses électorales, Tsipras a fait le contraire. Les élites européennes appellent cela de l'irresponsabilité, parce qu'ils ne savent plus ce qu'est la démocratie. Tsipras a utilisé la seule stratégie, celle de la dissuasion du faible au fort, celui qui ne peut rien, et en même temps peut tout : faire sauter la zone euro. Montrer que cette monnaie unique ne peut pas fonctionner dans une Europe aux économies si inégales. Comme dit le Prix Nobel américain Joseph Stiglitz : « Le pire qui pourrait arriver, c'est que ça marche. » Les élites européennes ne lui pardonnent pas d'avoir démontré par l'absurde que l'Europe n'est pas un peuple, mais qu'il y a en revanche des peuples grec, espagnol, allemand.

Mais le plus grand ennemi d'Alexis Tsipras ne s'appelle pas Wolfgang Schäuble ou Angela Merkel ou Christine Lagarde ou Mario Draghi.

Il s'appelle Alexis Tsipras. Le militant communiste n'a toujours pas fait payer les riches. Le patriote grec n'a toujours pas entamé l'édification d'un État digne de ce nom. Le Premier ministre a aggravé la situation économique de son pays. Le politique s'est révélé fort habile et convaincant, mais le gestionnaire n'inspire pas confiance à son propre peuple. Les électeurs grecs le suivent, mais les ménagères grecques stockent sous leurs matelas les euros en billets. Les Français voient en lui l'héritier de la Grèce antique, des inventeurs de la démocratie et de la raison, alors qu'il ne parvient toujours pas à arracher son pays des réflexes et des traditions de colonie ottomane qu'il fut pendant plusieurs siècles.

Par démagogie socialisante, Tsipras risque de gâcher la petite chance que constituerait le retour à la drachme et à une dévaluation massive. Alors, pour éviter le chaos et la misère, il serait contraint d'appeler au secours les Russes, ou les Chinois, qui n'attendent que cela.

Alexis Tsipras aurait alors réalisé son rêve de jeunesse de militant révolutionnaire, hostile à l'Amérique, à l'OTAN et à l'Europe des capitalistes allemands. Mais le souhaite-t-il toujours aujourd'hui ? Et sait-il vraiment ce qu'il souhaite ?

Alexis Tsipras est en train d'écrire son destin, mais il ne sait pas encore le destin qu'il écrit.

25 août 2015

Migrants

Ce fut le mot de l'été : migrants. Migrants à Calais, migrants à Kos. Migrants en Macédoine, migrants à Vintimille, migrants en Hongrie. Au nord, au sud, à l'est, à l'ouest. Migrants partout, venus de partout. Irak, Syrie, Éthiopie, Yémen... Migrants dans les camps de fortune, migrants dans les hôtels, migrants dans les écoles, migrants dans les rues. Migrants victimes de la guerre et du malheur, migrants violents et menaçants. Migrants, c'est le mot qui s'est imposé parce qu'on ne pouvait pas dire immigrés, puisqu'ils n'étaient pas invités, et qu'on ne voulait pas dire clandestins pour ne pas les diaboliser. Migrants, c'est le mot qui a été choisi pour imposer l'idée à une population rétive que ce phénomène est inévitable, inéluctable, irrésistible, irrépressible. Les migrations sont un fait, un phénomène aussi vieux que l'humanité, qu'on doit accepter comme le temps qu'il fait. Contre lequel il est inutile de se révolter, à moins d'être un populiste stupide. Le mot vous a un petit côté fin de l'Empire romain, ou conquête de l'Ouest, excès de populations d'un côté, qui se déversent sur les terres vierges et riches de l'autre. Chacun son tour. Mais on sait d'avance qui tiendra demain le rôle des Indiens. Pris dans l'étau entre les élites, qui en appellent à l'âme de l'Europe, et les classes populaires, qui ont l'angoissante impression d'être envahies, nos gouvernements mettent en scène leur inutilité. Notre ministre de l'Intérieur se démène, s'agite devant les caméras, du nord au sud, de l'Angleterre à l'Italie, sans qu'on sache si sa suractivité a arrêté un seul migrant. Nos gouvernants en appellent à l'Europe, qui passe son temps à se lamenter sur la plus grave crise de réfugiés depuis la Seconde Guerre mondiale et à faire la morale. Les discours officiels sont faussement raisonnables et faussement compatissants. On ne parle que de sauvetage, d'accueil, de solidarité. D'universalisme, d'humanisme, de cosmopolitisme. Mais les Anglais en veulent aux Français qui en veulent aux Italiens qui en veulent aux Grecs qui en veulent aux Turcs.

On fait mine de distinguer entre asile politique et migrant économique alors que la plupart de ceux à qui l'on refuse l'asile demeurent quand même en France. On fait semblant de ne pas savoir que les chefs de l'État islamique sont très liés aux passeurs et qu'il leur est fort facile de glisser dans cette marée humaine des apprentis terroristes. Les experts relativisent les chiffres et nous assènent des comparaisons internationales qui sont censées nous rassurer ou nous faire honte. L'optimisme n'est pas négociable.

Personne n'ose s'inspirer de l'Australie repoussant sans ménagement les bateaux qui approchaient de ses côtes.

On insulte la Hongrie qui édifie un mur à sa frontière avec la Serbie. On dissuade la Macédoine qui veut l'imiter. Les médias sont emplis d'histoires édifiantes, de ces migrants courageux et téméraires qui veulent refaire leur vie.

On songe à Stendhal qui disait : « Ils prennent l'étiolement de leur âme pour de la civilisation et de la générosité. »

27 août 2015

Mussolini rue de Grenelle

Ils ont vu la lumière, ils ont vu Dieu. C'est leur chemin de Damas. Ils sautent tous sur leur chaise comme des cabris en s'écriant : « L'école, l'école, l'école ! » Sarkozy, Le Maire, Juppé, Fillon, ils jouent tous aux bons élèves un peu fayots montrant à la maîtresse qu'ils sont pressés de rentrer en classe.

« Moi, madame, moi, madame ! » hurlent-ils en levant le doigt bien haut pour se faire remarquer. L'école, pourtant, fut longtemps le cadet de leurs soucis. Ça leur en touchait une sans faire bouger l'autre, aurait dit Jacques Chirac. Dès qu'on parlait d'école, l'ancien président ne sortait pas son revolver, mais son référendum. Qu'il s'empressait une fois élu de ranger dans un placard. La droite a toujours confondu l'école avec une entreprise et prétendait tout régler en transformant le proviseur en patron de PME. L'école, c'était un sujet pour congrès du PS, tout juste bon à exciter des militants socialistes en Pataugas et pantalon de velours côtelé. Des ringards, aurait dit Sarkozy. Des sectaires, aurait précisé Fillon. Des fainéants, aurait ajouté Juppé. Des incultes, aurait murmuré Le Maire. La rue de Grenelle était pour tous les jeunes ambitieux de droite l'enfer qu'ils cherchaient à éviter. L'école, c'était grèves et manifs pour tous. Les amateurs y laissaient leur peau ; les habiles ne rêvaient que d'en partir après avoir inscrit une réforme à leur nom. Le dédain de la droite pour l'école était d'abord électoral : les bataillons de profs votaient à gauche de toute éternité. Et puis, la culture, la bataille des idées étaient réservées à la gauche. Terre inconnue. La droite, elle, était là pour la gestion. Et pour donner une réalité pragmatique aux utopies de la gauche.

Quand il arrivait rue de Grenelle, l'ambitieux de droite comprenait vite qu'il n'avait rien à faire d'autre que de laisser la maison à ceux qui la dirigeaient depuis l'après-guerre. Mussolini disait naguère : « Gouverner les Italiens, ce n'est pas difficile, c'est inutile. » Les ministres de droite ont adapté cette maxime à la rue de Grenelle : ce n'est pas difficile d'être ministre de l'Éducation nationale, c'est inutile.

Il faut être de gauche pour vouloir être un vrai ministre. S'appeler Allègre pour affronter les profs. Ou Chevènement pour refaire l'école de la nation. Le peuple de droite ne s'y trompait pas qui les a aimés beaucoup plus que les ministres de son camp.

Un ministre de droite avait pour seul objectif de devenir un porte-parole zélé de son administration. Et au sein de la rue de Grenelle, du quarteron de pédagogistes jamais à la retraite qui se sert de son ministre comme d'un ventriloque pour déconstruire feu la meilleure école du monde. D'Edgar Faure sous de Gaulle à Luc Chatel sous Sarkozy, en passant par René Haby sous Giscard, les ministres de droite furent d'admirables exécutants des doctrines de la gauche soixante-huitarde, acharnée à détruire tout ce qui ressemblait à une exigence intellectuelle et méritocratique ou, pire encore, nationale.

L'école, c'est la mauvaise conscience de la droite. Ses chefs y cherchent désormais plus qu'un électorat imaginaire, une rédemption. Mais ce n'est qu'une illusion. Qui s'achèvera comme d'habitude en désillusion.

La Belle Alliance

Ils transpirent, mais ce n'est pas la chaleur. Enfin pas seulement. Ils s'énervent, mais ce n'est pas la colère. Enfin pas seulement. Ils se congratulent, mais ce n'est pas pour l'image. Enfin pas seulement. Tout leur claque entre les doigts, les Verts, Mélenchon, le chômage, les agriculteurs, l'Allemagne. Rien ne marche plus ; ils ne tiennent plus rien. On croit que les divergences entre l'aile droite et les frondeurs du PS sont profondes et irréversibles ; elles sont en vérité mineures pour un parti qui connut les affrontements homériques entre Jaurès et Guesde, Blum et Déat, Mitterrand et Rocard.

Jean-Christophe Cambadélis explique que la gauche est en difficulté parce qu'elle a perdu la bataille des valeurs. C'est tout le contraire. C'est parce qu'elle a gagné la bataille des valeurs qu'elle ne s'est pas rendu compte qu'elle avait perdu la bataille de la réalité. C'est parce qu'elle a imposé ses mots et sa morale, ceux d'une élite progressiste et mondialisée, qu'elle a oublié les maux et la morale du peuple. C'est parce que les militants socialistes acclament Christiane Taubira, son emphase révolutionnaire qui aurait fait rire Lénine et sa République hors-sol qui aurait fait fuir Jules Ferry, qu'on comprend que La Rochelle a repris son ancienne vocation de forteresse assiégée. Alors que des centaines de milliers de migrants envahissent l'Europe, que vaut le discours antiraciste et internationaliste de la gauche ? Alors que la crise grecque a montré que l'ordo-libéralisme allemand n'était plus négociable, que vaut la tradition étatiste et keynésienne des socialistes français ? Alors que le chômage n'a jamais été aussi important, que valent les promesses de François Hollande ? Solidarité, diversité, paix, redistribution, tout le vocabulaire de Bisounours chéri des socialistes se retrouve peu à peu dans les poubelles de l'histoire. Souveraineté, identité, austérité, guerre, tous les mots qu'ils détestent, qui leur font si peur, reviennent dans la lumière. Après les raclées des européennes, des municipales et des départementales, s'annonce la déculottée des régionales. Jamais trois sans quatre. Tout l'édifice lentement bâti depuis quarante ans s'effondre. La rue de Solférino se transforme en une annexe de Pôle emploi pour les innombrables élus battus, salariés virés et associations sans subventions. Si François Hollande était absent du second tour de 2017, le PS achèverait sa course historique dans une belle explosion. Valls et Macron rejoindraient Juppé et Bayrou, voire Sarkozy, pour mener à bien l'adaptation de la France à la mondialisation, tandis que les frondeurs survivants retrouveraient Mélenchon et Montebourg pour tenter d'échapper à la logique groupusculaire de l'extrême gauche.

Pour éviter ce sort funeste, qu'il envisage pourtant en privé, Jean-Christophe Cambadélis propose de rassembler une gauche éparse dans ce qu'il a appelé la « Belle Alliance populaire ». La Belle Alliance, c'est l'endroit où se sont retrouvés l'Anglais Wellington et le Prussien Blücher après avoir mis en déroute l'armée française. C'était il y a deux siècles, à Waterloo. La gauche ne pouvait pas trouver nom mieux adapté à son destin.

3 septembre 2015

Conflit Est-Ouest

C'est le retour du conflit Est-Ouest. À front renversé. Ou plutôt à mur renversé. Avec toujours la Hongrie en éclaireur. En 1989, la Hongrie entrouvrait le mur de Berlin à sa frontière avec l'Autriche. Aujourd'hui, la Hongrie construit un mur à sa frontière avec la Serbie. Les Hongrois et leurs voisins de l'Europe communiste rêvaient jadis de liberté de circulation. Aujourd'hui, la liberté de circulation est leur cauchemar. Les Allemands et les Français pressent les pays de l'Est de partager avec eux l'accueil des centaines de milliers de migrants. Les pays de l'Est pressent les Français et les Allemands de les arrêter et de les renvoyer chez eux. L'Est évoque la défense de la civilisation européenne ; pour l'Ouest, l'Europe se confond avec le monde. À l'Est, on se souvient que la convention des réfugiés de 1951 avait été écrite pour quelques dizaines de personnes qui fuyaient les rigueurs du camp communiste. Les Tchèques et les Polonais ne veulent garder que des Syriens de religion chrétienne. Les Allemands et les Français ne craignent pas de recevoir d'innombrables musulmans. À l'Est, on dit : migrations du Sud aujourd'hui, banlieues de l'islam demain. À l'Ouest, on a fait du multiculturalisme une religion, un dogme, et que périsse l'empire plutôt que renoncer aux principes.

Angela Merkel tance ses voisins de l'Est en exaltant les droits et valeurs universels liés à l'histoire de l'Europe. À l'Est, on pense que ces droits et valeurs ne sont pas la solution du problème, mais sont le problème. Ils font de l'Europe une cible, une terre ouverte.

À l'Est, on rappelle avec raison que c'est la France qui a provoqué le chaos en bombardant la Libye de Kadhafi. Mais les Français et les Allemands peuvent rappeler à juste titre que l'Est avait soutenu le bombardement de l'Irak par Bush, qui fut la mère de toutes les catastrophes.

À l'Ouest, on résume l'histoire du XXe siècle à la lutte finalement victorieuse de l'individu et de ses libertés contre tous les totalitarismes, qu'ils soient nazi ou communiste. À l'Est, ces petites et récentes nations se souviennent qu'elles sont les héritières d'un vaste empire multiethnique. Elles ont connu la plaie toujours purulente des minorités nationales, la tragique extermination des Juifs et l'exode forcé des populations allemandes. Elles n'ont retrouvé enfin la paix civile qu'en devenant après 1945 des États-nations homogènes.

Riche et arrogant, l'Ouest menace l'Est de ne plus le protéger de la menace russe en Ukraine et d'empêcher les travailleurs détachés polonais et roumains de venir travailler à l'Ouest. L'Allemagne songe sans l'avouer que sa population vieillissante a besoin d'un coup de fouet démographique. À l'Ouest, on écoute les économistes qui disent que l'immigration est bonne pour la croissance. À l'Est, on écoute les politiques et leurs peuples qui disent qu'ils veulent préserver la nature, la culture, les valeurs de leurs nations.

L'Est veut sauver son âme quand l'Ouest songe à gagner un point de croissance. Mais l'Ouest a-t-il encore une âme ?

8 septembre 2015

Une bouffe de merde !

Les péquenots peuvent crever ! En langage technocratique bruxellois, on dit : « Je suis réservé sur les mesures qui ne respectent pas la logique de marché. » Mais c'est la même chose. Les agriculteurs français s'obstinent à ne pas comprendre. Ils demandent des sous à Bruxelles comme ils le font à Paris. Les Français sont des benêts ; ils ont transféré sur Bruxelles leur culte national de l'État et de la solidarité. L'administration française fait appliquer les normes édictées par Bruxelles comme si elles venaient de Louis XIV. Ils croient que l'Europe, c'est la France en grand. L'Europe, c'est le monde en petit. Tous contre tous, et le marché reconnaîtra les siens. Les normes sont faites pour être tournées ; le voisin est fait pour être écrasé ; et les discours sur la qualité sont faits pour la galerie médiatique. La réalité s'appelle course à la productivité, course à la taille, course aux machines, course aux Roumains payés trois sous. Une bouffe de merde pour masses mondialisées. Le modèle, ce sont les fruits espagnols insipides, ou les porcs allemands que ces messieurs appellent dans leur jargon un minerai. Les agriculteurs français sont sommés d'imiter ces exemples ou de mourir. Leur sort funeste est scellé. Tous, ils iront cracher sur leurs tombes : commissaires bruxellois, technocrates français, grandes surfaces, industries agroalimentaires, syndicalistes de la FNSEA, et même consommateurs du monde entier. Tous, ils ont préféré depuis des années les prix bas à la qualité, la concurrence à la protection, le libre-échange à la solidarité, le consommateur au paysan.

La PAC – politique agricole commune – est devenue un oxymore. Bruxelles l'a tuée avec la complicité de l'Angleterre et de l'Allemagne, et la passivité hypocrite des gouvernements français. Ceux-ci ont oublié que le général de Gaulle avait négocié le financement de l'agriculture française par l'Allemagne en échange de l'ouverture de la France aux voitures allemandes. On a gardé les voitures germaniques et on a désormais leur porc. La PAC, c'était la préférence communautaire et le soutien des cours pour garantir un revenu minimum aux paysans. Pour les sortir de cette malédiction millénaire des bonnes et des mauvaises récoltes, de la pluie et du beau temps. Mais les technocrates bruxellois ont estimé que cette organisation, qui avait été nécessaire pour nourrir le continent européen au sortir de la guerre, coûtait désormais trop cher. Qu'il fallait remettre en danger les paysans trop grassement nourris. Ils ont simplement remplacé les variations imprévisibles du climat par celles non moins imprévisibles du marché et de la Bourse. Le marché chinois s'effondre ? Les producteurs de lait sont ruinés. L'embargo est décidé sur la Russie ? Les producteurs de porcs n'ont qu'à se pendre. Pour de vrai. Déjà, Bruxelles négocie des accords de libre-échange avec le Vietnam, le Japon, le Mexique. En attendant celui avec les États-Unis. Son chef-d'œuvre.

Les cohortes des derniers paysans français iront alors rejoindre, au cimetière des éléphants, les ouvriers et les employés, les petits commerçants, toute la petite classe moyenne qui n'a plus sa place dans le grand marché mondial. À Bruxelles, cela s'appelle le progrès.

15 septembre 2015

La mort de Tony Blair

Back to the future in London. Retour dans les années 70. Manque plus que Led Zeppelin ou les Sex Pistols. Déjà, le nouveau patron du Parti travailliste a remis à la mode les marcels, les chemises froissées et la barbe grisonnante. Il roule à vélo et fait une excellente confiture de fraises à partir des fruits qu'il cultive dans son jardin ouvrier. Le style, c'est l'homme. On peut d'ailleurs aisément imaginer que Jeremy Corbyn a séduit les sympathisants de la gauche britannique parce qu'il tranchait avec ses rivaux, trop propres sur eux, trop lisses, trop formatés pour la télé, trop pétris des conseils des communicants en tout genre.

Jeremy Corbyn, c'est l'Hibernatus du travaillisme britannique. Le Labour d'Harold Wilson, pacifiste, neutraliste, étatiste, ouvriériste, qui n'a pas d'états d'âme à creuser les déficits budgétaires et à augmenter les impôts. Qui veut nationaliser les chemins de fer et que la planche à billets serve à financer de grands travaux, pas à enrichir les minets de la City. L'homme des syndicats qui faisaient naguère la pluie et le beau temps dans les entreprises britanniques. Un socialisme british pur et dur que Margaret Thatcher a vaincu et que Tony Blair a enterré. C'est Blair que Corbyn a enterré. Blair et sa troisième voie. Blair et sa politique libérale. Blair, le socialiste qui gagne au centre. Blair et son intervention en Irak. Blair et ses *spin doctors*. Blair et sa fortune faramineuse aussi.

Déjà, les conservateurs se frottent les mains. Ils n'auront qu'à réveiller le spectre des années 70, quand l'Angleterre était l'homme malade de l'Europe, entre grèves à répétition, semaine de trois jours et impôts massifs. La disparition de la gauche travailliste est annoncée. 1900-2015. La pierre tombale est déjà posée par les tabloïds. Les travaillistes anglais n'avaient pas le choix. Le blairisme s'est avéré une impasse. Depuis son départ, son parti ne gagne plus une élection. La destruction de la classe ouvrière anglaise a atteint les classes moyennes. La croissance britannique est repartie à coups de baisses de salaires et de boulots précaires. La mondialisation est partout, en Europe, synonyme de hausse vertigineuse des inégalités et d'impuissance de l'État. La synthèse sociale-démocrate ne parvient plus à répartir équitablement les fruits de la croissance. Son internationalisme naïf la rend aveugle aux nouveaux enjeux identitaires. Corbyn ne semble pas mieux armé que les autres. Il s'adresse à la Grande-Bretagne multiethnique et multiculturelle : il ravit les militants de gauche, mais pas les ouvriers anglais.

Corbyn, c'est le retour à la case départ. C'est la gauche éternelle qui revient sur les lieux du crime libéral. Tente d'arracher à sa source le slogan thatchérien : « *There is no alternative.* » Mantra devenu, depuis, la devise de la social-démocratie européenne. Il y a de fortes chances que ça ne marche pas. Corbyn est sans doute le chant du cygne du travaillisme anglais. Mais le Labour choisit de tomber fièrement en assumant son histoire. Il fait le chemin inverse de celui du socialisme français. Mourir debout et pas couché devant la City. Mourir mais dans la dignité.

17 septembre 2015

La main de Poutine

L'ombre de Kadhafi plane sur Damas. Kadhafi massacré par les rebelles libyens. Kadhafi bombardé par les avions français et anglais. Kadhafi dont l'absence laisse un pays déchiré par la guerre civile et où s'engouffre une immigration innombrable qui fonce vers l'eldorado européen. Kadhafi, c'est le remords de Poutine, qui vire à l'obsession. Le dirigeant russe ne se pardonne pas d'avoir laissé Sarkozy battre le dictateur libyen alors qu'il lui avait promis qu'il se contenterait de protéger les populations civiles. Assad ne sera pas un second Kadhafi, s'est juré Poutine. D'où l'arrivée de chars russes et bientôt d'une base aérienne dans le fief du président syrien. D'où les offres d'alliance faites par Poutine aux Occidentaux pour lutter ensemble contre l'État islamique. Bien sûr, les diplomates français font déjà la moue, pas dupes : Moscou se moque du sort d'Assad et veut seulement sauver sa seule position en Méditerranée héritée de l'Union soviétique. Poutine montre ainsi à ses alliés qu'il est un soutien indéfectible qui n'abandonne pas ses amis dans la tourmente, comme les Occidentaux l'ont fait en Tunisie, en Égypte ou ailleurs. Enfin, Poutine désire aussi se protéger de ses propres djihadistes qui pourraient menacer le Caucase. Les diplomates français ont fait une grande découverte : Poutine défend les intérêts de la Russie. Mais ils ne devraient pas s'arrêter en si bon chemin. Avec sa stratégie, la France défend-elle efficacement les siens ? Le refus de choisir entre la peste et le choléra, entre Assad et l'État islamique, a-t-il donné des résultats probants ? Les bombardements des positions de Daech l'ont-ils fait reculer ? Y a-t-il une alternative crédible au tyran syrien ? Oui, il y en a une et une seule, et elle s'appelle Daech. Comme l'exécution de Saddam Hussein par George Bush a entraîné le chaos en Irak, comme celle de Kadhafi par Nicolas Sarkozy a provoqué l'anarchie en Libye, la fin d'Assad, encore réclamée par les Occidentaux – décidément, c'est une manie ! –, s'avérera une nouvelle catastrophe. Après l'Irak, la Libye, et ce sera au tour de la Syrie de disparaître des cartes. Daech rentrera alors à Damas et pourra foncer sur Beyrouth et la Jordanie. Les mêmes causes produiront les mêmes effets. Pétris de leurs utopies droits-de-l'hommistes, les Occidentaux refusent de voir que le seul conflit dans cette région n'est pas entre bons et mauvais musulmans, encore moins entre laïques (qui n'existent pas) et islamistes, mais entre sunnites et chiites. C'est la seule opposition qui structure la région et qui fera qu'un sunnite irakien ou syrien préférera toujours l'État islamique à des pouvoirs dirigés par les chiites et proches de l'Iran.

Le pouvoir russe est le seul à comprendre cela, comme il est le seul à se vouloir le protecteur des chrétiens d'Orient contre les massacres et l'exode qui font d'eux les authentiques persécutés de cette histoire tragique.

Dans cette région en folie, qui fait perdre la raison à tous ceux qui l'approchent, la main tendue de Poutine aux Occidentaux est la plus censée. C'est pourquoi à Washington, à Londres et même à Paris, on se demande comment la saisir sans trop se renier.

23 septembre 2015

Le seul qui avait son bac

Il n'a pas raté l'avion. Mais Laurent Fabius n'avait pas la tentation de Téhéran. Le ministre des Affaires étrangères aurait dû pourtant accompagner cette délégation patronale qui renouait avec le marché iranien. Stéphane Le Foll l'a remplacé au pied levé. Mais qu'allait donc faire le porte-parole du gouvernement dans cette galère ? Les mollahs iraniens n'avaient pas envie de voir Fabius. Ils l'avaient fait savoir discrètement à l'Élysée. L'ambassadeur de France à Téhéran avait entendu pis que pendre sur ce ministre des Affaires étrangères français « qui prend ses ordres à Djeddah ».

À l'Élysée, on commence à avoir l'habitude. Fabius est devenu l'homme qui se trompe tout le temps. Il était contre le rapprochement avec l'Iran. Contre le bombardement de Daech en Syrie. Contre la porte ouverte à Poutine sur l'Ukraine. À chaque fois, l'Élysée a contourné la résistance du Quai d'Orsay. L'a contredit. A envoyé un émissaire secret à Bachar el-Assad. A béni la délégation patronale à Téhéran. A pris langue avec Poutine. Mais discrètement. Pour ménager la susceptibilité de Fabius. L'Élysée sait ses nerfs fragiles. Il y a trois mois, lorsque Fabius apprit que les Allemands envoyaient une délégation patronale à Téhéran alors même que l'embargo n'était pas encore aboli, il donna de rage un grand coup de pied dans la porte de son bureau. Les murs en ont longtemps tremblé. Au Quai d'Orsay, les ministres passent, mais le cinéma ne s'arrête jamais. Pourtant, lorsque Fabius s'y est installé en 2012, tous les diplomates ont sablé le champagne. Surdiplômé, cultivé, distingué. Le nec plus ultra. Les MM. Norpois du Quai revivaient le bon temps du meilleur d'entre nous : Alain Juppé. François Hollande l'entourait de mille prévenances. Lui donnait tout ce qu'il voulait, arrachait le tourisme à Bercy pour ses beaux yeux. Il savait que dans son gouvernement d'apparatchiks et d'assistants parlementaires, Fabius était le seul expérimenté. « Le seul qui avait son bac », rient aujourd'hui les mauvais esprits. Longtemps, c'est Fabius qui avait regardé avec une commisération teintée de mépris les efforts de Hollande

– qu'il avait surnommé M. Petites Blagues ou Fraise des bois – pour se pousser du col. La roue a tourné. La Fraise des bois est devenu président à sa grande surprise.

Au fil des mois, Fabius est devenu l'incarnation d'une diplomatie française schizophrène, qui décrète qu'Assad n'a pas le droit de vivre, que Poutine est un tyran, qu'Orbán est la honte de l'Europe quand la Hongrie est la seule à remplir les obligations de Schengen en fermant sa frontière. Dans le même temps, le héraut des droits de l'homme s'acoquine avec l'Arabie saoudite et son régime médiéval, où le bourreau fait des heures supplémentaires. Sur les réseaux sociaux, on montre Fabius assoupi dans des réunions officielles ou titubant, comme un homme saoul. Comme l'incarnation d'une diplomatie française qui, depuis qu'elle a abandonné le cap de la realpolitik gaullienne, ne sait plus où elle va.

Mais où est donc passé le jeune et brillant Premier ministre que Mitterrand avait donné à la France ? C'était il y a trente ans. C'était il y a mille ans.

29 septembre 2015

Libéralisme

Emmanuel Macron a raison. Le libéralisme est de gauche. Historiquement, les deux termes sont presque synonymes, presque interchangeables. Pas plus libéral que les Lumières, pas plus libéral que Voltaire. Pas plus libéral que la Révolution qui interdit les coalitions ouvrières. Pas plus libéral que la Déclaration des droits de l'homme. Pas plus libéral que la IIIᵉ République. Les lois sociales les plus importantes furent établies par des conservateurs, comme Bismarck, Napoléon III, de Gaulle. Une historienne a récemment rappelé dans un livre iconoclaste nombre de lois sociales qu'on devait au régime de Vichy. C'est la guerre de 1914 et la révolution communiste qui rompront les noces entre le libéralisme et la gauche. Mais depuis le virage européen des socialistes de 1983 et la levée de l'hypothèque communiste avec la fin de l'URSS, le fleuve de gauche est revenu dans son lit libéral. L'acte unique de

Jacques Delors, père spirituel de François Hollande, est la bible libérale qui régit l'Europe depuis trente ans : règne de la concurrence et liberté pour les marchandises, les capitaux et les hommes. C'est Jospin qui privatisa plus que Juppé. C'est Macron qui a voulu la peau des professions à statut comme les notaires et qui lance les cars sur les routes comme un fantasme de Greyhound américain. Les patrons français n'ont jamais été libéraux : ils passent leur vie à demander à l'État de l'argent et des protections. Le libéralisme détruit tout ce que la gauche déteste : famille, patrie, frontières, Église, État, racines, religion. Le libéralisme est un individualisme, un matérialisme, un économisme, un consumérisme. La gauche aussi. Le libéralisme, c'est Daniel Cohn-Bendit qui accueille à bras ouverts les migrants. C'est Pierre Bergé, le pape du mariage pour tous, qui ne voit pas de différence entre un ouvrier qui loue ses mains et une femme qui loue son ventre. C'est Terra Nova, le cercle de réflexion du Parti socialiste, qui défend à la fois l'immigration, le mariage homosexuel, un droit du travail allégé et la suppression du smic. Tout cela est cohérent. Partout, jusque dans notre vie la plus intime, la gauche nous plonge dans ce que Marx appelait « les eaux glacées du calcul égoïste ». Seuls les gens de droite sont assez ignorants pour croire qu'ils protègent les valeurs traditionnelles en louant les vertus du marché. Seuls les gens de gauche sont assez hypocrites pour faire croire qu'ils détestent le marché tout en prônant partout l'extension sans limites des droits individuels. Mais en France, le libéralisme a beaucoup de mal avec le suffrage universel car il y a une alliance millénaire entre l'État et le peuple. Les intendants du roi protégeaient déjà les paysans contre les exactions des seigneurs. Le libéralisme a toujours été en France une famille politique très minoritaire de théoriciens brillants mais isolés, de Benjamin Constant à Raymond Aron en passant par Tocqueville ; obligée de s'allier avec tout ce qu'ils détestent pour survivre électoralement. Depuis 2002, on a une idée de ce que les libéraux représentent seuls, grâce à la candidature d'Alain Madelin, qui avait recueilli 3 % des suffrages. Emmanuel Macron ne veut pas être député en 2017. D'avance, les électeurs lui donnent raison.

1ᵉʳ octobre 2015

De Gaulle

C'est l'un des charmes de la vie politique française que de s'étriper autour des tombeaux. Une citation de Napoléon, de Jaurès, de Clemenceau, et le feu prend dans la savane. Comme on ne peut toucher à de Gaulle, devenu depuis sa mort une icône, on s'en prend violemment à celle qui le cite, en l'occurrence Nadine Morano ; on met même en doute la fiabilité d'Alain Peyrefitte, ce que personne n'osa bien sûr du vivant de l'auteur. La mauvaise foi le dispute à l'ignorance. Nathalie Kosciusko-Morizet croit sans doute que le Général arborait la petite main jaune de SOS Racisme.

De Gaulle appartient à une génération qui n'avait pas peur d'employer le mot « race ». Tous les grands républicains furent favorables à la colonisation parce qu'ils considéraient – comme disaient Jules Ferry ou Léon Blum – qu'il était du « rôle des races supérieures d'apporter la civilisation aux races inférieures ». Parce que « la France, disait, lyrique, Victor Hugo, est la Grèce du monde, c'est à nous d'illuminer le monde ». C'est ce rêve assimilationniste et universaliste que portaient encore les derniers partisans de l'Algérie française. C'est parce qu'il ne partageait pas ce rêve que de Gaulle a donné l'indépendance à l'Algérie. C'est parce qu'il croyait que les Français et les Arabes étaient comme l'huile et le vinaigre, parce qu'il craignait que le dynamisme démographique

des populations musulmanes ne transformât son village en
« Colombey-les-Deux-Mosquées » qu'il préféra renoncer à l'intégrité du territoire alors même que, sur le terrain, l'armée
française avait vaincu le FLN. La querelle retrouve une terrible
acuité cinquante plus tard. La transformation inouïe de la
population française repose la question que de Gaulle croyait
avoir écartée à jamais. Les partisans de l'intégration – « à cer-
velle de colibri », disait le Général – s'opposent de nouveau
à ceux qui la jugent impossible. Mais la bataille a lieu cette
fois dans l'Hexagone. De Gaulle n'ignorait nullement que la
France n'était pas une race. Qu'il y avait « des Français jaunes,
des Français noirs, des Français bruns ». Mais, ajoutait-il, « à
condition qu'ils restent une petite minorité. Sinon, la France
ne serait plus la France ». Pour de Gaulle, l'histoire de
France commençait avec Clovis, roi des Francs converti au
catholicisme. Mitterrand ne pensait pas autrement d'ailleurs.
On est loin des affirmations péremptoires d'un Mélenchon et
d'une certaine gauche qui situent la naissance de la France
en 1789. De Gaulle croyait aux peuples et aux nations éter-
nelles. Il disait la Russie alors que tout le monde parlait de
l'URSS. Il pensait que l'Allemagne, c'était Goethe, l'Italie,
Dante, et l'Angleterre, Shakespeare. C'était un essentialiste,
diraient aujourd'hui avec dégoût nos universitaires distingués.
Contrairement à Alain Juppé, il avait vraiment lu le célèbre
texte d'Ernest Renan et savait qu'une nation, c'est avoir une
histoire, un passé en commun. Il n'ignorait pas, lui, que les
transferts massifs de populations ont toujours été considérés
comme des actes de guerre. De son vivant, la gauche le traitait
de fasciste. Aujourd'hui, elle l'appellerait raciste et populiste.
Sarkozy l'exclurait des Républicains. Même Marine Le Pen le
trouverait infréquentable. Tout le monde en France a été, est
ou sera antigaulliste.

6 octobre 2015

Quand Israël joue à qui gagne perd

Les images sont trompeuses. On croit voir un nouvel épisode de la guerre de Cent Ans entre Israéliens et Palestiniens. Mais le combat n'est plus entre deux mouvements d'émancipation nationale pour une même terre, selon un schéma digne de l'Europe du XIXe siècle. Il oppose désormais des djihadistes, proches du Hamas ou même de Daech, à des Juifs religieux. C'est islamistes contre Juifs messianiques. C'est la mosquée Al-Aqsa contre la reconstruction du Temple de Jérusalem détruit par les Romains en l'an 70. C'est mythe contre mythe. C'est plus symbolique mais moins ambitieux. En dépit des rumeurs qui tournent en boucle sur les réseaux sociaux palestiniens, les dirigeants israéliens n'ont pas l'intention de détruire la mosquée Al-Aqsa. Certains officiers l'avaient proposé en juin 1967, mais le général Moshe Dayan avait refusé. La fureur palestinienne de ces derniers jours prouve une seule chose : ils ont perdu la partie. Les Israéliens ont gagné. Il n'y aura pas d'État palestinien.

Le chef de l'OLP, Mahmoud Abbas, s'apprête à prendre sa retraite, discrédité parmi les siens. Son attitude conciliante ne lui a pas valu davantage de succès que la guerre à outrance menée par Yasser Arafat. En construisant un mur avec la Cisjordanie, les Israéliens se sont immunisés contre les attentats les plus meurtriers. En édifiant sur le territoire de la Cisjordanie de grandes routes reliées à Israël, ils ont rendu impossible toute unité territoriale. En se retirant de Gaza, ils ont enfermé la multitude qui s'y presse dans une prison à ciel ouvert dont les matons sont les islamistes. Comme si les Israéliens n'avaient jamais cessé de suivre l'adage de l'ancien colonisateur britannique : diviser pour régner.

Mais Israël joue à qui gagne perd. Il a vaincu les Palestiniens, mais la Palestine n'est plus un sujet, sauf pour quelques diplomates français nostalgiques des années 70. Les Israéliens ont approuvé l'expédition américaine pour abattre Saddam Hussein, se sont réjouis des difficultés du Syrien Assad ; ont même regardé les débuts tonitruants de l'État islamique sans trop de déplaisir. Mal leur en prit. Ils ont troqué des tigres de papier pour des vrais loups, des ennemis de pacotille pour des adversaires de taille XXL. Israël a gagné son pari national. L'a emporté dans le conflit westphalien qui l'opposait à ses voisins arabes. A étouffé son rival mimétique palestinien. Mais il remet son titre en jeu dans une nouvelle guerre des religions inexpiable, où les combattants qui approchent du champ de bataille n'évoluent plus dans la même division : les redoutables combattants du Hezbollah sont soutenus par l'Iran ; Assad acculé a reçu l'appui de l'aviation russe ; et une percée des troupes de l'État islamique les conduirait très vite au Liban et en Jordanie. Aux portes d'Israël. Enfin, son protecteur américain a montré dans l'affaire syrienne une pusillanimité qui peut légitimement inquiéter l'État juif. Le paradoxe est que suivant l'antique règle selon laquelle les ennemis de mes ennemis sont mes amis, Israël retrouve comme alliés objectifs ces pays sunnites – Égypte, Turquie, Arabie saoudite – qui l'ont voué aux gémonies pendant des décennies. L'Orient compliqué... devient de plus en plus compliqué.

8 octobre 2015

Éloge de la violence

Il fut un temps pas si lointain où la gauche avait une sainte révérence pour la violence. La violence était révolutionnaire, accoucheuse de l'histoire, disait Karl Marx. Victor Hugo exaltait la violence du petit peuple des Gavroche dans *Les Misérables*, tandis que Flaubert contait avec un talent subtil la violence de la révolution de 1848 dans *L'Éducation sentimentale*. Cette violence-là ne se contentait pas d'une chemise déchirée. Ce temps-là est révolu. La violence n'est plus tendance et Manuel Valls l'a rappelé avec cet art martial qu'il affectionne. Pourtant, la tendance historique est depuis des années à une pacification des relations sociales. Même en France. Moins de grèves, moins de séquestrations, moins de destructions d'usines ou de préfectures. Il est vrai que la réaction du Premier ministre est calibrée pour les radios et les chaînes d'info, pas pour les livres d'histoire. Une révolte sans violence s'appelle une réforme. Une violence subie sans réaction violente s'appelle une soumission. La violence n'est pas seulement physique. Elle peut être morale, psychologique, verbale, économique, sociale. La violence s'est déplacée mais n'a pas disparu. La lutte des classes existe toujours, mais ceux qu'on appelait jadis les prolétaires l'ont perdue. Violence méprisante des cadres pour le petit personnel. Violence corporatiste et arrogante des pilotes d'Air France qui bloquent depuis des mois tout accord en refusant de voler davantage d'heures, au risque de détruire des centaines d'emplois d'agents subalternes ; au risque de couler Air France. Violence de l'État actionnaire qui livrait il y a quelques mois seulement à Qatar Airways des créneaux dans les aéroports français en échange de la vente de Rafale aux Qataris. Ce qui contraindra Air France à réduire ses vols. Et le retrait d'un seul avion long-courrier de la flotte entraîne la suppression de trois cents emplois. Violence des délocalisations massives et des restructurations depuis des années. Violence de la concurrence déloyale et du dumping social. Violence du chômage de masse. Violence des malins qui jouent du maquis des allocations. Violence pour les chômeurs qui divorcent ou se suicident. Violence des dividendes mirifiques aux actionnaires et des retraites chapeaux mirobolantes, même pour des P-DG qui plantent l'entreprise qu'ils dirigent. Violence des réglementations européennes et de ces travailleurs détachés roumains, polonais ou bulgares qui viennent parfois travailler sous le nez de leurs collègues français contraints à se croiser les bras. Violence faite aux agriculteurs et aux patrons des PME par des grandes surfaces impitoyables avec leurs fournisseurs ou par des fonctionnaires qui leur imposent l'application de normes délirantes. Violence des délinquants en cavale qui tuent des policiers parce que l'État ne construit pas assez de prisons et qu'une ministre de la Justice considère que la prison est criminogène. Violence à la campagne et à la ville, violence dans les cités et dans les stades. Elle est ostracisée dans nos contrées pacifiques et exaltée et glorifiée ailleurs. La violence est partout.

13 octobre 2015

Primaires *made in USA*

D'abord, on se moque. On s'attache aux apparences, aux ridicules, aux excès. Le mélange de Las Vegas et de Disneyland. De machines à sous et de Mickey. Il y a belle lurette que les Français ont pris l'habitude de rire des Américains pour mieux oublier qu'ils nous dirigent. Qu'on les admire en secret. Qu'on les imite. Que tout ce qu'ils font arrive chez nous cinq, dix, vingt ans après. Cette primaire américaine de 2015 est notre présidentielle de demain. Leurs vaincus seront nos vaincus, leurs vainqueurs, nos vainqueurs. Les vaincus sont ceux qu'on connaît chez nous, le fils Bush, l'épouse Clinton. Ils ont un nom mais un charisme d'huître. Ils sont les candidats de l'establishment et ça les tue. Jeb Bush est encore plus mauvais que son frère. Hillary Clinton est la reine de la langue de bois. Son mari ne séduisait pas que les stagiaires à la Maison Blanche mais aussi les électeurs, ce dont sa femme se révèle incapable. Dans cette folle primaire, deux figures ont pris de court tous les commentateurs, les sondeurs et les journalistes. À gauche, Bernie Sanders, qui ressemble à un prof d'université. À droite, la révélation s'appelle Donald Trump, le milliardaire qui se croit toujours dans une émission de téléréalité. Le démocrate n'est pas assez connu, le républicain l'est trop. Le démocrate se dit socialiste, conteste la mondialisation, milite pour le protectionnisme. Dénonce la confiscation par une élite fort restreinte des produits de la croissance. En France, on appelle cela la hausse des inégalités. Sanders rappelle que, sans l'inflation, le salarié américain gagne 700 dollars de moins qu'il y a quarante ans ! La cible de Trump est l'immigration. Aux États-Unis, les migrants sont mexicains. Trump n'hésite pas à dénoncer les violeurs et les *bad guys* venus du Rio Grande. Il incarne la panique des Blancs anglo-saxons qui ont compris qu'ils seraient bientôt minoritaires dans leur propre pays. Les deux candidats sont aux antipodes. Sanders est un vieux politicien sur le retour. Trump est un néophyte. Mais chacun dans son genre, les deux sont authentiques. Sanders parce qu'il refuse les contributions des riches donateurs et a reçu des milliers de petits chèques ; Trump parce que, milliardaire, il n'a pas besoin d'être financé. Et c'est Trump qui propose de taxer férocement Wall Street. Leur succès signifie la même chose. La révolte des Américains contre l'oligarchie au pouvoir, quel que soit le parti, de plus en plus ouvertement corrompue. La rébellion de la classe moyenne du pays contre les effets délétères de la mondialisation, et la liberté totale des marchandises, des capitaux et des hommes.

Bien sûr, les élites, les médias les appellent populistes pour mieux les disqualifier. Ils prétendent que Sanders ne pourra pas battre Hillary, que Trump est un quasi-fasciste mais qu'il n'a pas vraiment envie de devenir président. Toutefois, les leçons de morale médiatiques ne prennent pas, ne prennent plus.

Non, vous ne rêvez pas, vous n'êtes pas en Amérique. Vous êtes en Europe, vous êtes à Bruxelles, vous êtes à Berlin. Vous êtes à Paris.

15 octobre 2015

Éloge d'un ministre

Il n'est pas le meilleur ; il est le seul. Le seul ministre qui mérite son titre. Le seul qui ne paraît pas en stage ou en préretraite. Le seul qui aime les soldats qui le lui rendent bien. Le seul qui suscite le respect des députés de l'opposition et de son administration. Le seul qui ait su compenser le naufrage diplomatique de Fabius et l'ignorance géostratégique de Hollande. Dans la tradition de la Ve République, le ministre de la Défense est un ectoplasme dont le cerveau est géré à l'Élysée. Cette fois-ci, on est à front renversé. Le Drian a réussi à vendre nos chers Rafale. Il a évité une fronde des plus hauts gradés de l'armée française, en sauvant ce qu'il pouvait sauver du budget de la Défense. Il a arrêté l'offensive islamiste au Mali qui fondait sur Bamako et risquait de déstabiliser tout le Maghreb.

Au milieu des idéologues et des apparatchiks, Le Drian fait tache ; c'est un homme du réel. Il ne connaît que la loi des États, loin des sirènes idéologiques droits-de-l'hommistes. Ce n'est pas lui qui aurait envoyé l'armée française en Libye exécuter Kadhafi. Alors que Hollande, après les attentats de janvier, n'ose pas prononcer les mot « islamiste » ou « djihadiste », pour ne pas « stigmatiser la communauté musulmane », le ministre de la Défense lui explique que « nous sommes en guerre, puisqu'on a des soldats dehors et qu'on a des soldats dedans ». Quand il aura quitté la place Balard, on s'apercevra que Le Drian a osé des transgressions inouïes, dont les commentateurs et les grandes consciences socialistes n'ont pas encore saisi l'incroyable portée : d'une part, l'exécution de djihadistes français, dans des camps en Syrie, par des Rafale qui plus est, et non par des discrets agents des services secrets ; puis, le commentaire laconique venant de sources officielles, cité par *Le Journal du dimanche*, évoquant le risque, en cas de retour au pays, « d'une cinquième colonne capable de frapper notre pays ». Légitime défense préventive et audace sémantique qui rendent hystériques les maniaques du droit international et les ayatollahs du « pas d'amalgame », qui pullulent à gauche.

Mais voilà, les régionales approchent. La règle de non-cumul des mandats est brandie par les rivaux et les profs de vertu. La morale doit primer l'intérêt général. Pour une fois que les socialistes ont un ministre qui joue en Champions League, ils se proposent de le reléguer en division d'honneur. Déjà, François Rebsamen a préféré retrouver son fauteuil de maire de Dijon. Le bail est moins précaire. Ces « Hollandais » de vieille roche prouvent s'il en était besoin qu'ils ont toute confiance en la réélection de leur ami président. Celui-ci sait mieux que personne ce qu'il perdrait. Le président François Hollande aurait tout intérêt à s'affranchir des règles défendues par le premier secrétaire du Parti socialiste, Hollande François. Mais osera-t-il ?

20 octobre 2015

En responsabilité et par de l'apaisement

Ce n'est pas parce qu'on n'a rien à dire qu'il faut fermer sa gueule ! Mais restons correct. Notre président n'aime pas l'impolitesse. Ni la vulgarité ni la grossièreté. Il n'est pas comme l'autre. Pas comme son prédécesseur ; celui qui aspire impudemment à être son successeur. Lui sait se tenir. Le président de la République était, hier, dans les studios de RTL. Il est venu, il a vu, il a vaincu. Mais vingt-quatre heures après son départ, on ne sait toujours pas ce qu'il a dit. Il a parlé, mais cela ne signifie pas qu'il a dit quelque chose. Les journalistes ont analysé, commenté, interprété ses propos, mais cela ne signifie pas que les Français en ont retenu quoi que ce soit. Il a répondu aux questions, mais cela ne signifie pas qu'il avait des réponses. Il a été entendu, mais cela ne signifie pas qu'il a été écouté. Il a dit croissance, chômage, accession à la propriété des primo-accédants. Il a dit qu'on surmontait les conflits par de l'apaisement. La France apaisée ; c'était déjà le slogan de Mitterrand en 1988, de Giscard en 1974 et même de Hollande en 2012 ! Il a dit que 2017 n'était pas une question. Il a dit Front national, régionales, danger, notamment en termes de discriminations. Il a dit que les bombes larguées en Syrie ne visaient pas les terroristes, mais les camps d'entraînement des terroristes. C'est une des caractéristiques de ce président – qu'il partage avec son prédécesseur, mais qu'il a portée à un degré encore jamais atteint – de s'exprimer non pour les citoyens mais pour les médias. Non pas en langue française mais en novlangue technocratique et médiatique.

Qu'en restera-t-il ? Paroles qui s'envolent au vent. Le principe en a été édicté il y a longtemps dans un sketch inoubliable de Coluche : « Écoute, je te dis rien, le mieux, c'est que tu lui répètes. Mais, surtout, tu ne lui dis pas que c'est moi qui te l'ai dit ! »

Peu importe le fond, et même la forme ; seul compte le bruit médiatique. Depuis quelques semaines, une petite musique – discrète mais entêtante – nous est glissée à l'oreille : notre président est un disciple accompli de Machiavel. Un tacticien hors pair, un politique de haut vol. Un mélange de Mazarin et du cardinal de Retz. Jacques Attali nous explique benoîtement que Hollande est plus fort que Mitterrand. Et, c'est bien connu, les songes d'Attali deviennent toujours réalité.

Notre président a tout prévu, tout organisé, tout manigancé. La croissance qui repart en 2016, à la veille de la présidentielle, c'est lui. La politique de l'euro faible de la Banque centrale européenne, c'est lui. Le maintien de la Grèce dans la zone euro, c'est lui. La répartition des migrants en Europe, c'est lui. Le dialogue social, c'est lui. Les ennuis judiciaires de Sarkozy, c'est lui. Le succès annoncé du Front national aux régionales, c'est lui. La gauche qui ne pourra alors que se rassembler derrière son panache blanc, c'est lui. La droite qui ne pourra que se retrouver écartelée entre Sarkozy et Juppé, entre les populistes et les modérés, c'est lui. La sauvegarde de la République, c'est lui. Le sauvetage de la planète, c'est lui. Mais en responsabilité, par de l'apaisement. Et en modestie.

22 octobre 2015

L'introuvable rebelle modéré

« C'est un salopard, mais c'est le nôtre. » Poutine pourrait reprendre cette célèbre formule de Ronald Reagan. Le président américain parlait des nombreux dictateurs soutenus par les États-Unis pour lutter contre le communisme. Vladimir Poutine reçoit à Moscou Bachar el-Assad sans états d'âme. Avec l'aide de l'aviation russe, celui-ci a lancé une offensive pour desserrer l'étau qui entoure sa capitale. Mais les chars syriens ont été décimés par un missile TOW, arme d'une rare efficacité, livrée par l'Arabie saoudite aux ennemis d'Assad et fournie par les Américains. Peu à peu, les masques tombent, les affinités se révèlent, les alliances s'affichent.

Les Américains et les Russes signent des protocoles pour éviter l'affrontement direct entre leurs pilotes dans le ciel syrien. Mais sur le terrain, entre leurs affidés respectifs, tous les coups sont permis. On se croirait revenu en Afghanistan, au début des années 80, lorsque les Américains livraient des missiles antiaériens Stinger hypersophistiqués à des rebelles islamistes qui tiraient les pilotes russes comme des pigeons à la fête foraine. Parmi ces combattants glorifiés à l'époque comme des héros de la liberté se trouvait un certain Oussama Ben Laden. Et les superbes missiles Stinger serviraient quelques années plus tard à abattre les avions américains venus venger l'attentat du 11 septembre 2001. Mais les Américains n'apprennent jamais de leurs erreurs. Parce que leurs erreurs sont une stratégie. Depuis 1945, et la visite du président Roosevelt à Ibn Saoud, les Américains ont toujours choisi l'islam le plus rigoriste, le plus moyenâgeux contre les régimes laïques arabes, alors soupçonnés de flirter avec le communisme.

La CIA veut nous faire croire qu'elle n'aide que les « rebelles modérés » ou les « islamistes moins extrémistes ». Dans le conflit syrien, les rebelles modérés n'existent plus depuis longtemps, s'ils ont existé un jour. Ils sont tous islamistes, à la fois complices et rivaux.

Poutine est moins hypocrite : il soutient mordicus son seul allié dans la région, pour défendre son prestige de grande puissance. Il prend langue avec les Kurdes au grand dam des Turcs, parce que les Kurdes sont les seuls à se battre vraiment contre Daech. Poutine montre sa force, pour pouvoir discuter après, selon un schéma traditionnel des relations internationales. Il prend le risque de s'enliser et d'être défait, comme l'URSS en Afghanistan. Les Américains sont plus retors. Plus hypocrites. Officiellement, ils sont dans le ni-ni : ni Assad ni Daech. En vérité, ils ont choisi d'aider l'État islamique, qu'ils ont laissé financer et armer par l'Arabie saoudite, pendant que la Turquie recueillait et soignait ses soldats blessés et édifiait de belles routes à la frontière syrienne pour permettre à Daech de vendre son pétrole en toute quiétude. Russes et Américains, Turcs et Saoudiens, sans oublier les Français, tout ce joli monde lutte contre le terrorisme, mot attrape-tout qui ne veut plus rien dire. La Russie soutient Assad ; l'Amérique soutient Daech. Et l'Europe reçoit les millions de réfugiés. Chacun son boulot. Chacun son rôle. Chacun son destin.

27 octobre 2015

La politique de la ville est un succès

Et pourtant elle tourne ! quatre-vingt-dix milliards dépensés en quarante ans, plus de quarante milliards rien que pour le plan Borloo. Trois fois rien pour 10 % de la population du pays, et des quartiers transformés de fond en comble, des immeubles à taille humaine aux couleurs riantes. Mais la vision misérabiliste et culpabilisante de la banlieue est alimentée par les associations – qui en vivent – et par les médias qui prennent l'image pour la réalité. Les fameux ghettos de Manuel Valls sont un mythe ; le propre du ghetto est d'y être enfermé, alors que les sociologues nous apprennent que la moitié de la population des banlieues change tous les dix ans. Les HLM ne sont plus les logements des Français modestes, mais les centres d'accueil des flux migratoires. Ceux qui y arrivent font fuir ceux qui y étaient. C'est pourquoi les banlieues changent tout le temps et offrent pourtant toujours le même visage.

Le géographe Christophe Guilluy nous l'expliquait dans *Le Figaro* d'hier : « Les grandes métropoles – c'est-à-dire la grande ville et sa banlieue – ont une sociologie qui correspond aux besoins économiques, métiers très qualifiés d'un côté, et jobs précaires de l'autre. » Tout le reste de la population française est chassée et se retrouve loin des grands centres urbains, seuls lieux où se crée la richesse. C'est la délocalisation à la maison. Il y a dix ans, des émeutes embrasaient les banlieues françaises. Les médias anglo-saxons les nommaient *« Muslim riots »*, car c'est une grenade lacrymogène tirée par la police à proximité d'une mosquée qui embrasa tout le pays – trois jours après l'électrocution malheureuse de deux gamins. Gilles Kepel ne dit pas autre chose, dans son rapport « Banlieue de la République » publié en 2011. Ce spécialiste reconnu nous montre que l'islam d'obédience salafiste, importé d'Arabie saoudite, est devenu le ciment identitaire d'une partie importante d'une jeunesse en voie de sécession, dans des quartiers où le pouvoir est exercé par le caïd, qui fait respecter la loi, parfois par des exécutions capitales, comme on le voit souvent à Marseille, et par des associations religieuses, regroupées autour de la mosquée, qui font du social sur le modèle de l'Église au Moyen Âge. Dans ces quartiers, la France a renoncé à assimiler les populations étrangères ; et la République a renoncé à imposer sa loi, les policiers ayant ordre depuis 2005 de faire de la figuration.

Cette France multiculturelle est parfaitement conforme aux canons de la globalisation. Nos gouvernants, depuis trente ans, mènent des politiques d'adaptation à cette réalité qu'ils dénoncent dans leurs discours. Les électeurs âgés font semblant d'y croire ; les plus jeunes ne marchent pas dans la combine et sont de plus en plus séduits par les discours identitaires. Dans les zones éloignées des grandes métropoles, les enfants des classes populaires reviennent à la France, votent pour le Front national et crient : On est chez nous. Dans les banlieues, les observateurs s'inquiètent de la fascination croissante qu'exerce l'État islamique. Deux peuples antagonistes émergent dans l'ombre des grands discours républicains. La politique de la ville échoue parce qu'elle réussit trop bien. Comme Frankenstein, elle fabrique un monstre que personne ne maîtrisera.

29 octobre 2015

Une et indivisible

Le monde est devenu fou. À Londres, c'est l'aristocratique Chambre des lords qui protège les pauvres contre une réduction des aides sociales. À Paris, c'est le Sénat qui bloque la ratification par la France de la Charte européenne des langues régionales ou minoritaires. Christiane Taubira et les socialistes avaient cru amadouer les sénateurs en leur chantant la gloire passée des territoires qu'ils représentent. Ils sont tombés sur des élus de droite, mais aussi centristes et radicaux, qui, contrairement à eux, n'avaient pas oublié que la République fut longtemps surnommée avec ferveur par ceux qui mouraient pour elle l'« une et indivisible ».

Il y a quinze ans, le Conseil constitutionnel avait déjà rappelé au gouvernement Jospin que cette charte était contraire à notre Constitution qui, dès son article 1, institue que le français est la langue unique de la France. Mais les socialistes, aiguillonnés par l'Europe et la démagogie électoraliste à la veille des régionales, sont revenus à la charge. On peut pourtant lire dans cette charte qu'il faut « favoriser l'usage oral et écrit des langues régionales et minoritaires dans la vie publique et dans la vie privée ».

Les langues régionales, c'est le catalan, le breton, ou encore l'occitan. Les langues minoritaires, c'est le chinois, le portugais, le kabyle ou encore l'arabe dialectal. Si cette charte avait été ratifiée, on aurait donc pu imaginer que les employés des postes ou des impôts soient contraints de répondre à des administrés en breton à Brest, en catalan à Perpignan, en mandarin dans le XIIIe arrondissement de Paris ou en arabe en Seine-Saint-Denis.

Résistant déjà mal à la pression européenne, Nicolas Sarkozy avait en 2008 inscrit dans la Constitution l'appartenance des langues régionales au patrimoine de la France. Cette reconnaissance était tout à fait légitime et réjouissait les sincères amoureux de ces dialectes ancestraux. Avec la ratification de cette charte, on serait passé de l'ordre culturel au politique. On aurait mis le doigt dans un engrenage fatal qui a désagrégé nos voisins européens. En Catalogne, dès 1978 et la mort du général Franco, le catalan retrouvait droit de cité à Barcelone. Le castillan fut éradiqué des rues, des services publics, des écoles et des livres. Que répondrons-nous à nos Catalans français qui voudront prendre langue avec leurs frères devenus indépendants ? Il n'y aura plus alors de Pyrénées. Les mêmes causes ont produit les mêmes effets en Flandre ou en Écosse. À chaque fois, la question linguistique fut le détonateur et le cœur battant de toute sécession. La langue est le ciment d'un peuple et d'une nation. À la naissance d'Israël, des linguistes brillants façonnèrent l'hébreu moderne à partir du texte biblique. Les Irlandais ressuscitèrent de même le gaélique pour s'arracher à la colonisation anglaise. Les Algériens, après l'indépendance, remplacèrent le français par l'arabe à l'école. La France elle-même a édifié son unité nationale par le fer et par la langue. On commence par se réapproprier sa langue et on finit par exiger son indépendance. Et c'est à des socialistes qui n'ont que le mot « République » à la bouche que des sénateurs ont dû rappeler cette grande leçon de l'histoire… et de la République.

3 novembre 2015

Versaillesland

Point de vulgarité. Nous sommes à Versailles, que diable ! Et à Versailles, on sait ce que le beau langage veut dire. On ne dit pas climatisation, on dit : rafraîchissement d'air. On ne dit pas grands travaux, destruction d'un escalier du XIXe siècle, édification de gigantesques gaines d'aération. On dit, avec la présidente du château : « Mon devoir est de protéger le monument. » À Versailles, on ne dit pas prendre les gens pour des imbéciles, on dit : « Je fais confiance aux experts ». Plus de dix millions de visiteurs venus du monde entier se pressent annuellement dans la galerie des Glaces. Mais on ne dit pas que personne ne voit ni n'apprécie plus rien dans cette gigantesque cohue. On dit : Le monument n'a jamais connu un tel succès populaire. On ne dit pas : Il faut gagner toujours plus d'argent car l'État n'a plus le sou. On dit : Les musées doivent s'ouvrir aux exigences de bonne gestion. C'est une habitude prise depuis quelques années. Quand on installe les écrevisses roses géantes de Jeff Koons dans la galerie des Glaces, ou le « vagin de la reine » dans les jardins de Le Nôtre, on ne dit pas que Versailles vend son âme aux marchands du temple. On dit d'un ton docte : Les œuvres modernes doivent se confronter avec celles du passé dans un dialogue fécond. Versailles est devenu, comme nombre de musées à travers le monde, un symbole de la vulgarité contemporaine qui repose à la fois sur le nombre et le fric ; le nombre pour faire du fric ; le fric comme justification du nombre. Où la prétendue démocratisation n'est que le paravent de l'obsession de la rentabilité. Où la pseudo-création artistique n'est que le faux nez de la provocation ; où la puérilité le dispute à la cupidité. Mais on doit dire : Il faut vivre avec son temps. Versailles a toujours été un palais ouvert aux quatre vents ; on y entrait très aisément, même le peuple ; les courtisans se pressaient et s'empressaient autour du roi dans une promiscuité inimaginable ; on vivait dans des cagibis. Le Roi-Soleil aimait les audaces artistiques et défendait les créateurs iconoclastes. La question des liens entre Versailles et l'argent ne date pas non plus d'hier. Dans ses *Mémoires*, le duc de Saint-Simon reproche amèrement à Louis XIV d'avoir fait visiter le chantier de la construction du château à Samuel Bernard, lui, le grand roi, tel un humble guide, pour remercier ce banquier d'avoir financé ses guerres.

Mais ce passé ne doit pas servir d'alibi au nihilisme contemporain.

Pour arrêter cette folle course en avant, la seule solution raisonnable serait de limiter les entrées. Comme à la Villa Borghèse à Rome, qu'on ne visite pas sans réservation. Ou comme à Potsdam, le Versailles prussien de Frédéric II, instaurer un numerus clausus. Sinon, à terme, on fermera le château, et, comme les grottes de Lascaux, on édifiera un Versailles II.

Le sublime palais de Louis XIV a déjà échappé à la destruction, lorsque les révolutionnaires de 1789 voulaient faire table rase du passé. Deux siècles plus tard, il s'agit toujours d'effacer le passé au nom d'un avenir radieux : la transformation de Versailles en Disneyland. Avec Mickey pour vous accueillir, mais Mickey en perruque. Nous sommes à Versailles, que diable !

5 novembre 2015

Cuba sans le soleil

C'est l'histoire connue de la dame épouvantée par une souris. Elle hurle, court, monte sur une chaise, sans se rendre compte du ridicule de son attitude disproportionnée. François

Hollande est parfait dans le rôle de la dame effrayée. Petites retraites, dotations aux collectivités locales ou mode de calcul de l'allocation aux adultes handicapés : pour ces sujets qui devraient relever de la compétence d'un sous-directeur d'administration centrale à Bercy, c'est le président lui-même qui intervient pour trancher. Un président exaspéré, voire affolé, qui ordonne de tout arrêter, comme si le sort de son quinquennat en dépendait. La souris confondue avec un ours.

Mais l'ours fait peur au chasseur. Hollande est arrivé à l'Élysée sans jamais avoir été ministre ni rien connaître à la géopolitique mondiale. Mais tous ses amis l'excusaient d'avance en disant, unanimes et élogieux : Vous verrez, les impôts, c'est son truc. On a vu.

Il a beau promettre que les impôts n'augmenteront plus ; il a beau multiplier les gestes clientélistes ; il a beau rappeler à juste titre que c'est le gouvernement Fillon qui, en 2011, avait sorti le premier la matraque fiscale ; il a beau rencontrer toutes les Lucette de France et de Navarre pour paraître proche et sympa, rien n'y fait. Personne ne le croit. Personne n'a oublié l'avalanche fiscale de 2012. Hollande voulait alors apparaître homme de gauche en imposant les riches – on se souvient de la taxe spéciale de 75 % de l'impôt sur le revenu – et bon Européen en réduisant les déficits budgétaires alourdis par la crise de 2008 et la cigale Sarkozy. On a eu « Cuba sans le soleil », selon la formule sarcastique d'Emmanuel Macron.

Une fois encore, les mandats de Hollande et Sarkozy font miroir. C'est aussi une décision fiscale prise dès son arrivée qui avait plombé le mandat de Sarkozy. Celui-ci expliqua, justifia, puis de guerre lasse supprima le bouclier fiscal, sans jamais parvenir à se défaire de son image de président des riches. Hollande, c'est Sarko en pire. Le président autoproclamé des petits, des sans-grade, des pauvres, qui devient l'ami des patrons en leur rendant ce qu'il leur a pris. Pas besoin d'avoir dénoncé Sarkozy, l'homme du Fouquet's, pour en arriver là. Pas besoin d'avoir abrogé la hausse de la TVA décidée par son prédécesseur pour le regretter amèrement quelques années plus tard.

Les impôts, ce n'est pas seulement de l'argent prélevé par des agents du fisc. C'est un état d'esprit, une manière de concevoir la vie en collectivité. Mais on n'ose pas dire qu'il n'est pas civique que la moitié des Français ne paient pas l'impôt sur le revenu. On n'ose pas dire que l'augmentation de la TVA serait la meilleure manière d'aider nos entreprises, comme une dévaluation déguisée. On n'ose pas dire que la décentralisation débridée depuis trente ans se paie aujourd'hui sur nos feuilles d'impôts locaux.

On se souvient que la monarchie est morte de n'avoir jamais su édifier un système fiscal efficace et équitable. Notre édifice républicain finit par retrouver les mêmes défauts. Comme une malédiction nationale.

10 novembre 2015

Votre argent, on s'en fiche !

C'est une nouvelle et superbe illustration de ce qu'on pourrait appeler le théorème de Funès dans *La Folie des grandeurs* : « Les pauvres, c'est fait pour être très pauvres et les riches, très riches. »

Les banques jouent sur du velours. Leurs clients sont coincés. Ligotés. Emprisonnés. On ne quitte pas aisément une banque où l'on a des crédits. Depuis les années 60, l'État a poussé tous les Français à posséder un compte bancaire. Pour cela, on mensualisa les salaires en 1970 et on les versa par virement, en interdisant le paiement en liquide. On fit ensuite la même chose avec les allocations chômage et les retraites. Pas de banque, pas de chocolat ! Les Français furent alors contraints de troquer le bas de laine et les Pascal sous le matelas pour le compte bancaire.

Cette masse d'argent tomba gratuitement dans l'escarcelle des banques françaises qui, en échange, tenaient les comptes de leurs clients. Il est vrai qu'à l'époque les banques étaient soit publiques, soit soumises à l'État par la voie des avances de la Banque de France. Le pouvoir gaullo-pompidolien les contraignait ainsi à financer l'industrie nationale qu'il voulait développer. L'argent de tous servait à la prospérité de tous.

Ce temps-là est révolu. Les banques ont pris leur indépendance. Le financement de l'industrie rapporte beaucoup moins que les placements acrobatiques sur les marchés financiers. À coups de stock-options et de bonus, nos grands banquiers sont devenus riches. Le contrôle des changes a été supprimé ; les banques sont modernes et globalisées ; jouent sur le marché mondial. Les nations, c'est ringard, les États, un insupportable corset. Sauf quand le marché s'écroule, que les banques se retrouvent au bord de la faillite, comme en 2008, et qu'elles se tournent vers leur État pour les sauver. Alors, les prétendus citoyens du monde se sont souvenus qu'ils avaient un pays.

« Pour parler franchement, votre argent m'intéresse. » Cette affiche de 1973 pour la BNP scandalisa une France traditionnelle qui n'avait pas encore l'habitude des provocations de pacotille des publicitaires. Aujourd'hui, pour choquer, une publicité devrait dire : « Pour parler franchement, votre argent, on s'en fiche ! »

On a Mario Draghi qui nous en distribue, autant qu'on veut, et gratuitement. Pour sauver l'euro, le patron de la Banque centrale européenne déverse une manne inépuisable. Mais la générosité fastueuse du maestro italien a un revers : les taux d'intérêt n'ont jamais été aussi bas ; les crédits immobiliers ne rapportent plus grand-chose. Les nouvelles réglementations européennes ont poussé de nombreuses banques anglaises, allemandes ou suisses à se retirer de l'activité de détail, pas assez rentable. En France, le président Hollande a renoncé à sa promesse de séparer la banque de détail et la banque d'investissement. Il a ainsi sauvé l'essentiel de la fortune de nos amis banquiers. Ils condescendent donc à prendre notre argent. Mais c'est vraiment pour nous arranger et il faudra payer ! Nos maîtres sont trop bons.

12 novembre 2015

Schmidt et Glucksmann

La mort, seule, les a rassemblés. Ils ne se sont sans doute jamais croisés, même s'ils ont tous deux bien connu l'Élysée sous Giscard. Le Français et l'Allemand. L'intellectuel et l'homme d'État. L'intellectuel tellement français, engagé, utopique, chimérique, et l'homme d'État tellement allemand, raisonnable et gestionnaire, disant, ironique : « Tout homme qui a des visions doit aller chez le médecin. » Deux figures qui connurent leur heure de gloire dans les années 70, cheveux longs et jeans sexy pour le Français, costume austère et coiffure impeccable pour l'Allemand. Nouveau philosophe français luttant sous les *sunlights* d'« Apostrophes » contre le communisme ; et nouveau socialiste allemand, grand ami des patrons dont la devise sera adoptée trente ans plus tard par Hollande, Valls et Macron : « Les profits d'aujourd'hui font les investissements de demain, et les emplois d'après-demain. »

Chacun dans leur genre, les deux hommes ont désespéré Billancourt. Ils furent tous deux accusés par la gauche française d'avoir viré à droite. À chaque fois, à tort. Helmut Schmidt est l'incarnation d'une social-démocratie allemande fidèle à son réalisme pragmatique depuis la fin du XIXe siècle. Même lorsqu'il a soutenu Sarkozy, le temps d'une campagne électorale, Glucksmann n'a pas viré de gauche à droite, mais de la Chine à l'Amérique. Il est resté un révolutionnaire, mais a changé d'idéologie et de maître. Le pragmatisme de l'Allemand lui permit d'éviter la plupart des erreurs dans la gestion de son pays prospère en dépit des crises. L'utopisme exalté de l'autre le conduisit à accumuler toutes les erreurs, dans la grande tradition des intellectuels progressistes français, soutenant d'abord le Grand Timonier Mao, et ses dizaines de millions de morts, puis finissant par soutenir l'Amérique de Bush dans sa destruction folle de l'Irak de Saddam Hussein, avant de défendre les Tchétchènes sans voir l'islamisme grandissant en leur sein. Le dieu de l'Allemand s'appelait l'Europe ; le dieu du Français s'appelait les droits de l'homme. Schmidt incarna l'Allemand tel que les Français l'ont aimé ; celui d'avant la chute du mur de Berlin et de la réunification ; celui qui laisse ostensiblement la première place aux Français ; celui qui défend une Allemagne européenne plutôt qu'une Europe allemande. Les deux sont des enfants de la Seconde Guerre mondiale. Schmidt fut marqué par le cataclysme apocalyptique dans lequel la folie nazie conduisit son pays. Glucksmann, hanté par cet enfant juif traqué qu'il fut, tenant la main de sa mère en fuite.

Helmut Schmidt s'opposa au communisme soviétique en favorisant l'installation des missiles nucléaires américains sur son sol. Glucksmann dénonça sans se lasser le despotisme du nouveau maître du Kremlin, Vladimir Poutine. Les intérêts bien compris de l'Allemagne d'après guerre conduisirent Helmut Schmidt à être un fidèle lieutenant de l'Amérique. L'internationalisme de Glucksmann et sa défense farouche des droits de l'homme le poussèrent également dans les bras de l'Amérique. Le Français et l'Allemand, chacun à sa manière, signaient ainsi la grande défaite de l'Europe au XXᵉ siècle, sa vassalisation, sa soumission au vainqueur de la Seconde Guerre mondiale.

19 novembre 2015

L'Europe est une grande famille

Dans toutes les familles c'est pareil. Quand on est dans la peine, tout le monde est là, pour un mot affectueux ou une tape sur l'épaule. Cela ne coûte rien. Mais quand on demande de l'aide, chacun a soudain mille choses à faire.

L'Europe est une grande famille. Tous les dirigeants ont manifesté leur compassion à l'égard de la France suppliciée. Compassion, solidarité et même amour. Les grands mots ont été sortis. Mais quand Hollande vient à Bruxelles demander aide et assistance, il fait chou blanc. Le seul soutien est venu de ces pays de l'Est, Pologne, Hongrie, que la bien-pensance française avait couverts d'opprobre lorsqu'ils refusaient d'accueillir les migrants. Quand le commissaire européen, Pierre Moscovici, ose déclarer « La France n'est pas seule. L'Union européenne est à ses côtés », on songe au célèbre mot de Talleyrand : « La parole a été donnée à l'homme pour cacher sa pensée. » L'Europe est cette construction paradoxale où une technostructure supranationale a pris son indépendance, tandis que la solidarité entre nations se réduisait au fil du temps. Autrefois, les peuples européens se détestaient, se faisaient parfois la guerre, mais leurs rois étaient souvent de la même famille. Tout s'est inversé. Dans le stade de Wembley, les supporters anglais chantent *La Marseillaise* à pleins poumons, mais à Bruxelles, les dirigeants européens regardent ailleurs quand la France appelle à l'aide.

C'est le mot « guerre » qui ne leur a pas plu. L'Europe veut continuer à croire ingénument à la paix éternelle. La défense européenne est une utopie qui a tourné à la chimère. Même les Français n'en parlent plus sans ironie. La plupart des pays européens n'ont pas d'armée ; et les Anglais ont détruit la leur à suivre les Américains dans toutes leurs folies. La France possède la dernière armée du continent, mais tellement rabougrie par les coupes budgétaires qu'elle ne fait plus peur qu'en Afrique. Quand elle arrête les islamistes au Mali ou en Centrafrique, la France protège pourtant tout le continent européen ; mais nos voisins jugent que nous défendons avant tout notre aire d'influence. Nos partenaires n'ont pas tort de noter que bombarder Daech en Syrie ne servira à rien. Les membres du commando sont nés en France et révèlent des fractures profondes que l'État islamique n'a guère de mal à instrumentaliser. Les Italiens ont raison de ne pas nous pardonner la folle intervention sarkozyenne en Libye, qui a mis à feu et à sang les côtes méditerranéennes. Mais la querelle tourne à la farce lorsque les Allemands nous accusent de les avoir mis devant le fait accompli. Exactement ce qu'a fait Angela Merkel en ouvrant grands les bras aux migrants, avant d'exiger de ses voisins qu'ils se répartissent ceux dont elle ne voulait pas.

Avec bonne conscience, Merkel a déstabilisé tout le continent et a frappé Schengen à mort. Même Sarkozy et Juppé le reconnaissent. Le retour des frontières décidé par Hollande – après Merkel – est fait pour durer un certain temps. Un temps certain. L'Europe, c'est la France en grand, clamaient jadis les partisans de la construction européenne. À plusieurs, on est plus fort, promettait le slogan du oui au traité de Maastricht. Il faut se dépêcher d'en rire de peur d'être obligé d'en pleurer.

24 novembre 2015

Sarkozy n'est pas Bataclan

La géographie aurait dû l'alerter. La droite n'a jamais aimé ces quartiers de l'Est parisien. République-Bastille-Nation : la gauche a toujours été chez elle. La droite, elle, préfère les Champs-Élysées ou la Concorde. Question d'ambiance, d'esthétique, de sociologie. Déjà, en janvier, le sang avait coulé à quelques encablures de ce Bataclan où la foudre a cette fois frappé. À l'époque, Sarkozy avait eu du mal à trouver sa place au milieu de tous les grands de ce monde entourant le président Hollande. Et puis, la gauche était retombée dans les errements du « pas d'amalgame ». Les sondages de Hollande étaient redevenus dérisoires et les socialistes avaient pris une raclée mémorable aux élections départementales. Mais tout recommence. Cette fois, Hollande semble mettre en œuvre au mot près les mesures proposées par Les Républicains. Du copier-coller. Quand la droite réclamait l'état d'urgence, les réquisitions, les dénaturalisations de djihadistes, la fermeture des frontières, la rétention administrative des fiches S, la gauche hurlait à l'État policier. Elle vote ces mesures aujourd'hui comme un seul homme.

L'histoire après la géo. Si Sarkozy connaissait l'histoire de France, il saurait que c'est toujours la gauche qui se révèle la plus férocement répressive. C'est le général républicain Cavaignac qui, en juin 1848, massacra les ouvriers révoltés. C'est le républicain Thiers qui extermina les communards en 1870. C'est le radical Clemenceau qui donna la troupe en 1906 pour mater les mineurs en grève. C'est le socialiste Jules Moch qui brisa les grèves insurrectionnelles de 1947 organisées par la CGT et soutenues par le Parti communiste. C'est le socialiste Guy Mollet qui, en 1956, envoya le contingent en Algérie pour vaincre la révolte nationaliste du FLN. La guerre, la guerre, la guerre, ont-ils dit alors comme François Hollande. Et c'est la gauche qui reproche désormais à Sarkozy d'avoir réduit les effectifs de la police et le budget de l'armée.

Comme en économie, on ne voit plus de différence entre les discours du pouvoir socialiste et ceux de son opposant républicain. La grande coalition à l'allemande prend corps, ce parti qui irait de Valls à Juppé en passant par Macron et Bayrou. On la voit déjà en gestation dans le sud de la France où Estrosi drague les électeurs de gauche pour résister à Marion Maréchal-Le Pen. Les querelles autour des liens avec l'Arabie saoudite et le Qatar, ou la mort de Schengen, la construction des mosquées, les vêtements des salafistes, ou encore la surenchère autour des dénaturalisations servent le Front national. Elles viennent sur son terrain de toujours. Elles font oublier que Marine Le Pen parlait bien davantage d'économie et de social. C'est même ce que lui reprochait son père. C'est le grand retour de la nation, avec *Marseillaise* et drapeau tricolore à tous les étages. Entre Hollande et Marine Le Pen, Sarkozy – comme ses rivaux Juppé ou Fillon – risque d'être pris dans un étau mortel. La droite a peut-être perdu la présidentielle de 2017 à un concert de rock au Bataclan. Sarkozy a toujours préféré la chanson française.

26 novembre 2015

Tricolore

C'était un petit pays de rien du tout, peuplé de beaufs racistes et misogynes, toujours en retard sur la marche du monde, conservateurs qui faisaient parfois la révolution, fainéants assistés qui rêvaient tous d'être fonctionnaires ; des lâches qui avaient perdu toutes les guerres et vivaient dans le souvenir de leur gloire passée. Ses habitants ne s'appelaient pas les Français, mais les franchouillards. Un président de la République nous avait dit que nous ne représentions que 1 % de la population mondiale ; son successeur avait ajouté que si « la France est notre patrie, l'Europe est notre avenir ». À longueur de colonnes, de livres, d'antennes, nos élites nous serinaient qu'aucune question importante, économie, énergie, climat, monnaie, n'était à sa dimension ; plus rien n'était à sa taille. Trop petite, la France. Seule l'Europe avait la masse critique. Les Français devaient devenir américains, suédois, allemands, chinois, indiens, anglais, danois, dont les modèles étaient tour à tour glorifiés. Ils devaient accueillir chez eux le monde entier pour s'enrichir de leurs différences. La France ne devait pas être une nostalgie ni un musée. Elle devait s'oublier, se renier ou mourir.

Quand Sarkozy était entouré d'une forêt bleu, blanc, rouge à la Concorde en 2012, une grande conscience de gauche y vit des réminiscences d'Hitler à Nuremberg. Quand Ségolène Royal imposa drapeau tricolore et *Marseillaise* dans sa campagne présidentielle, la gauche murmura qu'elle collait au Front national. Quand des jeunes, enthousiastes, sont venus de banlieue fêter la victoire de Hollande à la Bastille avec des drapeaux algériens, marocains ou palestiniens, il fallait être raciste ou fasciste pour leur reprocher de ne pas avoir déployé nos trois couleurs.

Pourquoi diable l'Européen Hollande, l'enfant de Jacques Delors, nous a-t-il demandé d'arborer à nos fenêtres le drapeau français et non la bannière européenne, avec ses douze étoiles sur fond bleu ciel ? Pourquoi nous fait-on chanter *La Marseillaise* à pleins poumons et non *L'Hymne à la joie* de Beethoven ? Cette *Marseillaise* que tant de beaux esprits, chanteurs, acteurs, gens de gôche si admirables, conspuaient il y a peu de temps encore, condamnant, vomissant ses paroles guerrières, avec ces citoyens belliqueux qui forment des bataillons contre les envahisseurs étrangers, et ce sang impur qui abreuve nos sillons. Cette *Marseillaise* qu'on n'apprenait plus en classe pour ne pas donner des idées nationalistes à nos enfants. Le nationalisme, c'est la guerre. La guerre, c'est mal, et la paix, c'est bien.

Mais la guerre a été déclarée. C'est le temps de l'union sacrée, et on crie sus à Rakka ou à Mossoul, comme on criait naguère sus à Berlin. Hollande se prend pour Poincaré et Valls pour Clémenceau. Ils brûlent ce qu'ils ont adoré et adorent ce qu'ils ont brûlé. Mais une nation, ce n'est pas seulement un drapeau et un hymne, c'est aussi, c'est d'abord un territoire, des frontières, une armée, une monnaie. Un peuple uni derrière une histoire, une culture, un mode de vie. Tout ce qui a été jeté, bradé, galvaudé depuis des décennies. « La nation est le seul bien de ceux qui n'ont rien », avait dit Jaurès. Nos éminences ont découvert depuis le 13 novembre qu'elles n'avaient plus rien.

1er décembre 2015

Le sultan et le tsar

« Avec des amis comme ça, on n'a pas besoin d'ennemis ! » La Turquie d'Erdogan, c'est le modèle d'islamisme modéré tant vanté par nos élites qui emprisonne les journalistes et ferme les télévisions d'opposition. C'est un membre de la coalition rassemblée contre l'État islamique qui bombarde les combattants kurdes, les seuls pourtant à faire mordre la poussière à ceux de Daech.

La Turquie d'Erdogan évoque irrésistiblement ces soldats saxons qui, en pleine bataille, retournèrent leurs armes contre la Grande Armée de Napoléon. Ou le parrain dans les films de gangsters qui offre sa protection pour le café qu'il menace de brûler : « Petit, j'ai une proposition à te faire que tu ne peux pas refuser. » Ou, si le sultan Erdogan, comme on le surnomme à Istanbul, trouve cette comparaison injurieuse, ce féru de droit islamique préférera sans doute l'évocation de la *djizia*, l'impôt que payaient dans l'ancien califat les populations chrétiennes et juives soumises, les fameux *dhimmis*, pour le prix de leur sécurité. Trois milliards d'euros, c'est le prix à payer pour conserver des millions de Syriens, mais aussi d'Afghans ou de Pakistanais sur le sol turc, et les empêcher de se répandre en Grèce, d'où ils fonceront vers l'eldorado allemand où Angela Merkel commence à prendre conscience de sa candeur stupide. On comprend mieux désormais Sarkozy quand il s'agaçait de la lenteur des réactions de la chancelière. Mais Merkel est coincée. Et toute l'Europe de suivre le leader allemand bon gré mal gré. Obligée de verser l'impôt. Et pas seulement en cash. Mais aussi en visas ou en négociations sur l'entrée de la Turquie en Europe, alors que plus personne n'a envie de l'accueillir. La corde au cou, comme les bourgeois de Calais, nos éminences bruxelloises supplient Erdogan d'avoir l'obligeance de surveiller sa frontière, ce que les gardes-côtes et la marine turque devraient faire uniquement pour respecter leurs obligations internationales. Magnanime, le président turc accepte les cadeaux européens mais a déjà prévenu qu'il ne donnait aucune garantie sur la diminution du nombre de migrants qui passeraient en Grèce. À plusieurs, on est plus fort, nous avaient dit les partisans de l'Europe !

L'unique pays qui ne se couche pas devant Erdogan l'affronte pourtant seul. Peut-être parce que le Russe Poutine comprend bien son adversaire turc. Ils ont des traumatismes historiques similaires : Poutine estime que la plus grande catastrophe du XXe siècle fut la fin de l'Union soviétique en 1991. Erdogan, lui, ne se remet pas de la dissolution du califat en 1924. Les deux hommes parlent le même langage, celui de la force. Poutine aurait même soufflé à François Hollande, de passage à Moscou, que le propre gendre d'Erdogan dirigerait la société chargée de la vente du pétrole de Daech qui file chaque jour vers la frontière turque dans une noria ininterrompue de camions. Camions bombardés par les Russes ; avion russe descendu par la chasse turque ; représailles commerciales de Poutine. Jusqu'où ces deux-là ne monteront-ils pas ? Ne dites pas aux Français qu'ils sont les alliés des Turcs au sein de l'OTAN, ils croient leur président lorsqu'il dit qu'ils font la guerre à Daech.

3 décembre 2015

Le retour de l'État

Les murmures sont devenus criailleries. Les criailleries, effets de tribune. Les effets de tribune, éditoriaux. Les éditoriaux, slogans. On dénonce la dérive sécuritaire. Les abus de l'état d'urgence. Les dangers pour l'État de droit. Des perquisitions par milliers, des assignations à résidence par centaines, des fermetures de mosquées. Il est temps de réagir. Les policiers ont enfin l'impression de faire leur travail, sans être la cible de juges suspicieux, d'avocats procéduriers et de voyous rigolards. Les préfets retrouvent un peu du lustre de leur grandeur napoléonienne et ne se contentent plus d'obéir aux élus locaux ou de subir sans rien dire la pression vindicative des associations antiracistes. Cela ne peut pas durer. L'État est de retour. Un État qui fait son métier d'État, comme disait le général de Gaulle. Quel scandale ! Ce n'est pas un hasard si la première décision du gouvernement fut de suspendre la compétence de la Cour européenne des droits de l'homme. C'est la mère des batailles. Depuis des années, la jurisprudence de la Cour a ligoté l'État jusqu'à le rendre aveugle, sourd, paralytique. Corseté par la jurisprudence, il est comme Gulliver empêtré. Il n'a plus les moyens de protéger les Français contre les délinquants. Plus les moyens de faire respecter sa frontière contre les immigrants illégaux. Plus les moyens d'enfermer et d'expulser. La dérive n'est pas celle que l'on dit. Elle n'est pas sécuritaire mais judiciaire. L'État de droit est devenu au fil du temps l'abus du droit. Ce ne sont pas les droits des individus qui sont menacés mais ceux de la nation. Cette dérive ne dure pas depuis quelques semaines, mais depuis des années. Ce n'est pas l'excès de force de l'État qui nous met en danger mais son excès de faiblesse. Hollande a fait un pas dans la bonne direction. Mais ce n'est qu'un pas. Engourdi comme un géant qui aurait été emprisonné trop longtemps, l'État doit réapprendre à marcher. La France ne doit plus jamais se soumettre à la Cour européenne des droits de l'homme. La fermeture des frontières doit devenir réalité ; elle reste pour l'instant un pieux mensonge puisqu'il n'y a plus de douaniers. Les perquisitions seront aveugles si on ne rétablit pas le travail d'information sur le terrain. De nombreux quartiers de banlieue ne sont pas des zones de non-droit mais, comme le reconnaît désormais le juge Trévidic, des zones de droit islamique. Hollande a annoncé la déchéance de nationalité pour les terroristes, même ceux nés en France. Cette mesure choque les bien-pensants qui se gaussent d'un pays qui menace d'enlever sa carte d'identité à un terroriste prêt à mourir pour tuer.

Les bien-pensants ont raison. Ce n'est qu'un début, continuons le combat. La logique intellectuelle et idéologique de cette mesure conduit inéluctablement à l'abolition du droit du sol et à l'interdiction de la double nationalité. Un pays en guerre a besoin d'être sûr de l'exclusive fidélité de ses enfants. Hollande a mis un doigt dans un engrenage. Comme dans le domaine économique, il a prouvé par l'absurde que ses anciennes positions étaient désuètes ou néfastes. Il doit avancer pour ne pas reculer.

Allez, monsieur le président, encore un effort pour être réactionnaire ! Encore un effort pour être vraiment révolutionnaire !

8 décembre 2015

La mort du parti d'Épinay

La carte de France fait une drôle de tête. L'Est et l'Ouest semblent se regarder en chiens de faïence. C'est le retour du vieil affrontement des deux France, la droite et la gauche, les monarchistes et les républicains, mais les terres de gauche à l'Est sont passées avec armes et bagages au Front national, tandis que les terres catholiques de l'Ouest sont devenues socialistes. Au milieu, les taches bleues conservées par la droite semblent isolées, ultimes poches de résistance avant l'engloutissement ; on ignore encore si elles seront mangées par l'Est frontiste ou l'Ouest socialiste.

Napoléon disait qu'on fait la politique de sa géographie. En contraignant les têtes de liste du Nord et du Sud à se retirer avant le second tour, le premier secrétaire du PS, Jean-Christophe Cambadélis, a froidement exécuté les deux plus vieilles fédérations socialistes. Les terres historiques du Nord et des Bouches-du-Rhône, qui faisaient les élections sous la SFIO de Jaurès et de Blum. Les fiefs de Mauroy et de Defferre, qui avaient hissé Mitterrand sur le pavois lors du congrès d'Épinay en 1971. Pas d'élus régionaux pendant cinq ans, cela signifie qu'on n'a plus d'argent, plus de subventions aux associations, plus de « plaçou » pour les enfants ; plus de viviers de futurs députés. C'est le désert qui avance sur des terres militantes autrefois riches et fertiles. Les négociateurs de la COP21 devraient s'en saisir d'urgence.

Cambadélis enterre sans fleurs ni couronnes le parti d'Épinay, celui de Mitterrand et de l'Union de la gauche. Il l'a fait avec la complicité de Valls, qui en rêvait, et l'aval de Hollande, qui a compris que sa seule chance de réélection passait par la constitution derrière lui d'une coalition qui irait de Macron à NKM, de Juppé à Bayrou, de Raffarin à Valls. Une sorte d'UDF nouveau style qui aurait comme père Giscard et comme mère Delors. Il ne peut plus y avoir d'Union de la gauche car la gauche de la gauche est liquidée. Encore la fin d'une exception française. Les communistes et Mélenchon n'ont plus d'électeurs ; les écologistes n'en ont jamais eu. Les généraux de cette armée morte sont sommés de se rallier à des socialistes qu'ils vomissent et qui les méprisent. Une « Belle Alliance », disait Cambadélis. Le grand René Girard nous a appris que pour se rassembler, les sociétés archaïques avaient besoin de sacrifier un bouc émissaire. Pour célébrer les noces de la gauche européenne et libérale avec la droite libérale et européenne, le bouc émissaire a pour nom Nicolas Sarkozy. Dès dimanche soir, la gauche criait haro sur le Sarko et son refus du front républicain. Le centriste Lagarde n'hésitait pas à faire chorus, alors que Sarkozy avait été fort généreux avec l'UDI dans la répartition des têtes de liste. La gratitude a toujours été la grande qualité des centristes. Le lendemain, Raffarin et NKM rejetaient le ni-ni sarkozyste et Juppé réclamait un débat sur les causes de la défaite. Le second tour de la présidentielle de 2017 se préparait déjà entre François Hollande et Marine Le Pen. Le paysage politique était un champ de ruines où les morts se ramassaient à la pelle. L'essentiel était désormais de survivre.

10 décembre 2015

Pas cap pour la COP !

On n'est pas fier mais on n'y arrive pas. On sait que prof Fabius et maîtresse Ségolène vont nous gronder, mais on ne peut s'empêcher de faire l'école buissonnière. Au Bourget, les bons élèves restent entre eux. Ils font des calculs savants et rédigent des textes abscons. Ils mettent des phrases entre crochets et poussent des cris de joie quand ils enlèvent les crochets. Ils jettent de « l'huile dans les rouages de l'ambition des États ». Ils jonglent avec des objectifs qu'eux seuls comprennent et préparent un *« cleaner text »* qui n'est propre à rien. Ils rappellent un vieux sketch de Coluche qui brocardait déjà le couple formé par les politiques et les journalistes, surnommés les « milieux autorisés » : « Qu'est-ce que tu fais là ? Ben, j'sais pas, j'vais peut-être m'autoriser un truc, mais c'est vach'ment gonflé, j'hésite ! » Avec la COP21, les milieux autorisés ont pris une ampleur universelle. Cette cohorte cosmopolite passe sa vie entre deux avions – ce qui est excellent pour nos émissions de CO_2 –, voguant de ville en ville, comme un grand cirque itinérant. Une année à Rio, une année à Paris, une autre à Lima. C'est comme le Club Med, l'endroit change, mais pas l'ambiance ni les gentils membres. Ils sont grassement rémunérés par l'ONU, ou même par des agences privées américaines ; beaucoup d'entre eux n'ont même pas la nationalité des pays dont ils défendent les positions : ce sont des mercenaires, comme des joueurs de foot, transférés au Real Madrid ou au PSG. Cela fait vingt ans que ça dure. Ça pourra bien encore durer vingt ans. À chaque fois, c'est la négociation de la dernière chance.

La France a fait du Bourget, pour le temps de la conférence, une zone extraterritoriale. Le Bourget n'est plus en France. François Hollande ne préside rien du tout. Il invite tous les chefs d'État de la planète pour une belle photo. Et règle la facture. « C'est pas cher, c'est l'État qui paie. » Notre président a exigé un « accord universel [...] et contraignant ». Une contradiction dans les termes. Un oxymore. Comment contraindre la Chine ou les États-Unis ? On leur déclare la guerre ? Comment d'obscurs négociateurs peuvent-ils engager la parole de leur pays alors que le président Obama lui-même ne peut pas dire un mot sans demander ensuite l'accord du Congrès ? Qu'il n'aura pas. Au lieu de réunir cent quatre-vingt-dix pays, on devrait enfermer dans une pièce les représentants des seuls États-Unis – de très loin les plus gros pollueurs du monde – et ne les laisser sortir qu'avec des engagements probants. Mais le monde entier rêve de vivre à l'américaine. La croissance provoque un réchauffement climatique que le monde prétend combattre sans toucher à la croissance.

Alors, on se détourne, on regarde ailleurs. Hors les murs du Bourget, il y a la vie, il y a la mort aussi. Le Bataclan qui crie, les kalachnikovs qui crépitent, des gamins qui meurent. Le califat islamique qui tonne, le souffle tragique de l'histoire qui souffle. Des millions d'hommes s'approchent de nos côtes, le Front national explose les urnes et les écrans. C'est Marion qui rit, Estrosi qui pleure, Sarkozy qui s'agite, Hollande qui tire les ficelles. C'est l'histoire en marche. Et on a toujours préféré l'histoire à la géographie.

15 décembre 2015

Deux Français sur trois

Marine Le Pen avait raison. L'UMPS existe. Elle l'a vu de près. Il lui est même passé sur le corps. Non seulement l'UMPS existe, mais il gagne. Et il gagne toujours. L'UMPS est à la politique française ce que l'Allemagne est au football. La dynamique électorale du FN est incontestable ; le plafond de verre aussi. La dédiabolisation a été inutile. Et vain le parricide. Il ne s'agit même pas de ligne politique. Le colbertisme de Philippot, l'ouvriérisme de Marine ou le libéralisme réac de Marion ont également été balayés. Marine Le Pen est la seule et farouche adversaire de l'UMPS. Elle en est aussi sa meilleure assurance vie. Le Front national est le dernier mouvement politique à soutenir les thèses souverainistes défendues lors du référendum sur Maastricht en 1992 par la brochette talentueuse des Séguin, Pasqua, Chevènement, Villiers. Il est le dernier porte-drapeau des patriotes. Mais pour voir ses idées accéder au pouvoir, il faudrait qu'il se saborde et se fonde dans un ensemble plus vaste, un front des fronts, dont les Le Pen ne seraient pas forcément les patrons, un rassemblement pour le peuple français. Le RPF, comme celui que fonda le général de Gaulle en 1947. Ce retour en arrière est tout sauf un hasard. Le front républicain est une resucée moderne des apparentements, la combine électorale qui permit à la IVᵉ République de contenir puis de renvoyer à Colombey un encombrant général du nom de Charles de Gaulle. L'UMPS, c'est aussi la réalisation du vieux rêve de Giscard lorsqu'il fonda dans les années 70 l'Union pour la démocratie française, avec laquelle il espérait rassembler deux Français sur trois en détruisant les gaullistes et l'Union de la gauche. On a toujours tort d'avoir raison trop tôt. Giscard avait trente ans d'avance. Le rêve de Giscard a fait l'élection d'Estrosi et Bertrand. Il rassemble Raffarin, NKM, Juppé, Valls, Macron, Dray, Cambadélis, Hollande. Le parti n'existe pas encore qu'il gagne déjà les élections. Ne reste plus qu'à lui trouver un chef. La présidentielle de 2017 y pourvoira. Mais la victoire lui est déjà acquise, le pouvoir lui est déjà promis, et son programme est déjà écrit : celui de Bruxelles, de Berlin, du MEDEF. À gauche, il reste de nombreux adversaires de cet aggiornamento libéral, les frondeurs du PS, Martine Aubry, le Front de gauche, Cécile Duflot et les Verts. Jean-Luc Mélenchon appelle à un nouveau Front populaire. Mais il crie dans le désert : il n'y a plus d'électeur au numéro que vous demandez.

À droite aussi, le dernier quarteron de gaullistes, de conservateurs, de partisans de la Manif pour tous ne veut pas faire cause commune avec les sociaux-libéraux. Ils ont, eux, les gros bataillons d'électeurs derrière eux. Qui veulent à la fois le maintien de l'euro et le programme du FN sur l'immigration. Ont fait Wauquiez et défait Bartolone. Sarkozy a cru être leur champion en les suivant. Mais c'était un mirage. Pour être vraiment efficace, sur l'immigration et l'islam en particulier, et rassembler ainsi un peuple de droite largement majoritaire, il faudrait rompre avec la logique libérale et droits-de-l'hommiste de l'Europe. Suivre l'exemple du Hongrois Viktor Orbán et ériger des murs, juridiques, voire réels. Parce qu'il ne veut se résoudre à cette politique, Sarkozy est dans une impasse. Ne lui restait plus dimanche soir qu'à noyer son chagrin au Parc des Princes sur l'épaule consolatrice de son ami du Qatar.

17 décembre 2015

NKM

C'est un déluge de larmes. De larmes de crocodile. Raffarin, Juppé et les autres pleurent celle qu'ils font mine de regretter. Les grands mots sont de sortie : éviction, purge, stalinien. Grandiloquence ridicule qui va comme un gant à celle qui n'aime rien tant que paraître et surjouer. Nathalie Kosciusko-Morizet n'est pas envoyée au goulag ni en hôpital psychiatrique. Elle n'est même pas exclue des Républicains mais perd seulement la place éminente qu'elle occupait dans un parti dont elle contestait systématiquement les choix et options. Souvenons-nous de la présidentielle de 2012, lorsque, porte-parole du candidat Sarkozy, elle ne parvenait pas à dissimuler le dégoût que lui inspirait sa campagne « maurrassienne » – disait-elle avec effroi –, insufflée par Patrick Buisson. Souvenons-nous des manifestations contre le mariage pour tous de 2013, qui lui arrachaient un rictus de mépris : elle finit par s'abstenir sur le texte présenté par Christiane Taubira. Souvenons-nous de ces législatives partielles où elle prenait ostensiblement fait et cause pour le candidat socialiste contre le Front national. Souvenons-nous de ces querelles sur l'immigration ou l'islam, où ses premiers réflexes furent toujours en harmonie avec la gauche. « Méfiez-vous du premier mouvement, il est toujours généreux », disait Talleyrand.

L'erreur de Nicolas Sarkozy n'est pas de l'avoir dégradée mais de lui avoir tout donné sur un plateau d'argent. L'erreur de Sarkozy n'est pas de s'en débarrasser mais d'avoir tant tardé à le faire.

NKM – tout est résumé dans le sigle – est de ces créatures médiatiques qui animent le spectacle de la politique depuis une trentaine d'années. Elle est, dans la lignée de Michèle Barzach ou Rama Yade, adulée par les journalistes, mais ignorée par les électeurs. Leur circonscription se situe partout où il y a une caméra de télévision ; leur idéologie est celle des élites mondialisées des grandes métropoles, libérale, libertaire, écologiste, européenne. Leur succès médiatique vient de leur positionnement contestataire au sein de leur propre camp. Elle est à droite mais elle aurait pu être à gauche. Elle a tiré son engagement à pile ou face et paraît toujours le regretter. Les électeurs, eux, ne s'y trompent pas. Quand NKM défie la socialiste Anne Hidalgo à Paris, ils peinent à voir la différence entre ces deux bobos de gauche et préfèrent l'original à la copie, tandis que dans le reste du pays les socialistes sont partout écrasés. NKM se croit moderne, alors qu'elle est ringarde. Elle fait de la politique comme dans les années 80, quand les élections se gagnaient au centre et qu'il n'y avait que trois chaînes de télévision. Tandis que le paysage politique français a viré à droite, elle se retrouve marginalisée. Satellisée. Elle prétend être une redoutable tueuse, alors qu'elle ne sait tirer qu'au pistolet à bouchon. Elle se voit déjà présidente de la République, alors qu'elle n'est même pas capable de devenir présidente de la métropole du Grand Paris. Elle prépare sa revanche aux primaires, alors qu'elle est instrumentalisée par Sarkozy pour prendre les derniers électeurs centristes à Juppé. Elle se voit un destin, alors qu'elle peine tant à avoir une carrière.

2016

Guerre de Trente Ans

Ce n'est pas la guerre. Pas encore. L'ambassade d'Arabie saoudite à Téhéran brûle et Riyad rompt ses relations diplomatiques avec l'Iran ; mais ce n'est pas la guerre. Pas encore. Les avions saoudiens bombardent le Yémen où les alliés de l'Iran font mieux que résister ; mais ce n'est pas la guerre. Pas encore. Les amis de l'Iran vouent l'Arabie saoudite aux gémonies ; mais ce n'est pas la guerre. Pas encore. La guerre est dans les têtes et dans les cœurs, une guerre de mille ans, une guerre entre chiites et sunnites, une guerre civile au sein de la nation musulmane. Cette guerre est à l'islam ce que fut jadis au christianisme l'affrontement entre catholiques et protestants. Au XVIIᵉ siècle, la guerre de Trente Ans s'étendit peu à peu à toute l'Europe et ravagea l'Allemagne, qui perdit un tiers de sa population. L'Iran est une république et l'Arabie saoudite une monarchie, mais seul le Coran fait loi. Les chiites ont un clergé, les sunnites n'en ont pas. Les sunnites sont arabes comme le Prophète ; ils sont les plus nombreux et l'Arabie saoudite garde les lieux saints de La Mecque et de Médine. Les chiites sont minoritaires, et les Iraniens sont perses ; mais c'est leur révolution de 1979 qui a refait de la religion le moteur politique du monde arabo-musulman. Depuis lors, chacun des deux rivaux s'affiche comme le meilleur musulman, le plus cher à Allah, le plus respectueux de son message divin, même quand il s'agit d'occire les infidèles. L'Iran s'est naguère illustré comme le plus farouche adversaire de l'impérialisme américain. L'Arabie saoudite répand partout en Afrique et dans les banlieues européennes sa version salafiste de l'islam, la plus littéraliste et rigoriste, par la construction de mosquées et les télévisions par satellite. L'Iran comme l'Arabie saoudite ont fait de l'islam un message mondialisé, le seul qui, depuis la chute de l'Union soviétique, s'oppose à sa version occidentale. Chacun a ses petits soucis. L'effondrement des prix du pétrole les inquiète tous deux et menace à terme leur puissance. L'Arabie ne supporte pas que l'Irak, la Syrie, le Liban et la moitié du Yémen soient aux mains des chiites. L'Iran ne tolère pas d'avoir l'État islamique à l'ouest et les talibans afghans à l'est. Chacun se sent menacé, encerclé. L'Iran regrette d'avoir renoncé à la bombe atomique, et l'Arabie saoudite regrette d'avoir enfanté l'État islamique. En Arabie saoudite, on décapite au sabre, tandis que Daech a une prédilection pour le couteau. Mais, pour les victimes, la différence n'est pas d'une netteté évidente. L'élève rêve d'imiter et de dépasser le maître, menaçant de conquérir par les armes des lieux saints. Comme lors de la guerre de Trente Ans européenne, toutes les grandes puissances s'en mêlent peu à peu, faisant de la région le champ d'expérimentation de leurs armes et de leurs nouvelles alliances. Notre pays s'efforce de ne pas être absent de ce grand jeu. Les avions français bombardent Daech, et Laurent Fabius tente de se réconcilier avec les mollahs iraniens. Des salafistes nés en France et enrôlés par l'État islamique tuent dans les rues de Paris, mais la France continue de vendre des Rafale à l'Arabie saoudite ; et se plaint seulement de ne pas encore être payée.

Non, ce n'est pas la guerre. Pas encore.

7 janvier 2016

Le grand Européen

C'était quelques mois avant sa mort. François Mitterrand était encore président. Devant les députés européens réunis

à Strasbourg, il s'écriait : « Le nationalisme, c'est la guerre ! »
Lors de ses derniers vœux aux Français, le 31 décembre 1994,
il les avait déjà avertis : « Ne séparez jamais la grandeur de la
France de la construction de l'Europe. » Mitterrand, la France,
l'Europe : entre triangle magique et triangle des Bermudes.
Il était né pendant la Première Guerre mondiale et avait été
prisonnier des Allemands pendant la Seconde. Il aimait à
rappeler qu'il avait été présent au congrès de La Haye, en
mai 1948, où Churchill avait déclamé un vibrant plaidoyer
pour l'Europe. Il racontait moins souvent qu'il avait été là
aussi quelques années plus tôt à Vichy où l'on disait déjà :
« L'Europe, c'est la paix. »

Plus tard, il proclama : « L'Europe sera socialiste ou ne sera
pas. » Il tua pourtant le socialisme au nom de l'Europe. Son
échec économique de mai 1981 le conduisit à remplacer un
mythe par un autre, le socialisme par l'Europe. Une Europe
on ne peut plus libérale, où la concurrence était érigée en
nouveau dieu. Pour couronner ce grand marché unique cher
à Jacques Delors, Kohl et Mitterrand abolirent les frontières
et forgèrent l'euro. Ce fut Schengen et ce fut Maastricht. À
l'époque, son ministre de l'Intérieur, Pierre Joxe, l'avertit que
c'était folie de transférer la frontière de la France au Pirée, où
tout l'Orient pouvait se déverser sans contrôle ni limites. De
même, Jean-Pierre Chevènement lui expliqua que la théorie
de l'économiste Mundell démontrait qu'une monnaie unique
dans un grand espace favorisait toujours la région la plus riche
et la plus productive : en l'occurrence l'Allemagne rhénane.
Mitterrand n'en fit qu'à sa tête. Il navigua entre sa mythologie
de paix européenne et ses tripes de patriote français, effrayé
par la réunification de l'Allemagne, croyant machiavélique de
lui ôter son cher et puissant Deutsche Mark, qui était à ses
yeux la vraie « arme atomique » des Allemands.

Les Cassandre avaient pourtant raison. Devant l'afflux de
migrants venus de Syrie, les Allemands ont fermé leur frontière
avec l'Autriche, le Danemark, sa frontière avec l'Allemagne,
la Suède, sa frontière avec le Danemark. Sans oublier le mur
érigé par la Hongrie. Pour sauver l'euro, la Banque centrale
européenne a actionné la planche à billets à des niveaux
jamais atteints dans l'histoire. Et comme prévu par Mundell,

l'industrie allemande a atomisé façon puzzle ses concurrents
français et italiens. Mais on n'ose pas avouer que Schengen
est mort ; et l'euro ne doit sa survie qu'au fait que sa disparition ferait sans doute encore plus de dégâts que sa création.
L'héritage du grand Européen Mitterrand est lourd à porter
pour ses successeurs qui ne cessent pourtant de le glorifier.

« Le dernier grand président », comme il se surnommait
avec orgueil, illustre avec éclat cette fameuse « maladresse des
habiles » que brocardait Mauriac, dont Mitterrand était pourtant un grand lecteur. Oui, après Chirac, Sarkozy, Hollande,
cette idée nous paraîtra folle, inconcevable même aux plus
jeunes : il fut un temps où les présidents de la République
française lisaient des livres.

12 janvier 2016

Tempête dans un verre d'eau

C'est la confusion des sentiments. Confusion des esprits.
Confusion des mémoires. On invoque les grands principes,
liberté, égalité, fraternité. On les oppose aux petites combines,
petites tactiques, petit cynisme. Un même haut-le-cœur unit le
conseiller d'État au militant socialiste. Hollande est comparé à
Pétain, Laval, Guy Mollet. Les passions sont à incandescence,
comme chaque fois que la gauche accuse la gauche de ne plus
être de gauche. On oublie que la déchéance de nationalité
est déjà prévue par la loi ; que la République ne tremblait
pas pour viser les esclavagistes, après l'abolition de l'esclavage
en 1848, ou pour sanctionner Maurice Thorez, le secrétaire
général du Parti communiste, qui refusa de servir dans l'armée
française après le pacte germano-soviétique. On ne veut pas
voir que la révision constitutionnelle menace seulement ceux
qui seraient condamnés pour terrorisme, tandis que la loi visait
tout « Français qui se comporte en fait comme le national d'un
pays étranger ». La révision constitutionnelle ne permettra de
toucher que quelques individus, tandis que la loi permettrait
de déchoir les milliers de Français ayant rallié l'État islamique.
On nous parle d'égalité rompue entre les nationaux et les

binationaux. Mais on n'a jamais évoqué la rupture d'égalité entre ceux qui se contentent d'être citoyens français et ceux qui ont deux nationalités. Abondance de biens ne nuit pas.

On nous dit que la mesure ne sera pas dissuasive, mais on oublie que ces gens ont pris les armes contre la France. Tué des français. Des compatriotes. Comment les considérer encore comme étant des nôtres ?

Cette tempête dans un verre d'eau – et c'est son seul intérêt – est révélatrice du clivage entre une partie des élites et l'énorme masse du peuple. Les premières s'en tiennent à une conception exclusivement juridique de la nationalité. Être français, c'est avoir une carte d'identité. Tout le reste est subalterne. Tout le reste est dangereux. Soupçonneux, xénophobe, raciste. Pétainiste. Ces élites et ces militants de gauche estiment l'attachement exclusif à la France dépassé, étriqué, ringard, rance. La masse du peuple, elle, reste fidèle à une approche traditionnelle de la France qui se vit comme une grande famille, à qui l'on doit faire allégeance. Dont on s'approprie l'histoire, la culture, le mode de vie, les valeurs. Les élites citent volontiers Ernest Renan, et son fameux « vivre ensemble », plébiscite de tous les jours, mais c'est le peuple qui a le mieux compris le grand ancêtre. Celui-ci expliquait qu'être français, c'était d'abord hériter d'un grand passé et vouloir faire fructifier ce glorieux héritage. Un citoyen français qui s'affirme marocain ou algérien de nationalité française est vu comme une richesse par nos élites ; comme un « Français de papier » par le peuple. Pour les premiers, on peut aimer son père et sa mère ; le second les soupçonne de double allégeance. Pendant des décennies, les élites firent honte et imposèrent silence à ce sentiment populaire. Mais en ces temps de guerre, les élites bien-pensantes ne parviennent plus à intimider les masses. D'où leur désarroi et leur fureur. Faudra qu'elles s'habituent.

14 janvier 2016

Signe distinctif

C'est la rencontre fortuite dans une rue de Marseille entre une machette et une kippa. La machette attaque, la kippa l'attire. La machette crie *« Allahou Akbar »*, la kippa ne veut pas mourir. La machette a 15 ans mais regrette seulement d'avoir manqué son crime. La kippa est prof et avait cru au mythe du vivre ensemble. La machette recommencera. La machette tuera. C'est sa mission, son destin. La machette aura 16 ans, la machette aura 20 ans, la machette sera des mille et des cents. La kippa hésite : doit-elle se cacher ou s'afficher ? Céder ou résister ? Défendre sa vie ou sa liberté ? La machette est fêtée sur les réseaux sociaux d'une jeunesse salafisée. La kippa est devenue enjeu, symbole, passion. On s'écrie : « Touche pas à ma kippa ! » Bientôt on dira : « Je suis kippa. » Après « Je suis Charlie je suis Bataclan je suis Hyper Cacher, je suis migrant ». Et « Je suis français », c'est pour quand ? C'est parce que les Juifs ne portaient aucun signe distinctif que les autorités d'occupation allemande, pendant la Seconde Guerre mondiale, exigèrent le port de l'étoile jaune. Aujourd'hui, des représentants éminents du judaïsme français exigent leur signe distinctif ! Après avoir vanté inconsidérément pendant des années le vivre ensemble et le « pas d'amalgame », c'est comme s'ils nous disaient : « Je veux mon étoile jaune ! »

La France avait pourtant réglé la question depuis la Révolution française : la liberté, c'est l'indifférenciation ; la laïcité, c'est la séparation du sacré et du profane, du privé et du public. Porter une kippa dans la rue, c'est afficher sa religion ; c'est l'imposer au regard des autres. Cette tradition israélite française a vécu jusqu'aux années 60-70 du siècle dernier. Les Juifs sous le général de Gaulle ne portaient pas plus la kippa que sous le président Coty ou sous Louis-Philippe. Étaient-ils moins libres ? Moins juifs ? Moins fidèles à Dieu ? Ils savaient, eux, que la liberté n'est jamais totale, surtout la liberté religieuse. Les Français juifs ne sont un modèle historique d'intégration qu'en ce qu'ils ont accepté avec enthousiasme les limitations, réclamées par Napoléon, de leurs pratiques religieuses qui allaient à l'encontre des traditions françaises. Pourquoi interdire le voile islamique si on défend la kippa ? Pourquoi s'offusquer des prières de rues, des tenues blanches des salafistes ? Pourquoi refuser les tribunaux religieux pour régler les divorces ou les litiges commerciaux ? Où s'arrête la liberté religieuse ? La machette elle aussi prétend obéir à son Dieu. La liberté religieuse totale, c'est la guerre totale de toutes les religions.

Ceux qui invoquent la République prouvent seulement qu'ils ne savent pas ce qu'est et ce que fut la République.

Il y a encore quarante ans, les parents, les éducateurs, les responsables du judaïsme français interdisaient à leurs ouailles et à leurs enfants d'arborer tout signe distinctif. Non par peur, ni pour se cacher, ni par dédain pour l'enseignement de Dieu, mais par discrétion, élégance, volonté d'assimilation. Par respect pour leurs compatriotes. Parce que l'appartenance religieuse ne concernait que sa conscience. Et la conscience était d'autant plus libre qu'elle était anonyme. La kippa est une sorte de selfie religieux. La vulgarité contemporaine du narcissisme, du consumérisme, du communautarisme, a saccagé notre jardin à la française. Et a précipité la rencontre fortuite entre une machette et une kippa.

19 janvier 2016

Au pays de l'or noir

Les experts avaient raison. Ils ont toujours raison. Les écologistes aussi avaient raison. Les écologistes aussi ont toujours raison. Ils nous avaient assuré que le prix du pétrole ne cesserait de monter, qu'il ne pouvait pas ne pas monter, que c'était écrit dans les astres, ou plutôt dans la terre, qui, elle, ne ment pas et ne donne plus de pétrole. Le *peak oil* qu'ils disaient – c'est tout de suite plus chic quand c'est en anglais ! –, comme on menaçait jadis du loup-garou les enfants dissipés : adieu, voitures, avions, vacances à l'autre bout du monde.

Nos experts avaient vu juste : 100 dollars le baril, et demain

200, qu'ils prophétisaient. Le baril de pétrole est à 28 dollars. Et on ne sait jusqu'où son prix baissera. Les experts en perdent leur *english* et leur arrogance. Il y eut la baisse de la croissance économique en Occident et en Chine qui fit baisser la demande de pétrole ; et puis la stratégie des Saoudiens qui jetèrent toujours plus de pétrole sur le marché pour ruiner la rentabilité des forages de schiste américains et, surtout, pour assécher les recettes de l'ennemi héréditaire iranien, qui revient dans la course avec la fin des sanctions à son égard.

Alors, c'est le branle-bas de combat parmi les producteurs de l'or noir. Le Nigeria réclame une réunion de l'OPEP que Riyad refuse ; le Venezuela réduit ses programmes sociaux laissés en héritage par Chávez ; les militaires algériens se demandent, inquiets, comment ils sauveront leurs comptes bancaires dans les paradis fiscaux quand la population se révoltera. Poutine commence à trouver salée la note de son intervention armée en Syrie. Le Qatar n'achètera plus de joueurs au Paris Saint-Germain ni de palaces parisiens. L'Arabie saoudite connaît des déficits budgétaires dignes de ceux de la France et est obligée de réduire le nombre de mosquées salafistes construites à travers le monde. Un crève-cœur ! L'État islamique lui-même s'inquiète : si les riches familles du Golfe ont moins d'argent, qui lui paiera ses chars ?

Quand le prix du pétrole montait, c'était grave. Quand le prix du pétrole baisse, c'est encore plus grave. Quand le prix du pétrole monte, l'essence à la pompe s'envole et les pauvres des pays riches souffrent. Quand le prix du pétrole baisse, les pauvres des pays pauvres crèvent. Ou se révoltent. Nigeria, Venezuela, Algérie, ces régimes dansent sur un volcan. Leur folle croissance démographique et la baisse du prix du pétrole, c'est la rencontre du nitrate et de la glycérine. Dans tous les pays musulmans, les islamistes attendent leur heure, aiguisant leurs couteaux. Obama esquisse un sourire en imaginant les tracas de Poutine ; il se souvient que la baisse du prix du pétrole avait jadis coulé l'Union soviétique. Les fabricants d'automobiles allemands se frottent les mains : de quoi faire oublier les tricheries de Volkswagen sur le diesel. Même François Hollande est content : la croissance française ne peut pas ne pas en profiter. Les experts l'en ont assuré. Juré, croix de bois, croix de fer, s'ils se trompent, ils iront en enfer !

21 janvier 2016

La classe littéraire

Les Français ne connaissent pas leur chance. Ils ont la dernière classe politique lettrée d'Europe et l'ignorent avec une coupable désinvolture. La dernière à prendre sur ses vacances, son temps de légitime repos, avec sa famille, ses enfants ou ses petits-enfants, pour écrire des livres sur lesquels ils suent sang et eau. Ce sont des artisans à l'ancienne qui cisèlent leurs phrases de longues heures durant. Les uns écrivent debout comme Victor Hugo ; les autres lisent leur texte dans leur gueuloir comme Flaubert ; ou passent des nuits enfiévrées, enchaînant les tasses de café et les feuillets immortels comme Balzac. La droite donne ces jours-ci un exemple admirable. La primaire a commencé dans les librairies : Copé, Sarkozy, Juppé, après Fillon, et bientôt Le Maire publient un livre qui fera date dans l'histoire pourtant déjà chargée en chefs-d'œuvre de la littérature française. Il faut les entendre clamer leur bonheur d'avoir rédigé ces ouvrages, à la fois confession et programme, autoportrait et essai de philosophie politique.

Un livre, c'est la sincérité pour Copé, la lucidité pour Juppé, l'audace pour Fillon, les convictions pour Sarkozy, le souffle pour Le Maire. Chacun recherche ce qu'il n'a pas.

Mais un livre, c'est surtout la France. La France, nation littéraire par excellence. La France d'avant. Quand on voit les devantures des libraires, on se croit embarquer dans la machine à remonter le temps. Un temps lointain où Thiers et Guizot étaient des historiens reconnus, où le poète Lamartine était candidat à la présidence de la République, et où Maurice Barrès et Victor Hugo étaient parlementaires.

Un temps où Mitterrand se prenait pour Stendhal et de Gaulle pour Chateaubriand. Où Pompidou parlait latin avec certains de ses ministres et rédigeait une anthologie de la poésie française. Et puis, les énarques ont remplacé les normaliens ; et les chiffres ont remplacé les lettres. Pour lire Rocard, il fallait un traducteur. Chirac n'a jamais écrit une ligne de sa vie, mais il était très habile de ses mains pour copier et coller les textes des autres. Un jour, il convoque un de ses nègres à l'hôtel de ville de Paris pour lui faire découvrir les trésors de son dernier ouvrage, que l'autre, stupéfait d'un tel culot, avait rédigé. Les derniers à savoir écrire en français s'appellent Léotard, Villiers ou Chevènement, mais ils sont des préretraités de la politique. Ceci explique peut-être cela. Nos deux derniers présidents de la République commettent à l'oral plus de fautes de grammaire qu'un écolier des années 50. On doit subir la jactance sans syntaxe de ministres qui ne rédigent même pas eux-mêmes les cent quarante signes de leur compte Twitter. Il ne faut pas se demander si les politiques écrivent les livres qu'ils publient, mais s'ils les lisent. Un jour, Nicolas Sarkozy croise un ami qui le félicite chaleureusement pour la biographie de Mandel qu'il avait publiée. Réponse désinvolte de Sarkozy : « Ah, tu l'as lue jusqu'au bout. Moi, je n'ai pas pu. »

Les éditeurs dépités vous diront en confidence que le monde est bien fait : les politiques font semblant d'écrire des livres, et les Français font semblant de les acheter.

26 janvier 2016

Sédentaires contre nomades

« Nik la France ». Ce tag maculant la statue du général de Gaulle a suscité de nombreux commentaires scandalisés. Sans que l'on sache si l'offense était faite à la France ou à de Gaulle, ou à l'orthographe pour ce « Nik » désinvolte. Après tout, même les rappeurs savent écrire ce mot. Mais l'orthographe n'est pas un souci pour ces hommes venus d'ailleurs, qui ne rêvent que de parler anglais. Ils ont déferlé vers le port, vociférant, menaçant, repoussés à grand-peine par les CRS et leurs canons à eau. On a vu un Calaisien excédé sortir de son pavillon avec un fusil à pompe, avant de se raviser devant la meute qui lui jetait divers projectiles.

La guerre qui vient n'est plus du tout celle de la lutte des classes, celle des pauvres contre les riches – il n'y a plus de riches, ils sont partis dans les paradis fiscaux. On croit que la guerre a déserté l'Europe parce qu'on ne se bat plus nation contre nation, peuple contre peuple. La guerre oppose désormais les sédentaires aux nomades. La disparition des frontières nationales était censée nous apporter la paix ; elle nous ramène à la guerre de tous contre tous. Longtemps la gauche a refusé avec véhémence de choisir dans ce qu'elle appelait la guerre des pauvres. Les militants d'extrême gauche qui menaient le bal samedi ont, eux, choisi : les nomades contre les sédentaires ; les pauvres étrangers contre les pauvres français ; la solidarité internationaliste contre la solidarité nationale. Quant à l'Angleterre, elle fait ce qu'elle a toujours fait par le passé sur le continent : elle paie. Elle finançait naguère les coalitions armées contre Louis XIV ou Napoléon ; elle donne aujourd'hui de l'argent aux autorités françaises pour que celles-ci se chargent du sale boulot. C'est commode, efficace. Un brin méprisant. Bref, très british.

On parle d'ailleurs de la « jungle de Calais » pour désigner le camp de réfugiés où règnent loi du plus violent, trafics et prostitution. Tout cela sur le territoire d'un pays, la France, qui se gargarise d'être un État de droit. Mais quand il n'y a plus d'État, où est le droit ?

La fonction de l'État était justement de défendre les pauvres français des agressions venues d'ailleurs. C'est la fonction originelle de tout pouvoir que remplissaient les seigneurs au temps de la féodalité, puis les rois, puis la République.

Vertigineuse vacuité de notre État, assez fort pour empêcher les populations de se défendre elles-mêmes, mais trop faible pour les protéger. Il évalue les migrants à quatre mille, alors qu'ils sont près de dix mille. Au lieu de les renvoyer dans leurs foyers, notre État les balade en car vers des régions plus au sud ; ils y font halte dans des « centres de répit » où ils sont censés « réfléchir à leur avenir », selon le jargon de nos services administratifs tiré des œuvres complètes de *Oui-Oui*. Mais les migrants ont la réflexion rapide et constante. Ils s'empressent de revenir à Calais, avec des billets gracieusement offerts par les associations de défense des migrants, associations subventionnées par l'État.

« Si l'État est fort, disait Paul Valéry, il nous écrase. S'il est faible, nous périssons. »

28 janvier 2016

Espèce d'icône

« Un seul être vous manque, et tout est dépeuplé. » Christiane Taubira quitte la place Vendôme et c'est Rimbaud qu'on assassine. Un Rimbaud de CM1 qui confond talent et emphase, fulgurance et grandiloquence. Elle écrivait à propos d'Aylan, cet enfant kurde retrouvé mort sur une plage turque : « Son prénom avait des ailes, son petit cœur a dû battre si fort que les étoiles de mer l'ont emporté sur les rivages de nos consciences. »

Droit, Éthique, Gauche, République, Taubira ne prononce que des mots à majuscule et méprise le reste du dictionnaire. Tout le monde croit qu'elle était ministre de la Justice d'un gouvernement de gauche, alors qu'elle en était la conscience, un Jiminy Cricket insupportable multipliant rappels à l'ordre et aphorismes moralisateurs. Mais ministre était une fonction trop subalterne pour une personne de cette qualité. Taubira n'a jamais gagné un arbitrage gouvernemental ; et a fait valser ses directeurs de cabinet et ses collaborateurs. Quand les syndicats de magistrats ou ceux des personnels pénitentiaires voulaient parler boutique, ils étaient reçus par le président de la République. Cachez-moi ces manants que je ne saurais voir ! Même sa fameuse réforme de la justice des mineurs, dont elle parlait avec des trémolos dans la voix, n'a jamais été inscrite à l'ordre du jour d'un Conseil des ministres.

La seule loi qu'elle jugea digne d'elle fut ce « changement de civilisation », comme elle le qualifia elle-même avec modestie, autorisant le mariage entre personnes de même sexe. Elle devint alors une espèce d'icône du Boboland, qui croit que la France se limite au quartier du Marais et que la gauche est au seul service de ses droits individuels, jusqu'aux caprices. Taubira incarne avec un rare talent de sophiste cette gauche de la déconstruction héritée de Mai 68, qui considère que la prison est le problème et le délinquant une victime, qu'elle entoure de sa sollicitude affectueuse, tandis qu'elle inflige aux véritables victimes un mépris de fer. Elle est le symbole de cette gauche antiraciste qui estime que c'est au Français de souche de s'adapter à la culture des derniers arrivés, sous peine d'être accusé de racisme. Qui retourne la République et ses valeurs pour mieux défaire la France. Une ministre qui refuse de chanter *La Marseillaise* et une ancienne militante indépendantiste guyanaise qui n'a jamais pardonné la colonisation. Elle fut le porte-drapeau flamboyant du gouvernement Ayrault ; elle faisait tache sur la ligne patriotique et sécuritaire qu'essaie d'imposer son successeur.

Depuis des mois, Manuel Valls suppliait François Hollande de le débarrasser du boulet Taubira. Mais elle fait peur au président de la République en souvenir des 2 % de voix obtenus à la présidentielle de 2002, qui avaient empêché Lionel Jospin d'être au second tour. On murmure qu'elle pourrait être nommée au Conseil constitutionnel : derrière la déclamation péremptoire des grands principes, Christiane Taubira ne méconnaît ni le prosaïsme des petits intérêts, ni l'efficacité des petits chantages. « Parfois résister c'est rester, parfois résister c'est partir », nous murmure notre poétesse maudite, qui a eu tant de mal à abandonner les ors de la République. C'est « Résiste, prouve que tu existes » : Christiane Taubira confond Jean Moulin avec France Gall.

2 février 2016
Grâce à qui ?

La France est ce pays qui ne s'est jamais remis de l'affaire Dreyfus et croit que derrière tout coupable se cache un innocent injustement condamné. Un pays qui s'affiche patrie du droit et s'assoit sur la justice. Qui se prétend la nation de Descartes et de la raison mais est gouverné par l'émotion. Un pays qui a la fierté de ne jamais être dupe et tombe dans tous les panneaux. Un pays où des gens farouchement hostiles à la peine de mort font une exception pour les maris violents. Où des hommes politiques refusent la légitime défense à un bijoutier qui tire sur ses agresseurs après avoir été cambriolé des dizaines de fois, mais proposent de légiférer en faveur d'« une légitime défense différée » pour la femme battue qui, un jour, sans aucune menace immédiate, décidera souverainement que son mari doit mourir.

Un pays où des gens de gauche dénoncent l'état d'urgence parce qu'il marginalise les juges au profit de l'État, mais implorent le chef de l'État de faire fi d'une décision de justice. Où les mêmes critiquent l'inspiration monarchique de la Ve République et approuvent un droit de grâce qui en est l'expression la plus archaïque. Des gens de gauche qui n'ont que le peuple à la bouche et méprisent les décisions que le peuple prend dans les cours d'assises. Des gens qui se méfient des témoins à charge contre un trafiquant de drogue ou un braqueur de banques, qui ont même théorisé les dangers de la rumeur publique et se contentent d'un « tout le voisinage savait » quand il s'agit d'un mari accusé de violence. Mais pourquoi n'avoir pas porté plainte ? n'a cessé de demander la présidente de la cour d'appel à une Jacqueline Sauvage qui restait coite. Comment une victime prétendument faible et soumise a-t-elle eu la force de se jeter sur la maîtresse de son mari, de la poursuivre en voiture jusqu'à ce que celle-ci trouve refuge à la gendarmerie ? Pourquoi trois balles dans le dos ? Pourquoi les filles de M. Sauvage n'ont-elles révélé les actes incestueux dont se serait rendu coupable leur père trente-cinq ans plus tôt qu'après la mort de celui-ci ? Révélé ou inventé ? Mémoire réelle ou mémoire posttraumatique arrangée ? Avec cette quête très médiatisée de la grâce de Jacqueline Sauvage, on a vu se reconstituer l'alliance redoutablement efficace des cyniques et des opportunistes, des professionnels de la compassion et de la manipulation. Et de tous ceux qui nous imposent de penser que les femmes sont des victimes par essence et les hommes des coupables par nature.

Jean-Luc Mélenchon n'exalte que la violence des salariés contre leurs patrons. Daniel Cohn-Bendit soutient Alain Juppé mais reste un homme de gauche. NKM a besoin de sa dose quotidienne de caméra. La députée Valérie Boyer jouit de son quart d'heure de gloire sur BFM. La presse locale vend du papier et montre à sa grande sœur parisienne qu'elle sait elle aussi reconstruire une histoire en fonction des besoins idéologiques. Le Parti socialiste retrouve la voie sacrée du progrès, obstruée par les transgressions de Macron en économie et de Valls sur la laïcité. Les lobbys féministes font oublier les agressions de Cologne, où ces dames se sont révélées plus soucieuses de protéger l'image de l'islam que l'intégrité des femmes allemandes. François Hollande soigne son profil de candidat de la cause féminine ; il paraît que les femmes voteront en 2017.

4 février 2016

L'instinct anglais

C'est la rencontre du sadique et du masochiste : l'un dit « Fais-moi mal », l'autre lui répond « Pas question ». Entre Londres et Bruxelles, les deux compères sont de mèche : c'est David Cameron qui épluche les oignons et Donald Tusk qui pleure. Le Premier ministre anglais fait semblant de vouloir quitter l'Europe, et le président du Conseil européen fait semblant de supporter toutes les offenses pour le retenir. C'est l'alliance de deux faibles : Cameron est faible parce que son parti et son peuple veulent quitter l'Union européenne. Bruxelles est faible parce que la crise grecque et celle des migrants sont en train de saper un édifice européen déjà branlant.

Les Anglais ont un instinct très sûr pour sentir les bonnes et les mauvaises affaires : ils sont entrés dans le marché commun quand l'Europe des six était la région la plus dynamique du monde – c'était l'époque des miracles allemand, italien, français aussi. En revanche, ils ne sont ni dans l'euro ni dans Schengen. Ils ont pu relancer leur économie au plus vite après la crise de 2008 et bloquer les vagues de migrants à Calais. Il n'y a pas de hasard, seulement un instinct insurpassable de leurs intérêts nationaux, quand les Français ne sont guidés que par leurs passions ou leurs chimères idéologiques.

Il faut les suivre comme on suit un chien truffier.

Les Anglais font ce qu'ils ont toujours fait. Ils dénoncent le principe fédéral qui sous-tend la construction européenne. Ils instaurent le veto de leur Parlement pour enrayer les initiatives de Bruxelles qu'ils jugeraient intempestives. Cela s'appelle la démocratie parlementaire. Les Anglais la connaissent bien, ils l'ont inventée. Elle a été abolie sur le continent. L'oligarchie technocratique européenne impose sa loi par les normes et par le droit, par les technocrates et par les juges. Les Parlements nationaux font semblant de voter les lois, les gouvernements font semblant de gouverner et les peuples font semblant de voter.

Par un savant compromis, les Anglais ont obtenu de ne plus payer d'allocations sociales aux travailleurs européens qui seraient installés sur leur sol depuis moins de quatre ans. Les huit cent cinquante mille Polonais sont dans leur collimateur. Les Anglais remettent ainsi en cause le principe de non-discrimination. Instaurent une préférence nationale dans leurs services sociaux. C'est le grand marché qu'ils attaquent. Sonnent la fin de la liberté de circulation des travailleurs au sein de l'Union. Entre Schengen qui est débranché et l'exception britannique, c'est le grand retour des frontières dont on disait qu'il était impossible et nuisible. On pourrait dans la foulée abolir la directive sur les travailleurs détachés qui permet aux ouvriers de l'Est et à leurs salaires dérisoires de supplanter les ouvriers français sur notre territoire.

Les oligarques européens ont sapé eux-mêmes des principes qu'ils jugeaient éternels. Ce reniement s'avérera vain si les Anglais partent quand même. L'Union européenne ressemble de plus en plus à un grand cadavre à la renverse. Comme l'URSS jadis, cette construction impériale sans empire est en train de se désagréger. Tout acharnement thérapeutique serait contraire à sa mort dans la dignité.

9 février 2016

Notre guerre d'Espagne

C'est une nouvelle et terrible leçon pour les donneurs de leçons. Une claque sur la joue déjà rougie des droits-de-l'hommistes, pacifistes, utopistes. Un camouflet de plus pour les rois nus des conférences internationales, des hôtes à vie du lac Léman, des seigneurs vains du Quai d'Orsay et de l'ONU. Un échec de plus pour Ban Ki-moon et Fabius. Pour Hollande et Sarkozy. Pour les anti-Poutine, les anti-Assad, tous les BHL sur papier glacé et grand écran, qui ont rêvé de transformer la Syrie en une seconde Libye, tous ceux qui ont chanté la gloire des Printemps arabes et voient partout des rebelles modérés là où il n'y a que des islamistes. Les armes ont parlé. Alep est sur le point d'être encerclée par les forces d'Assad, alors que ses adversaires avaient conquis la ville dès 2012. Prendre Alep, c'est couper les rebelles de la frontière turque et du soutien d'Erdogan. Adieu, pétrole, armes, médicaments. Des bombardements, des destructions, des massacres, des enfants qui meurent, des civils qui fuient. Partout, cela s'appelle la guerre. La guerre civile qui devient guerre régionale, et la guerre régionale qui devient guerre internationale, selon le schéma de la guerre d'Espagne pendant les années 30. La guerre de Syrie est bel et bien notre guerre d'Espagne. La gauche pacifiste, déjà aveuglée par ses chimères, défendait les républicains espagnols sans voir que les communistes massacraient tous ceux qui s'opposaient à eux. De jeunes ouvriers français s'engageaient par idéal dans les Brigades internationales comme de jeunes musulmans français rejoignent aujourd'hui les armées de l'État islamique. Les uns étaient des lecteurs fervents de *L'Huma* ; les autres sont des citoyens fanatiques de l'oumma. Hier la patrie des prolétaires, aujourd'hui la patrie des musulmans. Hier l'Internationale communiste, aujourd'hui, l'Internationale islamique. Les uns reniaient la France de Léon Blum qui avait décrété une prudente non-intervention ; les autres vouent aux gémonies la France de François Hollande qui met dans le même panier Daech et Assad. Comme l'Espagne d'alors, la Syrie est le terrain d'entraînement de toutes les grandes puissances. À l'époque, l'Italie et l'Allemagne contre l'URSS ; aujourd'hui, la Turquie, l'Arabie saoudite et leurs alliés américains et français contre l'Iran et la Russie. La prise d'Alep par les troupes d'Assad serait une lourde défaite pour la coalition sunnite et leurs amis occidentaux. Les Russes ont fait admirer à des Américains sidérés leurs dernières merveilles technologiques, tandis que les Iraniens et leurs amis du Hezbollah prouvaient une fois de plus leur valeur au combat sous le regard inquiet des Israéliens. Et des Saoudiens. La suite logique de l'histoire serait l'affrontement entre les puissances protectrices : Iran contre Arabie saoudite, Russie contre Turquie. En attendant, Assad tient plus que jamais la « Syrie utile », c'est-à-dire tout l'ouest du pays. Il n'est pas sûr que le maître de Damas et son protecteur russe aient intérêt à aller plus loin. Les Kurdes ont gagné leur ticket pour leur vieux rêve national, tandis que l'État islamique garde l'essentiel de ses conquêtes à cheval sur la Syrie et l'Irak. Divisée en trois, la Syrie de papa est morte.

Comme l'Irak d'avant Bush. Toute la région est à redessiner. Mais on ignore encore qui des Russes ou des Américains, des chiites ou des sunnites, tiendra le crayon. Cela mériterait sans aucun doute une belle conférence internationale. À Genève, bien sûr. Le lac Léman est beau en toute saison.

11 février 2016

Salauds de paysans !

C'est de leur faute. Pas assez gros, pas assez compétitifs, pas assez intégrés. Mal positionnés, mal organisés, mal mondialisés. Les agriculteurs français ont tout faux. Les agriculteurs français sont mauvais. Les agriculteurs français n'ont que ce qu'ils méritent. Ils croulent sous les dettes, ils liquident, ils se suicident. Et ils n'ont même pas l'élégance de mourir en silence ! Ils ne sont pas capables d'édifier des porcheries de mille truies ou des étables de mille vaches comme au Danemark. Et pourquoi s'arrêter à mille ? Pourquoi pas deux mille vaches ? Et pourquoi pas dix mille truies ? Plus on est de fous plus on rit. *Big is beautiful.* Ils ne savent pas non plus embaucher des travailleurs roumains à vil prix comme leurs rusés collègues allemands. Croient encore que leurs produits doivent avoir un peu de qualité gustative, quand les Espagnols ont compris depuis longtemps que cela n'avait aucune importance. Nos paysans ont deux mains gauches. Respectent même les normes environnementales. Nos paysans ne comprennent rien aux règles de l'économie. N'ont jamais lu Adam Smith, ni Milton Friedman. Les ignares. N'ont pas compris que la concurrence est saine, qu'il est bon de mettre en rivalité les agriculteurs français avec les latifundia brésiliens qui emploient des ouvriers misérables, ou avec les immenses exploitations nord-américaines où il n'y a pas un homme à perte de vue. Qu'est-ce qu'on leur apprend à l'école ? Heureusement, les technocrates de Bruxelles savent ce qui est bon pour eux. Bon pour nous. Ils ont démantelé les protections de la politique agricole commune. Elles coûtaient trop cher. Favorisaient des surproductions énormes. Garantissaient un revenu.

La garantie, ça rend fainéant et imprévoyant. Les agriculteurs français revendiquent une exception agricole comme il y a une exception culturelle pour le cinéma. Ces paysans ne manquent pas d'air : ils se croient aussi importants que Gérard Depardieu. Ils en appellent à l'État. Les naïfs croient qu'il existe encore. Ces ringards n'apprécient pas non plus la sagesse de la diplomatie française qui a sanctionné la Russie pour son attitude en Ukraine, mais n'avait pas prévu que les Russes se vengeraient sur notre lait ou notre porc. Poutine est lâche de s'en prendre ainsi à des porcs français qui ne lui ont rien fait ! Les paysans osent même contester l'attitude de la grande distribution. Ces bienfaiteurs de l'humanité se battent pourtant à coups de centimes sur le prix du lait ou le prix du porc, pour mieux servir le pouvoir d'achat de leurs compatriotes. Les consommateurs leur en sont reconnaissants qui remplissent leurs chariots avec des produits sans goût ni saveur, tout en évoquant avec nostalgie le terroir d'antan et le petit commerce à l'ancienne. Les paysans sont si ingrats qu'ils n'apprécient pas les efforts de la restauration collective pour acheter de la viande bovine partout sauf en France. Toujours en quête du meilleur prix, pour une nourriture toujours plus médiocre. Un sacerdoce ! Les agriculteurs français semblent même exaspérer leur ministre Stéphane Le Foll. Il paraît qu'ils mettent trop de pression sur ce brave homme, qui en deviendrait vaniteux et arrogant. La fatigue, dit-on. Et fatiguer un ministre comme ça, c'est vraiment... impardonnable !

16 février 2016

Les sept nains

Pour l'instant, ils sont sept. Comme les sept nains. Bientôt, ils seront dix. Comme les dix plaies d'Égypte. Et puis sans doute douze. Comme les douze salopards. La primaire renoue avec l'idéal olympique : l'important n'est pas de gagner mais de participer. Montebourg et Valls ont fait des émules à droite. La primaire tue l'esprit de la Ve République car elle livre aux partis politiques la sélection du candidat, alors que de Gaulle avait fait de l'élection du président par tous les Français une machine de guerre contre eux. Mais ces primaires désintègrent aussi les partis ; achèvent ces grands corps malades ; les vident de toute substance ; submergent les militants sous la masse des sympathisants ; délégitiment leur chef qui ne peut plus imposer sa candidature naturelle. La primaire socialiste n'a pas sauvé le PS ; elle a accéléré sa liquidation. Imaginons Giscard ou Mitterrand, ou même Chirac, se plier à une primaire ? « Un chef, c'est fait pour cheffer », disait ce dernier. C'est d'ailleurs ce schéma traditionnel que Sarkozy avait en tête lorsqu'il a repris l'UMP. Après en avoir changé le nom, comme Chirac avait forgé le RPR, il comptait le transformer en une machine de guerre pour son retour à l'Élysée. En escamotant la maudite primaire. Son échec initial est la mère de tous ses échecs. Les précédents socialistes ont montré que les électeurs ne choisissaient pas en fonction de leurs convictions, mais selon la chance du candidat de faire gagner son camp. Ils jouent aux courses de chevaux, donnant d'ailleurs un pouvoir démesuré – et orienté idéologiquement – au couple sondages-médias. C'est la chance historique de Juppé. Et le malheur de Sarkozy. Il se rêvait en Chirac. Il se retrouve en Martine Aubry. Elle aussi tenait le parti. Elle l'avait arraché des mains de Ségolène Royal sans lésiner sur les bourrages d'urnes, comme Copé arracherait l'UMP à Fillon. Mais cette politique à la papa est morte. Et Sarkozy risque de mourir avec elle. Il s'obstine pourtant. Il s'apprête à rejouer la campagne de 1995, avec Juppé dans le rôle de Balladur tandis qu'il se pare des atours de Chirac. Avec la fracture identitaire en guise de fracture sociale. Et « Mangez du porc » à la place du « Mangez des pommes » chiraquien ! Il renoue avec le séculaire affrontement au sein des droites françaises entre les bonapartistes et les orléanistes, les plébiscitaires et les modérés, ceux qui vont au peuple et ceux qui vont aux élites. Le périurbain contre les métropoles. Les vaincus de la mondialisation contre les vainqueurs. Mais ce numéro est une parodie. Personne n'y croit. Pas même lui. Et il n'est plus seul à le jouer. Copé, Morano, Guaino se pressent en rangs serrés.

Sarkozy n'a pas le choix. C'est sa seule chance de renverser la table.

Et le jeu en vaut la chandelle. François Hollande a replongé dans des abîmes d'impopularité. Marine Le Pen combat pour l'honneur : elle sait d'avance qu'elle sera qualifiée d'office pour ce second tour, qu'elle est sûre de perdre. Un second tour que le candidat des Républicains sera donc assuré de gagner largement. Au soir de sa victoire, le nain de la primaire deviendra le géant de l'Élysée. La primaire des Républicains n'est pas le premier tour de la présidentielle. Elle est toute la présidentielle. Elle la cannibalise. Bon appétit, messieurs !

18 février 2016

Plaidoyer pour Obama

Il a les oreilles qui sifflent. À Paris, à Berlin, à Londres, à Riyad, à Ankara, à Jérusalem, ou encore à Varsovie, et même à Washington, on ne parle que de lui. Et pas en bien. Obama manque de leadership. Obama est naïf. Obama se fait rouler par Poutine. Obama est pacifiste. Obama est indécis. Obama a abandonné l'Irak. Obama a abandonné l'Europe. Obama a abandonné Israël. Obama a abandonné l'Arabie saoudite. Obama a abandonné la Turquie. L'Occident est un grand bureau des pleurs et Obama est devenu le Mur des lamentations. Obama est détesté parce que Obama est un miroir. Chacun s'y reflète, y contemple ses propres turpitudes et ses propres lâchetés. L'Amérique est toujours une puissance impériale, mais sur le déclin. Sa domination économique est menacée par la Chine. Et sa supériorité militaire est un mythe : Vietnam, Afghanistan, Irak, depuis cinquante ans, l'Amérique gagne toutes les batailles et perd toutes les guerres. Tous les empires dans l'histoire ont péri quand leur interventionnisme militaire excédait leur dynamisme économique. Depuis qu'elle n'envoie plus ses *boys* aux quatre coins de la planète, l'Amérique a retrouvé la prospérité. Celui qui a le plus gros marteau a les moyens de taper sur tous les clous, disaient les néoconservateurs autour de Bush. Obama a renversé cette diagonale du fou : ce n'est pas parce qu'on a le plus gros marteau que tous les problèmes sont des clous. Obama a compris qu'en Irak comme en Libye, et même un temps en Égypte et en Tunisie, la chute du tyran avait entraîné le chaos. Il a compris que les Printemps arabes étaient un mythe. Il n'a pas voulu recommencer l'expérience en Syrie. Sous son air idéaliste, Obama est un cynique. Derrière son allure de danseur, Obama est un cérébral. L'offensive russe en Syrie est tout sauf un camouflet. Obama laisse faire. Obama est complice. Obama et Poutine ont fait un deal. Grace à Poutine, Obama a démasqué les traîtres de comédie : la Turquie qui aide Daech et bombarde les Kurdes. L'Arabie saoudite qui n'a qu'un ennemi : l'Iran. Par son inaction, il a révélé l'impuissance des Européens qui ont désarmé et attendent tout de l'oncle Sam. La France ne peut plus faire la guerre sans les yeux et les oreilles ni même les munitions américaines. Des Européens persuadés que le soldat Ryan viendra toujours les sauver. Contre les chars russes, contre les hordes de migrants, contre l'argent de la Chine. Mais le soldat Ryan ne reviendra pas. Il s'appelle désormais Manolito et sa mère patrie est le Mexique ou Cuba. Par deux fois, au nom de la liberté, il était venu au XXe siècle protéger les marchés de ses entreprises. Désormais, ses marchés sont en Asie. Obama devrait finir le travail, dissoudre l'OTAN, et mettre enfin les dirigeants européens face à leurs responsabilités : réarmer ou sortir de l'histoire ! On comprend que Hollande, Sarkozy, Merkel et les autres le détestent, comme des enfants en veulent à un père qui les oblige à grandir. C'est le grand paradoxe américain : la puissance qui est censée garantir l'ordre mondial est aussi un prédateur qui le détruit. L'Amérique est à la fois conservatrice et révolutionnaire. Cynique et nihiliste. En se retirant, Obama rend service au monde en général et à l'Occident en particulier : il permet aux autres de vivre. Mais les Européens veulent-ils vivre ?

La bourgeoise politiquement correcte
et le populiste mal élevé

L'un en fait trop. L'autre pas assez. Donald Trump confond parfois la présidentielle avec une émission de téléréalité où il ne manquerait que les rires enregistrés. Hillary Clinton confond souvent ses meetings avec des conférences bien rémunérées. Il est vrai que ceux qui paient sont les mêmes. Donald se lâche trop, Hillary pas assez. Leur seul point commun semble être leur mauvais goût. Ils sont aussi mal coiffés l'un que l'autre. Trump est milliardaire, mais c'est lui qui finance sa campagne. Clinton est riche, mais c'est Wall Street qui paie. La désignation d'Hillary Clinton se ferait au grand soulagement de la direction du Parti démocrate ; celle de Donald Trump sèmerait la consternation parmi les caciques républicains. Donald Trump soulève l'enthousiasme des foules, mais est haï par les élites américaines et même occidentales. Hillary Clinton est la candidate idéale de celles-ci, mais ne fait pas rêver les classes populaires. Hillary Clinton bénéficie du vote noir, Donald Trump du vote blanc. Les femmes carriéristes de la côte Est sont pour elle, les mères de famille de l'Amérique profonde pour lui. Chacun incarne sa sociologie jusqu'à la caricature. Ce qu'ils sont est plus important que ce qu'ils disent ; et ce qu'ils incarnent est plus important que ce qu'ils sont. Pour comprendre l'enjeu de la bataille qui s'annonce, il faut revenir plus de quarante ans en arrière. À la présidentielle de 1972. Richard Nixon était le candidat des républicains, George McGovern celui des démocrates. Nixon était l'homme de la majorité silencieuse, cette classe moyenne blanche alors sûre d'elle-même et dominatrice. McGovern était le héros des campus universitaires des années 60, où régnait la fameuse « *French Theory* », celle de la déconstruction qui, venant de Paris, contestait toutes les valeurs traditionnelles et défendait les droits des minorités. Nixon écrasa McGovern. Quarante ans plus tard, tout a changé. Les rôles se sont inversés. La jeunesse universitaire des années 60 a vieilli mais a pris le pouvoir. Tous les pouvoirs. Politique, financier, médiatique, culturel. A imposé son idéologie libérale-libertaire. Féministe et antiraciste. Libre-échangiste et mondialiste. Le nec plus ultra du politiquement correct. La classe moyenne blanche est dans la tourmente. Elle est en danger de mort. Mort par la démographie, car submergée par l'immigration mexicaine, elle sera bientôt minoritaire dans son propre pays. Mort par l'économie, car toute la croissance est confisquée par le 1 % le plus riche du pays. Mort enfin de sa mythologie, car le rêve américain, celui d'une mobilité sociale toujours possible, est devenu une chimère. La classe moyenne blanche vote Donald Trump pour crier qu'elle vendra chèrement sa peau. Qu'elle défendra jusqu'au bout l'Amérique de toujours. Plus les élites médiatiques et intellectuelles la méprisent, plus elles traitent Trump de populiste, de fasciste, de danger pour la démocratie, voire de bouffon, plus elle persévère. Avec Trump, elle embroche à la fois les classes médiatique et politique, qu'elle juge corrompues et vendues aux grands trusts qui exigent toujours plus de libre-échange et de bas salaires.

Donald Trump est le fils mal élevé de Nixon. Hillary Clinton est la fille embourgeoisée de McGovern. Leur affrontement serait la lutte entre deux Amériques. Une lutte emblématique pour tout l'Occident. Une lutte à mort.

4 mars 2016

Le péril jeune

Chirac, t'es foutu ! Les jeunes sont dans la rue.
Rocard, t'es foutu ! Les jeunes sont dans la rue.
Balladur, t'es foutu ! Les jeunes sont dans la rue.
Villepin, t'es foutu ! Les jeunes sont dans la rue.

La rime était riche, mais un brin répétitive. Elle avait besoin d'être renouvelée. On attendait beaucoup de ce nouveau gouvernement. On n'a pas été déçus. Les jeunes annoncent qu'ils seront bientôt dans la rue, mais seulement après les vacances scolaires, que déjà la ministre du Travail El Khomri défaille et se retrouve à l'hôpital. Et Manuel Valls de capituler en rase campagne. Erreur : il renégocie. Il consulte les partenaires sociaux. Il explique. Il paraît que notre Premier ministre se prend pour Clemenceau. Mais on surnommait Clemenceau le Tigre. Valls est un tigre de papier. Il ne fait pas mieux que les autres mais pire. Il n'attend même pas que les jeunes soient dans la rue pour être foutu. Avant, nos dirigeants se couchaient dès qu'ils apercevaient plus de trois boutons d'acné boulevard Saint-Germain. Ils avaient peur. Des heurts avec la police. Des images de flics tabassant des jeunes. Comme s'ils avaient intériorisé le slogan inepte de Mai 68 : CRS-SS. Ils avaient peur que la racaille de banlieue déferle dans les rues de Paris pour dépouiller ces « bolos » d'étudiants, comme lors des manifestations de 2005. « Faites tirer dans les jambes », conseillait encore de Gaulle à Pompidou, dans les premiers jours de Mai 68. Mais notre roi de général était un homme du passé. L'époque est désormais à ces communicants, de droite comme de gauche, qui répètent tel un mantra la phrase magique, que recueillent pieusement des générations de journalistes : Les jeunes dans la rue, c'est comme le dentifrice : quand il est sorti du tube, on ne sait plus comment l'y remettre. On ignore qui a inventé cette sentence, mais elle est l'alibi idéal de toutes les lâchetés. C'est le syndrome Malik Oussekine, du nom de ce jeune homme, mort en 1986, après avoir été poursuivi par une brigade de voltigeurs à moto lors des manifestations étudiantes contre la loi Devaquet. Le Premier ministre d'alors, Jacques Chirac, avait mis dix ans à s'en remettre. Vieille histoire, vieille terreur, que tous les présidents de la République se transmettent en même temps que le code nucléaire. La jeunesse, c'est dangereux, on ne touche pas ! Un mélange de révérence très américaine pour la jeunesse et de fascination très française pour la Révolution. La jeunesse est à la fois l'avenir du monde et le passé glorieux. Icône sacrée, sauf quand les jeunes osent s'affirmer catholiques et rejeter le mariage homosexuel. Valls perd alors ses timidités de jeune fille et coffre ce joli monde réactionnaire.

« Lorsque les pères s'habituent à laisser faire les enfants,
Lorsque les fils ne tiennent plus compte de leurs paroles,
Lorsque les maîtres tremblent devant leurs élèves et préfèrent les flatter,
Lorsque finalement les jeunes méprisent les lois parce qu'ils ne reconnaissent plus au-dessus d'eux l'autorité de rien ni de personne,
Alors c'est là, en toute beauté et en toute jeunesse, le début de la tyrannie. »

Ces quelques phrases définitives furent écrites par Platon il y a des siècles et des siècles. Platon ne connaissait pas Valls, mais Valls ne connaît pas davantage Platon.

Platon, tu es foutu, et les jeunes ne sont même pas dans la rue !

8 mars 2016

Le coup d'État permanent

C'est l'autre passation des pouvoirs. Celle des autres rois de la République.

Un ancien Premier ministre de Mitterrand pour succéder au fils d'un ancien Premier ministre de De Gaulle. On ne fraie pas avec le menu fretin. C'est peut-être même la passation des authentiques pouvoirs. La seule sérieuse. La seule qui ne soit pas du chiqué. Celle des vrais rois de France. Quand les présidents de la République se transmettent le flambeau, ils se murmurent à l'oreille le code nucléaire, dont ils savent qu'ils ne se serviront jamais. Quand deux présidents du Conseil constitutionnel se rencontrent, ils ont dans leurs mains le sort de toutes les lois de la

République, les présentes, les futures, et même les lois du passé. Pourtant, les présidents de la République sont élus par le peuple, tandis que les présidents du Conseil constitutionnel ne sont que nommés. Le Conseil constitutionnel, depuis quarante ans, c'est le coup d'État permanent. Un coup d'État discret. Un coup d'État béni par les professeurs de droit qui encensent son audace, et par les médias qui glorifient sans cesse les « sages » du Palais-Royal. Un coup d'État au nom des droits de l'homme. Avec des juges qui font dire ce qu'ils veulent à la glorieuse Déclaration des droits de l'homme de 1789. Le père de la Ve République, Michel Debré, n'aurait jamais imaginé ni toléré pareil coup d'État. Il n'avait forgé un Conseil constitutionnel que pour surveiller un Parlement qu'il avait connu tout-puissant sous les Républiques précédentes. Mais au fil des années, le modeste juge a pris la grosse tête, s'est érigé en Cour suprême. À l'américaine. De l'influence délétère des séries venues d'Hollywood. Les politiques de droite ou de gauche se sont vite habitués à leur soumission. Les textes de lois sont désormais écrits non en fonction des volontés du peuple ou même des députés, mais pour éviter avant tout la censure du Conseil. Quand une majorité à l'Assemblée vote un amendement qui ne plaît pas à la technostructure gouvernementale, celle-ci laisse passer l'orage parlementaire et attend que le Conseil censure la disposition qui leur déplaît. C'est là qu'on voit qui est le vrai patron. Le Conseil constitutionnel n'est pas le seul patron. Les juges européens aussi surveillent nos lois. De très près. Et auprès du Conseil constitutionnel, d'autres sages, comme disent pompeusement les médias, ceux du Conseil d'État, prêtent leur savoir-faire juridique à leurs voisins du Palais-Royal. La République est cernée, corsetée, ligotée : au nom des droits de l'homme et de l'État de droit, un gouvernement des juges s'est mis en place. Impose discrètement, mais efficacement, sa vision du monde. Sur tous les sujets qui fâchent : immigration, laïcité, Europe, droit du travail. Avec tous les thèmes qui séparent, non la droite et la gauche, mais les classes populaires et les élites, les juges européens et français ont érigé un mur juridique pour contenir des assauts qu'ils jugent populistes, alors qu'ils ne sont le plus souvent que populaires.

De Gaulle avait pourtant prévenu : « En France, la Cour suprême, c'est le peuple. » Laurent Fabius peut aujourd'hui retourner le mot gaullien en majesté : « En France, la Cour suprême, c'est moi ! »

10 mars 2016

La fille de Luther et le sultan

C'était il y a un mois, c'était il y a un an, c'était il y a un siècle. Les « On va y arriver ». Les leçons de morale de fille de pasteur luthérien. La bonne conscience. Les unes du monde entier à sa gloire. La promesse d'un prix Nobel de la paix. Pour Angela Merkel aussi, c'était mieux avant. Pour Angela Merkel, le temps de la facture est venu. De toutes les factures. Factures financières, électorales, géostratégiques. Elle n'a pas fini de payer. Payer pour ses illusions, ses chimères, son arrogance. Elle a cru combiner générosité et puissance. Ouvrir grands ses bras à toute la misère du monde et la répartir ensuite à sa guise dans le reste de l'Europe. Effacer d'un coup d'éponge magique l'image de l'Allemagne léguée par les atrocités nazies. Elle ne s'est pas rendu compte qu'elle ne faisait qu'inverser leur comportement : les nazis idéalisaient l'identité allemande en diabolisant l'Autre. Angela Merkel a idéalisé l'Autre en diabolisant l'identité allemande.

Les Hongrois, les premiers, se sont rebiffés. Elle les a méprisés. Morigénés comme des enfants. Les Polonais, les Slovènes, les Autrichiens ont suivi. Tous les pays de l'Est, que Merkel croyait avoir achetés. Ils ont mis leur identité, l'âme de leur nation, au-dessus de leurs intérêts. Les monstres se sont fait taper sur les doigts par la maîtresse d'école. Et puis, les Grecs ont crié au secours : leur pays devenait un nouveau Liban. Les Grecs avaient cru malin de jouer les agences de voyages et de laisser entrer tout le monde puisque personne ne demeurait chez eux. Les voisins ont fermé leurs frontières. Tout le monde est resté enfermé en Grèce comme dans une prison. Et puis les Italiens se sont révoltés. Et enfin, les Français ont lâché Merkel. Partout les murs s'édifiaient. On revenait aux fondamentaux, loin des illusions universalistes des bien-pensants et de la Commission de Bruxelles : les frontières servaient à quelque chose ! Les moralistes criaient au scandale. Les peuples européens criaient : « Protégez-nous ! » Personne ne voulait de ces millions de gens qui rêvaient de l'Europe comme d'une nouvelle Amérique. Tout le monde avait compris que le droit d'asile n'est valable que pour quelques individus. Le droit d'asile, c'est Victor Hugo s'exilant à Guernesey. Le droit d'asile pour des millions de gens, cela s'appelle une invasion. Même le pape évoquait l'invasion arabe.

Tout le monde l'a compris sauf Angela Merkel. Puis la lumière lui est venue. La lumière divine l'a inspirée. La lumière divine, chez Angela Merkel, s'appelle élections. Trois élections régionales où l'extrême droite risque de faire un carton. Alors, Angela Merkel tourne casaque. Et se tourne vers le grand Turc. Supplie, promet, signe. Tout et n'importe quoi. Paie et paie encore. De l'argent, des visas. Le sultan Erdogan se marre en douce. On se croirait dans une turquerie de Molière. On oublie ses manières d'autocrate, ses liens privilégiés avec le califat, sa guerre contre les Kurdes. On efface tout. Il obtient même la réouverture des négociations pour l'entrée de la Turquie dans l'Europe. Merkel est pieds et poings liés. Merkel est à sa merci. Merkel oublie ses grands principes. Les leçons de son père et de Luther. Merkel portait l'Europe sur ses épaules comme un fardeau. Désormais, le fardeau, c'est elle.

22 mars 2016

Le cancer américain

On a tous connu cela. On s'est tous enthousiasmés, tous illusionnés ; on a tous été abusés. Les Français en 1944, les Polonais ou les Hongrois en 1989 ; les Mexicains ou les Canadiens dans les années 90 ; les Cubains aujourd'hui. Les chewing-gums, le Coca-Cola, les bas nylon. Les flippers, le rock and roll, les jeans. Les hamburgers, les iPhone, Internet. John Wayne, James Dean, Leonardo DiCaprio. À chaque époque sa libération. À chaque époque sa marchandisation. À chaque époque son aliénation. À chaque époque sa colonisation. À chaque époque son américanisation. Mais à toutes les époques son dollar.

L'Amérique, c'est comme l'amour vu par Clemenceau qui

disait : « Le meilleur moment de l'amour, c'est quand on monte l'escalier. » L'Amérique, c'est bon au début : le chic du couple Obama qui annonce les hordes de touristes ventripotents en chemise bariolée. Bientôt les bus Greyhound climatisés avec écrans télévisés beuglant des programmes stupides et vulgaires. Bientôt des McDonald's à tous les coins de rue. Bientôt les OGM et le sucre. Bientôt le hamburger et les frites. Le beurre et l'argent du beurre. L'obésité et le diabète. Bientôt des motos des mers et de grosses radios sur des plages bondées. Bientôt des tours immenses à la place des maisons de charme héritées de la colonisation espagnole. Bientôt la liberté et l'abondance. Les élections et les grandes surfaces. Les glaces au chocolat et même à la pistache. Bientôt le choix entre une droite de gauche et une gauche de droite. Bientôt le droit de changer de président mais pas de politique. Alors qu'avec les communistes, on peut changer de politique mais pas de président. Bientôt des vêtements *made in China*, des héros *made in* Hollywood, des voitures *made in* Detroit ou Munich, des meubles *made in* Stockholm. Bientôt des Gay Prides, des fêtes de la Musique, des Femen dans les églises. Bientôt des Disneyland et des homards géants de Jeff Koons. Bientôt le Buena Vista Social Club et ses musiciens magiques mis en cage, attraction pour touristes, comme les jazzmen de La Nouvelle-Orléans ou les gondoliers à Venise.

Pas besoin de don de prophétie ni de boule de cristal. L'histoire annoncée de Cuba est l'histoire du monde. Les Cubains la connaissent. Ils en ont eu la primeur avant le reste de la planète. Ils ont même failli devenir un 51e État américain, comme le Texas ou la Californie, eux aussi arrachés aux Espagnols. Dès la fin du XIXe siècle, ils ont eu les bruits de botte au nom de la décolonisation et l'impérialisme qui se pare des atours de la liberté. Le base-ball à la place de la corrida. Les casinos, la mafia, Al Capone et Lucky Luciano. Quand Fidel Castro débarque en 1957 sur l'île, les Américains le prennent pour Eliot Ness dans *Les Incorruptibles*. C'est après qu'ils ont visionné *Docteur Folamour*. Les Mexicains ont forgé une formule que les Cubains connaissent bien : « Si loin de Dieu et si près des États-Unis. » Comme la chèvre de M. Séguin, les Cubains ont longtemps résisté. Jusqu'à la limite de leurs forces. Alors, au moment de se soumettre à leur destin tragique, ils veulent une dernière fois se bercer d'illusions.

Imaginer un avenir radieux. Encore un, après le communiste. Ils ont tellement envie d'y croire.

29 mars 2016

Roman national

On imitait sa voix. On moquait ses grimaces. On exagérait ses tics. On n'en avait jamais assez. Il était le vieil oncle qu'on aimait brocarder et qu'on brocardait parce qu'on l'aimait. Il était le vieil oncle qui raconte aux enfants émerveillés l'histoire de la famille. Ses héros et ses traîtres, ses coquins et ses coquines, ses grands hommes et ses humbles. Cette famille, c'était la France. Alain Decaux était ce vieil oncle et je fus naguère un de ces enfants émerveillés. Il était à la confluence de deux traditions séculaires, celle du conteur avant la naissance de l'écriture, dans les traces glorieuses d'Homère, et celle des historiens français qui, dans la lignée de Michelet, avaient inventé une histoire de France à la fois scientifique et littéraire. Decaux était de ces historiens qui se voulaient cousins des écrivains ; il vouait un culte à Alexandre Dumas et Victor Hugo ; et pensait que la précision des faits ne doit pas céder à l'élégance du style. Il fut l'un des humbles artisans de cette histoire de France qui fabriquait des Français avec beaucoup plus d'efficacité que toutes les incantations contemporaines d'un prétendu vivre ensemble bâti sur du sable puisqu'il n'a pas d'histoire commune, mais au contraire des histoires différentes et même conflictuelles. Alain Decaux est de cette génération qui a utilisé la télévision pour jouer aux instituteurs de tout un peuple. On était dans les années 60 et l'alliance entre le pouvoir gaulliste et les compagnons de route du Parti communiste faisait des merveilles. Récits, pièces de théâtre, films, spectacles, tout fut utilisé pour éclairer et éduquer. Les Français en raffolaient. Ils apprenaient et se divertissaient. Ils en redemandaient. Ils avaient tort. Ils faisaient mal. On le leur fit savoir. L'université française, à la manière des prédicateurs d'antan, prêcha contre ces nouveaux pêcheurs. La Sorbonne tonna. Sermonna. Vitupéra. Corrigea. Rééduqua. L'histoire n'est pas cousine de la littérature mais fille des sciences sociales. Il faut écrire mal. Obscur. Le jargon seul est gage d'une haute pensée. La clarté, autrefois atout maître de la langue française, n'est plus que le suppôt du journalisme le plus vil. Le roman national est à proscrire. C'est un tissu de mensonges, des historiettes enjolivées pour la gloire illusoire d'une nation française criminelle. Ne dit-on pas d'ailleurs « C'est du roman » pour désigner des sornettes ? La nation française n'existe pas. Elle est une construction artificielle d'historiens nationalistes et de tyrans sanguinaires. Il faut la déconstruire. Avoir des lecteurs est la preuve qu'on raconte n'importe quoi. Raconter l'histoire de héros français à la télévision est la preuve qu'on est un suppôt de la réaction.

Alain Decaux se battit jusqu'au bout. Ne baissa pas la tête. Utilisa toutes ses armes. Il était académicien. Il avait un grand public. Des relais médiatiques. Il fut même ministre de la Francophonie. Il exigea le retour des dates à l'école. Et celui de la chronologie en histoire. Il accueillit les cendres d'Alexandre Dumas au Panthéon. Mais il ne pouvait tout faire, la vague des déconstructeurs était trop haute ; l'Éducation nationale en était infestée. Les médias progressistes leur faisaient fête. Il gagna de nombreuses batailles, mais finit par perdre la guerre.

31 mars 2016

Poissons dans l'eau

Âmes sensibles s'abstenir. Éloignez les enfants, leurs cerveaux malléables pourraient en souffrir. Écartez les personnes âgées, leur cœur pourrait lâcher. Des ministres disent la vérité. Des ministres regardent la réalité en face. Des ministres ont des yeux pour voir, une langue pour parler, un cerveau pour comprendre. Ils sont capables de sortir de leurs prisons mentales faites d'éléments de langage des communicants et de peur panique du qu'en-dira-t-on médiatique. Le réel est entré par effraction au gouvernement. Le ministre de la Ville découvre que la France foisonne d'une centaine de Molenbeek, ce quartier de Bruxelles d'où sont partis les djihadistes. Une ministre des Familles, de l'Enfance et des Droits des femmes déplore la mode des tenues islamiques et dénonce celles qui les portent comme des militantes de l'islam politique sous l'« emprise salafiste », en les comparant aux Noirs américains favorables à l'esclavage.

Des ministres, socialistes de surcroît, se sont enfin rendu compte que les djihadistes sont dans les quartiers où ils vivent comme des poissons dans l'eau. Qu'un mode de vie mêlant religion et culture, à la manière du Moyen Âge européen, est devenu la loi de nombreux quartiers, imposée par une sorte de milice islamique des grands frères. C'est le contraire de ce que nous racontent d'innombrables sociologues et autres idiots utiles de l'islamisme qui s'échinent à distinguer entre un salafisme piétiste, quiétiste, qui ne s'occuperait que des mœurs sans faire de politique, et des djihadistes qui seraient les seuls combattants. Comme si les mœurs d'une population ne relevaient pas de la politique. Comme si l'on pouvait appliquer la loi, de la laïcité par exemple, à une population dont le mode de vie la rejette en bloc. Nos sociologues devraient lire Montesquieu.

Alors que vont faire nos ministres ? Fermer les mosquées salafistes, expulser leurs imams ? Lancer la police, voire l'armée, pour vider la centaine de Molenbeek de son eau islamiste, de ses armes, de ses trafiquants de drogue, de ses djihadistes en herbe, et accessoirement de tous ceux qui les protègent, les soutiennent, les admirent ? Comprendre que le salafisme n'est que l'islam des purs, l'islam littéral, et que combattre le salafisme par l'islam revient à combattre l'islam par l'islam ? Interdire les tenues salafistes dans la rue, les hijabs pour les femmes, mais aussi les djellabahs blanches pour les hommes, qui sont eux aussi des militants de l'islam politique ?

Rien de tout cela n'aura lieu bien sûr. Le ministre de la Ville, couvert d'opprobre par ses hypocrites camarades socialistes, a déjà remis son gilet pare-balles contre les discriminations et contre Sarkozy. La ministre des Familles s'est d'emblée enfermée dans la seule cause des femmes.

Un ministre, ça ouvre sa gueule, mais ça démissionne. Pas de son poste, non, mais de ses responsabilités. Il ne faudrait pas abuser quand même : ce n'est pas comme s'ils étaient ministres et qu'on était en République !

Saint-Pasdamalgame, priez pour nous !

La gauche est un immense chantier. Pas un jour sans sa polémique, pas un jour sans sa querelle, ses invectives, ses insultes. Pas un jour sans ses états d'âme. Les défenseurs des textes sacrés ne savent où donner de l'excommunication. Tout ne s'explique pas par le chômage. Tout n'est pas réductible au social. Et puis quoi encore ? La gauche avait jeté aux poubelles de l'histoire la nation, la religion, l'identité. Vieilles lunes archaïques pour diables réactionnaires. Et l'archaïque est devenu le postmoderne. Et la gauche doit se poser des questions qu'elle interdisait à quiconque de poser. On n'avait pas le droit de dire que la bataille était d'abord culturelle et identitaire, et le Premier ministre le dit. On n'avait pas le droit de dire que le salafisme était en train de gagner la bataille idéologique au sein de l'islam de France, et le Premier ministre le dit. On avait seulement le droit de communier autour du mensonge sacré d'une infime minorité, une poignée de terroristes, salafistes, à demi débiles, qui ne représentaient rien et ne connaissaient rien à leur propre religion, tandis que des millions de musulmans modérés étaient l'incarnation vivante de l'islam des Lumières, le cœur battant de l'islam républicain. Saint-Pasdamalgame, priez pour nous, Valls a blasphémé ! Manuel Valls n'est pas seulement une girouette qui tourne quand le vent tourne. Il ne prépare pas seulement l'après-Hollande et la présidentielle de 2022. Il ne regarde pas seulement les sondages. C'est, malgré lui peut-être – ou peut-être pas –, plus profond que sa seule carrière et sa seule personne. Quand la maire de Paris affirme, péremptoire, que le choix est entre le vivre ensemble et l'affrontement, elle pose la question que, de manière récurrente, la gauche se pose depuis un siècle. Depuis la guerre de 1914. Avant, la gauche était toujours du côté de la nation, des boutefeux, des soldats de la République. La gauche, c'était Valmy, c'était la nation en armes. C'était sus aux tyrans. Et puis, la boucherie de la Première Guerre mondiale change tout. La gauche devient pacifiste. Elle ne se pardonne pas la mort de Jaurès. Regrette d'avoir plongé dans l'Union sacrée. « Plus jamais » devient son mot d'ordre. « J'aime mieux être un Allemand vivant qu'un Français mort », dira même un Giono, malgré Hitler. De nombreux hommes de gauche en 1940 préféreront collaborer à la paix allemande plutôt que de combattre les armes à la main. La guerre civile française entre collabos et résistants passera au cœur de la gauche, de même qu'elle déchirera la droite entre gaullistes et pétainistes. Et tout recommencera entre partisans de l'Algérie française et ceux de l'indépendance algérienne. À chaque fois, le sujet fondamental est le même : se battre pour sauvegarder la liberté de la nation, ou se soumettre au plus fort, au plus menaçant, au plus belliqueux, pour préserver la paix. Quel est le bien suprême : la paix ou la liberté ? Quelle est la valeur suprême : la liberté de l'individu ou la liberté de la nation ? Les révolutionnaires de 1789 criaient : « La liberté ou la mort ! » Leurs lointains héritiers préfèrent lancer à leurs ennemis : « Vous n'aurez pas ma haine. » Les uns veulent défendre l'identité française, les autres prônent l'apaisement et la conciliation.

Churchill disait : « Un conciliateur c'est quelqu'un qui nourrit un crocodile en espérant qu'il sera le dernier à être mangé. »

12 avril 2016

Laurel et Hardy

C'est le couple de la semaine. La gravure de mode et le mal fagoté. Le gendre idéal aux yeux bleus et le père indigne à casque de moto. Le moderne et le supermarché. Le hussard et le notable. Le produit bio et le produit de terroir. Le banquier et l'apparatchik. Laurel et Hardy. Macron et Hollande. Hollande qui fut ce que Macron a été et Macron qui rêve d'être ce que Hollande est devenu. Macron n'est pas le rabatteur de Hollande et Hollande n'est pas le père Fouettard de Macron. Ils sont complices et compères, comme dans une partie de bonneteau. L'un épluche les oignons et l'autre pleure. Macron joue sur les deux tableaux : Hollande est réélu et il est à Matignon ; Juppé est élu et il est à Matignon. C'est gagnant-gagnant, win-win, comme on dit dans son franglais de banquier. Hollande joue aussi sur les deux tableaux : il est de gauche car il augmente les fonctionnaires, taxe les CDD et punit les clients des prostituées ; mais il est de droite car il a Macron !

Hollande prépare son combat contre Sarkozy ou Le Pen. Macron prépare sa grande alliance avec Juppé. Hollande et Macron nous font réviser nos leçons. Après avoir été élu sur une campagne de gauche, comme Mitterrand en 1981, Hollande tente d'imiter Mitterrand en 1988, venant au centre, vantant la France unie et rabattant la droite sur l'extrême droite. Macron joue un autre classique de la Ve République : le jeune loup ambitieux et séducteur se rebelle contre le père qui lui a donné la vie – Giscard contre de Gaulle, Chirac contre Giscard, Jospin contre Mitterrand, Sarkozy contre Chirac, Le Maire contre Sarkozy. « Un homme neuf... une France en marche » était le slogan de Lecanuet pour la campagne présidentielle de 1965. Lecanuet était déjà le candidat de la modernité. Son centrisme révolutionnaire fut repris par Giscard, Simone Veil, Barre, Bayrou. Tous rassemblèrent autour d'eux les bonnes volontés de droite et de gauche. Avec un succès éclatant.

Hollande, c'est le fils que Chirac aurait fait avec le père Queuille.

Macron, c'est le fils que Madelin aurait fait avec Cohn-Bendit. Hollande est un Mitterrand de sous-préfecture. Macron, un Giscard en autocar.

Toute sa vie Hollande a fait croire qu'il était de gauche. Depuis des mois, Macron a fait croire qu'il était de droite. Ils ne sont ni de droite ni de gauche. Tous deux sont des libéraux. Des modernes, des progressistes. Des européistes. Des mondialistes. Dans le camp du bien. Le camp de la réforme. De ceux qui dénoncent la France bloquée par des clivages, des archaïsmes, des conservatismes. La tentation du repli. Le populisme. Cette France qui n'a pour seul crime que de vouloir rester la France.

Hollande est un ami de Julien Dray, le fondateur de SOS Racisme. Macron est un ami de Julien Dray. Jacques Attali a lancé Hollande en 1981. Jacques Attali a lancé Macron en 2007.

Leur alliance de circonstance répond au principe cardinal de la théorie libérale : les vices privés concourent à la vertu publique.

Hollande, c'est la phrase de Chateaubriand : « L'ambition dont on n'a pas les talents est un crime. »

Macron, c'est le vers de Corneille : « [...] qui t'a rendu si vain,

Toi qu'on n'a jamais vu les armes à la main ? »

14 avril 2016

Perdant-perdant

C'est le terminus des prétentieux. Le retour à la maison mère des gugusses de Montauban. Les gugusses les mieux payés du monde. Des gugusses de tous les pays du monde. Le Paris Saint-Germain, c'est gugusse of Benetton.

Avec Zlatan Ibrahimovic en tête de gondole des gugusses. Zlatan confond le football avec le kung-fu. A oublié que le football était un sport collectif et non individuel. Zlatan arrogant avec les faibles du Championnat de France et minable avec les grands d'Europe. Au Real Madrid, le joueur portugais Cristiano Ronaldo est aussi prétentieux que lui, mais au moins qualifie-t-il à lui tout seul son équipe ! Zlatan avait dit avec humilité que l'histoire du PSG commençait avec lui. Mais le PSG sans Zlatan avait atteint les demi-finales de la Coupe d'Europe. Zlatan est l'arbre qui ne cache pas la forêt. Tous les autres sont à mettre dans le premier autocar pour Montauban. Tous les soi-disant meilleurs arrières ou milieux ou avants du monde. Sans oublier leur entraîneur, leur coach, comme on dit aujourd'hui, Laurent Blanc, dont le seul titre de gloire restera sans doute d'avoir baisé ostensiblement le crâne chauve de Fabien Barthez.

Le PSG renoue curieusement avec les habitudes des anciennes équipes françaises : excellentes, brillantes même, quand le match est sans enjeu, elles se liquéfiaient sous le feu de la compétition. On disait alors que les joueurs français étaient les rois des matchs amicaux. Depuis lors, les exploits de la génération Platini et surtout la victoire en Coupe du monde de 1998 avaient effacé cette réputation infamante. Et voilà que le PSG la ressuscite. Le PSG avec son équipe sans joueurs français ! Le PSG avec son argent qatari et son panel cosmopolite. Le PSG, c'est la revanche ironique du droit du sol sur le droit du fric. Jadis, nos équipes perdaient en finale, ou même avant, en général contre les Allemands, mais on les aimait quand même. C'étaient nos petits gars ; ils étaient de notre chair et de notre sang ; ils étaient valeureux, courageux. On leur faisait même descendre les Champs-Élysées comme des vainqueurs, alors qu'ils étaient vaincus. On n'avait pas les titres, mais on avait l'émotion, l'affection, l'incarnation. L'identification. Avec le PSG, c'est perdant-perdant : on ne les aime pas et ils ne gagnent pas.

Leur propriétaire qatari a dépensé 500 millions d'euros en quatre ans. On dit « investir » car le foot est désormais un business comme un autre. Tout s'achète et tout se vend, tel était leur credo, leur foi, leur idéal. Cinq cents millions, c'est très cher payé le titre de champion de France ! Le prince Nasser Al-Khelaïfi devrait peut-être envisager lui aussi le retour à la maison mère. Lui aussi a fait les mauvais choix, pris les mauvais paris. Engagé les mauvaises personnes. Lui aussi paie le péché suprême d'arrogance, celui d'avoir apposé la tour Eiffel sur son fanion à côté du nom de son pays. Comme un symbole. Comme un butin. Une tour Eiffel comme un puits de pétrole. Il ignorait que c'était un puits sans fond.

19 avril 2016

Le pape a fait une croix sur l'Europe

Un triomphe. Une unanimité médiatique et une louange universelle. De droite à gauche, et sur les cinq continents. Ce pape est un maître. Un maître en politique, un maître en communication. Il fait honneur à la réputation légendaire de machiavélisme des Jésuites. Il devrait donner des leçons à notre pauvre président Hollande. Entre François, un minimum de solidarité s'impose. Son voyage à Lesbos est un sans-faute. Son ode aux migrants qui sont des êtres humains et non des numéros, un modèle incomparable d'humanisme. Son retour à Rome avec trois familles de Syriens musulmans, un exemple inégalable d'ouverture à l'autre. « Nous sommes tous des enfants de Dieu », affirme-t-il, comme en écho à la célèbre phrase de saint Paul : « Il n'y a plus ni Juif ni Grec. » Chapeau bas devant la tiare. Trop fort ! comme disent les enfants.

Mais le signal qu'il envoie est redoutable. Son habileté se retourne contre lui. Les enfants de Dieu qu'il défend ne sont donc plus forcément ceux de Jésus-Christ. Peut-être espère-t-il les convertir au christianisme comme l'Église réussit jadis à christianiser les Barbares qui envahissaient l'Empire romain finissant. Mais il devrait savoir qu'en Europe, aujourd'hui, les conversions nombreuses se font plutôt dans l'autre sens. Le pape nous explique, non sans une pointe d'ironie, que les familles chrétiennes qu'on lui a présentées n'avaient pas leurs papiers en règle. On ne savait pas la miséricorde divine si procédurière. Ou doit-on comprendre que la religion lui importe peu ? Qu'il a fait une croix sur l'Europe, terre chrétienne ?

Il refuse de privilégier la défense des chrétiens d'Orient persécutés et abandonne l'Europe à son destin islamique. Les ponts qu'il veut édifier favoriseront toujours la civilisation la plus conquérante et la démographie la plus vigoureuse. François condamne avec véhémence tous les enclos, les murs, les protections que les peuples et les États européens essaient d'élever pour leur sécurité ; mais les lointains prédécesseurs de ce pape furent pourtant heureux dans les siècles passés que les États et peuples d'Europe viennent défendre par les armes la chrétienté alors menacée par les invasions ottomanes.

Le pape François semble ignorer ou mépriser cette longue et tragique histoire européenne. C'est un Argentin, un jésuite d'Amérique du Sud – Jésuites qui furent très proches, dans les années 70, des thèses marxistes. Peu importe la religion pourvu qu'on ait la révolution. Peu importent les fidèles de Jésus-Christ pourvu qu'on ait les damnés de la terre comme peuple messianique.

Aux yeux du pape, l'Europe est pourrie par l'argent et le relativisme, par le capitalisme et la théorie du genre, rongée par l'individualisme destructeur des familles et l'absence d'enfants. Qu'elle crève, mais que les principes soient saufs ! Que la volonté de Dieu soit faite. Même si Dieu s'appelle Allah. Au moins, ces musulmans ont pour la plupart des mœurs familiales strictes et maintiennent une morale sexuelle qui n'aurait pas déplu aux Pères de l'Église. Bien sûr, la tradition chrétienne fait une place éminente aux femmes, qui n'est pas dans les habitudes islamiques. Mais au Vatican aussi on ne fait pas d'omelette sans casser des œufs.

L'avenir de la chrétienté est en Amérique ou en Afrique. Et même en Chine. Partout sauf en Europe. Il faut qu'un ancien monde meure pour qu'un autre naisse.

21 avril 2016

CRS-SS !

On la dirait sortie d'un musée. Une affiche dans une exposition consacrée à Mai 68. Tout y ramène, jusqu'au graphisme, au sang répandu en gros pâtés enfantins, à la matraque ostentatoire, symbole de répression. Jusqu'au slogan : « La police doit protéger les citoyens et non les frapper ! » On imagine les ateliers de création gauchistes dans le Quartier latin, Sartre et Beauvoir qui viennent en voisins et amis. Et dehors, les cris scandés sans se lasser : « CRS-SS ! » La nostalgie n'est plus ce qu'elle était. À l'époque, la CGT, appuyée par ses millions de travailleurs syndiqués, négociait la fin de la grève générale avec le Premier ministre Georges Pompidou. On était entre gens sérieux, responsables. Puissance contre puissance. Alors, la CGT n'avait pas de mots assez durs pour dénoncer les provocations gauchistes. Comme disait Lénine : « Le gauchisme est la maladie infantile du communisme. » La sénilité, c'est le retour à l'enfance ; pour les vieux communistes, c'est le retour au gauchisme. La CGT n'est plus rien, ne représente plus rien. Demain, elle sera supplantée par la CFDT qui déjà monopolise les attentions du gouvernement socialiste. Au moins, avec Sarkozy, la droite faisait semblant de lui accorder de l'importance ; faisait semblant d'en avoir peur. Avant, on avait peur de la CGT ; désormais, on a peur pour elle. Comme dans les partis politiques, ses chefs se sont embourgeoisés, coupés de leur base. Avec cette attaque frontale de la police, ils montrent qu'ils ne comprennent plus rien à l'époque. On a vécu Charlie, l'Hyper Cacher, le Bataclan. Et ces manifestations monstres où on embrassait les CRS en chantant *La Marseillaise.* Le sang qui coule n'est plus une simple allégorie sur les affiches de la CGT. Les ouvriers votent avec leurs pieds et leurs mains. Le Front national recueille leurs suffrages. De nombreux militants de la CGT font de même. Rien ne les retient, ni les menaces ni les sanctions. La Confédération ouvrière de la porte de Montreuil est en train de se vider de son sang. Le clivage ethnique a supplanté le clivage social. Karl Marx avait expliqué il y a longtemps que l'immigration était une arme redoutable aux mains des patrons pour diviser la classe ouvrière. Mais les dirigeants de la CGT ne lisent plus Marx. Ne défendent plus comme jadis les ouvriers français contre la concurrence à bas prix venue d'ailleurs. Les dirigeants de la CGT ne savent plus à quel saint révolutionnaire se vouer. Les discours internationalistes ne passent plus. Les odes à la diversité exaspèrent. Le secrétaire général de la CGT arbore désormais un pin's hostile au Front national pour démontrer sa farouche détermination. Marine Le Pen tremble de peur On sait qu'à force d'écrire des choses horribles, elles finissent par arriver. À force de combattre le Front national, la CGT finira par appeler à voter pour Alain Juppé au second tour en 2017. Ce Juppé qu'elle conspuait dans la rue en 1995. Fondée en 1895, la CGT célèbre ses cent vingt ans. De Gaulle avait raison : la vieillesse est un naufrage.

26 avril 2016

La savonnette à vilain

Il ne manque plus qu'une grève du métro parisien et Hollande pourra reprendre une célèbre formule de Jacques Chirac : « Les emmerdes, ça vole toujours en escadrille. » Les contestations d'aujourd'hui sont fortes des succès de celles d'hier. Les cheminots n'ont pas oublié qu'ils ont fait plier Alain Juppé en 1995. Les intermittents du spectacle occupent le Théâtre de l'Odéon comme leurs glorieux aînés de Mai 68. Tous foncent dans la brèche ouverte par les jeunes contre la loi El Khomri.

La faiblesse avérée de ce gouvernement provoque la multiplication des mouvements sociaux, comme l'odeur du sang attire les grands fauves. Les syndicats ont trouvé plus faibles qu'eux. Ils en jouent pour créer un rapport de force un peu moins défavorable. La gauche au pouvoir protège traditionnellement les patrons des revendications syndicales. Mais ce gouvernement est prêt à toutes les palinodies pour quêter quelques acclamations populaires. Ce pouvoir est devenu le talon d'Achille du patronat. La pathétique faiblesse sondagière et politique du président est en train de ruiner la timide amélioration des comptes de la nation. Elle favorise ce qu'il y a de pire dans le pays, son image de patrie des grèves, de royaume des cheminots fainéants et des intermittents glandeurs. Les poncifs habituels sur la France ingouvernable. Irréformable. Qui préfère la révolution à la réforme. Le statut à la concurrence. Le corporatisme à la liberté. Le grand sociologue Philippe d'Iribarne nous a appris à jauger les relations sociales de chaque pays à l'aune de son histoire. Les Américains ne connaissent que la loi du contrat et le droit des avocats. Les Allemands ne jurent que par la force du groupe uni qui tire dans le même sens. Les Français exigent que leur honneur soit respecté. Et le statut, c'est l'honneur. Le statut rappelle l'anoblissement ; la savonnette à vilain, comme on disait sous Louis XIV, des bourgeois qui devenaient nobles en achetant une charge. La promotion sociale à la française. Or, depuis plusieurs décennies, l'Europe et les élites françaises imposent les normes anglo-saxonnes du contrat et de la concurrence dans l'univers aristocratique français. Relayées par la grosse caisse médiatique, l'Europe et nos élites veulent nous obliger à détester tout ce qu'on a adoré et à adorer tout ce qu'on a détesté. La SNCF, comme EDF et d'autres, faisait la gloire des Français et la richesse du pays. Bruxelles leur a imposé son idéologie libérale. Après une longue résistance passive, le gouvernement français a accepté la semaine dernière que les lignes TGV et TER s'ouvrent dans quelques années à la concurrence européenne. Ce qui met déjà en péril l'équilibre financier de ces mastodontes et leur interdira de remplir leur ancien rôle d'aménagement du territoire. La polarisation de l'Hexagone entre métropoles riches et le reste du désert français, entre vainqueurs et vaincus de la mondialisation, en sera encore aggravée. La nécessaire remise en cause des anciens avantages mériterait au moins un discours politique, des mots qui exaltent et élèvent, plutôt que des chiffres qui intimident et méprisent. Mais Hollande en est incapable, Valls est muet, et Macron croit avoir trouvé le remède miracle : ils n'ont plus de trains, qu'ils prennent le car !

28 avril 2016

Poulet au chlore

Ils font comme si de rien n'était. Les négociateurs négocient, les experts expertisent, les lobbys lobbysent. Obama fait son dernier tour de piste. Merkel fait semblant d'y croire. Et Hollande fait semblant de dire non. On est dans l'illusion, dans le faux-semblant, dans le chiqué. Tout le monde a compris que c'était fini : le traité de libre-échange transatlantique est mort-né. Enterré. On ira tous cracher sur sa tombe.

C'était pourtant une affaire venue de loin. Une affaire menée de main de maître. Une affaire menée par nos maîtres : Bruxelles aux manettes, les grandes firmes dans les coulisses, et l'administration américaine donnait ses ordres. Obama cherchait à rameuter l'Europe dans son bras de fer planétaire avec la Chine, au sein d'une sorte d'OTAN commerciale.

Entre l'Europe et les États-Unis, on ne cherche plus, comme dans les négociations commerciales du passé, à baisser les droits de douane. Il ne reste plus rien à baisser. Il s'agissait cette fois d'harmoniser les normes techniques, commerciales, sanitaires, etc. Les grands groupes mondialisés y voyaient un autre avantage : un arbitrage international était prévu qui leur aurait permis d'attaquer en justice des législations nationales. Une loi contre le tabac ou le smic. On pouvait tout imaginer.

Mais tout cela n'était que bruits, rumeurs, on-dit. La négociation se déroulait dans le plus grand secret. On peut être pour le libre-échange sans être pour le libre-échange d'informations.

Nos maîtres n'avaient pas vu que l'air du temps avait changé. Nos maîtres n'avaient pas vu les peuples changer. Tous les peuples occidentaux. Américains et européens. Pour une fois, il n'y avait pas d'un côté les ringards français protectionnistes et de l'autre les modernes libéraux.

Les Allemands, pourtant rois du commerce, se révélaient massivement hostiles. Les primaires américaines consacraient les candidats les plus protectionnistes, Trump et Sanders. Cette levée générale de boucliers est le signe de la grande fatigue des classes moyennes occidentales. Celles-ci ont enfin compris que la mondialisation heureuse n'est que fumisterie. Elle n'est heureuse que pour 1 % de la population. Elle enrichit les riches des pays riches et les riches des pays pauvres, au détriment des pauvres des pays riches. La mondialisation ouvre nos contrées aux iPods et aux téléphones portables, mais aussi à des millions de migrants venus du monde entier.

Partout en Europe, la frontière est redevenue un concept à la mode. Obama et Merkel, Bruxelles et les grandes firmes sont pris à revers. Hollande a d'abord cru bon de suivre comme d'habitude ses patrons américains et allemands ; puis il s'est laissé tardivement convaincre par son malin ministre du Commerce extérieur qu'il y avait un bon coup politique à jouer : être l'homme qui dit non. Apparaître comme le défenseur farouche des intérêts nationaux. Se battre contre l'arrivée dans nos assiettes du poulet au chlore américain ou du bœuf aux hormones. Sauver de la mort les derniers agriculteurs vivants. Être tout à la fois homme de gauche et président de la République. Dire non alors que tout est déjà plié, c'était un rôle pour Hollande. Du sur-mesure.

3 mai 2016

Fin de partie à la République

Le rêve est passé. Le rêve des médiacrates de gauche qui voulaient tellement rejouer le Mai 68 de leur jeunesse. Le rêve des enfants de profs, des diplômés prolétarisés, des intermittents du spectacle précarisés.

Qui sème le vent récolte la tempête. Qui sème le sectarisme récolte la violence. Qui crache sur les philosophes finit par sortir les barres de fer. À force d'insulter les flics, on finit par leur taper dessus. À force de mimer l'insurrection révolutionnaire, on légitime ceux qui la pratiquent. À force de casser les façades des banques ou des grandes chaînes, on attire les casseurs professionnels. À force de vouloir intégrer tout le monde, on intègre n'importe qui. À force de parler pour ne rien dire, on finit par frapper sans raison. La faiblesse de l'État sous Hollande s'est révélée un redoutable piège. Un État digne de ce nom n'aurait pas toléré cette chienlit et aurait fait passer les manifestants pour des victimes. Le laxisme des autorités socialistes les a poussés à la faute, a révélé leur vraie nature. Derrière le masque de Bisounours, il y avait des cagoules et des casques. Derrière le désordre sympathique se dissimulait la redoutable instrumentalisation par des militants d'extrême gauche qui n'ont rien à perdre puisqu'ils n'ont rien à espérer. Ils ont beau crier à la provocation policière, personne ne les croit. Pour ce genre de mouvements protestataires, il est deux

manières de mourir : perdre sa spontanéité ou perdre son innocence. Perdre sa spontanéité, comme Podemos en Espagne. Le
mouvement s'institutionnalise. Se structure. Se donne un chef.
C'est la fin de la joyeuse pagaille des débuts qu'on appelle
avec emphase horizontalité ou démocratie participative ; on
se résigne à un retour de la nécessaire hiérarchie verticale,
stigmate du monde d'avant. C'est ce que propose Mélenchon
avec sa candidature à la présidentielle. En bon français, cela
s'appelle une récupération. Et puis il y a la seconde manière
de mourir, celle de Nuit Debout : on perd son innocence, sa
fraîcheur. On n'est plus les gentils, on devient les méchants.
On frappe, on casse. On est frappé, on est cassé. C'est la
guérilla urbaine. On s'isole, on se marginalise. On s'enferme.
On est rejeté par la population. Déjà les virées en banlieue
de Nuit Debout au nom de la convergence des luttes et de
la conscientisation des classes populaires ont lamentablement
échoué. Nuit Debout restera un mouvement de petites classes
moyennes précarisées blanches et urbaines, qui fantasment sur
l'ouverture à un Autre mythifié. Nuit Debout est peut-être venu
trop tôt. Les réformes libérales n'ont pas encore imposé à la
France une réelle austérité et un véritable appauvrissement de
masse. Au contraire des discours apocalyptiques de l'extrême
gauche, la précarisation et la paupérisation françaises n'ont
encore rien à voir avec ce qu'ont connu les pays comme l'Espagne ou la Grèce. Nuit Debout poursuivra sa route chaotique,
mais comme un canard sans tête. Nuit Debout est coulé. Nuit
Debout est couché. Étendu raide. Il bouge encore mais c'est
le spasme des cadavres.

5 mai 2016

Mini Blum et mini Mitterrand

C'est la tragédie française depuis vingt ans. Tragédie et
comédie. Nos hôtes de l'Élysée ne s'épanouissent qu'en campagne électorale. Mauvais présidents mais bons candidats.
Chirac, Sarkozy, Hollande, tous si différents et pourtant tous
pareils. L'odeur de la poudre les ressuscite, leur indécision

chronique se mue en audace, leur peur du peuple se change en volonté de le séduire. Les élections présidentielles se suivent et se ressemblent. Nos présidents sortants en ont appris tous les tours, retenu toutes les erreurs à éviter. Les mauvais candidats sont des repoussoirs : Barre, Balladur, Jospin. Trop francs, trop rigoureux, trop centristes. Bref, ennuyeux. Giscard est trop intelligent pour pouvoir les inspirer. Mitterrand les fascine mais ils n'ont pas le style. De Gaulle, ce n'est même pas en rêve. Et de Pompidou, ils ont seulement retenu qu'il appelait sa femme « bibiche ».

À chaque début de campagne, c'est le même rituel. Chirac et Sarkozy sortaient de la naphtaline le képi du général de Gaulle et achetaient en gros un stock tout neuf de drapeaux tricolores. Hollande connaît lui aussi tous les trucs d'un candidat de gauche. Il se pare du chapeau mou et de l'écharpe rouge de Léon Blum, et reprend son imitation pour fin de banquet de François Mitterrand, avec ses intonations de voix rauques pour les envolées lyriques.

Hollande, c'est mini Blum et mini Mitterrand, mais il distribue le maximum : 4, 5, 6 milliards d'euros ! Les calculettes s'affolent et les technocrates de Bercy s'arrachent leurs derniers cheveux. Profs, agriculteurs, jeunes, fonctionnaires, baisses d'impôts pour les plus modestes qui ne paient déjà pas l'impôt sur le revenu : tout le monde aura son petit chèque, tout le monde aura son petit billet.

Après tout, le clientélisme est un classique de la démocratie que le socialisme municipal a seulement revisité et modernisé. Il nous l'avait bien dit, notre président, d'abord redresser, ensuite redistribuer. Mais il n'a rien redressé, puisque le budget est loin d'être à l'équilibre et les dettes publiques continuent à s'amonceler. Hollande profite seulement d'une conjoncture exceptionnelle faite de taux d'intérêt historiquement bas et d'effondrement des prix du pétrole. Hollande donne un argent qu'il n'a pas. Il se souvient du coup de la cagnotte que Chirac avait joué à Jospin en 2001, mais le fait pour son propre compte. Hollande est un cynique qui se marre. Il y a quelques mois, il suivait l'opinion droitisée comme jamais par les attentats de 2015, avec la déchéance de nationalité et la loi El Khomri. La résistance inattendue de la gauche a fait basculer le culbuto présidentiel dans l'autre sens. Il est désormais l'héritier de l'histoire séculaire du mouvement ouvrier, et le mariage homosexuel vaut bien à ses yeux les congés payés et l'abolition de la peine de mort. Rien ne l'arrêtera, rien ne le dissuadera. Il se souvient de Chirac qui disait à son dernier carré de fidèles, au début de sa campagne victorieuse de 1995 : « Vous serez surpris par ma démagogie. » François Hollande n'a pas fini de nous surprendre.

10 mai 2016

Le susucre de l'Eurovision

Cette chanson est une parabole de notre destin national. Elle commence en français, mais peu à peu l'anglais recouvre tout. Seul le refrain est en anglais, nous dit-on ; mais le refrain est répété jusqu'à satiété. On ne joue pas avec la langue anglaise, pour mieux valoriser les différences linguistiques. À la fin, on n'entend plus, on ne retient plus que l'anglais. La France s'aligne. Lasse de perdre à chaque fois, lasse de se ridiculiser, notre pays a entendu le message : la langue française était un obstacle rédhibitoire. Une provocation. Une ringardise. C'est ce qu'avaient compris depuis belle lurette les Hollandais, les Scandinaves, les Allemands et même les pays du Sud. Plus personne n'ose chanter dans sa langue natale. L'anglais *über alles* !

Au moment où les Anglais s'apprêtent à quitter l'Union européenne, nos élites médiatiques accélèrent l'anglicisation de la France. Bien sûr, notre ministre de la Francophonie, André Vallini, s'est dit « consterné » par ce choix. Service minimum. Mais nos gouvernants n'ont pas de leçons à donner. Ils acceptent sans mot dire depuis des années que les travaux de la Commission européenne à Bruxelles se déroulent en anglais. Pourtant, lorsque la Grande-Bretagne est entrée dans le marché commun, en 1972, le président Pompidou avait exigé du Premier ministre britannique, Edward Heath, qu'il s'engage à respecter l'usage exclusif de la langue française qui prévalait jusqu'alors. Les promesses n'engagent que ceux qui les reçoivent. Peu à peu, l'exclusivité est devenue partage à égalité. Et le bilinguisme est devenu exclusivité... de l'anglais. Aujourd'hui, la première tâche d'un commissaire à sa nomination est de s'inscrire aux cours du British Council.

Pendant ce temps-là, Emmanuel Macron exalte la figure de Jeanne d'Arc. Il faudrait informer notre fringant ministre des Finances que Jeanne d'Arc est morte pour bouter les Anglais hors de France. Et qu'elle détestait, bien plus que les soldats anglais, les Français qu'on appelait les Bourguignons et qui se soumettaient de bon cœur à la puissance occupante.

Un des sélectionneurs de France Télévisions le reconnaît sans ambages, se vantant même de son cynisme : la langue anglaise était le prix à payer pour avoir une chance de gagner.

On se demande alors si le choix du chanteur, avec son prénom venu d'ailleurs, ne serait pas aussi une marque de cynisme.

Prénom arabe, refrain anglais : ils ont bien fait les choses à France Télévisions, ont coché toutes les cases du multiculturalisme pour mériter la récompense suprême.

Le concours de l'Eurovision n'a jamais récompensé la qualité d'une chanson, que ce soit le texte ou la mélodie ; mais ce fut jadis une kermesse sympathique, une sorte d'« Intervilles » du continent où les vaches landaises auraient poussé la chansonnette au lieu de donner des coups de cornes. C'est devenu un concours de dressage au politiquement correct. Les chiens les plus savants et les plus dociles reçoivent seuls leur susucre. Une seule chose manque cruellement : Amir n'est pas transsexuel. Plutôt beau garçon, notre Amir national n'a rien d'une femme à barbe, symbole des valeurs de tolérance et d'ouverture à l'Autre. Allez, encore un effort. Promis, juré : ce sera pour l'an prochain.

12 mai 2016

La brouette

C'est l'affaire de l'année. De la décennie. Du siècle. Un révélateur. Un symbole. Un scandale. Pire qu'un crime, une faute. Un affront pour toutes les femmes et une honte au front de tous les hommes. Tout, vous saurez tout sur le zizi de Denis Baupin, tout sur ses désirs, ses lourdeurs de dragueur, ses mains au panier, ses mots salaces. Tout, on vous dira tout. Le député écologiste n'a pas le droit à une vie privée puisque c'est un criminel. Il doit être lynché, lapidé, exécuté. Il dément tout ce qu'on lui reproche ? Cela prouve qu'il est coupable. Tous les faits dénoncés sont prescrits ? Cela prouve que ses victimes ont eu peur de parler. Mediapart a violé toutes les règles du respect de la vie privée en publiant ses échanges téléphoniques ? Ils devraient être décorés de la Légion d'honneur des lanceurs d'alerte. Ces héros luttent contre les zones de non-droit que sont les partis politiques. Ils défendent la transparence et protègent les pauvres victimes féminines de ces grands prédateurs, de ces pervers narcissiques – comme on dit dans les journaux féminins – que sont les hommes en général et les hommes politiques en particulier. Ils se font aussi – surtout – les instruments consentants de la vengeance politicienne de Cécile Duflot contre Emmanuelle Cosse – l'épouse de Denis Baupin – qui l'a trahie pour un plat de lentilles ministériel. Le hasard et Mediapart font bien les choses.

Les Verts sont des tartuffes de concours. Le parti du féminisme, de la parité hommes-femmes, de la transparence, des leçons de morale à tout-va. De ceux qui savaient et qui se taisaient. De ceux qui prennent des airs consternés et entendus. Il y a quelques semaines, Denis Baupin s'affichait avec quelques collègues de l'Assemblée nationale, le rouge aux lèvres, pour mieux dénoncer, disaient-ils, les violences faites aux femmes.

C'est peut-être cette parodie de féminité que les femmes devraient reprocher le plus à Baupin. Cette dissimulation, cette hypocrisie, cette schizophrénie entre ce qu'il dit et ce qu'il pense.

Le Prix Nobel de médecine François Jacob disait qu'un cerveau était une brouette sur laquelle on avait greffé un avion à réaction. La brouette, c'est le cerveau reptilien, le plus ancien, qui définit nos stéréotypes les plus archaïques, qui gouverne depuis des milliers d'années nos pulsions et nos désirs. L'avion à réaction, c'est notre culture, nos principes, nos idéaux. Si la brouette règne en tyran, on retourne à l'âge de pierre. Mais si l'avion à réaction décide de tout, on devient des robots. Des automates sans vitalité.

On veut régler par la loi ce qui doit se régler par les mœurs. On glisse le juge dans la chambre à coucher où il n'a que faire. Nous fabriquons une société hypocrite qui parle de sexe tout le temps et qui, au nom de l'égalité, fait tout pour éliminer les différences sexuelles. Les médias sont à la fois voyeurs et moralisateurs. On s'interroge doctement pour savoir si Michel Sapin a fait claquer l'élastique de la culotte d'une journaliste. Le débat politique français n'était jamais tombé si bas. Un néo-puritanisme féministe règne sans la vertu. La France devient l'Amérique sans la puissance.

17 mai 2016

Brexit is not good

C'est *Apocalypse Now*. Ou plutôt *Apocalypse Tomorrow*. *Brexit is not good*. Effondrement de la livre sterling, récession, inflation, chômage. La City verra ses emplois filer sur le continent. Les banques américaines partiront pour Hong Kong. La pythie du FMI Christine Lagarde n'a pas lésiné : « Nous n'avons rien vu de positif. Les conséquences s'étalent de plutôt mauvaises à très très mauvaises. »

On songe à de Funès dans *La Grande Vadrouille*, morigénant ses musiciens : « C'était pas mauvais, c'était très mauvais ! » Mais pas le droit de rire ! Le gouverneur de la Banque centrale anglaise évoque une « récession technique » ; mais qu'est-ce qu'une récession qui ne serait pas technique ? Le département du Trésor britannique prophétise un « appauvrissement pour toujours ». Les Londoniens mangeront des rats comme les Parisiens lors du siège de Paris en 1870 par l'armée prussienne.

Tremble, peuple anglais ! Tu as subi stoïquement les bombardements allemands en juillet 1940 mais tu seras bien incapable de supporter le monceau de ruines et de désolations que provoquera la sortie de l'Union européenne.

C'est la City qui hurle le plus fort. Elle hurle avant d'avoir mal. Vieille technique des enfants. Il faut rassurer nos amis banquiers. Ce sont des êtres sensibles qu'une moindre phrase affole. La City a peur de perdre son passeport européen, les banques américaines craignent de se voir fermer la porte de l'Europe. C'est la fameuse forteresse Europe. Une forteresse en forme de gruyère. La philosophie libérale de la Commission de Bruxelles défendra le libre-échange quel qu'en soit le prix à payer par la classe moyenne des pays européens. Dans l'Union européenne, qu'on soit dedans ou dehors, c'est porte ouverte à tous. Demandez aux Chinois !

Ces prophéties ne sont pas faites pour être crédibles, mais seulement pour impressionner les peuples crédules. Il y a vingt-cinq ans, on a eu les mêmes, mais à l'envers. Pendant la campagne référendaire sur le traité de Maastricht et la monnaie unique. L'ineffable Kouchner nous avait prévenus : « Avec Maastricht, on rira beaucoup plus. » Il n'avait pas précisé qu'on rirait jaune.

Michel Sapin, notre actuel ministre des Finances, redressait déjà la courbe du chômage : « L'Europe est la réponse d'avenir à la question du chômage. »

Et Jacques Delors faisait un prix de gros : « L'euro nous apportera la paix, la prospérité, la compétitivité, et, rien que pour la France, il se traduira par la création d'un million d'emplois. » Bien vu, non ?

Maastricht, c'était la Terre promise par Dieu au peuple hébreu où coulent le lait et le miel. Un paradis sur Terre. L'Angleterre du Brexit, c'est l'Égypte de la Bible. On la menace des dix plaies si elle laisse sortir son peuple d'Europe. Les sauterelles, les bêtes féroces, l'eau de la Tamise transformée en sang. Et même la mort du prince héritier.

L'amoncellement de chiffres et de graphiques est là pour faire illusion qu'on est encore dans l'argumentation rationnelle. Mais on est sorti depuis longtemps du domaine de la raison. On est dans l'eschatologique, le prophétique, l'apocalyptique. Le religieux. L'Europe est devenue une question de foi. C'est ce qui reste quand on a tout perdu.

19 mai 2016

Entre amour et haine

On dit souvent que l'amour est proche de la haine. Les policiers après d'autres pourront l'attester. Il y a dix-huit mois, on leur jetait des fleurs. Les femmes leur sautaient au cou comme des libérateurs, et même un vieil anarchiste comme Renaud se surprenait à embrasser un flic ! La police était Charlie et tout le monde aimait la police.

Dans la rue, désormais, les manifestants crient à l'unisson : « Tout le monde déteste la police ! » On lance des harpons de pêche, des boules de pétanque avec des rasoirs, on jette des mortiers, des containers de bouteilles en verre, des boîtes de vis sur lesquelles on attache des pétards. On veut casser du flic. Faire mal. Au risque de tuer. La CGT se plaint pourtant des violences policières. Chaque camp dénonce la haine de l'autre. Sur Internet défilent en boucle les images de jeunes gens brutalisés par des CRS parés comme Robocop, sans que l'on sache qui a provoqué la réaction de l'autre.

C'est Nuit Debout qui a tout changé. La place de la République est devenue un champ de bataille. On renoue avec la tradition des violences révolutionnaires. On brise les façades des banques. On met le feu aux voitures de luxe. À force de parodier Mai 68, il était inévitable que le mouvement redécouvre son slogan le plus inepte et le plus scandaleux : « CRS-SS ». De leur côté, les policiers renouent eux aussi avec les mots de l'époque, dénonçant les casseurs.

De Gaulle avait alors lancé à son Premier ministre Pompidou : « Faites tirer dans les jambes. » De Gaulle était un homme du XIXe siècle qui avait connu la guerre. Dans sa jeunesse, on envoyait l'armée à cheval contre les manifestants. Ceux-ci n'hésitaient pas à attaquer au couteau leurs montures. Il y avait souvent des morts, comme le 6 février 1934.

Pompidou et son préfet de police, Maurice Grimaud, avaient pris le contre-pied des instructions du Général. Mais cet humanisme bienfaisant s'est retourné depuis contre l'État. L'humanisme est pris pour de la faiblesse. Les violents se sont enhardis. Depuis la mort de Malik Oussekine dans une manifestation contre la loi Devaquet en 1986, la hiérarchie policière et tous les gouvernements de droite comme de gauche vivent dans la hantise de la bavure. On avait déjà pu le constater lors des émeutes de banlieue de 2005. Les forces de l'ordre sont sur la défensive. Les consignes de retenue les paralysent. La peur a changé de camp.

L'état d'urgence n'y change rien. L'état d'urgence ne sert à rien. Dans la bataille, les jeunes gauchistes ultraviolents venus de toute l'Europe côtoient les troupes fraîches venues de banlieue. Les Black Blocs rencontrent les racailles. Chacun reste dans son domaine d'excellence : les uns détruisent les symboles du capitalisme, les autres pillent et volent. Font leurs courses. Les uns dénoncent la société de consommation, les autres veulent consommer à tout-va. La convergence des luttes est un mythe d'intellectuel. Les Indigènes de la République dénoncent les petits Blancs de gauchistes. Leur seul point commun est la haine de la police.

Pendant ce temps-là, la foule immense de Charlie ne reconnaît plus sa République. Commence à s'agacer devant cette chienlit.

C'est l'opposition de deux générations et de deux France. La France médiatisée et la France réelle. Deux France qui n'ont plus rien en commun. S'observent de loin en chiens de faïence. Il n'y a plus que les policiers pour les séparer.

24 mai 2016

Le nouveau clivage

Le vainqueur aurait pu être le vaincu. Et le vaincu aurait pu être le vainqueur. Le Vert aurait pu perdre, l'extrême droite a failli gagner. L'Autriche a joué sa présidentielle à pile ou face, mais c'est toute l'Europe qui lit son avenir politique dans le marc de café viennois. Il faut oublier les valses et les culottes de peau tyroliennes. Il faut même oublier l'histoire, l'empire des Habsbourg ou l'Anschluss et le passé hitlérien.

L'Autriche d'aujourd'hui, c'est l'Allemagne, et l'Allemagne, c'est l'Europe. Et l'Europe, c'est l'Occident. La mort des deux grands partis, la démocratie chrétienne et la social-démocratie, sonne le glas du clivage droite-gauche traditionnel tel qu'il s'était incarné depuis la fin de la Seconde Guerre mondiale. Un clivage peu à peu réduit à presque rien au point que, dans de nombreux pays, comme en Autriche, la droite et la gauche s'étaient associées dans de grandes coalitions pour gouverner ensemble et appliquer les réformes imposées par la mondialisation et l'Union européenne. Le clivage droite-gauche meurt pour mieux ressusciter.

La leçon autrichienne signifie que les deux partis vont périr ensemble. Comme la CDU et le SPD allemand. Les Républicains et le PS français. Les états-majors ont déjà anticipé cette révolution. Les Verts allemands, très proches des Verts autrichiens, se rallient à Angela Merkel pour préparer l'affrontement contre l'AFD, le parti europhobe et antimusulman qui monte. En France, les socialistes et les Républicains feront cause commune en 2017 pour bloquer Marine Le Pen. En Grande-Bretagne, le référendum sur la sortie de l'Union européenne précipite les rapprochements entre les leaders des partis conservateur et travailliste, tous deux hostiles au Brexit.

L'élection autrichienne a valeur de test pour tout l'Occident. Elle précise les fondements économiques, géographiques, sociologiques, idéologiques de nos affrontements de demain. Les grandes métropoles contre le rural et le péri-urbain. Les classes supérieures, les jeunes diplômés, les femmes des grandes villes, les enfants de l'immigration contre les classes populaires, ouvriers et employés. Les vainqueurs de la mondialisation contre les vaincus. Les partisans de l'Union européenne contre ses adversaires. Le multiculturalisme contre l'identité. Les droits de l'homme contre la souveraineté nationale. L'Europe contre les nations. Les partisans du mariage homosexuel contre les défenseurs de la famille traditionnelle. Les anti-Poutine contre ceux qui l'admirent. Le parti de l'Autre contre les patriotes. Les migrants contre les frontières. Les « pasdamalgame » contre les islamophobes. Le politiquement correct contre le populisme. Le libre-échange contre le protectionnisme. Hillary Clinton contre Donald Trump.

Cet affrontement sera impitoyable et inexpiable. On combattra au nom de principes et de valeurs non négociables. Une

certaine idée de l'homme et du pays. Tous ceux qui cherche-
ront à y échapper seront balayés. Le temps des gestionnaires
et des technocrates est révolu. L'Europe va redécouvrir les
joies de la guerre civile froide. Froide au mieux.

26 mai 2016

Il est l'or, monsignore !

Les patrons se sont dévoués. Il y avait urgence. On ne savait
plus quoi inventer pour donner une image de gauche à ce
gouvernement socialiste. On ne savait plus quoi inventer pour
rassembler à l'Assemblée nationale la majorité derrière un seul
texte. On ne savait plus quoi inventer pour légitimer la candidature de François Hollande. On ne savait plus quoi inventer
pour amadouer le patron de la CGT. Les communicants les
plus créatifs étaient à sec. Enfin Carlos Ghosn vint. Carlos
Ghosn tel le Messie, ou plutôt tel l'Antéchrist. En l'occurrence, c'est du pareil au même. Carlos Ghosn et ses millions.
Carlos Ghosn, c'est l'oncle Picsou nageant dans un bain de
dollars ; c'est de Funès dans *La Folie des grandeurs* réveillé au
son mélodieux de ses écus : « Il est l'or, monsignore. » Carlos
Ghosn et tous ses collègues du CAC 40 qui n'en ont jamais
assez, jamais assez de limousines, d'art contemporain, de jets
privés, de bateaux, de châteaux, et pas qu'en Espagne. Il faut
les comprendre : tout cela coûte horriblement cher. Il faut les
comprendre : les patrons américains sont encore mieux payés
qu'eux. La vie est trop injuste, Calimeros Ghosn !
Le désir mimétique des uns fait le bonheur médiatique et
politique des autres. Une loi, mais c'est bien sûr, pourquoi
n'y avoir pas pensé plus tôt ? Une loi qui plafonne la rému-
nération des grands patrons à cent fois le montant du smic.
Pourquoi cent smics ? Pourquoi pas dix smics, pourquoi pas
cinquante smics ?
Valls se marre, qui a réussi à déborder Macron sur sa gauche.
Un Macron qui ne veut pas de cette loi. Un Macron resté
bêtement collé aux desiderata du patronat. La politique, c'est
un métier, mon petit Emmanuel !

Lui et le patronat français n'ont pas vu venir le coup. Dénonceront bientôt les retards français, l'étatisme, le goût pour l'économie administrée, la haine de l'argent venue du vieux fonds catholique.

Tous les poncifs habituels.

Pourtant, la question des salaires des patrons est devenue un sujet explosif dans tous les pays occidentaux. Même chez les Anglo-Saxons, les actionnaires se rebellent contre les patrons gloutons. Les classes moyennes occidentales en ont assez de se prolétariser sous l'œil goguenard d'une infime minorité de très riches qui accaparent la quasi-totalité des richesses produites dans le pays. « La lutte des classes existe, avait dit le milliardaire américain Warren Buffett avec cynisme, et les riches l'ont gagnée. »

Les caves se rebiffent. Même les socialistes français s'en sont aperçus. Mais il est bien tard. L'argent joue à saute-mouton par-dessus les frontières abolies. Plafonnés ici, les patrons seront payés ailleurs. Si la maison mère ne peut plus distribuer les millions, c'est la filiale qui le fera. Et l'État vertueux perdra la manne fiscale correspondante. On peut enfin compter sur le Conseil constitutionnel pour juger que cette loi est confiscatoire. Porte atteinte à la liberté d'entreprendre ou la liberté contractuelle. Les grands principes ont cet avantage qu'on peut leur faire dire ce qu'on veut. On se souvient que François Hollande s'était ainsi débarrassé de son imprudente promesse de taxer à 75 % les salaires de plus d'un million d'euros. Laisse tomber, Emmanuel, la politique, c'est un métier !

31 mai 2016

Le prénom

Le monde est bien fait. Il y a les gentils et les méchants. Les tolérants et les xénophobes. Ceux qui acceptent que les enfants portent des prénoms multicolores et ceux qui veulent leur imposer des prénoms monochromes français. Et si on allait au-delà des postures ? Au-delà des faciles incantations ? Et si on plongeait dans la réalité des rapports sociaux ? Et si on retournait dans l'histoire de la nation française ? Adjani se prénomme Isabelle et non Djamila, Reggiani se prénommait Serge et non Sergio ; Aznavour, c'est Charles ; Valls, Manuel ; Platini, Michel.

Appeler ses enfants Swelen ou Mohamed, c'est un signe manifeste d'auto-ségrégation qui permettra ensuite de se plaindre de la ségrégation que l'on subit. C'est refuser consciemment ou inconsciemment de faire partie du peuple français. C'est nier la République au nom des prétendues valeurs républicaines. Depuis que la République existe, elle a imposé des prénoms tirés du calendrier des saints. Les révolutionnaires votèrent la première loi dans ce sens en l'an XI. Elle fut confirmée par une loi de 1965, sous le général de Gaulle, et, en 1972, sous Georges Pompidou. Comme chacun sait, deux tyrans xénophobes. Jamais ils n'auraient toléré qu'une ministre appelle sa fille Zohra ou qu'un président de la République appelle sa fille d'un prénom italien. Ce sont les juges qui, à partir des années 70, ont refusé d'appliquer cette législation séculaire. Les familles maghrébines pensaient alors repartir au pays ; on les laissa faire. Les familles françaises des classes populaires étaient fascinées par Hollywood ; on ne sanctionna que les plus ridicules, comme Goldorak. Devant le laxisme judiciaire, les préfets baissèrent les bras, et le législateur abolit cette législation en 1993. La gauche a l'habitude de parer ses renoncements des atours de la liberté.

Il ne faut pas tout confondre. Ou faire semblant.

Les prénoms germaniques ne sont pas étrangers, puisque les Germains sont à l'origine de la France avec les Gallo-Romains. En faire des immigrés, c'est confondre la France avec l'Empire romain. Les prénoms scandinaves ont depuis toujours été francisés par la conversion de ces populations au christianisme. Que cela plaise ou non, la France est un pays de culture catholique, façonnée par l'Église depuis plus de mille ans.

Les autres cultures, les autres nations ne s'y trompent pas. Le rappeur Abd al Malik s'appelait Régis avant sa conversion à l'islam. Quand des parents juifs donnent à leurs enfants des prénoms israéliens, il y a de fortes chances que cette famille ne tarde pas à quitter la France pour Israël. Quand un gosse est affublé d'un prénom tiré d'une série télé américaine, tout le monde devine qu'il vient d'un milieu qui n'a pas les outils culturels pour résister à l'américanisation de la société.

Où est la liberté ? Où sont les racines ? Où est la France ?

Pour rendre hommage à ses racines et à ses ancêtres, à la mémoire de ses parents, le nom de famille suffit. Il sert même à cela depuis toujours. Le prénom est au contraire la marque de l'individu nouveau qui va évoluer dans la société d'accueil. Lui donner un prénom français, de culture chrétienne, c'est marquer sa volonté d'intégration dans le pays qui sera le sien. C'est marquer son respect pour la société d'accueil, son passé, son histoire, ses héros. C'est faire sien son héritage. Le prénom, c'est la France.

2 juin 2016

Comme aujourd'hui

Le débat politique, intellectuel ou social français a toujours ressemblé à un théâtre. C'est à Paris que tout se passe, comme sur une grande et unique scène. Les tirades des principaux acteurs sont des monologues successifs adressés à la salle, comme dans le répertoire classique. Chacun choisit son rôle, son époque, ses héros, en fonction de ses calculs ou de ses goûts. L'affrontement autour de la loi El Khomri ne déroge pas à cette tradition.

Pendant que Nuit Debout rejoue Mai 68, la CGT vitupère contre les violences policières, et Valls refuse de céder à la rue. On est dans les années 70. Le patron du MEDEF traite la CGT d'« officine stalinienne ». On est dans les années 80. À l'époque, c'était le père d'Yvon Gattaz, Pierre, qui menait la danse patronale. Lui aussi dénonçait les lourdeurs du droit social et promettait un million d'emplois si on supprimait l'autorisation administrative de licenciement. Souvenirs, souvenirs…

Dans les années 70, la CGT bloquait, insultait, menaçait ; et la CFDT négociait. Comme aujourd'hui. Au dernier moment, la CGT sortait de sa tanière pour venir signer un vague accord, comme l'armée américaine dans les westerns. Elle se prépare aujourd'hui à la même manœuvre.

Dans les années 80, la gauche était au pouvoir. Comme

aujourd'hui. Elle avait déjà fait son virage libéral, au nom de l'Europe. Comme aujourd'hui. Le Premier ministre chantait sur tous les tons « J'aime l'entreprise » et le ministre des Finances cherchait les moyens de moderniser l'industrie française. Comme aujourd'hui. Le président de la République donnait en exemple les brillants résultats des créateurs d'entreprises californiens. Oui, comme aujourd'hui. La France apposait sa signature à des accords européens pour toujours plus de concurrence. À l'époque, c'était l'acte unique de Jacques Delors. Aujourd'hui, c'est l'ouverture définitive de la concurrence sur le rail. Mais, comme dans les années 80, l'État ignore à Paris ce qu'il a signé à Bruxelles et interdit aux dirigeants de la SNCF d'adapter leur entreprise à la nouvelle donne concurrentielle. De même, dans les années 80, on n'a pas donné aux grands groupes français les moyens de se battre à armes égales alors qu'on les lâchait dans la jungle de l'Europe et de la mondialisation. Au nom du modèle social français. Au nom de l'État garant de l'intérêt général. Au nom du service public. Comme aujourd'hui.

Dans les années 70, on a fait payer la hausse du prix du pétrole par les entreprises de peur de la rue. Dans les années 80, on a commencé à financer le modèle social français par la dette. On ne change pas une équipe qui gagne.

Dans les années 70, les casseurs cagoulés, barres de fer et manches de pioche, promettaient la révolution pour demain.

Dans les années 80, Chirac commençait à dire que Juppé était le meilleur d'entre nous. À force de dire des choses horribles, elles finissent par arriver !

Dans ce combat des années 70 contre les années 80, chacun des acteurs a ses repères, chacun prend ses aises, chacun tient son rang. Sauf nous. Nous pour qui tout s'est aggravé, déglingué, désintégré. Bouleversé. Un monde qui change, il faut changer avec lui, nous serinent nos élites politiques, administratives, médiatiques et sociales. C'est leur réplique préférée ; avec : Faites ce que je dis, pas ce que je fais.

7 juin 2016
Grands Suisses

Ils ont dit non. Un non franc et massif. À près de 80 %. Le revenu universel avait pourtant tout pour plaire. Gagner 2 260 euros par mois sans travailler, c'était le rêve de tous les fainéants ou de tous ceux qui se prenaient pour Van Gogh ou Mozart. Ou de tous ceux qui sont convaincus que le développement du numérique réduira au chômage, dans un proche avenir, la masse des salariés. Le revenu universel, c'est une mesure qui a tout pour plaire aux gens de gauche, alors même qu'elle a été conçue et défendue par des libéraux. C'est une idée à la mode, moderne, qui ringardise les prestations sociales traditionnelles. Est même prévue pour les remplacer. Droite et gauche, marxistes et libéraux, généreux et économes : le revenu universel est la mesure attrape-tout par excellence.

Un attrape-tout qui n'a attrapé personne. Le peuple n'a pas marché dans la combine. En tout cas, le peuple suisse. Le peuple, lui, s'en tient aux principes traditionnels : tout travail mérite salaire ; et à chacun selon ses mérites. Le peuple n'est pas moderne. Le peuple n'est pas fun. Le peuple est tradi. En tout cas, le peuple suisse. Le même qui, dans un passé récent, a dit non à une augmentation massive du smic et à des congés payés qui seraient passés de quatre à six semaines. Le peuple suisse tient à protéger la compétitivité de l'économie nationale. Le peuple suisse ne veut pas tuer la poule aux œufs d'or. Le peuple suisse n'est pas démago. Le même peuple avait aussi décidé le plafonnement des salaires des patrons, bien avant que l'Assemblée nationale française ne s'empare du sujet. Les mêmes aussi avaient décidé l'arrêt de l'immigration et refusé les minarets sur les mosquées, au grand dam de toutes les élites du pays et de tous les médias internationaux. Le peuple n'est pas sensible aux joies frelatées de la diversité.

À force de référendums, de votations, dit-on là-bas, nos voisins helvètes dessinent une sorte d'autoportrait de peuple raisonnable et responsable, qui rejette autant la démesure que les modes. Un peuple qui veut rester un peuple. Des Suisses qui veulent rester des Suisses. Deux ambitions qui paraissent folles et réactionnaires à notre époque individualiste et mondialiste.

On a l'habitude d'opposer les Suisses aux Français. Des Suisses lourds et raisonnables à des Français légers et idéologues. C'est pour cette raison que nos élites de droite comme de gauche ne convoquent jamais de référendums. Et quand elles sont obligées, comme en 2005 sur l'Europe, elles s'arrangent pour que le Parlement s'assoie sur la réponse qui ne leur convient pas. Au nom de la démocratie, bien sûr.

Le peuple ne répond jamais à la question posée, nous dit-on d'un air faussement contrit. Le peuple est dangereux, pense-t-on au fond.

Un référendum sur l'Europe ? Voyons, vous n'y pensez pas, on favoriserait les nationalistes. Sur l'immigration ? On favoriserait les xénophobes. Sur l'assistanat ? On favoriserait les démagogues. Sur l'école ? On favoriserait les réacs. La démocratie a des limites quand même : le peuple a le droit de changer de gouvernement, mais pas de changer de politique.

9 juin 2016

Cassius Ali

Il ne parlera plus et ne frappera plus, mais on ne sait pas ce qui nous manquera le plus. « J'ai lutté avec un alligator, je me suis battu avec une baleine [...]. La semaine dernière encore, j'ai tué un rocher, blessé une pierre, fait hospitaliser une brique. Je suis si méchant que je rends la médecine malade », proclamait-il avant de devenir champion du monde en 1964.

Avant lui, jamais un poids lourd n'avait eu le jeu de jambes aérien d'un poids moyen. « Vole comme le papillon, pique comme l'abeille. Et cogne, jeune homme, cogne ! » se répétera-t-il toujours. Avant lui, jamais un boxeur n'avait paradé ainsi, insultant l'adversaire, fanfaron et méprisant. Il ne laissait aucun M. Ramirez parler à sa place. Mais ses hâbleries avaient un sens politique. Il était le Noir qui ne se taisait pas, qui ne disait pas « Merci, patron ! ». Il était le mauvais Noir quand Joe Frazier, son légendaire adversaire, le seul qui l'ait vaincu un jour, était le gentil Noir. « La boxe, c'est beaucoup d'hommes blancs qui regardent deux Noirs se taper dessus. »

Les Noirs sont le péché originel de l'Amérique. Plus encore que les Indiens. L'esclavage des Noirs est l'exact opposé du credo américain fondé sur la liberté.

Après la guerre de Sécession, la réconciliation entre le Nord et le Sud s'est faite encore sur le dos des Noirs, le Nord tolérant que le Sud maintienne une ségrégation rigoureuse, une sorte d'apartheid.

Cassius Clay a craché son péché originel au visage de l'Amérique. Il fut sa mauvaise conscience. La vraie rupture eut lieu lorsqu'il refusa de se battre au Vietnam. « Leur tirer dessus. Pourquoi ? dit-il. Ils ne m'ont jamais traité de Nègre. Ils ne m'ont jamais lynché. » Il faisait alors passer la race avant la patrie. Il voulait rendre la monnaie de sa pièce à l'Amérique blanche. C'était l'esprit de l'époque, qui privilégiait les minorités, raciales ou sexuelles, sur la majorité.

Il fit de la prison. Il perdit son titre de champion du monde. Il se convertit à l'islam. Il se fit appeler Mohamed Ali. Il fraya avec Malcolm X. Il fut consacré icône révolutionnaire.

L'annonce de sa mort a déversé bien sûr un tombereau d'éloges. Même Donald Trump y est allé de son couplet. Barack Obama et Hillary Clinton essaient de tirer le cadavre aux démocrates. Ils vantent le rebelle, le combattant. Mais les mots sonnent creux. On n'est plus dans les années 60. Les rebelles d'hier sont les maîtres d'aujourd'hui.

L'Amérique blanche a perdu ses certitudes. La mondialisation a transformé la fière classe ouvrière de naguère en petits Blancs. On parle espagnol à Los Angeles ou à Miami. La discrimination positive a permis à de nombreux Noirs d'entrer à l'université. L'hôte de la Maison Blanche se prénomme Barack Hussein. L'Amérique n'est plus l'Amérique, mais les prisons sont bourrées de jeunes hommes noirs et les *cops* ont la gâchette facile.

Bien avant sa mort, il était devenu une sorte de mythe. Tous les Cantona, les Zlatan et les McEnroe, tous les mauvais garçons du sport mondial sont de pâles imitateurs. Quand Hollywood imagine un personnage mythique de boxeur, elle le forge sur son modèle ; mais donne le rôle à un Blanc. Rocky Balboa fut ainsi un suprême hommage à Cassius Clay et un ultime pied de nez à Mohamed Ali.

14 juin 2016
Le foot, c'est la guerre

Ils sont vêtus d'un short et d'un polo mais c'est une armure de soldat. Ils n'ont pas besoin d'avoir bu pour se battre. On les appelle *hooligans*, mais ils ne sont pas tous anglais. Les médias aiment à les présenter comme des bas du front avinés mais eux se voient comme les derniers chevaliers d'une époque matérialiste et dévirilisée. Ils n'ont pas frappé au hasard ni en désordre. Ils ont repéré les lieux, visé une cible, puis attaqué en meute. Ce n'était pas une bataille de rue, c'était un raid. Une attaque de commando. Certains jeunes habitants des quartiers nord de Marseille sont descendus pour se jeter dans la mêlée. Afin de leur montrer que les supporters de l'OM n'étaient pas des pourris, pour que ces étrangers repartent avec une bonne image de la ville. Les Russes et les Anglais ne se sont pas épargnés. Ils s'étaient entraînés toute l'année pour ce moment-là ; avaient pratiqué des sports de combat. Il en va de leur réputation auprès de leurs pairs. Il y a un classement chez les *hooligans* comme à la sortie de l'ENA ou chez les joueurs de tennis.

Le foot, c'est la guerre. Il en a toujours été ainsi. La guerre symbolique. La guerre sublimée. La guerre par d'autres moyens. La guerre entre le Barça et le Real Madrid, entre Ajax d'Amsterdam et Feyenoord, entre le Brésil et l'Argentine. Entre les deux Allemagne, lors de la Coupe du monde de 1974. La guerre sur le terrain qui débouche parfois sur une vraie guerre, comme après le match de juin 1969, entre le Honduras et le Salvador. La guerre sur le terrain pour prendre sa revanche d'une défaite militaire comme Argentine-Angleterre en 1982 après l'expédition des Malouines. La guerre sur le terrain qui fait surgir le souvenir des guerres du passé : lors du fameux France-Allemagne de Séville, le violent gardien allemand Schumacher fut traité de nazi.

Le foot avait été inventé à la fin du XIXe siècle pour canaliser les instincts belliqueux des ouvriers anglais dont le sort terrible avait fait dire à Stendhal : « Le travail exorbitant et accablant de l'ouvrier anglais nous venge de Waterloo. » Les mêmes étaient sur le terrain et autour. La bourgeoisie préférait le tennis ou le rugby. Si le rugby est un sport de voyous pratiqué par des gentlemen, le foot est un sport de gentlemen pratiqué par des voyous. Mais peu à peu, le foot s'était civilisé sur le terrain et dans les gradins. Les pères venaient avec les fils. Le jeu était devenu un art, un art de la passe, un art du don gratuit, un art de la solidarité. Toujours la guerre mais en dentelle.

Il y a une trentaine d'années, le foot a été arraché aux classes populaires. Il est devenu le temple du fric. Les gradins se sont remplis de *happy few* et de jolies femmes. Les classes populaires ont été expulsées par le prix des places. Les supporters ont été grimés en cibles peinturlurées ridicules pour caméras de télévision. Les joueurs ont de plus en plus de mal à incarner des sentiments patriotiques qu'ils ne ressentent plus. Les supporters ont de plus en plus de mal à se sentir représentés par des équipes de milliardaires venus des quatre coins de la planète. Tout est représentation, tout est spectacle. La violence des classes populaires n'est plus canalisée, incarnée sur le terrain ni dans le stade. Elle s'exprime dans la rue.

16 juin 2016

Le roi-caoutchouc

Il est des mots qui sentent le soufre, qui sont chargés d'histoire. On les sort du placard en tremblant. On hésite sur le sens précis : état d'urgence, état de siège, quelle est la différence ? Jusqu'où la force peut-elle primer le droit ? Quand le pouvoir militaire se substitue-t-il au civil ? On bute sur les mots explosifs, péril imminent, restriction des libertés fondamentales.

On croit entendre Napoléon III après son coup d'État : « Tout rassemblement de plus de trois personnes est interdit sous peine de mort ». On croit voir les soldats de Cavaignac charger les barricades de juin 1848. On s'imagine dans les *Misérables* de Victor Hugo mourir avec Gavroche en chantant : « Je suis tombé par terre, c'est la faute à Voltaire, le nez dans le ruisseau, c'est la faute à Rousseau. » On croit voir de Gaulle à la télévision, sanglé dans son habit de soldat, tancer le quarteron de généraux à la retraite.

Ce qui est formidable avec ce pouvoir, c'est qu'on redescend très vite sur terre. On ne reste pas longtemps dans l'épique, ou même dans le martial. Ce pouvoir est humain, trop humain. L'état d'urgence avec Hollande, c'est comme s'il n'y avait pas d'état d'urgence. Les manifestations, les grèves, les violences, les attentats : tout est comme avant l'état d'urgence. C'est le mot qui change. Ou plutôt ne change rien. On peut occuper les rues de Paris, on peut casser du flic, on peut briser des vitrines, on peut rassembler des supporters de football pour mieux offrir leur vie aux tueurs de l'État islamique. On peut chaque nuit fumer des pétards place de la République et refaire le monde. On peut immobiliser des trains, des métros, des avions. On peut accumuler des poubelles dans les rues sans les ramasser. On peut attaquer l'hôpital Necker comme une diligence dans un western. On peut se battre à coups de chaise dans les rues de Marseille. On peut transformer Paris en pétaudière. On ne risque rien, ni l'interdiction ni la réquisition. Et on ne parle même pas d'arrestation. Seuls la police et les *hooligans* risquent leur vie. Chacun vaque à ses occupations comme si l'état d'urgence n'existait pas : la CGT bloque les gares et les rues, les gauchistes brûlent des voitures de police, les migrants campent sous le métro aérien boulevard de la Chapelle, les tueurs de l'État islamique tuent. L'état d'urgence sous Hollande est synonyme d'il est interdit d'interdire. Il n'y a ni urgence ni État. Il faut effacer tous nos souvenirs, toutes nos leçons de l'histoire ; toutes les nécessités du maintien de l'ordre.

Hollande innove en permanence.

Il invente un état d'urgence proclamé, un état d'urgence de papier comme il y avait naguère des tigres de papier. Un état d'urgence en caoutchouc, où tout ce qui devrait être dur est mou. Tout ordre devient une négociation. Toute autorité publique s'efface devant le sacro-saint État de droit. Tout acte de force finit en preuve de faiblesse. Le préfet doit se soumettre au juge et l'intérêt de l'État aux libertés individuelles. C'est un art, une marque de fabrique, ce qui restera sans doute de François Hollande dans l'histoire.

Selon la légende, le roi Midas changeait tout ce qu'il touchait en or ; notre roi Hollande change tout ce qu'il touche en caoutchouc.

21 juin 2016

Anatole contre France

« Mais tu es qui toi, Anatole France, pour venir t'incruster au bac ? » Cet insolent gazouilleur n'a pas tort. Qui est Anatole France ? Une station de métro ? De tramway ? Une enseigne d'optique ? Une compagnie de gaz ? Ces jeunes gens furieux s'offusquent légitimement : on leur demande de commenter Anatole-France alors que le match n'a pas encore commencé.

Aucun personnage de *House of Cards* ne se prénomme Anatole, c'est dire si ce prénom est ridicule ; et personne ne s'appelle France en France ; cela sent son pseudo ringard à plein nez, une parodie d'électeur du Front National pour comique en manque d'inspiration.

Renseignements pris, Anatole France serait un écrivain. Mais que vient faire un écrivain au bac, et au bac français de surcroît ? Depuis que notre ministre de l'Éducation nationale nous a expliqué que les leçons de théâtre enseigneront désormais l'improvisation chère à Jamel Debbouze, on devine que les textes du bac français doivent rassembler une compilation des chansons immortelles de Raphaël ou des raps rimbaldiens de Booba. La cohérence pédagogique est à ce prix.

Anatole France n'est ni une femme ni un représentant de la diversité ; encore un homme blanc de plus de 50 ans à envoyer illico au cimetière des éléphants.

Anatole France a défendu le capitaine Dreyfus, cet officier juif accusé de trahison en faveur de l'Allemagne. Mais qu'a-t-il fait pour les enfants palestiniens ?

Anatole France a écrit un roman d'amour superbe, *Le Lys rouge*, le récit transposé de sa passion pour Madame de Caillavet. Il aurait pu au moins être homosexuel !

Anatole France est aussi l'auteur des *Dieux ont soif*, un des plus grands romans historiques sur la Révolution française, une dénonciation au scalpel de la Terreur sous Robespierre. Jean-Luc Mélenchon a aussitôt vu dans cette attaque perfide contre son grand homme la main de l'Élysée et des médias à sa botte pour saboter sa campagne présidentielle. De toutes les manières, il n'y a qu'un seul Dieu et Mahomet est son prophète !

Anatole France a reçu le Prix Nobel de littérature en 1921. Michel Platini jure que le Qatar n'y est pour rien.

Anatole France a écrit l'île aux pingouins, où l'histoire de l'humanité est vue à travers des pingouins aux passions très humaines. Pingouin toi-même ! Les jeunes ont le droit au respect.

Il écrivait dans un style admirable, une prose simple et limpide, héritière de la grande tradition littéraire française. Faut vraiment être un pervers polymorphe pour dénicher un texte poussiéreux d'Anatole France alors que l'on possède en magasin les œuvres admirables de Christine Angot.

Avant même la mort du grand écrivain, les surréalistes se moquaient déjà d'Anatole France, de son style trop clair, de ses histoires trop romanesques. De sa qualité trop française. Les surréalistes avaient cent ans d'avance.

Le texte choisi pour les lycéens était l'hommage funèbre prononcé par Anatole France à la mort d'Émile Zola. C'est la solidarité bien connue des stations de métro.

23 juin 2016

Airbus ou Boeing ?

C'est une grosse affaire. Une affaire de gros contrats, une affaire de gros sous et de gros avions. Des avions, oui, mais des Airbus ou des Boeing ? Telle est la question existentielle que se posent les Iraniens depuis que la levée des sanctions internationales, après leur renoncement au nucléaire militaire, l'an dernier, leur permet de revenir sur le marché mondial. Les Iraniens ne font pas dans la dentelle : ils en veulent plus d'une centaine. À Toulouse et à Chicago, on a la langue pendante comme le loup de Tex Avery devant une jolie fille. Mais comme tous ceux qui ont été privés pendant trop longtemps de gâteaux au chocolat, les Iraniens ont les yeux plus gros que le ventre. Les avions, ils les veulent, mais n'ont pas d'argent pour se les offrir.

Mais pour ces gros contrats du commerce international, pêché d'argent est faute vénielle. Les vendeurs amènent leurs banquiers qui prêtent à l'acheteur. Airbus vient avec les banques européennes et Boeing avec les banques américaines.

Cette fois, cependant, les banques européennes se planquent. Se terrent, se font toutes petites, regardent leurs chaussures. Prennent la poudre d'escampette. Elles aimeraient bien mais n'osent point. Elles tremblent de peur. Elles se souviennent de l'amende faramineuse que la justice américaine a infligée à la BNP pour avoir financé des accords commerciaux avec l'Iran. Banquier échaudé craint l'eau glacée. La BNP n'ose plus bouger le chéquier. Ses collègues européens non plus. Franc comme un banquier qui recule. La BNP et les autres demandent que l'administration américaine leur donne l'autorisation par écrit. A Washington, on fait la sourde oreille. Une autorisation, quelle autorisation ? Un papier, quel papier ? Pendant ce temps-là, les patrons de Boeing rient sous cape. Et font les jolis cœurs dans le Téhéran by night.

Que fait la France ? Rien. Que fait l'Allemagne ? Rien. Que fait Bruxelles ? Rien. Que fait la Banque Centrale Européenne à Francfort ? Rien.

L'Europe aujourd'hui, c'est ça : l'impuissance institutionnalisée. Bruxelles a été assez forte pour abolir les souverainetés des vieilles nations mais pas assez pour édifier une souveraineté européenne. Loin des querelles métaphysiques autour du Brexit. Loin des statistiques tronquées et des prophéties apocalyptiques. Loin des slogans dont on nous a abreuvés : à plusieurs, on est plus fort. Seule l'Europe a la taille de résister aux États-Unis. Seul l'euro concurrence le dollar comme monnaie de réserve mondiale… Illusions perdues.

Ou plutôt agenda caché ? Le père de l'Europe, Jean Monnet, ne cachait pas ses liens très étroits avec l'Amérique. Ses présidents, ses services secrets, ses dollars. C'est pour cette raison que de Gaulle ne l'aimait pas. Depuis l'après-guerre, les États-Unis ont toujours favorisé l'émergence et de l'Union européenne. Mais tant que celle-ci restait à sa place, c'est à dire la seconde. Comme un petit frère qui a toujours besoin de la protection de son grand frère ; et ne songe jamais à mettre en cause le droit d'aînesse.

28 juin 2016

Vent d'Ouest

Le peuple anglais est bête. Le peuple anglais est inculte. Le peuple anglais est xénophobe. Le peuple anglais est raciste. Le peuple anglais est ringard. Le peuple anglais est vieux. Le peuple anglais est laid. Le peuple anglais boit trop de bière. Le peuple anglais est gros. Le peuple anglais ne sort pas de son trou. Le peuple anglais nous a habitués à mieux. Le peuple anglais doit revoter. Le peuple anglais doit demander pardon. Le peuple anglais n'est pas à la hauteur de son histoire. Le peuple anglais va sortir de l'Histoire.

Il faut sans doute remonter aux guerres de Napoléon, ou à la bataille de Mers-El Kébir en 1940, pour retrouver en France un tel déferlement de haine anglophobe. Une haine dissimulée en admiration déçue. Une haine mêlée de mépris. Un mépris de classe et de caste. Une anglophobie doublée d'une prolophobie. Le prolo anglais est haïssable. Les élites françaises, politiques, médiatiques, économiques, artistiques, intellectuelles, lui sont tombées dessus avec une hargne inédite.

Mais une hargne qui s'explique.

Ce vote n'est pas un vote comme les autres.

Les Anglais ont envoyé un double message : la nation est le seul espace démocratique ; nous préférons sacrifier un peu de notre bien-être matériel à la sauvegarde de notre identité. C'est l'Angleterre multiculturelle et mondialisée qui a voté pour rester dans l'Europe. C'est l'Angleterre anglaise qui a voté pour le Brexit.

Ce vote ne vient pas d'un petit pays excentré comme la Grèce ou d'inadaptés au libéralisme comme les Français, mais du cœur idéologique et financier de la Mondialisation. Ce Brexit doit être ajouté au triomphe de Donald Trump aux primaires américaines, lorsqu'il a imposé à l'Établissement du Parti républicain et aux médias un discours hostile au libre-échange, à Wall Street et à l'immigration.

Boris Johnson et Donald Trump n'ont pas seulement le même coiffeur. Ils incarnent ensemble un basculement histo-rique. Une fin de période, une fin de génération, celle qui dans les années 60 et 70 a vu naître l'alliance idéologique entre les libertaires et les libéraux. Entre les défenseurs des minorités et les apôtres de l'individu-roi. Ensemble, ils ont consacré le règne du droit et du marché. De la diversité et de l'abolition des frontières. Aux États-Unis, la rencontre des hippies de Berkeley et des Chicago boys de Milton Friedman. En Angleterre, celle des Beatles et de Margaret Thatcher. En France, le mariage de Madelin et de Cohn-Bendit. Chacun sa chance.

Cette révolution venue de l'ouest a balayé ensuite toute l'Europe et le monde entier.

Ce n'était pas la première fois dans l'histoire. La *glorious revolution* de 1688 instaurant le régime parlementaire en Angle-terre, et la révolution américaine de 1776, avaient précédé et inspiré la Révolution française de 1789, avant que les soldats de l'an II et de la Grande Armée ne répandent les idées de liberté et d'égalité dans toute l'Europe.

A chaque fois, une révolution venue du grand large se répandait peu à peu sur le continent.

Nous vivons sans doute une période similaire. Une nouvelle révolution poussée par les vents d'Ouest. Mais une contre-révolution.

Cette insurrection venue des peuples menace les élites occi-dentales, leurs privilèges, leurs certitudes, leurs idéaux aussi. Leur hargne face au Brexit indique qu'elles sont décidées à vendre chèrement leur peau.

30 juin 2016

Hommage posthume

De là-haut, il a dû bien rire. De cet énorme rire qui tressautait sans fin et semblait s'achever dans des larmes mal contenues qu'il effaçait de ses larges mains. Il a dû bien rire et balayer tout ça de son air las. Philippe Séguin a été le héros du débat parlementaire organisé à la hâte après le referendum anglais. Et Séguin par-ci, et Philippe par-là. Et sa lucidité par-ci, et ses prédictions par-là. Valls et puis Fillon, à gauche comme à droite, tous s'accrochaient au totem de celui qui avait dit : « La gauche et la droite sont deux détaillants qui se fournissent auprès du même grossiste : l'Europe. »

Il y avait bien de quoi rire. Mais rire jaune. Lors du référendum sur Maastricht, en 1992, Philippe Séguin avait essuyé les mêmes reproches, les mêmes avanies, les mêmes insultes que les chefs du Brexit anglais. Il agite les passions nationalistes. Il ne croit pas ce qu'il dit. Il espère sa défaite en secret. Il est un opportuniste qui prend une position tactique pour se distinguer. Il est un démagogue qui joue sur les peurs. Il ment, il truque, il biaise. Il ne mérite pas de poursuivre une carrière politique. Il ne sera jamais président. Il sort du camp de la raison.

Vingt-cinq ans plus tard, Manuel Valls croit avoir entendu Philippe Séguin annoncer avec lucidité que le mépris des nations ferait le lit des nationalismes. Le Premier ministre a mauvaise mémoire. Philippe Séguin a dit mieux. Ou pire. Il avait mis tous les partisans de l'Europe devant leur contradiction existentielle : la démocratie ou l'Europe. La démocratie qui ne peut exister que dans le cadre des nations, car la minorité accepte sa défaite devant la majorité. L'Europe qui ne peut que nier la démocratie comme elle l'a montré à coups de référendums ignorés, détournés, dévoyés, et de promesses électorales non tenues parce qu'en contradiction avec la doxa bruxelloise.

Le mépris des nations est consubstantiel à l'Europe, puisque selon Jean Monnet, les nations mènent à la guerre. La dilution des peuples européens refusée la main sur le cœur par Manuel

Valls est pourtant inhérente au projet européen puisque c'est la seule façon d'espérer l'édification d'un peuple européen qui n'existe pas. La souveraineté ne se partage pas, disait Philippe Séguin. Elle est ou elle n'est pas comme une femme est enceinte ou ne l'est pas. Les Anglais sont séguinistes.

Cet éloge vibrant et unanime à Philippe Séguin est le traditionnel hommage du vice à la vertu.

C'est parce qu'il faut entendre les peuples qu'il ne faut surtout pas leur donner la parole. C'est parce que le référendum donne des réponses hostiles à l'Europe qu'il n'est pas responsable d'en organiser. C'est parce que le peuple vote mal qu'il faut rétablir le suffrage censitaire. C'est parce que l'Europe est rejetée qu'il faut plus d'Europe. C'est parce que l'euro a été mal conçu qu'il faut renforcer la zone euro. C'est parce que les peuples rejettent le fédéralisme qu'il faut accélérer vers les États-Unis d'Europe. C'est parce que la défense européenne a toujours été une chimère qu'il faut regretter le départ anglais. C'est parce que Schengen a été un fiasco qu'il faut établir un Schengen II. C'est parce que les Anglais veulent partir qu'il faut qu'ils restent. C'est parce que Philippe Séguin avait tort qu'il avait tout juste. C'est parce qu'il est mort qu'il n'a jamais été aussi vivant.

5 juillet 2016

Baratin

La gauche aime les perdants magnifiques. Elle aime Poulidor et déteste Anquetil. Elle se méfie des hommes providentiels et révère les pasteurs suédois. Elle entretient avec le pouvoir les rapports hypocrites que les puritains ont avec le sexe. Elle célèbre Michel Rocard comme elle adule Pierre Mendès France. Sa lutte haute en couleurs avec Mitterrand fait une dernière fois le bonheur des médias. C'est la victoire cent fois contée de la belle langue sur le jargon, de la politique sur l'économique, du féru d'histoire sur le technocrate, du catholique sur le protestant. Récit exact mais récit partiel.

Rocard a été battu politiquement par Mitterrand, mais il l'a vaincu idéologiquement. Mitterrand a conservé l'Elysée, mais a mis en œuvre le programme de Rocard. Ce fut la même histoire à droite, où Chirac n'a eu la peau de Giscard que pour mieux se soumettre aux idées de l'ancien président. La cruauté mentale dont a fait preuve Mitterrand à l'égard de Rocard, accumulant humiliations et avanies, provient sans doute de cette meurtrissure secrète. Après une défaite initiale en 1981, Rocard a victorieusement défendu le marché contre les nationalisations, le contrat contre la loi, la société contre l'État, les régions contre Paris, le libre-échange contre les frontières. La révolution libérale de Thatcher et Reagan s'est engouffrée dans ces espaces ouverts par la deuxième gauche. Rocard ne cessera de pester contre ce capitalisme qui avait cessé d'être civilisé, sans jamais reconnaître qu'il avait été l'idiot utile de cet ensauvagement.

Avec le RMI, Rocard introduit l'assistanat dans les principes de la protection sociale française et le finance par la dette. Et il parait qu'on doit lui dire merci. Il invente la CSG payée par l'ensemble des salariés pour compenser le chômage de masse et l'évasion fiscale des riches et des grands groupes. Et il parait qu'on doit lui dire merci. Il a, le premier, copié les mœurs politiques américaines en osant divorcer et en le médiatisant. Et il parait qu'on on doit lui dire merci. C'est lors de son passage à Matignon que les communicants ont définitivement pris le pouvoir dans l'État. Et il parait qu'on doit lui dire merci.

« La France ne peut pas accueillir toute la misère du monde, mais elle doit en prendre fidèlement sa part. » La première partie de cette phrase est sans cesse citée pour attester du réalisme de l'ancien Premier ministre, alors que c'est la seconde partie qui explique son soutien, quelques jours avant sa mort, à la politique de Merkel en faveur des migrants. Michel Rocard fut le parrain de Terra Nova, ce club de réflexion socialiste qui prône le multiculturalisme et défend l'alliance des bobos et des enfants de l'immigration pour compenser la rupture entre la gauche et la classe ouvrière. Délocalisations, accroissement des inégalités, immigration de masse : le divorce entre le peuple et la gauche est le fruit des victoires idéologiques du rocardisme.

Mais c'est le secret le mieux gardé de la gauche.

Lorsque le jeune Michel refusa de passer le concours de Polytechnique, lui préférant Sciences Po, avant d'entrer à l'ENA, son père, immense scientifique, lui coupa les vivres. « Tu vas apprendre à baratiner », tança le paternel furibond. Et si le père de Michel Rocard avait eu raison ?

6 juillet 2016

France-Allemagne

C'est un réflexe conditionné. Pavlovien. Quand j'entends « France-Allemagne », mon pouls s'accélère, mes membres se figent, j'éponge discrètement mon front. Je suis le 8 juillet 1982, à Séville. Soudain, Didier Six passe la balle à Giresse qui, d'un tir tendu à ras de terre, met le ballon dans les buts allemands. La France mène 3 à 1. L'exultation de notre petit bonhomme transperce l'écran ; Thierry Roland hurle : nous sommes en finale !

La suite est un trou béant dans ma mémoire. Comme les Gaulois d'Astérix ne connaissent pas Alésia, comme on refait inlassablement la bataille de Waterloo, je visionne souvent ce match mythique qui s'arrête pour moi au but de Giresse. Tout ce qui suit est une autre histoire, un autre match. N'existe pas. N'a jamais existé. Personne ne le sait, mais nous nous sommes qualifiés pour la finale. Nous sommes alors sortis du football pour entrer dans l'épopée. Comme Napoléon attendait Grouchy et vit arriver Blücher, nous attendions Platini, et ce fut Fischer. Mais depuis l'entrée sur le terrain de Rummenigge, l'espoir avait changé de camp, le combat changé d'âme.

Le France-Allemagne de Séville est sans conteste le plus grand match de l'histoire du foot français ; et même un des plus grands matchs de l'histoire de la coupe du monde. Au même rang que les Brésil-Angleterre de 1970, Allemagne-Italie de 1970, Hollande-Allemagne de 1974, ou France-Brésil de 1986. Même le titre de champion du monde en 1998 n'abolira point la majesté et la douleur ineffable de ce match.

En 1986, tout a recommencé : même France-Allemagne, même demi-finale, même défaite, même élimination. L'histoire se répète, mais comme disait Karl Marx, « la première fois comme tragédie, la seconde fois comme farce ». Nous n'avions pas envie de rire. Et puis en 2014, encore une défaite. La routine habituelle. Même pas mal.

Si la loi des statistiques s'applique au ballon rond, inutile de jouer ce soir : l'Allemagne a déjà gagné. Ce n'est pas la victoire de la France de Kopa et Fontaine en 1958 qui fera illusion. Mais avant 2014, jamais une équipe européenne n'avait emporté une coupe du monde sur le sol sud-américain. L'Allemagne ne devait pas gagner au Brésil contre l'Argentine. Et pourtant l'Allemagne a gagné. Le football n'est plus le football de papa. Un France-Allemagne n'est plus un France-Allemagne. Comme le Allemagne-Italie d'il y a quelques jours ne fut pas un Allemagne-Italie. Le football s'est mondialisé, uniformisé, métissé. Gómez, Boateng, ou Özil n'ont rien de patronymes germaniques. En 1982, avec nos Trésor, Janvion et Tigana, la presse allemande moquait déjà la « force noire » de la France, en référence aigre-douce à ces tirailleurs sénégalais qui occupèrent la Ruhr en 1923. Que disent-ils aujourd'hui ?

Les joueurs partagent les mêmes clubs, les mêmes entraineurs, les mêmes schémas tactiques. Leur ignorance abyssale de l'histoire de leur pays est celle de leur génération ; elle va jusqu'à celle du foot.

L'histoire n'est pas notre code, proclamait le révolutionnaire Bussy-Rabutin.

Griezman ou Giroud pourraient dire la même chose. C'est paradoxalement la seule chance des Français. Pas de mémoire, pas de revanche, pas de complexe. Faisons table rase du passé. Tout, oui tout, même l'oubli du roman national plutôt qu'une nouvelle défaite. Parfois, j'ai honte.

Table

2013

2014

2015

DU MÊME AUTEUR

ESSAIS

Balladur, immobile à grands pas, Grasset, 1995.
Le Livre noir de la droite, Grasset et Fasquelle, 1998.
Le Coup d'État des juges, Grasset et Fasquelle, 1998.
Une certaine idée de la France, Collectif, France-Empire, 1998.
Les Rats de garde, en collaboration avec Patrick Poivre d'Arvor, Stock, 2000.
L'Homme qui ne s'aimait pas, Balland, 2002.
Le Premier sexe, Denoël, 2006.
Mélancolie française, Fayard/Denoël, 2010.
Z comme Zemmour, Le Cherche Midi, 2011.
Le Bûcher des Vaniteux, Albin Michel, 2012.
Le Bûcher des Vaniteux 2, Albin Michel, 2013.
Le Suicide français, Albin Michel, 2014.

ROMANS

Le Dandy rouge, Plon, 1999.
L'Autre, Denoël, 2004.
Petit frère, Denoël, 2008.

Composition Nord Compo
Impression CPI Bussière en août 2016
Éditions Albin Michel
22, rue Huyghens, 75014 Paris
www.albin-michel.fr
ISBN : 978-2-226-32008-7
N° d'édition : 21960/01 – N° d'impression : 2021590
Dépôt légal : septembre 2016
Imprimé en France